उपन्यास
समय और संवेदना

विजय बहादुर सिंह

वाणी प्रकाशन

प्रकाशन के उत्कृष्टतम 63 वर्ष

vaniprakashan.com

सजिल्द पहला संस्करण : 2007
सजिल्द द्वितीय संस्करण : 2013
सजिल्द तृतीय संस्करण : 2026

वाणी प्रकाशन

4695, 21-ए, दरियागंज, नयी दिल्ली-110 002

फ़ोन : + 91 11 23273167, 23275710

शाखाएँ

अशोक राजपथ, पटना-800 004, बिहार

कॉफ़ी हाउस कैम्पस, महात्मा गांधी मार्ग, प्रयागराज-211 001, उत्तर प्रदेश

महात्मा गांधी अन्तरराष्ट्रीय हिन्दी विश्वविद्यालय, वर्धा-442 001, महाराष्ट्र

sales@vaniprakashan.in
vaniprakashan@gmail.com

Upanyas : Samaya Aur Samvedana
by Vijay Bahadur Singh

ISBN : 978-81-8143-576-7
Criticism

मूल्य : ₹ 695

जी.एस. ऑफ़सेट, दिल्ली-110 095 में मुद्रित

वाणी प्रकाशन का लोगो मक़बूल फ़िदा हुसैन की कूची से

इनमें से अधिकांश समीक्षाएँ मध्यप्रदेश साहित्य परिषद
की मासिक पत्रिका साक्षात्कार में उसके तत्कालीन सम्पादक,
कवि श्री आग्नेय और उनके सहायक कथाकार,
श्री हरि भटनागर के आग्रह पर लिखी गईं थीं।
अब ये एकत्र रूप में आभार स्वरूप
उन्हीं दोनों को समर्पित हैं।

अनुक्रम

भूमिका 9
उस चिड़िया का क़िस्सा : *उस चिड़िया का नाम* 23
पुरुष की जकड़ से बाहर होती जाती स्त्री : *मुझे चाँद चाहिए* 33
उपन्यास और जनसंघर्ष : *सूरज सबका है* 42
किसान आंदोलन और उपन्यास : *बेदख़ल* 49
उपन्यास और लोक जागरण : *कलिकथा वाया बाइपास* 59
एक संभावना है स्त्री : *इदन्नमम्* 67
स्त्री को चाहिए एक प्रति समाज : *आवाँ* 80
संवेदना की थकान और उपन्यास : *बिस्रामपुर का संत* 89
असंगतिबोध और उपन्यास : *दास्तान-ए-लापता* 102
उपन्यास की रस्सी पर व्यंग्यकार का नाच : *बारामासी* 114
महाकाव्य, मिथक और उपन्यास : *अपने-अपने राम* 134
ऐतिहासिक शोकगीत और उपन्यास : *सात आसमान* 153
ये कहानी है न काल न समाज की : *काल-कथा* 166
उत्तर-आधुनिक सभ्यता और उपन्यास : *परमगति* 179
उपन्यास और महानायक : *पहला गिरमिटिया* 189
उपन्यास के आईने में सभ्यताएँ : *कितने पाकिस्तान* 203
उपन्यास और उपेक्षित लोकगाथा : *काला पहाड़* 214
इतिहास से बाहर के लोग और उपन्यास : *आख़िरी कलाम* 223
उपन्यास और सामासिकता का शिल्प : *सूत्रधार* 235
किस्सागोई की ग़ज़लियत : *कोई वीरानी सी वीरानी है* 247
उपन्यास और काम-कला : *नदी को याद नहीं* 257

समय की यात्रा है उपन्यास
(भूमिका)

उपन्यास के बारे में सोचता हूँ तो बचपन में की गई रेल-यात्राओं के दिन याद आते हैं। तब गाँव से चलकर अपने स्टेशन अकबरपुर से शहर कलकत्ता (अब कोलकाता) जाने के लिए तीसरे दर्जे की सवारियों को कैसी धक्का-मुक्की और कितना पुरुषार्थ करना पड़ता था। कभी रेल डिब्बे के दरवाजे तो कभी खिड़कियों से कुली द्वारा सामान की तरह पटक दिए जाने की अनेक यादें साथ हैं। इन यात्राओं में सीटों पर पहले से बैठे चले आ रहे यात्रियों के साथ थोड़ी-बहुत भी गुंजाइश देख उठने-बैठने की जुगतें और कसरतें करते सफर कटता जाता था। कुछेक मुसाफिर बीच के स्टेशनों पर गंतव्य आने पर उतर जाया करते थे, किंतु कुछ अन्य उसी तरह फिर धक्का-मुक्की करते। कभी दरवाजे तो कभी खिड़कियों से घुसकर खाली जगहों को भर दिया करते थे। रास्ते भर खाना-पीना, ऊँघना और जागना, किस्से-कहानी-गवनई और आज-कल में घटी घटनाएँ, नेता और अभिनेता, भूख, बेरोजगारी, नेहरू-जिन्ना और पटेल या फिर गाँधी बाबा की चर्चाओं में रास्ता कट ही जाया करता था।

उपन्यास के स्वरूप पर जब-जब सोचना शुरू करता हूँ मुझे बचपन के दिनों में की गईं ये यात्राएँ याद आती हैं। उपन्यास की कथा ऐसी ही एक भीड़ भरी गरुवाई, रेल यात्रा लगती है मुझे। कुछ शुरू से बैठे हुए, कुछ चढ़ते-उतरते, जान-पहचान बनाते, विचारों का आदान-प्रदान करते, इतने आत्मीय होते चले चलते हैं कि बस और बतकही पात्रों और घटनाओं का ऐसा अटूट सिलसिला जो तब तक जारी रहता है जब तक कहानी अपने आखिरी मुकाम तक नहीं पहुँच जाती। उपन्यास भी तो एक ऐसी ही कथा-यात्रा है, जीवन के अनगिन मोड़ों, उतार-चढ़ावों और दिशाओं की ओर भागती रेल की तरह। यह आखिरी मुकाम है? कल्पनाओं की ताकत से रची परिपूर्णता या फिर किन्हीं उद्‌देश्यों का जाहिर हो उठना?

कहानी क्या सचमुच कभी खत्म होती है? अगर खत्म होती है तो फिर शुरू कैसे हो जाती है? लगता है कहानी तो लेखक के मंसूबों को ढोने के लिए ही प्रयुक्त

की गई है। असल बात तो वे मंसूबे ही हैं जिन्होंने लेखक को लिखने की प्रेरणा ही नहीं, प्रवृत्ति और ऊर्जा भी दी है। इसलिए कहानी का वैभव और उसकी गरिमा इन्हीं मंसूबों का वैभव और जीवन की गरिमा का सौंदर्य है।

एक असाधारण और महान कहा जाने वाला लेखक क्या करता है? क्या वह एक खूबसूरत ताकतवर जन-रंजनकारी कथा कहता है? कदापि नहीं। कहानी तो कोई भी सामान्य कल्पनावान व्यक्ति कह सकता है। जबकि असाधारण प्रतिभा वाला लेखक हमेशा अपने पाठकों को याद दिलाता रहता है कि–'कहानी में डूब न जाना।' प्रसंगों की विविध कल्पनाएँ करता हुआ वह अपने पाठकों को जीवन के अनेक रूपों और प्रस्थानों के प्रति सजग करता चलता है। वह घटनाओं और पात्रों में केवल रस नहीं लेता, उनकी बुनावट करता हुआ जीवन की बारीक लयों और गहरी अंतर्ध्वनियों की धारा-वाहिनियों में अपने पाठकों को खड़ा कर देता है। वे कहानी की रोचकता का अतिक्रमण करते हुए उसके पार चले जाते हैं। वहाँ जहाँ जीवन प्रवाह की विलक्षण-भंगिमाएँ और नए जीवन-बोध परस्पर हँसते-बोलते, उठते-बैठते रहते हैं। ऊँचे-नीचे शिखरों का सा उतार-चढ़ाव, मैदानी नदियों सा विस्तार और गहराई और जहाँ-तहाँ उथलापन भी।

उपन्यास वस्तुतः मिथकीय संरचनाओं के बरक्स आई हुई विधा है। मिथ में तो अलौकिक चमत्कारों का सौंदर्य रहा करता है। तमाम पारंपरिक जाने-पहचाने ख्यात महाकाव्य इससे भरे पड़े हैं। वे जिस सभ्यता का बखान करते हैं, वह हमारी इस सभ्यता से बहुत पहले की है। जहाँ सुर-असुर, देव-दानव और अप्सराएँ हैं। गंधर्व-किन्नर आदि भी। नर और वानर ही नहीं, कोल-किरात तक। वे हमारे निकट अगर हैं तो इसलिए नहीं कि हमारे जैसे दिखते या जीते हैं बल्कि इसलिए हमें अपने लगते हैं कि उनके मार्फत हम अपने अनजाने अतीत के करीब जाकर खड़े हो पाते हैं। यह भी कि इतना विकास कर लेने और विज्ञान के इतने सारे सोपानों पर अपनी विजय-पताका फहराकर भी हम अभी इतने समर्थ नहीं हो पाए हैं जितने कि वे, जो हमारे चमत्कारी पुरखे थे। इसलिए महाकाव्यों में विस्मय पैदा करने की अद्भुत ताकत है। शायद वह ज़माना विस्मयों की खूबसूरती का ही ज़माना है। उपन्यास इस विस्मय के विरोध में आया है। यहाँ कुछ भी विस्मित नहीं करता। हाँ! संगत और असंगत का बोध अवश्य पैदा करता है। पर इससे भी अधिक गौर करने वाली बात यह कि यह देवताओं और अवतारी पुरुषों की दिव्यता और सर्वशक्तिमानता की गाथा नहीं है। बिल्कुल हमारे अपने जैसे लोगों की मनुष्यता और अमनुष्यता के अंतःसंघर्ष की कहानी है। यहाँ न तो कोई अवतार है, न देवता, न प्रख्यात राजकुलवंशी धीरोदात्त। यह हमारा अपना घरेलू आईना है, हमारे ड्राइंगरूम और बेडरूम तक लटका और टँगा हुआ जो बार-बार हमारे अपने ही चेहरे को हमारी आँखों के सामने कर देता है। इस आधार पर तुलना करें तो महाकाव्यों में दैवी बोधों का वर्चस्व

है तो उपन्यास में सहज मानवी-एहसासों का विस्तार। मानव-निर्मित समाज की मनुष्य-केंद्रित गतिविधियों का मंच। यहाँ आदमी अपने समूचे पुरुषार्थ, ऐतिहासिक विवेक और सद्-असद् के साथ है। मनुष्य की असीम संभावनाओं और उसके अकल्पनीय गैरइंसानी सोच और अविवेक की कहानी भी जिसमें उल्लास और उदासी के अनुभव ताने-बाने की तरह पिरो दिए गए हैं। महान आचार्य अरस्तू की इस बात पर मैं मुग्ध रहा करता हूँ कि साहित्य में व्यक्तियों के नामों और घटनाओं के अलावा सबकुछ सच ही हुआ करता है। भारत में रचे गए पुराण साहित्य के बारे में तो यह आम धारणा है कि उनमें पचास प्रतिशत इतिहास और उतने ही प्रतिशत गल्प भी है। मानव विवेक की सृजनशीलता ने इस सच और गप्प (गल्प) को जिस तरह साधा है कि सच की चमक और उसकी भरोसेमंदी ही बढ़ती चली गई है। पर बगैर तिल के ताड़ खड़े करने वालों की भी एक बिरादरी रही है जो यथार्थ की ज़मीनों पर पाँव ही नहीं रखते और एक ऐसे कल्पनालोक की सृष्टि करते हैं जो पाठकों का मनोरंजन तो करता है पर उस समय की गति और जटिलता का बोध नहीं कराता जिनसे एक समाज अपना अस्तित्व ग्रहण करता है। उपन्यास यहीं हमारे समय के सबसे भरोसेमंद लेखन के रूप में हमारे हाथ आता है। वह कल्पना से कल्पना नहीं पैदा करता वरन कल्पनाओं की मदद से हमें जीवन की सच्चाइयों के और पास ले जाता है। अपनी भाषा, मुहावरों, घटनाओं और पात्रों के सहयोग से वह जिस मानसिक सृष्टि की रचना करता है, वह हमारे समय से हमारा साक्षात्कार कराती है, हमारे संवेदनों में हलचल पैदा करती है और क्रिया-प्रतिक्रिया भाव जगाकर हमें भाव और विचार के स्तर पर सक्रिय कर देती है।

मुक्तिबोध का यह अति प्रसिद्ध कथन है कि फैण्टसी अनुभूति की कन्या है। और अनुभूति का जन्म कहाँ से होता है, जब इस सवाल पर आते हैं तब उत्तर आता है कि जीवन-यथार्थ से। कल्पना का काम इस यथार्थ को अधिक मूर्तता और रंगीनी प्रदान करना है। यही तो कल्पना की भरोसेमंदी है।

कल्पना के इस व्यापार में ज़्यादा योगदान भावों क़ा है या विचारों का, तर्क या तर्कान्तरता का, इसका क्या जवाब हो सकता है? क्या भाव बगैर तर्क के जन्म लेते हैं। मैं तो यह कहना चाहूँगा कि भाव-प्रक्रिया की ही तरह एक सहज तर्क-प्रक्रिया भी होती है। कानून के लोग इसे नैसर्गिक-न्याय कहा करते हैं। सूर के संदर्भ में रामचंद्र शुक्ल ने कहा कि गोपियाँ कृष्ण के साथ खेलती थीं। उठती-बैठती थीं। साथ-साथ रहते रहने के चलते उनमें परस्पर प्रेम शुरू हो गया। यह नैसर्गिक तर्क है। भरोसेमंद कल्पनाएँ इसी सहज नैसर्गिक न्याय की उपज हैं। जो लोग यह कहते हैं कि कल्पना का कोई संबंध यथार्थ से नहीं है, वे शायद न तो यथार्थ को समझ पाते हैं न कल्पनाओं को।

सच है कथाकार की ये कल्पनाएँ भी महाकाव्यात्मक होती हैं। दूसरे अर्थों में विराट प्रबंधात्मक जिसमें किसी एक समाज का सामूहिक जीवन, उसकी पारंपरिक विरासत, उन विरासतों की परतदार छबियाँ अपनी ऐतिहासिक गतिशीलता के साथ उन्हीं रेल-सवारियों की तरह परस्पर धक्का-मुक्की करती रहती हैं। जीवन का सौंदर्य बगैर इन द्वंद्वों के बनता भी नहीं। जो कल्पनाएँ इन द्वंद्वों के द्वारा रची जाकर इनकी पुनर्रचना का बीड़ा उठाती हैं, वे सपाट और एकरैखिक प्रगीतात्मक कल्पनाओं से कहीं अधिक सम्मोहक हुआ करती हैं। उपन्यास की कथा इन्हीं सम्मोहक और प्रतिद्वंद्वितापूर्ण कल्पनाओं का बहुआयामी विस्तार है।

ऐसे कई कथा लेखकों को पढ़ने का संयोग मिला जो अपने अनुभव-प्रदेश में ताजे होकर भी इन प्रतिद्वंद्विताओं पर वैसी निगाह नहीं रख पाए जैसी कि अपेक्षित थी। यह मानते हुए भी कहानी की कला में कहने वाले की चेतना शामिल रहा करती है, यह मान पाना कठिन है कि कथाकार की यह चेतना उन अवधारणाओं और गतिशील मूल्यों की अनदेखी कर सकती है जो उसके पाठकों को भी परेशान किए दे रहे हैं। उपन्यास की संवेदना और संप्रेषण के समक्ष खड़ा पाठक उन तहों तक पहुँचना चाहता है जहाँ से अवधारणाएँ और मूल्य स्वरूप ग्रहण करते हैं। कहानी कहने का उतावलापन इस प्रक्रिया के प्रायः आड़े आता है। स्थूल घटना-चक्रों और तेजी से अपने लक्ष्यों की ओर बढ़ते चरित्रों की स्थिति तेज आँच में सेंकी गईं उन रोटियों की तरह हो उठती है जो ऊपर से जली किंतु भीतर से कच्ची होती हैं।

अनुभवों को अंडों की तरह सेना पड़ता है। मौसमों के चढ़ते-उतरते तापमान में तरह-तरह से पकाना पड़ता है। समय के प्रश्न और चिंताएँ, युगीन दिग्भ्रम और सपने, भाषा के भीतर उलझी फँसी खुद लेखक की गहरी तल्लीनता और इनके आर-पार हो उठने को उद्यत उसकी लौ, यहाँ एक साथ साधनारत रहा करते हैं। यथार्थ इसी साधना का सुपरिणाम है। एक धैर्यवान और आत्मनिर्मम लेखक ही इस मुकाम तक पहुँच पाता है। आत्मान्वेषण के साथ लोकान्वेषण की इस दुहरी साधना से गुजर कर ही इसे संभव किया जा सकता है। उतावले लेखक को जल्दी पड़ी रहती है और इसीलिए उसके पाँव ज़मीन पर कम ही पड़ते हैं। वह अकसर यथार्थ की सतहों पर ही तैरता रहता है। उसका यह तैरना उपन्यास-कला के गहरे मकसदों की पूर्ति नहीं कर पाता।

एक यथार्थ प्रेमी लेखक की सबसे पहली पहचान उस कथा-धातु से की जाती है जिसे उसने अपने लिए चुना है। घटना हों या पात्र, विचार हों या स्वप्न, लेखक की स्वाधीनता के बावजूद कहीं न कहीं लेखक की नियति की पहचान भी बनते हैं। लेखन को फार्मूला मान लिखने वालों के लिए यद्यपि ये समस्याएँ मायने नहीं रखतीं किंतु लेखन के माध्यम से अपने समय की खोज-खबर लेने वालों के लिए तो यह जैसे जीवन-मरण का प्रश्न हो उठता है। यथार्थ यहीं बेहद चुनौतीपूर्ण हो उठता है। गंभीर लेखन में वह—अनुभवों की ज़मीन से धीरे-धीरे अँखुवे की तरह

फूटता और अपने कथा क्षेत्र में पौधे की हरियाली बन लहलहाता है। उसका यह आत्मविस्तार लेखक के सुनिर्दिष्ट धैर्य पर अवलंबित है। सजगता और वैचारिक समृद्धि पर भी। एक स्वप्नहीन लेखक शायद ही कभी अपने द्वारा खोजे गए यथार्थ के प्रति न्याय कर पाए। यह वही कर सकेगा जिसे जीवन की बारीक गतियों और नाटकीय करवटों का पता हो, जिसकी आँखें सपनों से भरी हुई हों।

इस असाधारण और अपूर्व कर्म के लिए जिस क्रांतिकारी विधायिका दृष्टि की जरूरत पड़ती है, वह कैसे अर्जित हो पाती है? क्या कोई रचनाकार अपने समय के उत्कट और गंभीर अनुभवों का साक्षात्कार किए बगैर ऐसी दृष्टि प्राप्त कर सकता है जो उसके पाठकों के लिए स्पृहणीय और भरोसेमंद हो। क्या वह परंपरा की रहस्यपूर्ण जटिलता के बीच रक्त की तरह अबाध बहते जीवन-सत्य को रेखांकित कर सकता है, जिससे समकालीन समाज एक नई गति पा सके; एक ऐसी गति और शक्ति जिसकी कामना निराला 'वर दे वीणा वादिनि वर दे' की इन पंक्तियों में प्रकट करते हैं—'नवगति नवलय ताल छंद नव/नवल कंठ नव जलद मंद्र नव/नव नभ के नव विहग-वृंद को/नव पर नव स्वर दे।' दृष्टि की यह नवीनता यदि हमारे लखकों के पास नहीं है तो सारा कथा-जाल जंजाल बनकर रह जाता है। उसका मूल्य उस अलोने साग की तरह बचता है, जो पेट भराऊ होकर भी बेस्वाद होता है।

कहानी को जाने-पहचाने ढंग से कहकर भी दृष्टि की ताज़गी और नवीनता का एहसास कराया जा सकता है और नए ढंग से बरत कर भी परंपरागत दृष्टि का समर्थन किया जा सकता है। लेखक ने कहाँ क्या किया है, इसकी खबर कौन रखेगा? 'उग्रतारा' उपन्यास में कहानी तो नागार्जुन परंपरागत ढंग से कहते हैं किंतु उपन्यास जैसे ही एक विश्वविद्यालय के पाठ्यक्रम में शामिल किया जाता है तूफान सा मच जाता है और कृति पाठ्यक्रम से बाहर कर दी जाती है। उसका कारण कहानी की वर्णन शैली नहीं, वह साहसिक दृष्टि है जिसे कथाकार ने अपने पाठकों तक पहुँचाना चाहा है। वहीं जब मैं सुरेंद्र वर्मा के उपन्यास 'मुझे चाँद चाहिए' की नायिका वर्षा वशिष्ठ पर सोचता हूँ तो उसका सारा संघर्ष निजी मुक्ति का लगता है और उपन्यास संघर्ष-शून्य हो उठा है। शाहजहाँपुर, लखनऊ की रंगमंच की उभरती नायिका सिने तारिका की महत्त्वाकांक्षाओं से जुड़कर कहीं से भी स्त्री-मुक्ति का संदेश नहीं देती, ऐसा लगता है जैसे यह उपन्यास का कन्सर्न ही न हो।

उपन्यास में राधिका शर्मा का वर्षा वशिष्ठ हो जाना जितना उत्तेजक और दिलचस्प है, उतना उत्तेजक और मनोहर वर्षा वशिष्ठ का एक बड़ी फिल्मी हस्ती हो जाना नहीं है। इस झोल को मिटाने की कोशिशें लेखक अपने पांडित्य से करता है। इसीलिए शुरुआती वर्षा वशिष्ठ आकृष्ट करती है, परवर्ती तो कभी संप्रेषित तक नहीं हो पाती। जिन गहरे जीवन-प्रसंगों और संभावित अनुभवों के बीच से होकर कथा को पहाड़ी नदी की तरह निकलना था, वह सब संभव नहीं किया जा सका

है। एक ओर सिद्धांतवादी, जिद्दी और अहं से परिपूर्ण हर्ष का आत्मघात है तो दूसरी ओर वर्षा की रोज-रोज उद्दीप्त होती जाती व्यावसायिक निपुणता। यह 'यथार्थ' बेहद कमजोर होता चला गया है। इसके विपरीत जब हम 'इदन्नमम' की मंदा के संघर्ष और आत्मविश्वास को देखते हैं तो लगता है कि लोक में स्त्री ने अपना आत्मविश्वास से परिपूर्ण स्वतंत्र व्यक्तित्व पा लिया है। वह स्थापित सामाजिक ठहरावों में अपने लिए कोई जगह नहीं माँगती बल्कि अपने 'स्वराज की रचना' में गहरी दिलचस्पियाँ प्रदर्शित करती हुई आत्मविश्वास से भरी हुई है। 'मुझे चाँद चाहिए' में जो स्त्री है, वह पुरुष द्वारा रची गई है। 'इदन्नमम' में स्वयं स्त्री ने स्त्री को सिरजा है। इसीलिए दोनों के 'यथार्थ' में ज़मीन और आसमान का फर्क है।

यथार्थ को भविष्यमुखी भी होना होगा और प्रेरक भी। 'अशोक के फूल' वाले संग्रह के एक निबंध में द्विवेदी जी कहते हैं—''साहित्य के उत्कर्ष या अपकर्ष के निर्णय की एकमात्र कसौटी यही हो सकती है कि वह मनुष्य का हित साधन करता है या नहीं।'' अगर वह उसे बरगलाता या फुसलाता है तो उपन्यास पर विचार करते हुए यह तो सोचना ही पड़ेगा कि लोकतांत्रिक ढाँचे को अपना आदर्श मानने वाला समाज यदि उपन्यास की रचना करता है तो उसके सामने वे कौन-से चरित्र-वर्ग या पात्र समूह होंगे जो हमारे समय के लेखन के पर्याय और प्रमाण बनेंगे।

इस वक्त लोकतंत्र के चारों पायों के साथ धार्मिक क्षेत्र की हस्तियाँ पाँचवें पाये पर तो बाजार की ताकतें सूची को सिरे से पलटते हुए पहले अनुक्रम पर आती चली गई हैं। क्या हमारे समय के लेखकों को इस दुर्घटना की कोई खबर है? किसानों और मजदूरों की बदहाली और बिखराव एक ओर तो व्यापारियों और मुनाफाखोरों के संगठित ताकतवर महासंघ दूसरी ओर। आज के लेखक में यदि यह बोध नहीं है तो वह जो भी लिखेगा समय से बाहर ही होगा। धन-पिशाच अब एक व्यक्ति सत्ता नहीं है, राष्ट्रीय-अंतरराष्ट्रीय आबोहवा है। क्या हमारे लेखकों की संवेदनाएँ इसका अनुभव कर पा रही हैं? चित्रा मुद्गल ने 'आवाँ' में किराए की कोख का प्रतिवाद और प्रतिकार कर यह संदेश दे दिया है कि इक्कीसवीं सदी की स्त्री अपने सामाजिक स्वत्व को या तो अपनी शर्तों पर पाकर रहेगी या फिर वह पुरुष-वर्चस्वी समाज और उसकी मर्यादाओं के घिनौने पाखंडों को सिरे से नकार देगी। कृष्णा सोबती, मृदुला गर्ग, प्रतिभा अग्रवाल का लेखन इस दिशा में उम्मीदें ही नहीं जगाता, हमें आश्वस्त भी करता है।

दलित-लेखन में जो सामने आ रहा है, उसको नए सौंदर्य शास्त्रीय विवेचन की जरूरत है और नए समाजशास्त्रीय विश्लेषण की भी। सामंतवादी समाज और लोकतांत्रिक राज व्यवस्था के बीच दलित लेखन नए सामाजिक आग्रहों को रेखांकित करता है अथवा सामाजिक विद्रोह के बहाने परंपरागत ढाँचे के अत्याचारों के विरुद्ध एक पृथक और स्वतंत्र सामाजिकता की माँग करता है, अथवा वह उन आपराधिक मर्यादाओं को निरस्त कर एक संशोधित और उदार ढाँचे की प्रस्तावना करता है,

आदि ऐसे प्रश्न हैं जिन पर उपन्यास लेखन का भविष्य टिका हुआ है। मेरा ऐसा मानना है कि परिवर्तनकारी सार्थक लेखन या तो स्त्रियाँ कर सकेंगी या फिर दलित और पिछड़े हुए। इन्हीं के पास वे अनुभव हैं जिनमें आग भी है और उत्पीड़न से भरा कसैला धुआँ भी। ये ही हैं जिन्होंने व्यवस्थावादियों के अत्याचारों को सहा है और ये ही हैं जो इनका प्रामाणिक साक्ष्य पेश कर समाज में साहित्य की गिरती हुई साख को बचा सकते हैं। अगर यातना में ही दृष्टि होती है तो यातना भी इनके ही यहाँ है। निस्संदेह यह सहानुभूति, करुणा, दया अथवा उदारता की नहीं, प्रतिरोध और संघर्ष की कथा होगी। भारतीय समाज को इस प्रतिरोध और संघर्ष के लिए तैयार रहना होगा।

उपन्यास की ये अतिक्रामक दृष्टियाँ यथास्थितिवादियों को असहज और आक्रामक बना देती हैं। मानव-बोधों से शास्त्र या रीति-बोध को ही परम सामाजिकता मानने वाले प्रतिक्रियावादी समूह इस 'दृष्टि' से घबराकर आँखें तो नहीं मूँदते, वरन हिंसक हो उठते हैं। इसका उदाहरण 'फायर' और 'गर्लफ्रेंड' जैसी फिल्मों को लेकर की गईं वे प्रतिक्रियाएँ हैं जो हिंसक उत्पातवादियों की ओर से व्यक्त की गई हैं। कलावादी लेखन और क्रांतिकारी लेखन में अगर कोई बुनियादी फर्क अब है तो यही कि कलावादी लेखन सामाजिक जीवन की गतिशीलता में कोई भूमिका नहीं निभाता जबकि क्रांतिकारी लेखन हमारी चेतना में भारी उथल-पुथल और तर्क-वितर्क उपस्थित कर हमारी जातीय समझ और इतिहास-बोध को प्रखर करता चलता है।

क्रांतिकारी सृजन के खतरे इन दिनों कुछ ज्यादा ही बढ़ गए हैं क्योंकि तत्त्ववादी बेहद सुसंगठित और अति आक्रामक हो उठे हैं। किसी भी लेखक की यह अग्नि-परीक्षा का समय है। ऐसी स्थितियों में कथा-कल्पना की हदें क्या होंगी, वे कौन-से ऐसे औजार होंगे, जो लेखक की मदद करेंगे, उसकी भाषा का 'अंदाज़े-बयाँ' कैसा होगा, ये वे सवाल हैं जो आज के कथा-लेखक के लिए अहम सवाल हैं। परंपरा, इतिहास-बोध, आधुनिकता का संयोजन किस रूप और अनुपात में लेखक के उद्यम को अभीप्सित सिद्धि देगा, क्या वह संवादपरक होगा, उपदेशात्मक या फिर तीव्र आलोचनात्मक या फिर आक्रामक बौद्धिकता से संपन्न—ये वे प्रश्न हैं जो आज उसके सामने खड़े हैं। इसके लिए जिस नागार्जुनी साहस और ऐतिहासिक विवेक की जरूरत हमारे लेखकों को है, उसके लिए कठिन रचनात्मक साधना एक बुनियादी शर्त है।

निस्संदेह इस बीच हिंदी उपन्यास की सामाजिक चेतना प्रखर हुई है और उसका राष्ट्रीय बोध तीव्र और संपन्न हुआ है। आज़ादी, लोकजागरण, समतावादी समाज की नव रचना, जनोन्मुख गणतंत्र के आग्रहों के साथ-साथ स्त्रियों, दलित और पिछड़ों के साथ अल्पसंख्यक समाजों और वनवासियों, हरिजन-गिरिजनों की कहानी भी वह कह रहा है। उन उपेक्षितों की भी, मध्यवर्गीय अवसरवादी, कलावादी लेखन ने जिनकी ऐतिहासिक उपेक्षा की थी। हिंदी उपन्यास धीरे-धीरे ही सही अपनी जमीन पर लौट

रहा है और उसमें एक खास तरह की क्रांतिकारी चेतना लक्ष्य की जा सकती है।

इधर के कथाकारों को देखता हूँ इतिहास विख्यात असाधारण चरित्रों के बजाय अजाने चरित्रों के दुख-दर्द और संघर्ष की कहानी कहने में उनकी अधिक ही रुचि दिखाई देती है। आख्यान के बदले गल्प की प्रवृत्ति कहीं अधिक है। गिरिराज किशोर के पहला गिरमिटिया में गाँधी जैसे युगनायकों को लेकर रची गई गाथाओं के अलावा स्वतंत्रता आंदोलन का संदर्भ लिए अनेक उपन्यास लिखे गए हैं। आजादी पूर्व के किसान आंदोलन के कुछेक नायक भी इस रूप में चित्रित किए गए हैं। उपन्यास इस तरह एक और ही प्रकार का इतिहास-लेखन का दायित्व निभा रहा है जिससे भारतीय समाज की जड़ संरचना में उथल-पुथल पैदा की जा सके। हाशिए पर पड़े या खड़े लोगों को केंद्र में लाने की जो पहल प्रेमचंद ने की थी और बाद में जो मध्य वर्ग की अपनी कथाओं के चलते दरकिनार सी कर दी गई थी, अब फिर उपन्यास की मुख्य धारा बनकर उभर रही है। इतिहासपरक, महान और कुल-शील वाले चरित्रों के बदले लोक और समाज के ऐसे चरित्रों के प्रति उपन्यासकारों की उन्मुखता बढ़ी है जो जाति और कुल में होकर भी इस उथल-पुथल के अगुआ रहे हैं। कथाकार संजीव का चौथा उपन्यास 'सूत्रधार' जाति के नाई किंतु भोजपुरी बोली-बानी के शेक्सपियर कहे जाने वाले लोकनाट्यकार भिखारी ठाकुर को लेकर है। इसी तरह मैत्रेयी पुष्पा का ताजा उपन्यास 'कही ईसुरी फागू' भी बुंदेलखंड के लोकजीवन और फगवारे ईसुरी को लेकर है। इस प्रकार का लेखन उन चरित काव्यों की जाति का है, जिसमें एक चरित्र के बहाने समूची जातीय परंपरा उसकी अवधारणात्मक असंगतियों, चेतनात्मक परिणतियों और इनके अभिशापों को सदियों से झेलते लोक समाज की विडंबना चित्रित की गई है।

राष्ट्रीय आंदोलन की स्मृतियाँ, परंपरा की रूढ़ियाँ और क्रांतिकारी विरासतें, विचारधाराओं के ठहराव और अंतर्विरोध, सामंती समाज का क्षरण और विनाश, वर्ण और जातिपरक व्यवस्था की असंगतियाँ, लोकतांत्रिक ढाँचे का लोक विरोधी चेहरा और चरित्र, हिंदू-मुस्लिम संबंध, धार्मिक अतिवादों के घातक टकराव और हिंसक मुठभेड़ें, सत्ता-राजनीति का जन विरोधी रूप, इस समय के उपन्यासों की मुख्य चिंताएँ हैं।

यह भी कम दिलचस्प नहीं है कि विपुल पृष्ठों वाले कुछेक उपन्यास ऐतिहासिक इतिवृत्तों में बदलते चले गए हैं। इसे उपन्यास का स्वरूप-विकास कहें या उपन्यासकार की बेसुधी और चूक या फिर बाजारू प्रलोभन? अनुभवों की गहरी आँच और बयान की मार्मिकता की दृष्टि से देखें तो भगवानदास मोरवाल का 'काला पहाड़' जैसा उपन्यास अबतक अनदेखे, आम जन जीवन की कसक, कचोट, तड़प और वेदना की गुहार की भाषा बनकर आता है। इससे पहले लिखा गया असगर वजाहत का उपन्यास 'सात आसमान' मुस्लिम सामंती परिवारों के त्रासदायी बिखराव और विस्थापन की समस्या उठाता है। इन उन्यासों में कतिपय अविस्मरणीय चरित्र आए हैं। पर स्त्रीचरित्रों की सृष्टि में मैत्रेयी पुष्पा और चित्रा मुद्गल ने खासतौर से मंदा, नमिता

या अल्मा या फिर रजऊ के मार्फत जो व्यक्तित्व बिंब उरेहा है, वह हमें उत्तेजक जान पड़ता है। ये वो स्त्रियाँ हैं जो नए समाज-समय और व्यवस्था की माँग ही नहीं करतीं, उसके लिए ज़द्दोजहद भी करती हैं और साहसपूर्ण फैसलों की ओर बढ़ती हुई चली आती रीतियों और नियमों को पुरुष-वर्चस्वी समाज का षड्यंत्र घोषित करती स्वतंत्र पथ पर अबाध रूप से आगे बढ़ती चली जाती हैं। समकालीन भारतीय स्त्री की उलझनों और असमंजसों के बीच ये वे स्त्रियाँ हैं जो अपनी नियति और संविधान की रचना स्वयं करती हैं। परंपरागत समाज यहाँ बहुत लाचार नज़र आता है। उसकी आँखें फटी की फटी सी रह जाती हैं और ये स्त्रियाँ उस भविष्य के समाज की राह रचती दिखाई देती हैं जिसमें पुरुष और स्त्री राजा और प्रजा की तरह नहीं, सहगामी सहचर की तरह होंगे। परस्पर की समझ से भरपूर 'शेष कादंबरी' में अलका सरावगी ने एक ऐसे ही जोड़े की कल्पना की है। यहाँ परस्परता तो है पर स्त्री की जानी-पहचानी विवशता और गुलामी नहीं। आज एक लेखक के सामने, खासतौर से हमारे समय के अति-महत्त्वाकांक्षी और लगभग व्यावसायिक और राजनीतिक हो उठे लेखक के सामने प्रलोभनों का एक विशाल मायावी साम्राज्य फैल चुका है। रुपए का मूल्य जैसे-जैसे घटता जा रहा है, किताबों की कीमतें आसमान छूती नज़र आ रही हैं। नागार्जुन और रामविलास शर्मा जैसे पाठक-प्रिय लेखकों को मैंने इन कीमतों को लेकर चिंतित होते देखा है। नागार्जुन ने तो यहाँ तक कहा कि उपन्यास लिखते समय मुझे अपने पाठकों की तंग जेबों का खयाल भी बराबर बना रहता है। पर यही सवाल जब मैंने चंद्रकांता संतति के पटकथा लेखक कमलेश्वर से किया तब उन्होंने जो कुछ कहा उसका निचोड़ यह था कि हमारे समय की प्रतिभाओं को प्रायोजकों के भारी दबाव में रहकर अपना सृजन संपन्न करना पड़ता है। वे चाहें भी तो इससे बच नहीं सकतीं। बाजार हमारे समय की सबसे बड़ी और ताकतवर संस्था है। पिछले समयों में बाजार पर समाज के नैतिक विश्वासों का दबाव था। आज बाजार का वर्चस्व जगजाहिर है। सस्ती लोकप्रियता, मुनाफावाद, लेखक और प्रकाशक की अघोषित पाठक विरोधी नीतियाँ भी कथा-लेखन को एक ऐसे साहित्यिक मंच में रूपांतरित कर डालना चाहती हैं जो व्यावसायिक कवि-सम्मेलनों के समानांतर जैसा हो। इससे कथा की कल्पना, भाषा-सृष्टि और इस तरह समूचे शिल्प पर इसका असर देखा जा सकता है। संचार प्रौद्योगिकी इसके लिए कितनी जिम्मेदार है, इसकी अनदेखी भी नहीं की जानी चाहिए। कोई धारावाहिक इतना खिंचता क्यों चला जाता है, रीति और परंपरा के नाम पर वह समाज के किन पुश्तैनी संस्कारों (?) का पोषण और समर्थन करता है, इससे समाज की क्रांतिकारिता और गतिशीलता को कैसी मदद मिलती है, या फिर उसकी सहज स्वाभाविक गतियाँ बाधित हो उठती हैं और वह अपने ही मोहपाशों में नए सिरे से जकड़ उठता है और जकड़ता ही चला जाता है, इसकी खोज खबर रखनेवाले कथाकार सामने आ पा रहे हैं कि नहीं, इस पर भी

विचार किया जाना है। स्थिति इतनी निराशाजनक भी नहीं है। बाजार के आक्रामक दबावों के खतरों को 'परमगति'-जैसे उपन्यासों से गुजर कर उपन्यास लेखन की अद्यतन चिंताओं का जायजा लिया जा सकता है—

सबद बेच के हंस भी गुपचुप मोती खाँय
पत्रकार लेखक सभी माटी मोल बिकाँय
फिर भी तजकर लाज डर बोलें ऊँचे बोल
जितने वजनी शब्द हैं सबका गंडो गोल

× × ×

अजब एक फैला हुआ जाल है
जिधर देखिए एक ही हाल है

(परमगति, पृष्ठ 233)

'कितने पाकिस्तान' में कमलेश्वर उत्तर-आधुनिक राक्षसी पूँजीवाद के मुँह पर करारा तमाचा मारते हुए पृष्ठ तीन सौ सत्ताइस पर लिखते हैं—'तुम कौन हो इंडिया को आज़ादी देनेवाले? हर व्यक्ति आज़ाद पैदा होता है...इस भारत ने आज से 5000 साल पहले आत्मा और नैतिकता का आविष्कार किया था।...इस सभ्यता ने प्रकृति के साथ भय के कारण सामंजस्य स्थापित किया था और भय से मुक्त होकर आस्था को जन्म दिया था। इसने ही भय को आस्था में बदला था। कभी सुना था तुमने आत्मा, नैतिकता या आस्था का नाम? यह शब्द ही तुम्हारे पास नहीं है। तुम्हारे पास है केवल व्यक्ति, इनके पास है समष्टि।' इसके बावजूद अगर कोई कहता है कि हिंदी उपन्यास के पास विश्व दृष्टि नहीं है तो यह उसकी हिमाकत है।

हिंदी उपन्यास ने यह अंदाज़ और दृष्टि किन कठिन और चुनौतीपूर्ण प्रतिकूलताओं के बीच अर्जित किया है, उस ब्यौरे में जाया नहीं जा सकता पर इतना तय है कि वह कोई ललित कला मात्र नहीं है; बल्कि अनगढ़, रफ और टफ, कुछ-कुछ भारी-भरकम सा डील-डौल लिए हुए भी इतना गुस्सैल और आक्रामक है कि हमारी उदास और तटस्थ चेतना डाँवाडोल सी हो उठती है। यह वह लेखन है जो जीवन के प्रति हमारी लालसाओं की आँच को अधिक तीव्र करता हमारी उदासियों को तोड़ता और हममें एक ऐसी इतिहास-दृष्टि का रोपण करता है जिसके बगैर हमारी सामाजिक और सांस्कृतिक सत्ता बेमतलब-सी है। 'परमगति' का लेखक उपन्यास के अंतिम पृष्ठों पर लिखता है—'जीने की लालसा रखनेवाले मरने के बाद भी नहीं मरते। वे प्रेत बनकर भी जीना चाहते हैं।'

समकालीन हिंदी भाषी समाज, बृहत्तर अर्थ में समूचा भारतीय समाज जिन सामाजिक, आर्थिक और सांस्कृतिक मुश्किलों के बीच आज फँसा है, उपन्यास उन्हें तरह-तरह से समझने और अपने पाठकों के बिखर से उठे, लगभग संभ्रमित और आत्मबेसुध से हो चुके चित्त को खोजने और पुनःस्थापित करने में जी-जान से लगा

हुआ है। एक तरफ वह मरणासन्न क्षयग्रस्त अतीत है जो जर्जर बौद्धिक बुढ़ापे के बावजूद अपने दंभी वर्चस्व की लड़ाई लगभग हिंसक होकर लड़ रहा है। दूसरी ओर वे बौद्धिक और प्रगतिशील शक्तियाँ हैं जिन्होंने सिद्धांतों और विचारधाराओं के कुछ रामबाण नुस्खे ढूँढ़ लिए हैं। अफसोस भारत का लोकतंत्रवादी जनमत इनके तर्कों से न जाने क्यों सहमत नहीं है। तीसरी ओर वे दलित और शोषित समूह हैं जो हजारों सालों से व्यवस्था के हाशियों पर खड़े हैं और अब अपने-अपने अधिकृत लोकतंत्र की माँग करते हुए लामबंद हैं।

वस्तुतः हिंदी उपन्यास अब एक प्रवृत्ति नहीं, आंदोलन है। हिंदी भाषी समाज में वर्ण और जातिवाद, सामंत और नवधनिक दलाल और पूँजीपति, व्यक्तिवादी, अवसरपरस्त मध्य वर्ग, नए लोकतंत्र के ढाँचे में फलते-फूलते नेता और नौकरशाह, सत्ता-राजनीति में लिप्त चुनावमुखी राजनीतिक पार्टियाँ और उनके अलोकतांत्रिक जन-विरोधी आचरण, सांप्रदायिकता, धार्मिक कट्टरताएँ और हिंसाएँ, सामाजिक बिखराव, विश्व बाजारवाद के पीछे अपने खतरनाक मंसूबे लिए अंतर्राष्ट्रीय अपराधी सरगना की तरह खड़ा उत्तर पूँजीवाद, तमाम प्राचीन सभ्यताओं को उनकी अपनी जड़ों से उखाड़ता और छद्‌म आधुनिकताओं की ओर हाँक कर ले जाता आधुनिकतावाद और उनकी गुलामी में लगा पश्चिम का विज्ञानवाद, संचार प्रौद्योगिकी, वे विषय हैं जो हिंदी उपन्यास की वैचारिकी और चिंताओं को रेखांकित करते हैं।

हिंदी उपन्यास अब सिर्फ यथार्थपरक सामाजिक आलोचना नहीं है। वह जातीय चेतना और राष्ट्रीय आंदोलन की स्मृतियों का पुनर्लेखन भी है। सत्ता-तंत्र और राजनीति के तमाम विचलनों और भ्रष्टताओं के बीच वह हमारी स्मृतियों को फिर से तरोताजा करने की कोशिशों में भी जुटा हुआ है।

इन सबके साथ वह नई सामाजिक क्रांतियों और उथल-पुथल की अगुवाई भी कर रहा है। वर्णवादी व्यवस्था के सनातन कहे जानेवाले जड़ ढाँचे की अमानवीय धारणाओं पर हमला करते हुए वह जिस नई सामाजिकता की माँग कर रहा है उसमें स्त्रियों, दलितों और पिछड़ों के लिए न्यायपूर्ण जगह होगी। इस प्रकार के लेखन में पुरानी नैतिकता और मर्यादा को बार-बार चुनौती दी गई है और बकौल राजेंद्र यादव काग़ज़ पर दर्ज़ सवर्ण लेखन की जमींदारियाँ टूट रही हैं।

निस्संदेह हिंदी उपन्यास का अंदरूनी संसार उथल-पुथलकारी, स्वाधीन और आत्मान्वेषी स्वरूप लिए हुए है। इस मोर्चे पर वे जाने-पहचाने फार्मूले शायद ही काम लायक साबित हों। यह शुभ लक्षण है कि वामपंथ में आस्था रखने वाले लेखकों में से दो ऐसे लेखक यहाँ मुझे याद आ रहे हैं जिन्होंने शास्त्रवादी किताबी मार्क्सवाद को अपने लेखन के मार्फत उनकी हवाई बौद्धिकता को ज़मीन दिखाने की कोशिश की है। संचार प्रौद्योगिकी के खतरों के प्रति समाज को सचेत करते हुए 'परमगति' की भूमिका में भगवान सिंह लिखते हैं—

''भारत जैसे बड़े और विशाल जनसंख्या वाले देश में, जिसमें पूँजीवादी विकास न के बराबर था और आज भी लँगड़ा है, परंतु सामंती व्यवस्था दृढ़ थी और आज भी बनी रह गई है, मार्क्सवाद का समन्वय गाँधीवाद से किए बिना और समग्र शोषित उत्पीड़ित जनता को—उस दरिद्र नारायण को, निगाह के सामने रखे बिना जो सचमुच सर्वहारा है—उन चुनौतियों का जवाब नहीं दिया जा सकता।''

हाल ही में प्रकाशित 'हंस' अगस्त 2004 के 'सत्ता विमर्श और दलित' अंक में मैनेजर पांडेय यह स्वीकारते हैं कि आज के समय में भारतीय समाज को बदलने के लिए मार्क्सवाद और अंबेडकरवाद की अधिक से अधिक एकता जरूरी है क्योंकि भारत के समाज की समग्र जटिलता की पहचान के दोनों के अपने औजार अपर्याप्त हैं।

'कितने पाकिस्तान' शीर्षक अपने अतिचर्चित उपन्यास में कमलेश्वर ने उत्तर-पूँजीवाद के गर्भ से पैदा हुए बाजारवाद का सामना करने के लिए जिन्हें याद किया है, उन विचारकों में बुद्ध, कबीर और गाँधी हैं। 'पाहीघर' और 'बेदखल' के कमलकांत त्रिपाठी, 'कलिकथा बाया बाइपास' की अलका सरावगी, 'पहला गिरमिटिया' के गिरिराज किशोर हमें इसी दिशा की ओर ले जाते दिखाई देते हैं।

इन उपन्यासकारों को पढ़ते हुए उपन्यास की विचारधारा, दृष्टि और अंतर्वस्तु के बदलाव का बोध हमें होता है। यह भी कि उपन्यास धीरे-धीरे ही सही अपनी परंपरा और समाज के प्रति गहरी जिज्ञासाओं से भर उठा है, साथ ही परंपरा आधुनिकता और लोक-समाज की क्रांतिकारी करवटों का जिम्मेदारी से न केवल अध्ययन कर रहा है बल्कि अपने पाठकों को उनके प्रति सचेत और जिम्मेदार भी बना रहा है।

इन समस्याओं और प्रश्नों का जवाब जिस कथा-भाषा में दिया जाना है वह न तो प्रेमचंद की होगी, न ही जैनेंद्र, अज्ञेय और निर्मल वर्मा की। वह मनोहर श्याम जोशी की भाषा भी नहीं हो सकती। एक ऐसी भाषा जिसमें गहन विश्लेषणात्मकता, बेलागपन, परंपरा भेदन और विश्व बाजार से आँख मिलाने का संयुक्त साहस हो। जो 'कफ़न' कहानी में दर्ज है—तेजाब सी तीखी और बिच्छू के डंक सी हिंसक और सजग। एक ऐसी वाक्य योजना जिसमें लोक की यातना और वेदना का तेज करेंट दौड़ रहा हो और जो पाठकों की संवेदना का हिस्सा बन उनकी चेतना को लपटों में रूपांतरित कर सकने में समर्थ हो सके।

ऐसी भाषा सिर्फ सतही यथार्थ के गुस्से से नहीं फूटती। इसमें केवल आवेग, आवेश या क्षोभ नहीं होता। यह वह भाषा होती है जो परंपरागत सामाजिक संबंधों के घिनौने किंतु गुप्त घृणित मंतव्यों को उघाड़ती है और समकालीन दिग्भ्रमों और मतिभ्रमों से अपने पाठकों को सचेत भी करती है। इस भाषा में बौखलाहट के बजाय आपरेशन थियेटर में खड़े सर्जन की सी अचूक लक्ष्यबद्धता और सड़े-गले को काट कर निकाल फेंक सकने की सार्थक और समर्थ निर्ममता होती है।

न केवल हिंदी उपन्यास बल्कि अन्य विधाओं में भी यह विचार किया जाना

आज जरूरी है कि लेखन की मंशाएँ हमें कहाँ किस ओर ले जाती हैं? वे कहीं हमें विद्रोह के कर्मकांड की चतुराई तो नहीं सिखातीं जैसे कि अब तक अनुभवों में आया है। ऊपर-ऊपर से विद्रोह और भीतर-भीतर से समझौते। लेखन का यह दोगलापन अब धीरे-धीरे पकड़ में भी आने लगा है। संजय चतुर्वेदी जैसे युवा कवि की कविता 'उनका अश्व पकड़ना साथी' की कुछ पंक्तियाँ मेरे आशय को कहीं ज्यादा साफ करेंगी—

चालू कला चक्रवर्ती हो
इसी काम का यज्ञ हुआ है

....

छोटी बड़ी कई सेनाएँ
सभी आधुनिक अस्त्र-शस्त्र से—
सज्जित होकर साथ चल रहीं
पूँजी के इन कला-दलालों के भीषण धाराप्रवाह में
वामपंथ के श्रेष्ठिवर्ग की कई टुकड़ियाँ भी शामिल हैं
वैचारिक मतभेद मुनाफे में मिलकर स्वादिष्ट हो गए
लोकतंत्र, अभिव्यक्ति, कला के प्रश्नों में तुमको उलझाकर
यही लोग यदि यज्ञ निमंत्रण पत्र बाँटने घर पर आएँ
उनमें शामिल मत हो जाना........

'चालू कला' के इस 'चक्रवर्ती अभियान' की गति इन दिनों बहुत तेज है। विद्रोह और क्रांति की जानी-पहचानी पदावलियाँ निस्तेज होकर इनकी मदद कर रही हैं। सही सवालों को चौतरफा से घेरकर उन्हें प्रत्येक स्तर पर संदिग्ध बनाए जाने की कूटनीति बरती जा रही है। पुराना सामंतवाद, कर्मकांडपरक, समाजवाद, क्षेत्रीय मार्क्सवाद और चालाक पूँजीवाद में आपसी और अंदरूनी मेल-जोल के गहरे स्तर हैं। उपन्यास लेखक के सामने बुनियादी परिवर्तन का नक्शा अगर साफ नहीं है तो वह इनमें फँसकर अपना दृष्टि पथ खो बैठेगा। क्रांति और छद्म क्रांति की परख नहीं है तो भटक जाएगा और इस भटकाव से बचने, स्वयं को संदिग्ध होने से बचाने के लिए, अंततः रामायण, महाभारत या फिर कबीर-मीरा आदि की तरह जन-समर्थन पाने के लिए उसे किन-किन अग्नि-परीक्षाओं से गुजरना होगा, इसका ख़याल किए बगैर उपन्यास लेखन एक रस्मअदायगी मात्र साबित होगा।

एक पाठक के रूप में मुझे लगता है कि हमारे लेखकों में दम-ख़म वाली प्रतिभा तो है पर जिस वैचारिक साहस, व्यापक जीवन दृष्टि और सर्जनात्मक प्रौढ़ता की जरूरत है, उसकी उम्मीद हम उनसे आज नहीं तो कल तो कर ही सकते हैं।

—विजय बहादुर सिंह

उस चिड़िया का क़िस्सा : उस चिड़िया का नाम*

पश्चिम के एक लेखक ने अपने समकालीनों से कभी यह महत्त्वपूर्ण सवाल किया था कि 'आप वास्तव में लिखना चाहते हैं अथवा केवल लेखक बनना चाहते हैं?' यदि आपमें दूसरों को अपनी अनुभूतियों और विचारों में सम्मिलित करने की, उन्हें दूसरों के समक्ष व्यक्त करने की, और उनकी व्याख्या करने की अनिवार्य उत्कट इच्छा है एवं आपको पूर्ण विश्वास है कि आपके पास दूसरों को देने अथवा उनसे कहने के लिए 'कुछ है' तब साहित्य के क्षेत्र में आपको महत्त्वपूर्ण किंतु परिश्रम साध्य उपलब्धि हो सकती है। इसके विपरीत यदि आप व्यक्तिगत यश और व्यापक साहित्यिक ख्याति के इच्छुक हैं तो आपको इस क्षेत्र में निराशा ही मिलेगी। वालेस मैकऐलराय कैली का यह कथन हमारे समय के उन कथा लेखकों—व्यापक अर्थ में लेखकों की ओर चिंताजनक इशारा करता है जिनकी रुचि लिखने में कम किंतु लेखक बने रहने में अपेक्षाकृत कुछ ज़्यादा ही है। और यह प्रवृत्ति जैसा कि मैंने कहा केवल कथालेखन में नहीं है, समस्त समकालीन लेखन में काम कर रही है। कला साहित्य की परिषदों और अकादमियों ने प्रदर्शन और विज्ञापन की सुविधाओं, समकालीन लेखकों को बुरी तरह 'डिस्टर्ब' कर रखा है। लेखक से उसका अपना मौलिक अनुभव-संसार छीनकर उसे एक ऐसे प्रायोजित माहौल में खींचकर खड़ा कर दिया है, जहाँ सैकड़ों लोग अपनी पहचान गँवा कर पहले से खड़े हैं। किंतु विडंबना यह कि ये सब नककटे परस्पर की हाँ में हाँ मिलाते हुए साहित्यिक-स्वर्ग का साक्षात्कार करने का दंभ भर रहे हैं। निश्चय ही इस वातावरण के निर्माण में रस्मी लेखक-संगठनों का योगदान भी कुछ कम नहीं है। स्थिति को देखते हुए बांग्ला के कवि जीवनानंददास के शब्दों में यह कह उठने का मन होता है कि जो सबसे अधिक अंधे हैं, वे ही सबसे ज्यादा देख रहे हैं। फिर भी लेखन की धरती न तो अनुर्वर हुई है, न ही प्रतिभाओं ने लिखना स्थगित कर रखा है। **राजकमल प्रकाशन से प्रकाशित** पंकज बिष्ट का नया उपन्यास

* उस चिड़िया का नाम : पंकज बिष्ट

क्रम में दूसरा 'उस चिड़िया का नाम' एक ऐसा ही सफल प्रयास है जिसमें अपने अनुभवो और विचारों को उत्कट इच्छा भाव से लेखक ने प्रस्तुत किया है। मानव-अनुभवों की जिस पूँजी को लेकर इस लेखक ने कथानक का ताना-बाना बुना है, वे अत्यंत पारंपरिक और लोकवृत्तपरक हैं। किंतु उसकी बौद्धिक प्रकृष्टता और गंभीर संवादपरकता ने समूचे उपन्यास को एक रोचक 'सत्संग' में बदल दिया है, जहाँ पहाड़ी लोकगीत, पहाड़-जीवन की लोक-कथाएँ, विकट प्राकृतिक भूगोल, स्थानीय रीति-रिवाज उपन्यास में आंचलिक वातावरण की सृष्टि करते हैं, वहीं वेद, उपनिषद्, पुराण, धर्मशास्त्र, समाज-विज्ञान, चिकित्सा-शास्त्र, वास्तु विद्या और समकालीन राजनीति की प्रासंगिक चर्चाओं ने आंचलिक सीमाओं का अतिक्रमण कर हमें एक ऐसे जातीय (राष्ट्रीय) परिवेश में ला खड़ा किया है, जो अपने को बुद्धिजीवी कहने वाले और सृजनात्मकता से जुड़े लोगों के लिए सचमुच ही चुनौतीपूर्ण और बहस-तलब है।

अपने पहले उपन्यास 'लेकिन दरवाजा' में पंकज ने उपन्यासकार कम और कहानी लेखक होने का प्रमाण कुछ ज्यादा ही दिया था। जिस विषय-वस्तु को उन्होंने वहाँ उठाया था, उससे आग्रहमुक्त होकर निपटने का मौका वे खोज नहीं सके थे संभवतः उनकी 'निजता' ने इसमें काफी अड़चनें खड़ी की हों। किंतु शैलीगत ताजगी उसमें थी और यह संभावना भी कि अगर लेखक कदाचित् कुछ तटस्थ होकर अधिक परिश्रम कर सके तो कोई बेहतर कृति हमारे हाथ लग सकती है। निस्संदेह अपने दूसरे उपन्यास में पंकज ने परिश्रम भी खूब किया है और तटस्थता भी बरती है। फिर भी यह कहने में मुझे संकोच नहीं कि वे मूलतः रोमांटिक मिजाज के लेखक हैं, आवेग और आदर्शपरकता इसीलिए उनमें बराबर बनी ही रहती है। बावजूद इसके वे समकालीन बौद्धिक समाज और लोक जीवन के प्रति निर्भय और मोहमुक्त होकर विचार कर सकने का साहस जुटा सके हैं। लोक और नागर, पारंपरिक और आधुनिक जीवन के संधि-बिंदुओं की गड्ड-मड्ड होती मूल्य-तालिका को रेखांकित कर सके हैं। समकालीन भारतीय समाज के समक्ष यह सवाल खड़ा कर सके हैं कि क्यों वह शताब्दियों से एक तर्कहीन जीवन शैली को आदर्श बनाए हुए है और क्यों हमारे सुशिक्षित कथित बुद्धिजीवी जन इसे नकारने और वैज्ञानिक मिजाज को विकसित करने का खतरा उठाने से घबराते और कतराते आ रहे हैं?

उपन्यास पर बातचीत शुरू करते ही अंत का एक प्रसंग याद आता है—"तुम कहानी किसे सुना रहे थे?" सबीरा ने पूछा, "वरुण तो कब का सो गया है।" वह लगभग अचंभे में मुस्करा रही थी।

"अपने आपको" हरीश ने कहा, "मुझे पता था वरुण सो गया है।"

"अपने-आपको," सबीरा ने दुहराया और वह खिलखिलाने लगी। हरीश कुछ देर तक सबीरा को भावशून्य-सा देखता रहा, फिर दोनों हाथों से उसने अपना मुँह

ढक लिया। उपन्यासकार की टिप्पणी ही उपन्यास की अंतिम पंक्ति भी है–"संभवतः वह रोना नहीं चाहता था।" (पृ. 249)

उपन्यास की यह पंक्ति और यह प्रसंग उसके पूरे स्वभाव की ओर इशारा करता है। तुलसीदास ने लिखा था कि रामकथा को वे 'स्वांतः सुखाय' लिख रहे हैं। यहाँ पंकज बिष्ट का प्रधान पात्र हरीश अपनी पत्नी से यह कह रहा है कि कहानी वह अपने बेटे को नहीं, स्वयं को सुना रहा है। तब प्रश्न यह कि कहानी किसकी है और इसे सुनाने का प्रयोजन क्या है? पहले प्रश्न का उत्तर तो बहुत साफ है कि कहानी पहाड़-जीवन की है जिसे एक युवा पहाड़ी लेखक अपने आपको, साथ ही अपने पाठकों को भी सुना रहा है, और जैसे-जैसे सुना रहा है, वैसे-वैसे उसका अपने आप से परिचय भी गाढ़ा होता जा रहा है। आज जबकि दुर्भाग्यपूर्ण स्थिति यह है कि लेखक का रिश्ता अपने समाज से बहुत ज्यादा किताबी और औपचारिक हो गया है। इससे भी अधिक दुःखद यह है कि लेखक का अपने आपसे भी जो रिश्ता बनना चाहिए उसमें भी काफी खामियाँ आ चुकी हैं। उसके संबंध स्वयं से भी मिथ्या-आत्मसंतोषकारी और लापरवाहियों से भरे हुए हैं। परिणामतः लेखन के क्षेत्र में साहित्यिक जुमलेबाजी बढ़ी है, साथ ही गैरजिम्मेदार और लोक-समर्पण से हीन लेखकों का वर्चस्व भी बढ़ा है। इस साहित्यिक शोर-शराबे में कौन कहेगा कि पंकज का यह सवाल उनकी ईमानदारी और साहस की मिसाल है। अकेले इस सवाल को उठाने के लिए भी वे बधाई के पात्र हैं? जबकि उपन्यास सिर्फ इस सवाल के इर्द-गिर्द नहीं घूमता। कथा का असली मकसद तो अल्मोड़ा के अपने गाँव (जन्मभूमि) से लौटकर बंबई के अपने आधुनिक फ्लैट के बिस्तर पर लेटे हुए हरीश की इस सोच में प्रकट होता है–

इस बार मैंने पहाड़ी जिंदगी को जितने नजदीक से देखा, पहले कभी नहीं देखा था। संभवतः जिंदगी की ही इतनी परतें एक साथ पहले कभी नहीं खुली थीं। इट वाज ए स्ट्रैंज एक्सपीरियंस। व्हाट इज रीयल, व्हाट इज अन-रीयल, आप फैसला नहीं कर सकते। (पृ. 234)

क्या सचमुच जिंदगी यहाँ इतने निकट से देखी गई है? क्या सचमुच एक साथ बहुत सारी परतें उसकी खुल सकी हैं? क्या यह सचमुच एक विलक्षण अनुभव बन सका है? और क्या हम पाठकगण जिंदगी के परतदार जटिल अनुभवों के जादुई संसार में भौचक्के से रह गए हैं?

क्या हमारे अपने समय के बड़े-बड़े नामी गिरामी लेखक जीवन के इस बुनियादी स्वभाव को अब तक नहीं देख सके थे? क्या उनका लेखन किन्हीं निजी आग्रहों या फिर साहित्यिक फार्मूलों की यांत्रिक उपज मात्र कहकर खारिज किया जा सकता है?

बहुत जरूरी और खतरनाक से सवाल हैं ये जो यहाँ अपने आप उठने लगते हैं और जिनकी जवाबदेही कभी न कभी स्वयं लेखक पर आ सकती है। मेरे लिए

फिलहाल इन सह-प्रश्नों के ब्यौरों में जाना, समय से पहले किसी घंटे का बज उठना है। मेरे लिए सबसे जरूरी यह जानकारी है कि वह कौन-सी जिंदगी है जिसे बहुत करीब से यहाँ देखा गया है। पृष्ठ बीस पर एक वाक्य है—*मौत वैसे जिंदगी का हिस्सा है, इससे इनकार नहीं किया जा सकता, पर यहाँ पहाड़ में, मौत सुबह शाम की चीज है। आदमी को पैदा होने में यहाँ देर लगती है, मरना चुटकी बजाने का-सा काम है।* पृष्ठ एक सौ सैंतालीस पर गाँव की एक बहू खिमुली जब रमा को अपने बिवाइयों वाले पाँव दिखाती है और रमा उसे यह निर्देश देती है कि वह काम न करे, पैरों की गर्म पानी से सिंकाई करे, मोजा पहने, तब पहाड़ी गाँव के लोगों के बीच रमा के ये निर्देश बेहद उपहासपद लगते हैं। खिमुली के चले जाने पर ताई रमा से कहती है—*"तू भी कैसी बात करती है, भला रमा! यहाँ बिस्तर तो कोई पकड़ ही नहीं सकता।"*

"क्या मतलब?"

"ये, गाँव हुआ, काम तो करना ही होगा।"

"वरना, मर जाओ।" रमा के कुछ उत्तेजित स्वर में कहा।

ताई ने उसकी बात का जवाब देने की जगह बतलाना शुरू किया—"अब घर में यह और इसकी सास है। पति और जेठ नौकरी पर हुए दिल्ली। जेठानी भी वहीं है। यहाँ खेती हुई, हल-बैल, गाय, एक भैंस भी हुई। उनको कौन देखेगा। बुढ़िया के वश का तो है नहीं, इतना सब करना। जंगल से लकड़ी लानी हुई, जानवरों के लिए पानी लाना हुआ। अब आप भूखे भी रह जाओ, जानवरों का तो पेट भरना ही हुआ न! फिर इसके दो बच्चे हुए छोटे-छोटे। बैठ के कैसे चलेगा।" आगे के वाक्य में ताई काफी गंभीर और उदास होकर कहती हैं—*"ये पहाड़ की जिंदगी है। यहाँ औरत और बैल के बगैर कारबार नहीं चलता।"*

जिन औरतों के बगैर पहाड़ का कारोबार नहीं चलता उनकी जिंदगी का हाल चाल उस चिड़िया की कहानी में है जिसे पहाड़ों में 'तीनै र्‌वाटै की फिफरी' वाली चिड़िया की कहानी में आज तक कहा-सुना जाता है, क्योंकि आज भी उन इलाकों में, पार्वती जैसी अभागी लड़कियाँ उस कहानी के अंतर्निहित सच की गवाही देती रहती हैं। कौन है यह पार्वती? वही जिसे रमा और हरीश के बूढ़े पिता गर्भवती करके परलोकगमन कर चुके हैं। वही जो उपन्यास की विषादपूर्णता और त्रासद स्थिति को हर क्षण संप्रेष्य बनाती है, वही जो प्रायः अपने दुःखों पर चुप्पी साधे हुए है और जब कभी मानवीय सहानुभूति के एकाध झोंकों का स्पर्श पाते ही सिसकने लगती है। रमा कभी ताई से कभी अपने बड़े भाई हरीश से बार-बार उसी की कहानी सुन रही होती है—कभी उत्सुक होकर, कभी उदासी के मौन में डूबकर। हरीश ने किंचित रद्दो बदल के साथ जो कहानी रमा को सुनाई है वह पहाड़ों और पहाड़ी औरतों की जिंदगी के बारे में बहुत कुछ कह जाती है, *"कहते हैं यह चिड़िया नहीं, वास्तव*

में एक लड़की है। इसका विवाह जिस परिवार में हुआ था, वह बहुत गरीब था। कड़माऊ की जमीन थी (ऊँची जगह की सिंचाई वाली जमीन)। एक बार कई साल तक वर्षा समय पर नहीं हुई। इससे सारे इलाके में त्राहि-त्राहि मच गई। उसके पति को कहीं परदेश काम की तलाश में जाना पड़ा। घर में वह सास-ससुर के साथ रह गई। सास कहते हैं बहुत जल्लाद थी—जैसी कि अक्सर कहानियों में होती है। दिनभर काम करवाती और खाना नहीं देती। बहू अगर एक रोटी से ज्यादा माँगती तो जलती लकड़ी से मारती। लड़की को अपने पति से बहुत प्रेम था, इसलिए वह इस इंतजार में कि जब वह लौट आएगा, उसके दुख के दिन पूरे हो जाएँगे, किसी तरह दिन काटती रही। कहते हैं, इस तरह कई वर्ष बीत गए पर पति नहीं आया। इधर सास के जुल्म बढ़ते गए और एक दिन दुखी होकर वह लड़की रौ (नदियों में समतल जगहों पर बन जाने वाले स्थल) पड़ गई। और रौ पड़ते ही उसकी आत्मा एक चिड़िया में बदल गई। वही यह चिड़िया है, जो आज तक बेचैन अपने पति को तलाश रही है।"

"उसका पति लौटा?" अचानक गोविंद ने पूछा।

"मुझे क्या पता वैसे अगर लौटा होता तो उसकी तलाश खत्म न हो गई होती।" हरीश अभी चुप भी नहीं हुआ था कि पार्वती की सिसकियों से अंधकार काँपने लगा!

वही पार्वती जिसके बारे में हरीश को ज्यादा कुछ पता नहीं है, फिर भी वह इतना तो समझ ही सका है कि पार्वती इसी लोक कथा के असली सच का एक और नाम है जो आज तक भारतीय लोक जीवन की चिर प्रताड़ित नारी के रूप में सदियों से एक प्रश्न की तरह हमारे सामने खड़ी है।

उपन्यास के उत्तरार्ध—लगभग अंतिम खंडों में ही जबकि स्वर्गीय दीवान सिंह की तेरहवीं की क्रियाएँ चल रही हैं, वापसी शीर्षक 21वें अध्याय में पार्वती का भाई जगत रात में आकर सहमते हुए यह सूचना हरीश को देता है कि "दीदी की तबीयत बहुत खराब है।" और हरीश एक आकुल और उद्यत उत्तर की तरह उसे देखने और उसकी मदद के लिए तत्काल उठ खड़ा होता है। वह अपनी चिकित्सक बहन रमा को भी जैसे-तैसे चलने को मजबूर कर देता है। यह जान लेने पर भी कि अत्यधिक गर्भस्राव से पार्वती के बचने की उम्मीद लगभग नहीं है, वह उसकी मदद के लिए रात के बारह बजे अकेले ही निकट के कस्बे मासी के लिए निकल पड़ता है। जैसे ही वह रात के ठंडे घने कोहरे में खो जाता है वैसे ही उसके पीछे दो आदमी तेजी से उतरते हुए आवाज लगाते हैं—"रुको हो ठाकुर साब! जरा रुको तो, हम भी आ रहे हैं।" (पृ. 230) इसके चार पृष्ठ पहले ही रमा को नसीहत देने के अंदाज में हरीश कह चुका है—*"यह एक सामान्य तकाजा है, आत्मीयता का। मान लेते हैं कि ऐसा जीने-मरने का प्रश्न नहीं है, पर सवाल उनके विश्वास का तो है ही ना! हम उनके लिए भगवान की तरह हैं। अपने कठिनतम समय में उन्होंने हमें याद*

किया है। क्या अपने आप में यह काफी नहीं है?"

उपन्यास के पन्ने-पन्ने पर पहाड़ी जिंदगी का यह कठिनतम समय दर्ज है और हमें पुकार रहा है। जो कैरियरजीवी और स्वार्थी बुद्धिजीवी हैं, उन्हें यह पुकार शायद ही उचित और सुनने योग्य जान पड़े। किंतु अपने लोगों के प्रति, मानवता के प्रति जिनकी भावनात्मक प्रतिबद्धता सनक की हद तक जीवित है, वे निश्चय ही हरीश की ही तरह अपने दायित्वों को समझते हुए तत्काल उठ खड़े होंगे। मरणासन्न जिंदगी के लिए उनके मुँह से रमा की तरह इस तरह के हताश और फूहड़ वाक्य कभी न निकलेंगे– *"इट्स आलरेडी टु लेट। ए मैटर ऑफ टाइम ओनली।"* बल्कि हरीश के शब्दों में यह कहेंगे– *"वी मस्ट डू समथिंग।"* पता नहीं पंकज ने इस 'हम' में समस्त पर्वतीय लेखकों, विचारकों और समाजसेवियों को संबोधित किया है, या फिर सारे हिंदुस्तानी लेखकों-बुद्धिजीवियों को। पर इतना तो साफ है कि जिंदगी यहाँ काफी करीब से और तरह-तरह से देखी जा सकती है। कभी ताई के जरिए, कभी खिमानंद ताऊ के जरिए तो कभी बसंती और डोल्मा की कहानियों के जरिए तो कभी पहाड़ी जीवन के इतिहास और लोकवृत्तों के जरिए।

उत्तराखंड की पुरातन संस्कृति की एक भरी-पूरी प्रामाणिक झाँकी पेश कर क्या लेखक ने इस तथ्य से आँख मूँद लेना चाहा है कि अब वहाँ किसी हलचल की कोई उम्मीद नहीं है और सारे के सारे राजनीतिक दावे झूठ और मक्कारी के उदाहरण भर हैं? क्या यह लेखक पहाड़ी जीवन को सामुदायिकता के चौखटे के भीतर सीमित कर देने की इच्छा रखता है? अगर ऐसा है तो क्या उसका यह उद्यम अनैतिहासिक और सामजिक दृष्टि से हानिकारक नहीं कहा जा सकता? पहाड़ की जिंदगी के बारे में क्या उसका रवैया सैलानियों सा है? या फिर वह राजकपूर जैसे फिल्म निर्माताओं की निगाह लेकर उधर गया सा लगता है? उपन्यास को पढ़ने के बाद ये सारे प्रश्न झूठे और निरर्थक साबित होते हैं और उपन्यास लेखक एक ऐसे पथ-दर्शक के रूप में उभरता है जिसकी निगाह नए विचारों और नए मूल्यों पर है। जिसका जीवन-बोध रूमानी न होकर यथार्थपरक है। पहाड़ी जीवन को जो कदम-कदम पर नए रूप में पुनःसंगठित करने की प्रेरणाओं से उद्दीप्त है।

अपने इस उद्यम में उसने अपने भावुक लगावों को ऊर्जा की तरह इस्तेमाल किया है। स्वयं पहाड़ी होने के नाते यह उसकी सुविधा भी है और जिम्मेदारी भी। किंतु केवल पहाड़ी होने या पहाड़ के प्रति भावुक लगाव मात्र से क्या कोई अपने गंभीर लेखकीय दायित्व की पूर्ति कर सकता है? दुनिया की आबादी आज जिस तरह से परस्पर करीब आती जा रही है, जातियों, वर्णों के पुराने संबंध-मानक टूट रहे हैं, व्यवसायों और उद्योगों में भी परिवर्तन आते जा रहे हैं, पुराना ज्ञान-विज्ञान लगभग विस्मृति के गर्त में जा गिरा है। जीवन-यापन की नई मर्यादाओं ने ऐसे दूर-दराज के इलाकों को भी अपने प्रभाव में लेना शुरू कर दिया है, वैसे में क्या किसी भी

आबादी के टुकड़े के बारे में सोचते हुए हम विश्व-जीवन-प्रवाह की अनदेखी कर सकते हैं? क्या यह दावा भी कर सकते हैं कि कला की दुनिया सर्वतंत्र स्वतंत्र है और राष्ट्रीय और सामाजिक समस्याओं पर विचार करते हुए लेखक का काम किसी मनोराज्य की रचना भर है? प्रेमचंद जैसे लेखकों ने अपने प्रारंभिक लेखन में यह मुगालता पाल लिया था और 'सेवासदन', 'कर्मभूमि', 'रंगभूमि' जैसे कथानकों की रचना कर सके थे। धीरे-धीरे वे भी इसी निष्कर्ष के निकट आए कि जीवन-व्यापार अत्यंत जटिल है और हमारे युग के लेखक का काम उस जटिलता को व्यवस्थित रूप और वैज्ञानिक ढंग से रेखांकित कर देना है। प्रेमचंद का गोदान इसी रूप में हमारे सामने आता है। पंकज ने अपने इस उपन्यास में अकेले पहाड़ी जीवन नहीं, बल्कि संपूर्ण भारतीय लोक जीवन की विभिन्न परतों को खोलने का काम किया है और इसके लिए उन्हें कई नए-पुराने ज्ञानानुशासनों की सहायता लेनी पड़ी है। अनुभव और ज्ञान, इतिहास और पुराण, लोक और शास्त्र, परंपरा और आधुनिकता के मिलन-बिंदुओं की तलाश में वे जिन वैचारिक मुठभेड़ों से होते हुए गुजरे हैं, वे जितनी दिलचस्प हैं, उतनी ही आँख खोलने वाली भी। पंकज घोषित तौर पर मार्क्सवादी हैं, या गाँधीवादी, समाजवादी हैं या आधुनिकतावादी। वे जो भी हों किंतु यह सच है कि वे अपनी भूमि और उस पर निवास करने वाले अपने पुरखों और उनके वर्तमान वंशजों के समुदाय से पूरी तरह जुड़ाव और जिम्मेदारी महसूस करते दिखाई देते हैं। कथानक में यह जुड़ाव और दायित्व बोध हरीश के माध्यम से व्यंजित हुआ है।

हरीश के बचपन और किशोर जीवन की सारी यादों में पहाड़ी गाँव उस गाँव के निवासी पालतू जीव-जंतु और नाते-रिश्ते नए सिरे से जीवित हो उठे हैं। आया तो है वह अपने पिता की तेरही में किंतु उसके सारे क्रिया-कलापों और व्यवहारों में तीव्र जिज्ञासा, गहन अध्यवसाय, प्रखर आत्म सजगता और द्वंद्वहीन दायित्व बोध की सम्मोहक झलक है। यद्यपि वह बहुत कुछ जानता है, उसे बहुत कुछ याद भी है, फिर भी वह अपने बड़े-बुजुर्गों से और अधिक जान लेना चाहता है। अपने अतीत (इतिहास) को जानने और उसके प्रति अपनी निर्णायक जिम्मेदारी तय करने के दौरान हरीश न तो कहीं उदास होता है, न तटस्थ, न विचलित। बल्कि उसकी निर्मम तत्त्वभेदी दृष्टि और विकृत हो उठे अतीत के प्रति उसकी गहरी सदाशयता में कोई ऐसा भ्रमपूर्ण अंतर्विरोध नहीं है, जो यह साबित होने दे कि लेखक किसी वैचारिक उलझाव का शिकार है और उसका इतिहास बोध गड़बड़ा रहा है। अपनी मातृभूमि के प्रति उसका प्रेम इसलिए और भी गहरा है क्योंकि वह उससे टूटकर दूर बंबई में जा पड़ा है। कथानक के अंत में 'तोते की कहानी' में टूटने का यह विषाद चित्रित है। यह निश्चय ही एक भावनात्मक मूल्य है, किंतु इसे बौद्धिक स्तर पर भी झुठलाया नहीं जा सकता। बल्कि विचार करेंगे तो पाएँगे कि इस भाव के प्रति हमारे मन में न केवल प्यार है, बल्कि आदर भी है। इसे अधिक सगुण और सबल करने के लिए हमें अपने

दायित्वों के प्रति भी सुस्पष्ट होना होगा। कभी किसी गोष्ठी में मनोहर श्याम जोशी ने कहा था कि पहाड़ियों को संगठित होकर अपने पहाड़ीपन की रक्षा करनी चाहिए। किंतु पहाड़ में वह कौन-सी चीज है, जो रक्षणीय है? भूख, गरीबी, वीरानी, विकासहीनता, मानसिक पिछड़ापन, अंधविश्वास, असुविधाएँ और औरत की यातना? क्या यह सब रक्षणीय है? या फिर वह इतिहास जिसमें पहाड़ी जीवन की कठिन कर्म-पद्धति और मानवीयता हैं। पूरनचंद जोशी ने इस संदर्भ में एक और महत्त्वपूर्ण प्रश्न उठाया है कि प्रवासी शिक्षित समुदाय का पहाड़ीपन के लिए एक होने का क्या अर्थ है? हम मध्यवर्गी प्रवासी पर्वत प्रदेश के रोजमर्रा के जीवन के अनुभवों और दायित्वों से तो कट चुके हैं लेकिन जिस नए प्रदेश के निवासी बने हैं, उसके जीवन में दायित्वपूर्ण भूमिका के अवसर भी कहीं पहाड़ीपन की रक्षा के नाम पर हम न खो दें। इस प्रकार हम 'त्रिशंकु' की स्थिति में ही रहेंगे। (परिवर्तन और विकास के सांस्कृतिक आयाम, पृ. 234) जोशी जी ने अपने इस प्रश्न का उत्तर स्पष्ट करते हुए यह कहा है कि "आने वाले युग की पर्वतीय संस्कृति...पारंपरिक संस्कृति के केवल संरक्षण और संवर्धन पर आधारित नहीं होगी बल्कि वह प्रकृति को सर्वशक्तिमान समझ कर चलने वाली पारंपरिकता से अपने संबंध-विच्छेद की भी घोषणा करेगी तथा मानवीय शक्ति और दायित्व के नए मूल्यों पर आधारित होगी। केवल सांस्कृतिक संरक्षण का नारा इस मौलिक अर्थ में अपूर्ण है। हमें तो सांस्कृतिक पुनर्निर्माण की आवश्यकता है। संरक्षण का कानसेप्ट मध्यम वर्ग के अपने मानसिक संकट का द्योतक है। वह आधुनिक युग के लोक जीवन की उदयोमुखी और गतिशील मान्यताओं और मूल्यों का संकेत नहीं देता। इस बुनियादी दृष्टिकोण से मुझे श्री सुमित्रानंदन पंत के चरण-चिह्नों का अनुसरण कर अपने को एक साथ 'पहाड़ी,' 'हिंदुस्तानी' और व्यापक अर्थ में मार्क्सवादी (विश्व-मानवता और शोषित मानवता के प्रतिनिधि के रूप में) स्वीकार करने में जरा भी संकोच नहीं। पहाड़ी बुद्धिजीवियों को अपने पहाड़ी व्यक्तित्व को 'हिंदुस्तानीपन' और 'मार्क्सवाद' (यानी सामाजिक परिवर्तन के कानसेप्ट) से काटकर संकीर्ण और रूढ़िवादी दृष्टिकोण ही मिलेगा। प्रतिक्रियावादिता और इस दकियानूसीपन से व्यवसायी युग की संस्कारहीनता को नहीं भरा जा सकता, क्योंकि संस्कारहीनता या मूल्यहीनता तथा दकियानूसीपन परस्पर एक-दूसरे के पोषक हैं, वे एक सिक्के के दो पहलू हैं। मूल्यहीनता का निराकरण दकियानूसीपन से नहीं, बल्कि प्रकृति के साधनों के अनुपयोग या दुरुपयोग-जन्य दरिद्रता या शोषण-उत्पीड़न से पर्वतीय जन को मुक्ति दिलाने वाले नए वैज्ञानिक मूल्यों से ही हो सकता है...(परि. और वि. के सां. आयाम, पृ. 238) कहना न होगा कि उपन्यास में ये वैज्ञानिक मूल्य हरीश के माध्यम से चित्रित हुए हैं। पृष्ठ 111 पर वह पहाड़ के विकास पर पर्वतीय बुद्धिजीवियों की उदासीनता का हवाला देते हुए सुरेंद्र दा से कहता है, *'(1815 में अंग्रेजों के आने के बाद से, यानी डेढ़ सौ साल से भी कुछ ज्यादा से ही—ज्ञान-विज्ञान के हर क्षेत्र में बाहर जा-जाकर*

हमने नाम कमाया है, पर अपने घरों में हमने जरा-सा भी कोई सुधार या विकास नहीं किया। बल्कि पहाड़ छोड़ते चले गए'। 'हम लोगों ने अपने पूर्वजों की विरासत में कुछ नहीं जोड़ा है। बल्कि उन्होंने हमारे लिए जो छोड़ा था, उसका भी हम सही उपयोग नहीं कर पाए हैं।' पृष्ठ 68, पृष्ठ 111 और पृष्ठ 68 के हरीश के ये वक्तव्य पृष्ठ पचास पर रमा की इस चिंता के कितने निकट हैं– *"जिंदगी का अर्थ इस तरह की गतिविधिहीनता में दफ्न होना नहीं है, जहाँ अपनी ओर से जैसे कुछ होता ही न हो। आदमी की भूमिका प्रकृति का हिस्सा होना नहीं, और न ही वह कभी कुछ हुआ है। आदमी सदा प्रकृति में हस्तक्षेप करता रहा है और उसे अपने अनुकूल बनाता रहा है।"* यह चिंता भर नहीं है, सांस्कृतिक विकास के रहस्य का एक गंभीर संदेश भी है। यह और बात है कि जीवन व्यवहार के धरातल पर इसे सार्थक कर पाने का चरित्र तो केवल हरीश का है जो यह कह सका है कि यद्यपि पार्वती की बीमारी बहुत आगे बढ़ चुकी है और उसके बचने की गुंजाइशें बहुत कम हैं फिर हमें कुछ करना चाहिए। 'वी मस्ट डू समथिंग।' उपन्यास का यह मर्मवाक्य संपूर्ण भारतीय संस्कृति का सार वाक्य भी है जिसे रामायण, महाभारत और परवर्ती ग्रंथों में अनेक स्तरों पर रेखांकित किया गया है।

पर्वतीय अंचल के दूरस्थ गाँव के एक दकियानूसी पारिवारिक वातावरण वाले कथानक में रमा और हरीश का बीच-बीच में सहज भाव से अंग्रेजी वाक्यों का प्रयोग, हरीश की पारसी पत्नी की गुजराती बोलचाल की मिठास, कुमायूँनी के मुहावरों की स्वाभाविकता और आत्मीयता ने खड़ी बोली का एक ऐसा बहुभाषी रूप रच दिया है, जिसे उसकी निरंतर विस्तृत होती सीमाओं का परिचय मिलता है। इसी तरह उपन्यास में छोटी-छोटी कई लोककथाएँ, मर्मबेधी लोकगीत और कसमसा देने वाले घटना व्यापार जिस तरह गूँथे गए हैं उससे पंचतंत्र और हितोपदेश की कहानी-कला का एहसास होने लगता है। शिल्प के स्तर पर यह खूबसूरत संयोजन निराला बन पड़ा है, विचार के स्तर पर हमारी संवेदनाओं को झकझोरने वाला भी है। भारतीयता और आधुनिकता के बहुकोणीय मुठभेड़ में यह उपन्यास अपने बिंब में मध्यमार्गी है। बावजूद इसके कथानक की संरचना मूल प्रकृति में विषादमूलक होने के कारण पश्चिमी दुःखांत कथानकों का अनुसरण सा करता जान पड़ता है। किंतु अपनी बौद्धिक तत्परता और आत्मसजगता, सहज जीवनास्था और बुनियादी जीवंतता के चलते इसमें जैसी रंजकता और मनोहरता पैदा हुई है, उतना ही कुतूहल भी।

पूरा उपन्यास पढ़ चुकने के बाद एक बार जब हम अपने ध्यान को समग्र प्रभाव पर केंद्रित करते हैं तो महाभारत का यह वाक्य बार-बार सामने आ जाता है–यस्यबुद्धिः परिभवेत तमतीतेन सान्त्वयेत। चित्रार्थैः पूर्वराज्ञां कथाश्रयैः...कथाकार को चाहिए कि वह पहले के लोगों के जीवन की कहानियों को विचित्र अर्थों से भर कर अपने उन पाठकों को सांत्वना दे, जिनकी बुद्धि समय के संक्रमण में विचलित

हो गई हो। पंकज बिष्ट ने अपने इस उपन्यास में सचमुच यही कर दिखाया है। इसके लिए उन्हें जितनी बधाई दी जाए, उनका जितना भी अभिनंदन किया जाए—कम है।

'उपन्यास और लोक जीवन' में राल्फ फाक्स ने लिखा कि *उपन्यास वही लिख सकता है जिसके पास बड़ी जीवन दृष्टि हो। जो जिंदगी के अनुभवों को बड़े फलक पर रखने का गुर जानता हो।* इस उपन्यास में जिंदगी को उसके तमाम अनुभवों के साथ देखने और उसके टूटे बिखरे तारों को जोड़ने की गंभीर कोशिश की गई है। उपन्यास हमें ऐसी दुनिया में ले जाता है जहाँ हम अनुभव भी करते हैं, सोचते भी हैं, खुद एक घटना की तरह घटते भी हैं और जीवन-प्रवाह के कठोर भौतिक नियंत्रणों के बावजूद अपनी सारभूत सत्ता में स्वतंत्र भी बने रहते हैं। शायद कला इसी संतुलन का चमत्कारी परिणाम है। यह संतुलन ही जीवन को कलामय और कला को जीवन-यथार्थ के करीब ले आता है।

'उस चिड़िया का नाम' जैसा उपन्यास लिखकर पंकज ने स्वयं को उन बड़े कथाकारों में स्वयमेव प्रतिष्ठित कर लिया है, जो हिंदी उपन्यास की गौरवशाली परंपरा के महत्त्वपूर्ण कृती हैं। इस उपन्यास के संदर्भ में इस परंपरा पर फिर से बातचीत करना अब जरूरी जान पड़ने लगा है।

पुरुष की जकड़ से बाहर होती जाती स्त्री : मुझे चाँद चाहिए*

अपने नए अनुभव-क्षेत्र, नाटकीय वृत्तांतपरकता और दिलचस्प किस्सागोई के चलते कुछ कृतियाँ अपने पाठकों को लपेट में ले लेती हैं और वे उन पर लट्टू होते चले जाते हैं। भाषा की अति विशिष्टता, कथा-प्रसंगों को चौंका डालने वाली उत्तेजक शृंखलाबद्धता, स्त्री-पुरुष के सनातन आकर्षण, प्रेम-अप्रेम की हल्की और गहरी भंगिमाएँ, इनके सहयोगी संघात से विकसित होते चरित्र भी पाठकों को कुछ कम आकृष्ट नहीं करते। ख्यात नाटककार सुरेंद्र वर्मा के उपन्यास 'मुझे चाँद चाहिए' और उसकी नायिका वर्षा वशिष्ठ की जीवन-कहानी ने समकालीन हिंदी उपन्यास के मध्यवर्गीय पाठकों और पाठिकाओं को खास तौर से रोमांचित और उत्साहित किया है।

अपने छिटपुट, उतार-चढ़ावपूर्ण विद्रोही स्वभाव और कठोर पवित्र संस्कारों (?) को तोड़कर अपनी औसत प्रतिभा और बेहतर आजीविका को अर्जित कर स्वयं को सफलकाम मान चुकी एक युवा हिंदी प्राध्यापिका ने उपन्यास को पढ़ चुकने के बाद एक बातचीत में मुझसे यह कहा कि—'यह तो जैसे मुझी पर लिखा गया है।' उसे सुन चुकने के बाद मैंने मुस्कराते हुए टिप्पणी की—'तुम्हीं पर क्यों, उन तमाम लड़कियों और युवतियों पर क्यों नहीं, जो अपने घर-परिवार के स्त्री-विरोधी संस्कारों से भीतर ही भीतर लड़ना चाहती हैं और कुल-खानदानों की न कुछ सी पहचानें मिटाती हुई, अपनी सोई हुई क्षमताओं और दृश्य संभावनाओं को साकार और उजागर करती हुई, उस गुलामी से बाहर आने को आकुल-व्याकुल हैं, जो सदियों से स्त्री को उसकी स्वाधीनता और पुरुषार्थ-प्रतिपादन से वंचित किए हुए आ रही है।' उपन्यास सचमुच एक ऐसा प्रश्न उठाता है जो कथा की नायिका सिलबिल (राधिका शर्मा) का नहीं, अपितु वर्षा वशिष्ठ का भी है और इस बहाने उन सबका है जो अबलात्व से भरपूर जीवन से तंग आ चुकी हैं, भीतर ही भीतर उससे चिढ़ती हैं और उस देवीपन के प्रति भी कोई रुचि नहीं रखतीं जो बुनियादी तौर पर पुरुष-मानस की ही गढ़ी हुई

* मुझे चाँद चाहिए : सुरेन्द्र वर्मा

एक और छवि है। यह समय न तो अबलाओं का है न देवियों का। यह उन स्त्रियों का है, जो पुरुष-वर्चस्वी व्यवस्था के प्रति सिरे से असहमत हैं और लड़-झगड़ या मर-कुट कर उस स्वत्व को पा लेना चाहती हैं, जो सदियों से 'लावे' की तरह उनके भीतर धधक रहा है। यह उपन्यास उस 'लावे' के बाहर आने की एक कहानी है।

उपन्यास की नायिका वर्षा वशिष्ठ अपने किशोर-काल से लेकर अपनी सफलताओं तक पहुँचने के बीच जिन-जिन सँकरे मुठभेड़परक और अपमानपूर्ण रास्तों से होकर गुजरती है, उससे यह तो अनुभव होता ही है कि स्त्री की स्वाधीनता की राह इतनी आसान नहीं है। हर मोड़ पर जगह-जगह उसकी स्वाधीनताओं के शत्रु पहरेदार के रूप में बैठे हैं। वे पिता हो सकते हैं, भाई-बहन भी, रिश्तेदार और रक्त-संबंधी भी। वे सारे लोग जो घर से दफ्तर, बाजार, जीविका की तलाश में निकली स्त्री के उन नए-नए कार्यक्षेत्रों में भी, जिन्हें उसने चुना है।

बीसवीं सदी के चालीस के दशक में महादेवी वर्मा ने आत्मचित्रात्मक आत्माभिव्यक्तिपूर्ण जो कविता लिखी थी उसकी दो-एक पंक्तियाँ मुझे इस संदर्भ में याद आ रही हैं। कविता है—'पंथ होने दो अपरिचित, प्राण रहने दो अकेला। अन्य होंगे चरण हारे, राह में दे लौटते जो शूल को संकल्प सारे। दुखव्रती निर्माण उन्मद ये अमरता नापते पद। उस वक्त महादेवी ने दुखव्रती निर्माण उन्मद या फिर आँसुओं की हाट औ' चिनगारियों का एक मेला जैसे काव्य-बिंब रचकर अपनी अनुगामिनियों को यह सन्देश तो दे ही दिया था कि रास्ते इतने आसान नहीं हैं। सदी के अंतिम दशक में लिखे गये उपन्यास में इन मुश्किलों से भरे रास्तों को बेहद प्रामाणिकता और ईमानदारी से चित्रित किया गया है।

मुश्किलों से भरे इन रास्तों पर अति महत्त्वाकांक्षी और बिंदास वर्षा जिस रूप में अद्भुत आत्मनिर्भरता, निष्ठुरता और जिजीविषा की गवाही देते कदम रखती है उससे प्रसाद का चंद्रगुप्त नाटक में कहा गया यह कथन बार-बार कौंध उठता है कि महत्त्वाकांक्षा का मोती निष्ठुरता की सीपी में पलता है।

स्त्री की कोमलता और पारस्परिक सहिष्णुता यहाँ धीरे-धीरे कठोर या सख़्त होकर जितनी संघर्षपूर्ण हो उठी है, उसके ढेर सारे चित्रणात्मक वृत्तांत उपन्यास में हैं। वर्षा के इन संघर्षों में जिस एक अन्य स्त्री की ऊर्जा और संघर्ष का ताप मिला हुआ है उसका नाम है दिव्या कात्याल। वर्षा ने अपने भाई के इस सवाल का कि "यह मिस कात्याल कौन है" के जवाब में कहा—"मेरी टीचर...मेरी सहेली...मेरी सब कुछ..."। इसी भाई से जो पीलीभीत में किराए के एक बोसीदा कमरे में भाई-बहनों के बेहतर भविष्य के लिए पेट-काट कर गुजारा कर रहे थे, और वर्षा के लिए भी चिंतित थे कि किसी तरह उसका भी घर-द्वार बस जाए, वर्षा ने कहा था—"शादी मुझे उतने महत्त्व की नहीं लगती जितना अपने पाँवों पर खड़ा होना लगता है।" समूचा उपन्यास स्त्री के इसी संकल्प की और उसके लिए किए गए संघर्ष की कहानी है।

एक निम्न मध्यवर्गीय पुश्तैनी ब्राह्मण परिवार की तमाम रीतियों, कुरीतियों, ओढ़ ली गईं मर्यादाओं और प्रचलित सामाजिक प्रतिष्ठाओं के बीच स्कूल जाती, पढ़ती-लिखती यशोदा शर्मा जिस दिन अपना नाम बदल वर्षा वशिष्ठ (सही पद वसिष्ठ) हो जाती है, तो यह खबर उसके पिता किशनदास शर्मा तक भी पहुँच ही गई जो प्राइमरी स्कूल में संस्कृत के प्राध्यापक थे। धोती, चप्पल, गाँधी टोपी के साथ कवि कुलगुरु कालिदास के प्रेमी पाठक थे। यशोदा शर्मा ने अपने पिता के इस सवाल का–'तुमने अपना नाम बदल लिया है?' का जवाब देते हुए जो कहा वह निम्न मध्यवर्गीय परिवार में छोकरी समझी जाने वाली लड़की का उत्तर नहीं है सिर्फ तमाम उन लड़कियों की जबान है, जो हमारे इस दौर में अपने आस-पास, प्रतिपल खड़े सवालों के डंक से हलाकान हैं, जैसे कि क्यों पैदा हुईं, इस जीवन का उद्देश्य क्या है, क्या उन्हें भी वैसा ही जीवन जीना होगा जैसा उनके माता-पिता, दादा-दादी या बुआ और बहनें जी रही हैं या फिर एक ऐसा जीवन जो प्रत्येक स्त्री को उसकी अपनी पहचान दे। यशोदा उर्फ सिलबिल अर्थात् वर्षा वशिष्ठ ने कहा–एक घिसा-पिटा दकियानूसी नाम। उन्होंने किया क्या था? सिवाय किशन को पालने के? और छहों ऋतुओं में ऋतुसंहार पढ़ते हुए मुझे वर्षा सबसे अच्छी ऋतु लगी।

पिता के इस प्रश्न पर कि नाम से जाति का अता-पता तो मिलना चाहिए, वर्षा ने कहा वशिष्ठ हमारा गोत्र है। उससे यह तो मालूम हो ही जाता है कि यह ब्राह्मण है। वैसे भी यह एक महान मुनि का नाम है।

यह केवल पिता-पुत्री संवाद नहीं है। अस्मिता खोजी होनहार युवा पीढ़ी की ओर से यथास्थितिवादी, दकियानूस मानसिकताओं को ढोते उस समाज का संवाद है जो यह अनुभव भी नहीं कर पा रहा कि समय ही नहीं, विचार और संस्थाएँ यहाँ तक कि व्यवस्थाएँ भी गतिशील होती हैं और युगानुकूल बदलाव ही उनकी सार्थकता की रक्षा कर पाते हैं। इस रूप में यह केवल स्त्री होती यशोदा शर्मा नामक लड़की (पिता की निगाह में छोकरी) की सोच नहीं है, जन्म लेती उस नई पीढ़ी की सोच है, जो स्वयं को नए सिरे से पहचानना और परिभाषित करने को व्याकुल है। उपन्यास की यह छोकरी भूतपूर्व यशोदा शर्मा वर्षा वशिष्ठ होकर ही नहीं रह जाती। स्कूल और कॉलेज, कस्बा शाहजहाँपुर से लखनऊ, फिर दिल्ली और मुंबई तक का प्रतिरोधपूर्ण, प्रतिस्पर्धा और प्रतिद्वंद्वितापूर्ण सफर जिस जिद, दृढ़ता, आत्मविश्वास और कठोर साधना के बल पर करती है, दिव्या कात्याल जैसी फिलॉसफर और गाइड की प्रेरणा, प्रोत्साहन और सहारे के सहारे धीरे-धीरे अपनी जिन छिपी हुई संभावनाओं को पहचानती है, उसके लिए दकियानूसी घर-परिवार, नाते-रिश्तेदारों की जैसी आलोचनाओं, डाँट-फटकार, मार-पीट तक की शिकार होती है, वह सब यह भी सूचित करता है कि यशोदा शर्मा का नाम बदलकर वर्षा वशिष्ठ हो जाना सिर्फ नाम बदलना नहीं है, एक चले आते, जैविक जीवन प्रवाह का नए सांस्कृतिक जीवन प्रवाह में

रूपांतरण होने का संघर्षपूर्ण इतिहास भी है।

उपन्यास के शुरुआती पृष्ठ बेहद चमत्कारपूर्ण, उत्तेजनाकारी और बौद्धिक विस्मयता से भर डालनेवाले हैं। कथाकार ने घटना प्रसंगों की जैसी नाटकीय कल्पना की है, स्थितियों का चित्रण और बयान किया है, वे नाटकीय स्वाभाविकता का सौंदर्य लिए हुए हैं। जीवन-यथार्थ और परिवेश का भी इतना सूक्ष्म और गंभीर चित्रण है कि पंक्तियाँ कई-कई बार का पाठ माँगती हैं। भाषा बेहद सटीक, सजग, सोचती, समझती और कहती हुई सी जैसे विचार और भाव, द्वंद्व और अंतर्द्वंद्व प्रतिक्षण आकार लेता नुकीला यथार्थ अपने तमाम नुकीली चुभनों के साथ हमें घेर कर खड़ा हो।

शाहजहाँपुर से लखनऊ की ओर कदम बढ़ाती वर्षा और उसके पिता के ये संवाद भी कुछ कम उत्तेजक नहीं हैं—

"तेरा दिमाग तो नहीं चल गया? यहाँ पैसे-पैसे के लाले पड़े हैं और तू है कि..."

सिलबिल ने बात काट दी—"पैसे मैं दूँगी—साठ रुपए। पहली को मुझे कॉलेज से मिल जाएँगे।"

"आहा हा हा, बड़ी धन्ना सेठ बनी है।" पिता भड़क उठे, "बहुत हो गई रामलीला। चुपचाप बैठ घर में।"

"मुझे जाना है। जून में ड्रामा है वहाँ।"

पिता क्रोध से काँपने लगे, "सिलबिल मेरा हाथ उठ जाएगा, दूर हो जा मेरी आँखों से..."

सिलबिल ने पिता को इतने आक्रोश में पहली बार देखा था। पर उसे डर नहीं लगा। सिर्फ वितृष्णा हुई (अभी एक साल और इन लोगों की सूरतें देखनी हैं)। वह अपने दाँत सख्ती से दबाती ऊपर चली गई। अगले दिनों घर में ऐसा तनाव रहा कि अगर तीली दिखाओ तो विस्फोट हो जाए।

फिर भी संकल्पों से भरी हुई वर्षा दो जून को सुबह नौ बजे हाथ में सूटकेस लिए घर के जीने से उतरी और पिता का थप्पड़ खाती, उन्हें आग्नेय दृष्टि से देखती, जिसमें चुनौती का धिक्कार था।...सख्त भाव के साथ एक कदम बढ़ाकर साँकल खोल ली...।

गिनें तो यह कोई पहली साँकल नहीं थी, दूसरी, तीसरी या चौथी हो। फिर तो उसके ये 'कदम' कहीं रुकते नहीं। वह चलती चली जाती है महादेवी की ही जैसे इन पंक्तियों को साकार करती—बाँध क्या लेंगे तुझे ये मोम के बंधन सजीले...। फिर तो रंगमंच से फिल्म तक की उसकी यात्रा—'मुश्किलें ही मुश्किलें हैं राहे-मंजिल में यहाँ, के बावजूद—'हौसले ही हौसले हैं आजमाने के लिए' का पर्याय बनती चलती चली गई है पर इस यात्रा को वर्षा ने जिस असाधारण संकल्प, विरल साधना, कठोर श्रम और दुर्लभ आत्मविश्वास से संपन्न किया है, वह शलभ के इस जाने-पहचाने शेर से गुजर कर ही अनुभव किया जा सकता है—

एक दिन तारीखे-इंसानी में लिक्खा जाएगा
बिजलियों ने की बगावत आशियाने के लिए॥

अपनी सफलताओं की अभीप्सित मंजिलों पर पहुँच वर्षा ने जो आशियाना बनाया, अब उसमें वे पिता और भाई-बहन भी आने-जाने लगे हैं, जिन्होंने रुकावटों का एक अलंघ्य पहाड़-सा कभी बनाया था। उपन्यास में उन्हीं पिता का यह वाक्य भी दर्ज हो उठा है—'समय के अनुसार विधि-विधान भी बदलते हैं।' कवि कुलगुरु ने कहा है पुरानी होने से ही कोई चीज अच्छी नहीं हो जाती, न नई होने से बुरी होती है। ज्ञानीजन दोनों को परखते हैं और श्रेष्ठ को अपनाते हैं। उपन्यासकार की टिप्पणी है—शंकर और जनक के धनुष-जैसी दृढ़ पिता की कर्मकांडी मान्यताएँ अचानक 'फ्लैक्सिबिल' होने लगीं, वर्षा ने कौतुक के साथ सोचा, क्या यह 'अरमानों के मजार पर जलने वाली दिल की शमा' का प्रताप नहीं?

फिर भी तीर्थाटन करते बूढ़े पिता की उपस्थिति में वर्षा का मदिरापान फिर से वे नाटकीय समक्षताएँ पैदा कर देता है और पिता असमंजस और उलझन में पड़ जाते हैं और वर्षा उनके इस प्रश्न पर कि "सिलबिल! तुम मदिरापान भी करती हो?" के बाद स्वयं को कुछ देर के लिए कठघरे में अनुभव करने लगती है। पिता कुछ झुँझला भी उठे हैं, "अपनी सात पीढ़ियों में किसी पुरुष ने भी मदिरा को हाथ नहीं लगाया होगा—स्त्री की तो बात ही छोड़ो।" तब वर्षा के सामने एक साथ कई भावात्मक चुनौतियाँ और मर्यादाएँ आ खड़ी हैं। उसके कठोर उत्तर कहीं उसके आर्थिक स्वावलंबन के 'ऐरोगेंस' को प्रदर्शित तो नहीं करेंगे। लेकिन तर्क के सारे दरवाजों के पार जाकर अंततः उसे यह कहना ही पड़ गया अपने बूढ़े पिता से—परिवार की सात पीढ़ियों में से किसी स्त्री ने काम नहीं किया, पर मैं कर रही हूँ। काश कथाकार 'काम' शब्द से पहले 'यह' लगा देता तो सातों पीढ़ियों की अज्ञात स्त्रियों का न भी सही वर्षा की दादी और माँ का मान तो रह ही जाता, जिसकी कमर और रीढ़ की हड्डी घर सँभालते सँभालते ही झुक गई होगी।

बहरहाल फिर तो बौद्धिक उदारता की ओर बढ़ते पिता और पारिवारिक रूढ़ियों को तोड़ती और जड़बद्ध संस्कारों को दरकिनार कर आगे बढ़ती वर्षा में शायद ही कोई ऐसा संवाद हुआ हो और नाटकीय समक्षता घटित हुई हो।

पर वर्षा का चरित्र-विकास यहीं रुक नहीं जाता। अपने सहपाठी फिर मित्र, फिर प्रेमी और प्रणयी हर्ष की यातनापूर्ण दारुण मृत्यु के बाद उसके गर्भ की जिम्मेदारियाँ उठाए चलती वह हर्ष की माँ और बहन से जो उसकी संभावित सास और ननद थीं—जो कुछ कहती है—वह भी कुछ कम दुस्साहसिक नहीं है बल्कि दुर्दम जिजीविषा की ऐसी मिसाल जो किसी को भी विस्मित कर सकती है। वर्षा ने तनाव मंथन की प्रक्रिया से गुजरते हुए, मिसेज़ मेहता के क्लिनिक से लौटते, रास्ते में मन ही मन फिर एक नया संकल्प दुहराया—मैं हर्ष के बच्चे को स्वीकार करूँगी...यह जानते हुए भी कि यह निर्णय

उसके लिए कंटक-पथ साबित होगा, उसने भीतर ही भीतर यह संकल्प भी लिया कि हर्ष ने आत्मसंहार की जो कायरता प्रदर्शित की, उस रास्ते वह कदापि नहीं चलेगी। उसके विवेक ने यह भी सोचा—उसके पेट में जो बीज है, वह सिर्फ हर्ष की ही स्मृति नहीं उसका अपना भी अंश है। वह उन दोनों की साझी प्रतिबद्धता है। अपनी *कला-निष्ठा* के बाद वह वर्षा का सबसे महत् मानवीय *गठबंधन* है। उसे अंदाज था, इस जीद की स्वीकृति उसके आगामी जीवन की दिशा और प्रकृति बदल देगी।

पेड़ों के झुरमुट के बीच सूखे पत्तों पर चलते हुए उसने मन-ही-मन कहा, *मैं इस फैसले का मूल्य* चुकाने को तैयार हूँ...।

वर्षा का चरित्र इसी कला-निष्ठा, महत् मानवीय गठबंधन, और फैसले का मूल्य चुकाते चलने की कथा है। उपन्यास का एक और सौंदर्य उसकी विशिष्ट, गंभीर, संदर्भ-प्रचुर, बहुस्तरीय और अनन्य अर्थी भाषा है जिसे हम चाहें तो नाटकीय गद्य-काव्यीय भी कह सकते हैं। कविकुल गुरु कालिदास, महान नाटककार शेक्सपियर, ब्रेख्त, ग़ालिब, मज़ाज लखनवी के सटीक, आशय-गर्भित पदांशों से अलंकृत, नाटक, रंगमंच, कला और व्यावसायिक फिल्मों की तकनीकी शब्दावलियों से संपन्न यह भाषा इतनी विषय-सक्षम, चित्रण-दक्ष, अर्थगर्भी और नाटकीय खूबसूरती लिए हुए है कि बार-बार एहसास होता है कि हम औपन्यासिक वृत्तांतपरकता और नाटकीय संवादात्मकता के कहीं बीचोंबीच खड़े हैं। प्रसंगों की योजना का शिल्प भी औपन्यासिक कम किंतु नाटक के शिल्प के करीब ज्यादा है।

अनेक प्रकार की विविधताओं से परिपूर्ण इस भाषा में आधुनिक होती हिंदी के संभावनाओं के अनेक द्वार भी खुलते दिखाई देते हैं। संस्कृत, अंग्रेजी, उर्दू और बोलचाल की हिंदी को यहाँ जिस घनिष्ठ अर्थमयता में पिरोया गया है वह बार-बार हमें याद दिलाती है कि भाषा केवल सतही और सहज संचार नहीं है। वह एक संक्रमणशील आधुनिकोन्मुख गतिशील सामाजिक प्रवाह की एक ऐसी धुरी है जिस पर केवल घटनाओं के स्थूल चक्र ही नहीं घूमते, वह परंपरा, सांस्कृतिक अवचेतन, व्यवहारपरक रूप और सभ्यताई भंगिमाएँ भी प्रकट और व्यक्त होती हैं, जिनसे एक समूचा समाज पहचाना जाता है। यह जानते हुए भी कि यह मध्य वर्ग के सुपठ लोगों की कलात्मक अभिरुचियों और जीवंतताओं का सौंदर्य प्रकट करने वाली भाषा है, न कि प्रेमचंद आदि की तरह आमफहम जनोन्मुख वृत्तांतपरक भाषा, इससे भाषा और उपन्यास के नए संबंधों और संभावनाओं की शुरुआत तो होती ही है।

अपने चरित्रों के बाह्य और अंतर्जगत के यथार्थ का आलोड़न-विलोड़न प्रकट करती, जब तब व्यंग्य विडंबना और विद्रूप का रस लेती, अपनी संदर्भ-बहुलता और सांकेतिकता के ऐश्वर्य में आत्मलीन यह यहाँ जिस गति और मुद्रा में है, उसमें कभी डूबकर कभी तैरते हुए, कभी गोताखोरी सी करते और कभी वस्तुधर्मी गतिशील जीवन की तरंगों में तल्लीन होते ही सहज रहा जा सकता है। इसकी उपमाएँ तो इतनी

ताजी और अनूठी हैं कि लगता है कथाकार कवि कुलगुरु कालिदास से अघोषित प्रतिस्पर्धा सी कर रहा हो। खंड दो के 'आइ एम इन लव' वाले प्रसंग में हर्ष और वर्षा के प्रथम चुंबनों का चित्रण करते हुए कथाकार उपमा देता है—'जैसे गर्म चाकू की नोक मुलायम मक्खन को पिघलाते हुए चीर रही हो...।' आगे का वर्णन भी कुछ कम अर्थगर्भी, सांकेतिकताओं से परिपूर्ण और भावोत्तेजनाकारी है—

"ऐसी पार्टी विरोधी गतिविधि ठीक नहीं कामरेड दुभेगो।" उसने अपना स्वर सुना और हँसने लगी।

हर्ष ने मुस्कान के साथ उसे देखा। फिर व्यंग्य चुंबन से उसकी हँसी को दबा दिया। हँसी कुछ क्षण फड़कती रही—जैसे कपोत की गर्दन पर नस। फिर शांत हो गई सुख से विभोर।

इसी खंड में पृष्ठ एक सौ उन्नीस-बीस पर प्रणय-दृश्य को अत्यंत कुशलता से उरेहते हुए जिन सधे हुए वाक्यांशों की मदद ली गई है, उससे भाषा की जीवंतता, गंभीरता, शालीनता और मूर्तनता का अनुभव एक साथ किया जा सकता है। भाव से कर्म, कर्म से विचार, विचार से फिर भावपूर्ण, जीवन की ओर लौटती भाषा का यह अंदाज इतना सुरुचिपूर्ण अभिजात और सलोना है कि अपनी इस भाषा पर मुग्ध रह जाना पड़ता है। यह जितनी दक्ष स्थितियों के निरूपण में है, उतनी ही कुशल चरित्रों की बुनावट और बनावट में भी, इनसे भी कहीं ज्यादा एक जटिल बौद्धिक जीवन-प्रवाह के निरसन में समर्थ है। इसमें न तो झिझक है, न प्रतिबंध, न संकोच है, न फूहड़ निर्लज्जता। यह आवेग व्याकुल भाषा तो कदापि नहीं है। स्थितियों, पात्रों और घटनाओं का सुनियोजन करती यह जिस सधी हुई चाल से अपने पग रखती है, उससे जीवन के आस-पास और आर-पार का वह सब कुछ दिखता और समझ में आता जाता है जिसकी अनदेखी हम सब प्रायः व्यावहारिक जीवन में या तो करते रहते हैं या फिर सामना होने के भय से जिससे आँख बचाकर निकल जाना चाहते हैं। यह भाषा हमें घेरती और कैद कर लेती है।

उपन्यास का समूचा शिल्प नाटकीय वृत्तांतपरकता की भंगिमाएँ लिए हुए है। कथानक को अंकों और दृश्यों में विभाजित कर नाटकीय तारतमिकता कायम की गई है। यहाँ दृश्य पूरे होते हैं और फिर एक जबर्दस्त 'कट' के बाद फिर आगे वाले 'सीन' शुरू हो जाते हैं। ऐसा लगता है जैसे कोई एक कथा-दृश्य पूरा हुआ और दूसरे दृश्य के लिए या तो नया परदा गिराया जा रहा है या फिर चक्करदार मंच को घुमाया जा रहा है। निश्चय ही यह देखने लायक बहुत सारा और सुनने के लिए लगभग बहुत कम है।

संवादधर्मी कथात्मकता, नाटकीय दृश्य-योजना, प्रसंग-विविधता और संदर्भ-विपुलता का चुनौतीपूर्ण शिल्प लिए यह उपन्यास हमें बिखेरता कदापि नहीं बल्कि कुछ इस तरह घेरता, बाँधता और छूता है कि हम पहले से कुछ अधिक आत्मसजग, आत्मविश्लेषण धर्मी, विचारोन्मुख और जीवन-यथार्थ के प्रति अधिकाधिक संवेदनशील

और सचेत होते चले जाते हैं।

जीवन के हमारे अपने धरातलों, रोजमर्रा के उसके जाने-पहचाने व्यवहारों, उन्हें छलाँग लगा पार करते जिद्दी, उत्साही और जीवन की नई सार्थकताओं की खोज करते चरित्रों की विनम्र आत्मनिष्ठा, समर्पणशीलता और बृहत्तर समाज में एक विशिष्ट कलात्मक जीवन की संरचना करते असाधारण कलाकार, अभिनेता, रंग-निर्देशक, जीवन और कला के प्रतिवाद, प्रतिरोध और अंतरंग आत्मालाप, पद, प्रतिष्ठा, यश-अपयश, कुल-खानदान की चली आतीं रूढ़ियाँ और इनके पार जाते पात्र यहाँ जो संसार रचते हैं, वह निश्चय ही उपन्यास का भीतरी और अखंड संसार है जिसकी बाहरी परिधि पर जीवन की औपचारिक मर्यादाएँ ढोते वर्षा वशिष्ठ के माता-पिता, भाई (बड़े), बहन (जिज्जी), जीजा, या फिर हर्ष की बहन सुजाता और माँ। दिव्या कात्याल की माँ भी क्यों नहीं? उपन्यास के पृष्ठ एक सौ उन्नीस पर अपनी जिज्जी और जीजा से वर्षा ने झुँझलाकर आवेश में कहा—*"जिस तरह घर आपकी जिंदगी को सार्थकता देता है, उसी तरह रंगमंच मेरी जिंदगी में ऐसा अर्थ भरता है, जिससे मैं जिंदा रह सकूँ।"* तो क्या यह उपन्यास औपचारिक, सतही और सारहीन जीवन के प्रति एक विद्रोह है? न केवल इतना ही बल्कि उस नई सामाजिकता का क्रांतिकारी आवाहन भी जिसमें स्त्री-पुरुष की समानता, व्यक्तिगतता, नैतिक मानवीय प्रतिबद्धता के नए मानकों की पुनर्रचना का संवाद भी दर्ज है।

अपने तेवर में यह जितना विचारपूर्ण, कलात्मक और पांडित्य-प्रगल्भ है, अपनी जिद्दी दुस्साहसिकता और आत्मबल में उतना ही भाव-प्रखर भी।

हमारे मित्र कथाकार भगवान सिंह का सोचना है कि विधाओं की सीमाएँ तोड़कर ही सृजनशीलता की रक्षा की जा सकती है। यहाँ केवल उतना ही नहीं किया गया है, जीवन की सीमाएँ भी यहाँ तोड़ी गई हैं किंतु जीवन और कला के प्रति, मानव-संबंधों की गहरी भूमियों के प्रति यहाँ जिस गहरी निष्ठा और मूल्य-प्रतिबद्धता को रेखांकित किया गया है, उससे रूढ़ सामाजिक संबंधों की वितृष्णापरक यांत्रिकता टूटेगी, जीवंत भाव-संबंधों का एक खुला-फैला और लहलहाता संसार अपनी समूची हरियाली में छा जाएगा। अकारण नहीं, उपन्यास रक्त संबंधों सोचों की खिल्ली सी उड़ाता और गहरे मानवीय राग-संबंधों का प्रतिपादन करता हुआ समाप्त होता है।

फिर भी यह प्रश्न मन से निकलता नहीं कि हर्ष को आत्मघात के रास्ते क्यों ले जाया गया और दिव्या कात्याल की आधारभूत साँसें कैंसर की चपेट में कैसे फँसीं? कहीं इसलिए तो नहीं कि उपन्यासकार कहना चाह रहा हो—वर्षा वशिष्ठ फिर भी वर्षा वशिष्ठ है, ठीक चंद्रगुप्त नाटक के नायक चाणक्य विरहित किंतु आत्मविश्वासी चंद्रगुप्त की तरह। दिव्या और हर्ष के बगैर भी वर्षा फिर भी वर्षा है। जल की फुहारों से भरे हुए मेघों के मतवाले हाथी पर चढ़ी हुई, चमकती विद्युत-पताकाओं को फहराती हुई और मेघ-गर्जना के नगाड़े बजाती हुई...उसने सोचा था (कभी दिव्या कात्याल

को देख) जिंदगी उत्तेजक और सुंदर भी हो सकती है, नए क्षितिज खोले जा सकते हैं। और निस्संदेह यहाँ वे खोले जा सके हैं।

उपन्यास जिस मूल्य-समूह को लेकर आता है, निम्न और मध्यम वर्ग की टूटती सीमाओं के पार के मूल्य हैं और सामाजिक जीवन की मूल्यपरक मुठभेड़ों के बीच अपनी ताकत रेखांकित करते हैं। वह जीवन जो तमाम नई रचनाशीलता और आत्म सजगताओं को जगाता और जीने की जबरदस्त तदनुकूल आशंकाएँ पैदा करता है। इस लिहाज़ से यह एक महत्त्वपूर्ण कथानक है। निम्न और मध्यम वर्ग की 'छोरियों' के लिए काफी दिलचस्प और उत्तेजक भी। प्रेरक और प्रोत्साहनकारी। पर अपने सार-कथन में यदि यह एक जिद्दी, महत्त्वाकांक्षी बिंदास लड़की की कहानी है तो निश्चय ही अपने संदेशों में बेहद तात्कालिक और सीमित।

सवाल उठाए जा सकते हैं कि वर्षा के जीवन-संघर्ष क्या कैरियर और सुविधाप्रद जीवन के अवसरों की खोज के संघर्ष हैं या फिर निरर्थक, सारहीन जीवन के बीच उन धुरियों की तलाश जो इस निरर्थकता को सार्थकता में परिवर्तित कर सकें? लेखक ने वास्तविकताओं और यथार्थ के बीच जिन टकराहटों को प्रतिबिंबित किया है, वे बेहद विश्वसनीय और उत्तेजनापूर्ण हैं। इसलिए यह यथार्थ भी स्वयमेव उत्तेजना-सघन हो उठा है। नाटक, रंगमंच, कला-फिल्मों, व्यावसायिक फिल्मों का एक भरा-पूरा वर्णन उपन्यास को कलात्मक विशिष्टता और अद्वितीयता से संपन्न करता है। कहीं कहानी, कहीं नाटक, कहीं फिल्म का लालित्य लिए हुए कभी-कभी यह एक जटिल और संदर्भ-समृद्ध ललित निबंध भी लगने लगता है। पात्रों और घटनाओं के गंभीर विन्यास के बीच चुहल से भरी चिकोटी काटती जीवन-भंगिमाएँ जितना रसमग्न करती हैं उतना ही विचारमग्न भी कर देती हैं।

कुल मिलाकर यह एक चरित्र के मार्फत देखा गया वह यथार्थपूर्ण संसार है, जो हमारे आस-पास का न होकर भी हमारी ही भाषा और समाज का संसार है। पर आम भाषा-जीवन और आम भाषा-संसार से सर्वथा अलग, मध्यवर्गीय पाठकों का अपना संसार जिसकी यशोदा शर्माओं को वर्षा वशिष्ठ होने के लिए संघर्षों के इतने दुर्ग शायद नहीं ही पार करने पड़ते। वास्तविक जीवन उपन्यास से कहीं आगे निकल गया सा प्रतीत होता है।

हिंदी के साहित्यिक रसिकों, सुविज्ञ आलोचकों और कलाविदों के लिए यह रूप बहुत अभिनव और आकर्षक है। कथाकार ने यहाँ जैसे अपने जीवन की सारी ऊर्जा झोंक दी है फिर भी मन कहता है—'लेकिन क्यों, किस महत्, लक्ष्य के लिए?' तब जो जवाब हाथ आता है वह यही कि लेखक अपने चरित्र की सृष्टि में खुद कैद होकर रह गया है और उसे रचने की प्रक्रियाओं में इतना लीन और आत्ममुग्ध है कि समय उसकी गिरफ्त से छूट कर छिटक-सा गया लगता है और कला अपनी तमाम विशिष्ट अलंकृतियों के अपने ही आभरणों के नीचे दबकर हाँफने सी लगी है।

उपन्यास और जनसंघर्ष : सूरज सबका है*

हिंदी में उपन्यास-लेखन अनेक दिगंतों का स्पर्श कर रहा है। इस बहाने धीरे-धीरे ही सही, हिंदी प्रदेशों के अनेक अछूते जीवनांचलों और पारंपरिक गतिविधियों का रचनात्मक साक्षात्कार पाठक कर पा रहे हैं।

यह भी सही है कि उपन्यास केवल किस्सागोई नहीं है, वरन् एक प्रकार का ऐसा भाषाई-उद्यम है जिसके मार्फत एक और जीवन समूह अपनी अनुभव-धारा के समूचे प्रवाह के समस्त रूपों के साथ अपने पाठकों के अनुभवों में दुबारा साकार होता है। सूचना, संप्रेषण और साक्षात्कार की अनेक विधियाँ अपनाते हुए वह जिस गति से हमारी चेतना पर घटा की तरह छाता है, उससे हमारे अनुभवों की सीमाओं का खालीपन भरता है। सृजनात्मक शब्द की विशेपता भी यही है कि उससे गुजरते हुए हम पहले की तुलना में कुछ अधिक अनुभव समृद्ध और संवेदन-प्रखर हो उठें । कहानी हो या उसे कहने वाली भाषा, हमें नए सिरे से न केवल वैचारिक उथल-पुथल बल्कि चेतनात्मक ऊर्जा से इस तरह लैस कर दे कि हम अपने समय में व्याप्त लाचारी, निठल्लेपन और निरुपायता के भयंकर दबावों के बावजूद अपने भीतर लगभग मरणासन्न सी हो उठी उम्मीदों की सुगबुगाहट महसूस कर सकें। एक स्तर पर बहुत स्थानिक (लोकल) होकर भी एक और स्तर पर सार्वदेशिक (युनिवर्सल) होते चले। सभ्यता, इतिहास और संस्कृति के अनेक रूपों विडंबनात्मक संबंधों और स्वाभाविक संघातों के बीच अपने आपको एक प्रयोगशाला के रूप में स्थापित कर अपने पाठकों की निगाह को कथाबद्ध करें जिससे वे खुद भी एक प्रयोक्ता की तरह उसमें शामिल हो सकें।

ये बातें कोई नई नहीं हैं ठीक उसी तरह जैसे कि विद्यासागर नौटियाल का उपन्यास 'सूरज सबका है।' नाम में ही एक आघात है, विचारों का। पिछले दिनों जब कई एक उपन्यास बहुचर्चित हुए तब कहा गया कि वे बहुत आनंदमूलक और

* सूरज सबका है : विद्यासागर नौटियाल

नाटकीय रोमांच लिए हुए हैं। उनमें विलक्षण पठनीयता और जादुईपन है। वे हमें घेरते और बाँधते ही नहीं, अपने साथ उठा भी ले जाते हैं। यहाँ तक कि इस कदर रंजक हैं कि फिल्म का मजा देते हैं। अपने वस्तु-सार में सूक्ष्म तौर पर इतने रागपरक कि हमें भीतर ही भीतर सहलाते हैं, जैसे कि हमारी चेतना को आदतें पड़ गई हैं। 'सूरज सबका है' में इस प्रकार का चमत्कारी अनोखापन यदि नहीं है और यह उपन्यास हमें बार-बार रागधर्मिता के संसार से बाहर ले जाता है तो यही इसकी विलक्षणता है।

शायद वो इकतीस दिसंबर की रात थी जब सबसे पहले कमलेश्वर जी ने अपनी लंबी बातचीत में अचानक इस उपन्यास का जिक्र किया था। इधर के आए कुछ अच्छे कामों में उन्हें नौटियाल जी का यह काम काफी महत्त्वपूर्ण लगा था। मैं उनसे यह नहीं पूछ पाया था कि किस अर्थ में? वह मौका भी नहीं था। पर किताब जब हाथ आई तो पढ़ते वक्त मुझे उनकी बात याद रही। पढ़कर खत्म किया तो एक साथ कई बातें सामने आ गईं—गुलामी क्या चीज होती है, आजाद रहने की कीमतें कैसे चुकानी पड़ती हैं, हमारे पुरखों ने इस आजादी के लिए कितना झेला होगा? आज जबकि अधिकांश समाज आजाद होना और रहना लगभग भूल चुका है, उपन्यास के कई पात्र हमें अपने चरित्रों के माध्यम से इस विस्मृति से उबारते हैं।

उपन्यास के प्रारंभिक पृष्ठों पर ही 'दासों की मंडी' का चित्रण है जिसका एक वाक्य है—जो बिक जाते हैं उनकी तन-बदन की इच्छाएँ मर जाती हैं। वे किसके सहारे जिंदा रहें? (पृ. 21) इसके ठीक तीन पृष्ठों बाद एक घटना घटती है, उसी मंडी में। जेठू के खरीददार ने उसके मुँह पर जब एक जोर का थप्पड़ मारा तो जेठू ने भी इसका कसकर जवाब दिया। आगे का वर्णन है—

'गोरखा सिपाही खुकरियाँ लेकर आगे बढ़े। गुलामों की मंडी में ऐसी अनहोनी घटना आज तक नहीं हुई थी।' उन्होंने जेठू को जकड़ लिया।

गोरखा हाकिम ने जेठू से पूछा—'क्यों मारा?'

अब जेठू की आवाज खुली—'उसने क्यों मारा?'

—'वह खरीददार है।'

—'मैं आदमी हूँ।'

—'नहीं तुम आदमी नहीं हो, तुम दास हो। हम खरीददारों को पूरा मौका देते हैं कि वे बोली लगाने से पहले दासों की अच्छी तरह जाँच कर लें।' गोरखा हाकिम के इस कथन के बाद जब उस खरीददार ने जेठू के गाल पर फिर एक थप्पड़ जड़कर कहा—क्यों? जेठू ने फिर उसके क्यों का जवाब उसी तरह के चाँटे से दिया तो खरीददारों में हड़कंप मच गया। यह इतिहास भी है और जीवन भी। इतिहास के साए से निकलता जीवन या जीवन के जीवन से निरंतर रचा जाता इतिहास।

उपन्यास के शुरू के पृष्ठों पर स्वयं लेखक ने न जाने क्यों यह बहस उठाई है कि यह ऐतिहासिक उपन्यास नहीं है। कायदे में यह उन लोगों की धड़कनों का

जिक्र करता है जिन्हें आज तक किसी इतिहास की पुस्तक में कोई जगह दिए जाने की परंपरा नहीं बन पाई। लेखक का मंतव्य शायद टिहरी-गढ़वाल रियासत की जनता की धड़कनों से है। क्योंकि रेणु जब मैला आँचल लिख रहे थे या कुछ और दूसरे उपन्यासकार तब वे अपने जाने-पहचाने अंचलों की जनता की धड़कनें ही रेखांकित कर रहे थे। लेखक का बुनियादी काम भी यही है। मनोहर श्याम जोशी और पंकज बिष्ट जैसे उतरांचल के लेखकों ने अगर अपनी कृतियों में पहाड़ कम और मैदान कुछ अधिक देखा है तो विद्यासागर नौटियाल ने इस तुलना में पहाड़ ही पहाड़ को—सो भी एक ऐतिहासिक पहाड़ी निगाह से देखने की पहल करके एक नई ताजगी का एहसास कराया है।

इस विवाद के उठने की भरपूर गुंजाइश है कि यह एक आंचलिक कथानक है जिसमें इतिहास से भरपूर मदद ली गई है। तो क्या इसे आंचलिक कहें। मोटी परिभाषाओं के लिहाज से कृति में आंचलिकता के तत्त्व कम नहीं हैं—लोकजीवन, गीत, संगीत, कथाएँ, प्रकृति और मौसम तथा इनसे रचा-बसा घटनाचक्र। कहने वाले को ढेर सारे आधार हैं पर नकारने वालों के लिए भी कुछ कम आधार नहीं हैं। कथानक का विस्तार उन्नीसवीं सदी से लेकर बीसवीं सदी के अर्धांश तक फैला हुआ है। इस तरह गुलामी के दिनों से लेकर आजाद होने के दिनों तक उपन्यास के पूर्वार्द्ध में यदि लोकजीवन का उभार है तो उत्तरार्द्ध में इतिहास तत्त्व का। कल्पना और तथ्य की एक जुगलबंदी जिसमें कल्पना का सच और तथ्यों की ऊर्जा मिलजुलकर पेश आते हैं। यह कोई पहली बार नहीं हुआ है पर जिस मिट्टी में हुआ है, उसका पहला साक्षात्कार हमें यह उपन्यास कराता है।

वस्तुतः उपन्यासकार का मुख्य ध्यान गढ़वाल के लोकजीवन को रेखांकित करने का है। गढ़वाल 'भड़ों का देश' है। भड़ माने पराक्रमी, वीर—जो खूँखार दुश्मनों को गाजर मूली की तरह काटने लगे, जिसे देखकर दुश्मन के छक्के छूट जाएँ वह वीर भड़ है। उपन्यास में ऐसे न जाने कितने भड़ों की गाथाएँ हैं जिनको केंद्रित कर स्थानीय जनता के उस इतिहास को लिखने की पहल की गई है जिसे जनता का इतिहास कहते हैं। नौटियाल जैसे लेखक इसके सर्वथा योग्य इसलिए भी हैं कि उनका खुद का जीवन—आजादी से पहले और बाद का भी संघर्ष के चलते जेलों में गुजरा है और वे आजादी के लिए किए जाने वाले संघर्ष के तेज और ताप से बाकायदा परिचित हैं।

एक और अर्थ में यह राजनीतिक उपन्यास है अगर सिर्फ उपन्यास कहने से संतुष्टि न मिलती हो तो मेरी अपनी दृष्टि में अगर रामायण-महाभारत राजनीतिक महाकाव्य नहीं हैं, सिर्फ इतिहास को लेकर जो बहस अरिस्टोटल के जमाने से उठी चली आ रही है, उसे नाटककार प्रसाद और कथाकार वृंदावनलाल वर्मा के संदर्भ में भी दुबारा तिबारा जाँचा परखा जा सकता है। यों भारत में जो पुराण लिखे गए

वे आधे तो इतिहास ही हैं। रामायण-महाभारत जैसे काव्य तो आज भी इतिहास के स्रोत ग्रंथ बने हुए हैं। परंपरा में ये 'गाथाएँ' हैं। विद्यासागर नौटियाल के कृतित्व को अगर जोड़ना ही पड़े तो इसी परंपरा से जोड़ना होगा। यह भिन्न बात है कि इसमें न तो वैसी भव्यता है न दिव्यता। पर मामूली आदमी में जो इंसानी असाधारणता है, स्वाधीन होने की ललक है, अपने अंतरंग के 'स्व' (सेल्फ) के वर्चस्व को लेकर किया जाने वाला अविराम संघर्ष है, वह उस धीरोदात्तता से कम मूल्यवान नहीं है, जिसे हम स्पार्टाकस जैसे चरित्रों में पाते हैं। 'सूरज सबका है' में छुन्ना, बड़ी दादी और काफू जैसों का जीवन हमें नए सिरे से उस मामूली कहे जाने वाले आदमी को देखने की नई निगाह देता है, जिसे हम कभी-कभी इस तरह के प्रतिबद्ध लेखकों के लेखन में पाते हैं।

क्या यह उपन्यास है भी या नहीं? आखिर औपन्यासिकता होती क्या चीज है? क्या वह कथात्मक गल्प है, रस से सराबोर। पर रस क्या चीज है? क्या वह नई सहृदयता का अंकुरण और विकास नहीं है? कथाकार ने संभवतः इन अनेक बातों को ध्यान में रखकर कथानक का प्रारूप रचा है और अपने समूचे समय से हर क्षण संवादरत रहा है। राजनीति, धर्म, समाज, प्रकृति, लोकजीवन और पर्यावरण इतने घुलेमिले हैं कि एक का विनाश दूसरे को घायल और क्षतिग्रस्त कर सकता है। उपन्यास को पढ़ते हुए इसीलिए एक ऐसी दृष्टि हमारे भीतर से उपजती है जो हमें समूचे परिवेश से एकाकार करती है। अनेक रूपों और गतियों में स्वतंत्र होकर भी जिस तरह सारा ब्रह्मांड एक है, उसी तरह अनेक छोटे मझोले कथानकों को लेकर रचा गया यह उपन्यास भी एक खास प्रकार की फेडरल यूनिटी में अनस्यूत है।

मैं यह नहीं कह सकता कि इसकी मूल प्रकृति यथार्थधर्मी नहीं है किंतु जिस तरह से कथानक का उपसंहार किया गया है, उससे सोद्देश्यमूलकता गहराती है और एक बारीक किस्म की प्रचारमूलकता भी ध्वनित होती है। पिछले कई महत्त्वपूर्ण लेखकों—तुलसीदास और प्रेमचंद में भी यह वृत्ति काम करती रही है। इस लेखक में भी यह मंद नहीं पड़ सकी है।

शैली की दृष्टि से देखें तो यह चित्रण और वर्णन की आँखों देखी और कानों सुनी की मिली-जुली ताकत का एहसास कराता है। जहाँ कल्पना का अनुभव है वहाँ आँखें देख पाती हैं और जहाँ इतिहास का वर्णन, वहाँ कान बाकायदा सुन पाते हैं। इसका अर्थ यह भी है कि कान भी देख सकते हैं और आँखें सुन सकती हैं। पर इस ऐंद्रिक रस के आगे जो विचार बोध है, वही सर्वोपरि है। महाकाव्य की जगह लेते उपन्यास में विचारों की सत्ता का जो संस्थापन बीसवीं सदी के विश्व-लेखन ने बखूबी किया है, वह यहाँ भी है। पर उस तरह नहीं जैसे कि कुछ महान कहे जाने वाले कर सके हैं। वस्तुतः यह एक कार्यकर्ता का लेखन है, जो कोरा उपन्यासकार नहीं है बल्कि बुनियादी तौर पर राजनीतिकर्मी (राष्ट्रकर्मी) है। इसीलिए उपन्यास

कथाकृति तो कम किंतु एक कार्यकर्ता की डायरी अधिक लगता है। और यह कोई ऐसी बात नहीं जो इसके कद को छोटा करती हो। बल्कि इससे प्रामाणिकता का बोध अधिक टिकाऊ और गहरा हो उठता है।

एक लेखक को जितनी स्वतंत्रता अपने अनुभवों की पुनर्रचना को लेकर मिली हुई है, उन अनुभवों के बीच से अंकुर फेंकती कल्पना-शक्ति भी उसकी अर्जित की गई स्वतंत्रता ही है। यों तो कृति में, धड़कते प्राण की तरह अनुभव उस बाहरी यथार्थ के प्रतिरूप नहीं होते, बल्कि कुछ भिन्न और अनोखे चेतना-व्यापार से गुजर कर पाए गए होते हैं, पर होते हैं वे ही सबसे अधिक लोकग्राह्य और विश्वसनीय क्योंकि उन्हें अर्जित करने वाली काव्य प्रज्ञा बेहद निर्भ्रांत और निर्द्वंद्व हुआ करती है किसी भी कृति में इन दोनों ही तत्त्वों की मौजूदगी यह साबित करती है कि लेखक ने अपना काम असमंजस के अँधेरे में रहकर नहीं किया है। किंतु इसका दूसरा पक्ष भी है, जो किसी भी रचना को फार्मूलेबाजी या रचनाहीनता की ओर ले जा सकता है। खास तौर से तब जब लेखक अनुभवों की जटिलता और कल्पनाओं को एकरैखिकता के बीच कोई ऐसा संतुलन साधने की कोशिश करता है, जो बेहद बनावटी और औपचारिक लगे। कभी-कभी यह 'दंभ' अक्सर दिख जाता है जो मनुष्य की ऐतिहासिक जिजीविषा को गहरे स्तर पर रेखांकित करने के बजाय उसके दुर्दम और अनथक संघर्ष को किसी ऐसे बने-बनाए उपाय से जोड़ देता है जो लेखकीय दृष्टि की पराजय के अलावा और कुछ नहीं है। निजी तौर पर मुझे सेवा सदन और गबन वाले प्रेमचंद बहुत कमजोर लेखक लगते हैं तो उसी कारण। लेखक का यह काम है कि नहीं इस पर बहस फिर कभी। पर यह काम तो है कि वह हमारे अपराजित संवेदनों और दुर्लभ इंसानी कोशिशों की निगहबानी करता रहे। उपन्यासकार नौटियाल ने शुरू से लेकर आखिर तक यह कोशिश जाहिरा तौर पर की हो निस्संदेह यही उनकी प्रतिबद्धता है ज़ो हमारी आस्थाओं के ढहते हुए किलों को फिर से खड़ा करती है। किसी भी समय में यह अपेक्षा समाज अपने लेखकों से करता ही है। कला और साहित्य के, यद्यपि ये पुराने से लगने वाले सवाल कहे जाएँ, पर शब्द को अगर ब्रह्म कहा गया है, तो उसका प्रजापतित्व सूचित होना चाहिए। उपन्यासकार ने इसकी भरपूर कोशिश की है।

ऐसे वक्त में जब हमारी आजादी पर भयानक हमले हो रहे हैं और हम फिर से एक और गुलामी के लगभग दायरे में हों, इस प्रकार का लेखन हमारी स्मृतियों की तंद्रा को झकझोर कर तोड़ता है।

उपन्यासकार ने गढ़वाल और उसके पारंपरिक जीवन को बेहद करीबी और आत्मीय निगाह से देखते हुए उसकी जो पहचान-रेखा खींची है, उससे जातीय गौरव, दर्प और स्वाभिमान के मूल्य ही नहीं, इन मूल्यों को बुनियाद देने वाले संघर्षों और बलिदानों का चेहरा भी रौशन हो सका है। बरबस ही याद हो आए हैं ताज भोपाली जैसे शायर—

दर्द से चेहरे की ताबानी बढ़ी
घर जला तो आसमाँ रौशन हुआ

कुल एक सौ चालीस पृष्ठों का यह कथानक लोकगाथाओं, इतिहास और कल्पना कें त्रिस्तरीय ठाटों से निर्मित है जिसमें इतिहास और कल्पना के सहयोग से गाथाओं के वर्चस्व को प्रतिष्ठित किया गया है। अब तक प्रायः यह काम कविता करती रही है। छंद की ताकत से इनकी चमक कुछ ज्यादा ही बढ़ उठती है, पर गद्य का सौंदर्य भी यदि इन्हें अपनाकर समर्थता प्राप्त कर सका है तो इस पर नए सिरे से निगाह डालने की जरूरत है। नौटियाल जैसे लेखकों ने अपने लेखन के जरिए गद्य की इस संभावना को प्रबलतर किया है।

यह कहने में मुझे संकोच नहीं कि यह एक साफ-सुथरा योजनाबद्ध और सोद्देश्यतामूलक उपन्यास है जिसे एक तपोनिष्ठ कम्युनिस्ट ने लिखा है। यही कारण है कि इसमें किताबी मार्क्सवाद और उसकी वैचारिक हकलाहटें यहाँ नहीं हैं। जीवन को जीवन के बीच से गुजरकर ही पाया जा सकता है इसे यह कृति साबित करती है। पर यह भी लगता है कि काश लेखक ने कुछ अधिक धैर्य से काम लिया होता और पर्वतीय अंचल के उन अनेक प्रवाहों को चित्रित करने में अपेक्षाकृत रुचि दिखाई होती तो कथानक अधिक बलिष्ठ काया ग्रहण कर पाता। अपने विद्यमा. रूप में यह महाकाव्यात्मक तो कम खंडकाव्यात्मक (खंड-कथा) कुछ ज्यादा ही लगता है। जिन अनेक कहानियों को जोड़कर इसे एकरूपता दी गई है, उनमें और भी गुंजाइशें थीं, पर लेखक ने उपन्यास की दृष्टि से कम कहानीकार की दृष्टि से कुछ ज्यादा ही काम लिया है। हमारे अपने समय में उदय प्रकाश जैसे कहानीकार हैं जो कहानी से उपन्यास का काम लेने का साहस प्रदर्शित करते हैं। शायद यह लेखकों की अपनी प्रकृति हो या फिर समय का दाब।

इधर आए उपन्यासों में भाषा का एक नया और ताजा रूप उभरा है। वर्णन मूलकता, चित्रणात्मकता और यथार्थ-तप्तता का जैसा सुयोग इस उपन्यास में है, उससे हिंदी गद्य की किस्सागोई और वैचारिक लेखन की तेजस्विता का अद्भुत संयोग सामने आ सका है। लोकजीवन, प्रकृति, व्यक्ति-मन और उसके समय-संदर्भ जिस तरह पेंट किए गए हैं, वह 'तरह' इतनी ताकतवर अभिव्यंजना के बगैर संभव ही नहीं थी। लोक से प्राप्त कल्पनाओं और परंपरा से ग्रहीत कथा-मुहावरों का उपयोग करते हुए भाषा ने जिस वैलक्षण्य और यथार्थ-निष्ठा से लेखक का साथ दिया है, उससे कुछ नए दरवाजों के खुलने की संभावना बढ़ जाती है। 'मुझे चाँद चाहिए' जैसे उपन्यासों ने हिंदी कथा साहित्य को नई भाषा-भंगिमा दी है। उसमें लालित्य और नवीनता है। एक ऐसा जादुईपन जो हमारी इंसानी दिलचस्पियों को बढ़ाता है। 'सूरज सबका है' जैसे उपन्यास इतिहास को गाथा और गाथा को इतिहास यदि बना पाए हैं तो कारण यही भाषा है। इसमें जादुईपन तो नहीं के बराबर है पर भविष्य को भाँपने और

उसकी पदचापों को सुन लेने वाले कान बहुत तेज हैं। जीवन के महानगर जब सुविधा, समझौतों और अवसरों के चोर दरवाजों की नई कालोनियों में आधुनिकता का दावा कर रहे हों तब ग्रामीण अंचलों की पारंपरिक तेजस्विता और गतिधर्मिता को महसूस कर सकने वाली बानी हमें एक ऐसी अनुभूति से समृद्ध कर जाती है, जिसमें हमारा पुरुषार्थ ही नहीं उसकी अनथक उम्मीदें और कोशिशें भी छिपी हुई हैं। इस प्रकार के लेखन से भारतीय कथा लेखन की अनोखी सूझें आक्रामक तेज और रोमांचकारी जिजीविषा के सौंदर्य का साक्षात्कार होता है और हम कह पाने की स्थिति में आ पाते हैं कि भले ही हमें इतिहास लिखना बाद में आया हो पर पुराण लिखना हमने किसी से सीखा नहीं है। वह हमारा है और इस तरह के उपन्यास हमारे इस अपनेपन को रेखांकित करते हैं।

किसान आंदोलन और उपन्यास : बेदख़ल*

किसी ने कहा था कल्पना उतनी खूबसूरत नहीं होती जितना कि सच। साहित्य और कलाओं की दुनिया में यही जीवन यथार्थ बन जाति या समूह-विशेष के तमाम मानव-उद्यमों, सोचने और विचार करने के तौर-तरीकों, अनुभवों, हावों-भावों और सपनों को प्रतिबिंबित करता है। दुनिया भर के महान कहे जाने वाले लेखकों ने यही किया है, चाहे वे शेक्सपियर हों या गोर्की और तोल्स्तोय। भारत में प्रेमचंद ने अपने उपन्यासों में इसी प्रकार की कोशिशों की शुरुआत कर उसे 'गोदान' जैसे राष्ट्रीय कहे जाने वाले उपन्यास तक पहुँचाया है।

प्रेमचंद के कथानक सीधे, सहज और उलझनहीन हैं। वे किसी तरह की फैंटसी गढ़ने से बचते हैं और प्रत्यक्ष जीवन-यथार्थ को कथा-कौशल से थोड़ा-बहुत रंग कर ज्यादातर उसकी स्वाभाविकता से ही काम चलाते हैं। यूँ कहें कि रेणु आदि की तरह प्रेमचंद जीवन सत्य को जबरन रंगीन नहीं बनाते पर जैसी रूप-विविधता और भावबहुलता वे प्रतिरूपित करते हैं उससे कथाकार का शिल्प-नैपुण्य ही नहीं, कहानी कला की सामाजिक अर्थवत्ता, रचनात्मक शब्दों का गौरव और लोकप्रतिष्ठा बढ़ जाती है। प्रेमचंद ने कहीं मंजूर किया या दुहराया हो, याद नहीं पड़ता पर उन्हें पढ़ते हुए 'मानस' के रचनाकार तुलसी की यह अर्धाली बार-बार याद आती है 'सत्य कहऊँ लिखि कागद कोरे।'

प्रेमचंद भारत के समूह और पारंपरिक मन के रचनाकार हैं। बीसवीं सदी में उभरते मध्यवर्ग और उसके कथित बौद्धिकों के प्रति उनके मन में हमेशा आशंका और संदेह का भाव रहा है। उन्हें हमेशा लगता रहा कि यह वर्ग जुझारू तो कम किंतु वाचाल और समझौतापरस्त अधिक है। इसलिए जीवन-संघर्ष की जो तस्वीरें

---

* बेदख़ल : कमलाकांत त्रिपाठी

वे खींच सके हैं, वे उन वर्गों से आए हुए लोगों की हैं जिन्हें एक खास शब्दावली में आज सर्वहारा या दलित कहा जाता है। मिथ्या या कल्पित यथार्थ के स्थान पर जीते-जागते यथार्थ को उन्होंने जिस तरह कहानी के ताने-बाने में गूँथा उससे सच की ताकत बढ़ी और छायावादी कल्पना का रहस्यात्मक सौंदर्यवाद अपनी माप और मर्यादा की सीमा में आ सका।

आजादी के बाद रेणु, नागार्जुन, यशपाल, अमृतलाल नागर, जगदीशचंद्र आदि कथा लेखकों ने इस समूह-मन को फिर से पकड़ने, रचने और रेखांकित करने की कोशिश की। शहर और गाँव, कस्बे और महानगर, नौकरी पेशा निम्न मध्य और मध्यवर्ग के द्वंद्व और ऐतिहासिक उभार ने समकालीन लेखन के समक्ष कुछ ऐसे तात्कालिक दबाव निर्मित किए जिससे कुछ बड़े कहे जाने वाले लेखकों ने अपनी उत्कृष्ट प्रतिभा के बावजूद ऐसे कथा-खोल (plot-hole) निर्मित किए जिसमें छिपकर मध्यवर्ग एक टापू की तरह स्वयं को सुरक्षित महसूस करे। इससे भी आगे यदि संभव हो तो उसे भारतीय समाज का आदर्श भाव-स्थल भी घोषित कर सके। अज्ञेय और निर्मल वर्मा का लेखन इस दृष्टि से विचार की माँग करता है। प्रेमचंद ने उपन्यास को जैसा भाव-विस्तार, जमीनी वैचारिक उन्मुखता दी थी उसे इधर-उधर कर अदाकारी और शिल्प की बारीकियों का दावा करने वालों ने भाषा को न केवल उसके विराट यथार्थ से विच्छिन्न किया, बल्कि महानगरीय जीवन के मूल्य-संक्रमण और अजनबीपन को प्राथमिकता देते हुए एक ऐसे भारतीय मन को रेखांकित किया जो औपनिवेशिक संस्कारों से ग्रस्त था। वह एक ऐसा आत्मनिर्वासित मन था जिसमें भीतर ही भीतर भारत के 'लोक मन' के प्रति संस्कारगत चिढ़ थी। ये वही 'शहरी बाबू लोग' हैं वे जिन्हें आचार्य रामचंद्र शुक्ल ने 'लोभ और प्रीति' निबंध में लखनवी दोस्तों के रूप में याद किया है। खेद है, भारत में, खासतौर से उत्तरशती के भारत में, इन शहरी बाबुओं का काफी बोलबाला रहा। परिणामतः जो मूल्य राष्ट्रीय जीवन में उभरे, वे समझौते, दलाली, सुविधाभोग और सत्ताखोरी के थे। या फिर कठमुल्ले और वाचाल छद्म परिवर्तनकारियों के, जिनकी दायीं कलाइयों पर लाल धागे, बाहुओं में गंडे और ताबीजें बँधी थीं और बायें बाजुओं की कलाइयाँ मुट्ठियाँ बाँधे आसमान में मौखिक परिवर्तन के लिए तनी हुई थीं। आजादी के बाद चाहे राजनीति हो या कला, धर्म हो या साहित्य, दृश्य लगभग यही रहा।

मेरी शुरू से ही धारणा रही है कि भारत में बेहतर और महत्त्वपूर्ण लेखन तभी किया जा सकता है जब हमारी पहचान उस सत्तर-अस्सी प्रतिशत ग्रामीण आबादी से हो, जो न केवल 'भारत भाग्य विधाता' है, बल्कि 'पंच-परमेश्वर' और 'जनता-जनार्दन' भी मानी जाती है। उसके 'चित्त' को समझे बगैर एक खास प्रकार के मैनुफैक्चर्ड नकली मत को बारीक शिल्प और बेहतर कौशल के सहारे प्रतिचित्रित कर जो लेखन किया जाएगा, वह ऐसा होगा जिसे भारत का प्रतिनिधि लेखन शायद

ही कहा जा सके। यही कारण है कि आज की समीक्षा में नए प्रश्न और समस्याएँ नहीं उठाई जा रही हैं। साहित्य और उसकी समीक्षा के अधिकांश जार्गन इसीलिए आयातित हैं क्योंकि कथित आधुनिक सृजनात्मक लेखन के मुहावरे और भाव-भंगिमाएँ आयातित हैं। वे हमें उन पारंपरिक जमीनों से बेदखल करते हैं जिनके बल पर किसी जाति या समूह की अस्मिता निर्मित होती है।

ऐसे वातावरण में जब कोई एक नाम जगदीशचंद्र, विद्यासागर नौटियाल, सोहन शर्मा या कमलाकांत त्रिपाठी—लोक यथार्थ में ऐतिहासिक सच को लेकर उभरता है तो एक साथ कई सवाल आगे-पीछे और अगल-बगल के लेखन को लेकर उठ खड़े होते हैं। *क्या हिंदी उपन्यास पराजय, टीस, एकाकी विलाप और विषाद की विधा है? क्या लेखक का काम सिर्फ मूल्य-दुविधा और मूल्य-संत्रास का संप्रेषण है? क्या कोई लेखक स्वयं को इतिहास-दृष्टि से वंचित रख कायदे का लेखक बना रह सकता है? एक ऐसे समाज और ऐसी भाषा में जिसकी परंपराएँ तो अति पुरानी किंतु बेचैनियाँ ताजी और अति आधुनिक हों क्या परंपरा और आधुनिकता की दी हुई परिभाषाओं और गढ़ी हुई व्याख्याओं से अपने आपको आश्वस्त और संतुष्ट कर सकता है? क्या उसका यह जिम्मा नहीं कि वह विरासत में मिले भाषा-पदों, अवधारणाओं और यथार्थ से जूझती भाषा की नई अर्थध्वनियों, टकराहटों और मुश्किलों के बीच खड़े होकर उस सामूहिक (राष्ट्रीय) अवचेतन के ऐतिहासिक अर्थ-बिंब रचे, जो न तो परंपरागत अर्थों में पुराण हो, न साम्राज्यवादी अर्थों में वह 'इतिहास', जिसका डंडा दिखा-दिखा कर भारत से बार-बार कहा जा रहा है कि उसके लोगों को इतिहास लिखने की तमीज कभी नहीं रही।*

एक दूसरा सवाल और। काव्य और कलाओं को लेकर जैसी बहस उन्नीसवीं और बीसवीं शताब्दी में चली है, वह धर्म और राजनीति भी कही गई है। इसमें विवेकानंद, तिलक, गाँधी, नेहरू, लोहिया तो शामिल रहे ही, कुमार स्वामी और दूसरे कई अन्य भी शिरकत करते रहे। अभी पिछले दिनों संस्कृति भवन भोपाल में बीसवीं सदी की कविता पर समापन भाषण देते हुए डॉ. नामवर सिंह ने यह याद दिलाया कि हिंदी का लेखक अपने ही 'लोक' से काफी दूर चला आया है और उसके बुनियादी जुझारू और सतत जाग्रत सचेत मानस से लगभग अपरिचित है।

इतनी बड़ी भूमिका बाँधने की जरूरत शायद ही पड़ती यदि हमारे समकालीन लेखक का रचना-मानस विखंडित, विस्थापित और तदर्थतापरायण न होता। वह यह साबित करने की हिमाकत न करता कि मध्यवर्ग ही सर्वेसर्वा है। उसमें किंचित ईमान, साहस और लोकसमर्पण और लोकदायित्व का बोध बचा होता। वह अगर अपना काम साहित्य के फार्मूलों, नारों और फैशनों से न चला रहा होता। शब्द को चौंकाने, मुद्रा-प्रदर्शित

करने या मुखौटे के रूप में प्रयुक्त करने की उसने चालाकी न की होती। चूँकि उसने यह सब किया और लगातार किया, इसलिए यह भूमिका बेहद जरूरी थी। यह दुहरा देना फिर जरूरी लग रहा है कि भारत का मध्यवर्ग आत्मछली और दंभी है तथा उत्पादन की बुनियादी जमीनों से प्रायः अलग-थलग है।

ऐसे फलक पर जब हम कमलाकांत त्रिपाठी का 'पाहीघर' और 'बेदख़ल' पढ़ते हैं तो हिंदी उपन्यास की कई खूब़सूरत प्रवृत्तियाँ एकजुट होकर एक और प्रवृत्ति को जन्म देती लगती हैं जिनमें इतिहास, लोकजीवन, आंचलिकता, आंदोलनपरकता और यथार्थ से पैदा होने वाले सहज रोमांस के संयुक्त उद्यम से वह शिल्प आकार लेता दिखता है जिसमें परंपरागत किस्सागोई नए कलेवर में प्रकट होती चली जाती है और प्रेमचंद जैसे युग प्रवर्तक कथाकारों की गहराई और सादगी एक बार फिर लौटती दिखाई पड़ती है। जहाँ धीरे-धीरे लेखक का व्यक्तित्व ओझल होता और कथा तत्त्व अपने सहज प्रभावी शिल्प के साथ लोकमन के चित्र-फलक पर किसी सुडौल और मोहक छाया-बिंब की तरह उभरता चला जाता है।

एक लेखक के रूप में कमलाकांत जिस दायित्व को अपने लिए चुनते हैं, वह स्मृतिपरायण और सोद्‌देश्यतापरक है। उन्नीसवीं और बीसवीं सदी की जिन स्मृतियों से उनके कथानक लदे-फँदे हैं, वे अपने मूल स्वरूप में राष्ट्रीय अथवा जातीय हैं। इतने वास्तविक और सच्चे कि इतिहास और आख्यान (गल्प) की जुगलबंदी का सौंदर्य देखते ही बनता है। लेखक के तौर पर उन्होंने इतिहास के पीछे का जो इतिहास 'पाहीघर' जैसी कृतियों में रचा है, वह कथित इतिहास से कई गुना ताकतवर और उत्प्रेरणकारी है। 'बेदख़ल' में भी उन्होंने अपनी यह 'बान' छोड़ी नहीं है। *उन्हें पढ़ते हुए ऐसा लगता है जैसे प्रेमचंद और वृंदावनलाल वर्मा एक होकर आ गए हैं।* वस्तुतः वे लोक-स्मृति और लोक प्रतिवाद के कथाकार हैं। एक ऐसी लोक-स्मृति जो बार-बार पछाड़ खाकर भी बार-बार जूझने, मरने और मिट जाने को उद्यत रहती है। 'राम की शक्ति पूजा' में निराला ने इसी लोक मन को रेखांकित किया है—

जो नहीं हुआ आज तक हृदय रिपु-दम्य-श्रांत,
एक भी, अयुत-लक्ष में रहा जो दुराक्रांत
कल लड़ने को हो रहा विरल वह बार-बार

लेखक ने इसी स्मृति-पीठ को फिर से जाँचने-परखने और एक ऊर्जा-स्रोत के रूप में स्थापित करने की कोशिश की है। यदि यह व्यक्ति-विशेष की स्मृति होती तो निश्चय ही उस पर पुनर्विचार करना पड़ जाता किंतु यह तो एक पूरे राष्ट्र की ऐतिहासिक स्मृति है। उसे दुहराना और रेखांकित करना इसलिए और भी जरूरी है कि विश्वव्यापी महाजनी साजिशें आज हमसे वह सब छीन लेना चाहती हैं जिसे हमने राष्ट्रीय आंदोलन के दौरान कमाया और विकसित किया था। लेखक ने उस 'कमाई' को अपने दोनों उपन्यासों के बल पर फिर से रेखांकित कर यह याद दिलाने की

सफल कोशिश की है कि राष्ट्रीय आंदोलन सिर्फ साम्राज्यवादियों के खिलाफ उठ खड़े होने और देश को केवल राजनीतिक तौर पर आजाद कराने का आंदोलन नहीं था। वह उन छोटे-बड़े सामंतों, जागीरदारों और जमींदारों के अन्याय और शोषण के विरुद्ध उठ खड़े होने वाले किसानों का आंदोलन भी था जिसे कथित राष्ट्रीय पार्टियों ने अपने भितरघात से तितर-बितर और ध्वस्त करने की कोशिश की।

हिंदी उपन्यास पर चर्चा करने वालों में से कई एक आज जब आधुनिकता या उत्तर-आधुनिकता के हवाले से प्रेमचंद के शिल्प को 'डल' कहकर औपन्यासिक गतिशीलता की वकालत करते हैं तब हमें यह सावधानी बरतनी होगी कि ये कौन लोग हैं जो उधार के विचारों की दलाली कर रहे हैं? आश्चर्य है कि रोज-रोज बनती घटिया मुंबइया फिल्मों के बावजूद सत्यजित राय, मृणाल सेन, ऋत्विक घटक और श्याम बेनेगल जैसे फिल्मकार इस जातीय-मन को उसकी आपदाओं और अबूझ गहरी ताकतों के साथ तो महसूस करते रहे पर हिंदी के अधिकांश लेखक प्रायः शहरी मध्यवर्ग के टुच्चे और बौने अनुभवों से बाहर आने का साहस प्रदर्शित नहीं कर सके। अपने को प्रतिबद्ध और जुझारू कहने वालों ने प्रतिबद्धता और वर्गीय-बोध का गंभीर किताबी अध्ययन तो किया, किंतु गोर्की और प्रेमचंद की वह 'पाठशाला' भूल गए जहाँ सच्चे और ऐतिहासिक अनुभव लोकजीवन के यथार्थ की भट्ठी में ढलते हैं। *यही कारण है कि हिंदी उपन्यास अपना ठीक मुहावरा प्रेमचंद, रेणु और नागार्जुन के बाद नहीं प्राप्त कर सका।* शिवप्रसाद सिंह और राही मासूम रज़ा, अब्दुल बिस्मिल्लाह या फिर कृष्णा सोबती और भीष्म साहनी में जिस मुहावरे की तलाश है वह बुनियादी तौर पर विस्थापित गँवई मन का शहरी मुहावरा ही है। इसमें दूर की यादें हैं। वह लोकगंध नहीं जिसके चलते प्रेमचंद, रेणु आदि जाने जाते हैं।

कमलाकांत त्रिपाठी के दोनों ही उपन्यास इस लोकगंध से सराबोर हैं। यह सही है कि दोनों ही उपन्यासों—पाहीघर और बेदख़ल—में उन्होंने लोकमन की प्रतिवादी और जुझारू सत्ता को बुनियादी तौर पर रेखांकित किया है पर इससे भी कहीं ज्यादा उसकी नैसर्गिक रूप से जटिलता को एक बार फिर से समझने की कोशिश की हैं और यह बताने की भी कि वह अब भी निःशेष नहीं हुआ है। उसमें ढेरों संभावनाएँ हैं और हम लेखकों को इन संभावनाओं की तलाश और पुनर्रचना का दायित्व उठाना होगा। 'बेदख़ल' में उन्होंने यही करना चाहा है किंतु कथानक के स्वाभाविक विकास की ओर बढ़ते हुए वे जिस राजनीतिक दृष्टि और चिंता के शिकार हुए हैं उसका एक कारण उनका तात्कालिकतावाद और कहीं न कहीं वह पुश्तैनी संस्कार भी है, जिसे उन्होंने दाय के रूप में सहज ही प्राप्त किया है और जिससे पिंड छुड़ा पाना उनके लिए मुश्किल सा हो उठा है।

यह मुद्दा काफी बहस तलब है कि भारत में वर्ग-संघर्ष से ही काम चल जाएगा और वर्ण-जाति संघर्ष आगामी सामाजिक पुनर्रचना के लिए गैरजरूरी है। जगजीवनराम

से लेकर कांशीराम तक की राजनीति में अब यह साफ हो चुका है कि भारत जैसे समाज के संदर्भ में वर्ण और जातियों के संघर्ष भी कुछ समय तक जोर पकड़ेंगे और तब तक जारी रहेंगे जब तक नई समाज-रचना की रूपरेखा नए सिरे से बननी शुरू नहीं हो जाती। अभी इसमें काफी समय है और काफी समय लगेगा। हजारों सालों की स्मृतियों को भूल जाना इतना आसान नहीं होता। इसलिए प्रश्न चाहे आरक्षण का हो या मंडल कमीशन का, तीखी प्रतिक्रियाएँ घटीं और आगे भी संभावित भी हैं। गाँधी के ठीक समानांतर अंबेडकरवादी राजनीति का उभार और जगह-जगह अंबेडकर-चौराहों की रचना यह सूचित करती है जातियों का यह अलगाव, बिखराव और अकेलापन उसी पुनर्रचना के स्वाभाविक अध्याय हैं। लोक विख्यात बाबा रामचंद्र के मार्फत कथाकार ने यह सवाल भी उठाया..."समाज अनेक जातियों में बँटा है। लोग जन्म से ही अपनी-अपनी जाति की भाषा, गृह कार्य, सामाजिक कार्य और लौकिक-पारलौकिक कार्यों में प्रवृत्त हो जाते हैं। उन्हें किसी तरह का असंतोष नहीं होता। लेकिन आगे सबकुछ गड़बड़ा जाता है। एक जाति, वर्ण अपने को सभी जातियों, सभी वर्णों का अधिकारी मान लेता है।" यही भूल है। लेखक (या बाबा रामचंद्र) सोचते हैं "इसका सुधार कैसे हो? सभी जातियों के लोग अपने-अपने बीच से ही अपनी जाति का मुखिया चुनें। वह अपनी जाति की उन्नति पर ध्यान दे लेकिन दूसरी जातियों को बुरा-भला कहकर उनसे वैर-विरोध बढ़ाने का धंधा न अपनाए। लेकिन क्या यह हो पाएगा?" अगले पृष्ठ पर जो उपन्यास का अंतिम पृष्ठ भी है, लेखक लिखता है—"किसान सभा अब मुख्यतः कुर्मियों की सभा होकर रह गई है। जग्गी के साथ शादी होने से जहाँ कुर्मियों के मन में उनके लिए अपनत्व और विश्वास बढ़ा है, सवर्ण लोग उनसे कट गए हैं। खासकर ब्राह्मणों में उनकी बड़ी अप्रतिष्ठा हुई है। आस-पास के गाँवों में सभाएँ होती हैं तो उनके साथी इस शादी के पक्ष में दलीलें देते हैं पर बाबा इस विषय पर मौन रहते हैं।" यह भी समझने को जी चाहता है कि बाबा रामचंद्र के विवाह की कल्पना के पीछे के उद्देश्य क्या हैं? लेखक ने क्या इसे जातिवादी राजनीति की एक कारक-घटना के रूप में प्रयुक्त किया है? उपन्यास का यह सबसे कमजोर इलाका है। 'बेदख़ल' एक ऐसा शब्द है जो तालुकेदारों और जमींदारों के अत्याचारों और जोतदार किसानों की निस्सहायता और दुख को प्रकट करता है। किंतु एक ऐसे इतिहास को भी जन्म देता है जिसे छोटी जोत और लगभग पिछड़े और दलित कहे जाने वाले किसान और खेत मजदूरों ने अपने सामूहिक प्रतिवाद और नेतृत्व के बल पर पैदा किया था।

उपन्यास के दो सौ ग्यारह पृष्ठ के तैंतालीसवें खंड की शुरुआत करते हुए लेखक लिखता है—"दो साल की बमशक्कत जेल की सजा काटकर बाबा बाहर निकले तो अंदर ऊसर-जैसा खालीपन पसरा था। रूदे लौटते हुए मन डूबा जा रहा था। किसान आंदोलन की रीढ़ टूट चुकी थी। पछाँह का एक आंदोलन भी बिखर चुका

था। चौरी चौरा की घटना के बाद असहयोग आंदोलन भी वापस ले लिया गया था। गाँधी जी साबरमती जेल में बंद थे। किसानों के नेता किसानों को अपने कर्म पर छोड़कर अपने-अपने बिलों में घुस गए थे। प्रांतीय कौंसिल में उदारवादियों के तमाम हो-हल्ले के बावजूद किसानों की माँगों पर लीपा-पोती करने वाला उन्नीस सौ इक्कीस का अवध लगान कानून पारित हो गया था। बदले की आग में जल रहे तालुकेदार निरंकुश होकर किसानों पर कहर ढा रहे थे। नए कानून में किसानों को जो थोड़ी-बहुत सहूलियतें दी गई थीं उनकी अमल दरामद देखने वाला कौन था? सरकार वही थी, तालुकेदार वही थे, उनकी खैरख्वाही वही थी। तालुकेदारों के हितों की रक्षा में ही सरकार को अपना हित दिखाई पड़ रहा था।''

पृष्ठ एक सौ अठहत्तर-उन्यासी पर दर्ज है—''वैसे यू.पी. किसान सभा भी शहरी लोगों की ही संस्था थी और अभी तक उसने किसानों के हित में कोई ठोस कदम नहीं उठाया था, न ही उसे किसानों का प्रकट समर्थन प्राप्त था। लेकिन मोतीलाल (नेहरू) की निगाह उस पर लगी थी, और वे इस जोड़-तोड़ में थे कि कैसे उस पर असहयोगियों का कब्जा हो जाए।''...दूसरी तरफ 'बेदख़ल' उपन्यास के मुख्य पात्र (चरित नायक) बाबा रामचंद्र उस सबको देखकर यह महसूस कर चुके थे—''किसानों के नाम पर चल रहे इन शहरी लोगों के चोंचलों को उन्हें इसी तरह मूक होकर देखना पड़ेगा। उन्हें आनंद भवन जेल जैसा लगने लगा और उनका सारा आनंद गायब हो गया।''

उपन्यास के एक सौ इक्यासीवें पृष्ठ पर बाबा रामचंद्र का भाषण इतिहास-लेख की तरह दर्ज है—''आनंद भवन में रहते हुए मैं जिंदगी से निराश हो चुका था। झिंगुरी सिंह और अन्य साथियों से मिलने की उम्मीद खो चुका था। इन्हीं लोगों ने किसी तरह मुझे वहाँ से निकाला।...वहाँ मैं देख रहा था कैसे किसानों के नाम पर एक स्वार्थी पार्टी बन रही है। शहर के धनी और इज्जतदार लोग कैसे उसमें आपस में लड़ रहे हैं...उनके द्वारा किसानों की कुछ भलाई होने वाली नहीं है। अपने सम्मान की रक्षा की लड़ाई हमें खुद लड़नी होगी।'' उपन्यास का यही संदेश वाक्य है जो लेखक को 'बेदख़ल' जैसे उपन्यास के कथानक और बाबा रामचंद्र जैसे चरित्र तक ले आया है। इस वक्त जबकि मजदूरों, स्त्रियों, युवकों, छात्रों के अनेक संघ सक्रिय हैं, इनकी जुझारू ताकत की बागडोर किन हाथों में है? नागार्जुन ठीक ही कहा करते थे कि जिसे आजाद होना है, उसे ही लड़ना और कुरबानी देना भी आना चाहिए। इसके बगैर किसी भी जाति या समूह के लिए मुक्ति का नारा एक धोखा है। उपन्यास इस बहस को प्रभावी ढंग से उठाता और रेखांकित करता है कि ''किसानों का आंदोलन किसानों के दम पर, किसानों के पैसे से चलेगा।''

'गोदान', 'पूस की रात' और 'कफ़न' के बाद इस किसानी चेतना को क्यों कर नजरअंदाज किया गया और हिंदी उपन्यास भटकाव का शिकार हुआ? क्यों

बुनियादी राष्ट्रीय प्रश्नों और समस्याओं की अनदेखी की गई और क्यों ऐसी झूठी और अप्रासंगिक बहसें खड़ी की गईं जिनसे सिर्फ शहरी बुर्जुआजी और देशी सामंतों का हित सधे? परिणामस्वरूप इस लेखन से न तो कोई आंदोलन पनप पाया, न ही किसी छोटे-बड़े आंदोलन की ताकत को ये अपनी रचना में प्रतिबिंबित ही कर सके। विपरीत इसके इन्होंने अनेक प्रकार के गुप्त समझौते कर ऐसी राजनीति का समर्थन किया जो विचार के स्तर पर तो बदलावकारी जान पड़ती थी किंतु शिल्प के स्तर पर अमूर्ततावाद को निरंतर बढ़ावा देती चल रही थी।

इस तरह यह शैली अपनी ही जनता से निरंतर दूर होती चली गई है और विचार के स्तर पर उसी को धोखा देती और ठगती भी रही। कमलाकांत त्रिपाठी ने बहुत हिम्मत के साथ इससे अपने को अलगाया है और एक ऐसी सरल और सहज शैली लेकर आए हैं जो बौद्धिक चतुराइयों और आधुनिकतावादी शिल्प के घाल-मेल और कुटिल भाषा को नकारती है। जो साबित करती है कि प्रतिबद्धता का एक और अर्थ शैली की जनोन्मुखता भी है। कथाकार ने इसे जिस दो-टूक अंदाज में रचा और निभाया है, उससे जन-मन की सहज गहराइयों, उल्लास, विषाद, दुःख-सहिष्णुता, जागरूकता, एकता और अन्याय के प्रति सचेत संघर्ष की सघन परतों का संसार खुलता और बनता चला जाता है। लोक स्वभाव की तरह यह उपन्यास भी उतना ही खुला, अकृत्रिम और सहज है। अपनी शुरुआत में ही उपन्यास तालुकेदारों की मक्कारी और रिआयाविरोधी रुख को रेखांकित करते हुए किसान-एका की आवाज लगाता है। किसान सभा के नेता झिंगुरी सिंह का भाषण चल रहा है—"मोरे भइया किसानो, तोहरी कमाई पर तालुकादारों की धोती आकाश में झुराय रही है और तोहार दुःख-तकलीफ सुनै वाला कोई नहीं।...मोरे भैया किसानो, आप कब तक चुपचाप सहते रहोगे?" उपन्यास का यह सचेत प्रतिवादी और जुझारू स्वर आगे के पृष्ठों पर बाबा रामचंद्र का नेतृत्व पाकर जिस कार्यकारी महानद का रूप ग्रहण करता है, उसे कमजोर करने वाली ताकतों का खुलासा भी उपन्यास में है।

कांग्रेस और किसान मजदूर आंदोलन के संबंधों की जो वास्तविकता रही है, उस पर तरह-तरह से लिखा जाता रहा है। अन्य ताकतवर राजनीतिक पार्टियाँ इससे भी आगे जाकर किसानों और मजदूरों के रूढ़िग्रस्त मानस और सांस्कृतिक पिछड़ेपन को हवा देने में लगी हुई हैं। नैतिक और सांस्कृतिक तौर पर देखें तो यह स्थिति चिंताजनक है। उपन्यास इस चिंता को बेहद गहराई से रेखांकित करता है। *आज यदि यह पूछा जाए कि प्रेमचंद की परंपरा का विकास किस तरह और किस रूप में हो रहा है, तो वह रूप और दिशा 'बेदख़ल' जैसे उपन्यासों में लक्षित की जा सकती है। सामाजिक-राजनीतिक संकट और मानसिक उथल-पुथल के कालखंड में, जहाँ चीजें तेजी से बन और मिट रही हों, वहाँ इस प्रकार का लेखन लोक मानस की रचना करने की अगुवाई करता है।* आधुनिक जीवन का महाकाव्य कहे जाने

वाले उपन्यास का यह फर्ज भी है।

उपन्यास में मौजूद जीवन-प्रवाह को दो स्तरों पर समानांतर गति में देखा गया है। बुनियादी स्तर पर बसौली गाँव, सालिकराम, पदारथ, सुचित, ठकुराइन, सुल्तानकुँवर के मार्फत लोक जीवन और सामंतशाही का चित्रण है तो दूसरे स्तर पर झिंगुरी सिंह, सहदेवसिंह, सुचित और बाबा रामचंद्र का। कथाकार दोनों ही जीवन-स्तरों को अत्यंत प्रामाणिकता और स्वाभाविकता से चित्रित करता है। लेखक ने कहीं से भी अति-चित्रण और आलंकारिक चित्रण की कोशिश नहीं की है। सादगी, सहजता और स्वाभाविकता के सौंदर्य को यह लेखक एक बार फिर से रेखांकित कर यह संदेश देता है कि कला का सत्य वस्तुतः जीवन की सच्चाइयों का ही सच होता है। जो कला इन सच्चाइयों को कल्पनातिरेक या अति बौद्धिकता से मंडित कर अनुभवजन्य सामान्य क्रियाओं और प्रतिक्रियाओं को, फार्मूलाबद्ध और सज्जा प्रधान बनाती है, वह देर तक लोकचित्त पर ठहर नहीं पाती।

लोकसंग्रहकारी चेतना और प्राणहीन लिखित भाषा को पुनर्जीवन-सा देते हुए लेखक ने ग्रामीण जीवन के ढेर सारे लोकगंधी शब्दों के बल पर हिंदी उपन्यास को एक नई बोल-चाल और पदावली भी दी है, जिसकी आज बेहद जरूरत है। खड़ी बोली हिंदी में जैसी एकरसता और रक्ताल्पता आ रही है, उसे केवल त्रिलोचन ही नहीं, रेणु और रेणु ही नहीं, मान बहादुर सिंह और कमलाकांत त्रिपाठी भी तोड़ते हैं। शहरी मध्यवर्ग की स्पंदनहीन चिकनी भाषा के खिलाफ यह एक ऐसी अभिव्यंजना है, जो लोकमन के करीब हैं, बल्कि उसी की सी है। इस सोए हुए लोकमन की शक्ति और सक्रियता को पुनःसंस्कार देकर सचेत और समूहबद्ध करना इस उपन्यास का प्रदेय कहा जा सकता है।

भारी भरकम और बड़े डील-डौल के कथानकों के बीच लंबी कहानी जैसी तीव्रता और उद्देश्यबद्धता लिए हुए यह उपन्यास लोक जीवन के अंतर्मन की करवटों, परिवर्तनधर्मिता, सहज विवेक और निश्छल आवेग को प्रतिबिंबित करता है। किसान मन के इर्द-गिर्द यह कथा का जैसा आभामंडल रचता है, वह जैसे किसी ग्राम देवता की ही जानी-पहचानी प्रतिकृति हो। *मंझोले कद काठी के इस उपन्यास का बुनियादी रूप संवादधर्मी और आंदोलनकारी है।* किसी चरित्र-विशेष या घटना-विशेष के प्रक्षेपण के बजाय उपन्यास का पाठक उन आधारभूत राजनीतिक, सामाजिक जटिलताओं से रू-ब-रू होता चलता है जिनके कारण किसानों या मजदूरों की मुक्ति का प्रश्न रोज-ब-रोज दूर होता जा रहा है।

यह भी सही है कि उपन्यास शाम से शुरू होता है, जहाँ बुढ़ऊ (सालिकराम) आँगन में भोजन करने उठे तो बरसात के मौसम की पाखियाँ उनके बदन से टकराईं और वे अपनी बहुरियों पर गरजते हुए थाली पर से उठ खड़े होते हैं। उपन्यास का अंत चैत की शाम से होता है जिसमें धीरे-धीरे उतरती शाम, ताल के भीट और

पेड़ों की हिलती टहनियों के बीच सूरज की, काँपती सुनहरी किरनों का अदृश्य हो जाना चित्रित है। 'मेरे गीत और कला' में निराला ने लिखा था कि उनके गीत आर्य जाति की पारंपरिक प्रार्थनाओं, यथा 'तमसो मा ज्योतिर्गमय' का अनुसरण करते हैं। छायावाद में यह वैदिक चेतना अत्यंत प्रबल है। प्रेमचंद आदि लेखकों ने निपट भौतिक या जमीनी यथार्थ की रचना के माध्यम से यही संदेश दिया कि जातीय जीवन अत्यंत संघर्षजीवी है। 'बेदख़ल' में भी यह 'संघर्ष' आधार मूल्य के रूप में उभारा गया है। किंतु यह एक ऐसी शैली में है जिसमें जीवन के बारीक राग भी बराबरी से गुँथे हुए हैं। जीवन शायद तभी अपनी परिपूर्णता में दिख पाता है जब उसमें जीवन की उम्मीदें और कशमकश करतीं नाउम्मीदें एक साथ झिलमिलाती हों। बाबा रामचंद्र, जग्गी, रामहित की ससुराल नाचर-भादर, सुचित का स्वाभिमान, बिरहा, फगुआ और निरगुन के गीत-भजन तथा मेलों ठेलों की गहमागहमी। इन्हीं के साथ ऋतुओं और मौसमों की बदलती मुद्राएँ और प्रकृति का गंभीर मार्मिक चित्रण कथा को जैसी संपन्नता और भराव देता है, उससे यह उम्मीद बँधती है कि हिंदी उपन्यास धीरे-धीरे ही सही अपने जातीय (राष्ट्रीय) अनुभवों और सोच के करीब आता जा रहा है। वह खुद-ब-खुद अपने देशी ढाँचे और मुहावरे की तलाश में है।

कमलाकांत त्रिपाठी ने ऐसा करते हुए 'गोदान' की परंपरा को पुनर्जीवित किया है और यह प्रमाणित भी कि भारत का लोक जीवन अब भी राष्ट्रीय आंदोलन की स्मृतियों और उससे जुड़े संघर्षों की अनंत संभावनाओं से भरपूर है। तथापि इन 'संभावनाओं' की तलाश और पुनर्रचना के लिए जिस निर्मम तटस्थता और अपराजेय कल्पनाशक्ति की जरूरत आज के लेखक को है, वह भी एक संभावना ही है।

उपन्यास और लोक जागरण : कलिकथा वाया बाइपास*

'इतिहास मामूली आदमी की कथा नहीं कहता, पर हर इतिहास मामूली आदमियों से पटा पड़ा होता है जो इस इतिहास से जूझते हुए जीवन काटते हैं। इसलिए किशोर बाबू इतिहास के अनकहे को कहकर अपनी कथा के लिए इतिहास के स्तर तक उठ जाने की आकांक्षा पाले हुए हैं।'

यह कथा किशोर बाबू की कथा है और कथा-लेखक की उपस्थिति इसमें इतनी ही होगी जितनी कि खाँटी शुद्ध किस्सागोई में होनी चाहिए।...यानी विशुद्ध सोने के चौबीस कैरेट में दो कैरेट की मिलावट करने जितनी ही छूट कथा-लेखक को है। इसीलिए तो इसमें बंगाल के ख्यातिप्राप्त सुनारों की तरह बाईस बाई बाईस (22 × 22) कैरेट शुद्धि के गहनों जैसी हकीकतें हैं और दो कैरेट मिलावट जितनी कल्पनाएँ। पर यह दो कैरेट वाली मिलावट भी क्या उसी हकीकत का हिस्सा नहीं जिसे घटता हुआ जीवन अपने आस-पास छोड़ता चला जाता है। *कहानी चाहे तोता-मैना की हो, रानी सारंधा या फिर केतकी की, अंततः वह इन्हीं स्मृतियों की ही तो सघन संवेदनात्मक बुनावट है। इन्हीं के बारीक धागों से ही कहानी की रस्सी बुनी रहती है,* कुछ इस तरह कि बकौल भवानी मिश्र अगर इस रस्सी को उलटा घुमाएँ तो एक-एक रेशे का चेहरा उजागर होता चला जाए। 'कलिकथा वाया बाइपास' में अलका ठीक ही सोचती हैं क्या कहानी है और क्या स्मृति? सब एक दूसरे में घुल-मिल गई हैं। हर स्मृति में मनचाहा कुछ जुड़ गया है और अब वही हकीकत से बड़ा बन गया है। कहते हैं यथार्थ से कल्पना कुछ अधिक ही ताकतवर हुआ करती है। यथार्थ का शरीर नंगा शरीर है। कल्पना उसे इस तरह कपड़े पहनाती है कि वह पहले से कुछ अधिक खूबसूरत रंगीन और ताकतवर हो उठता है।

कलिकथा की स्मृतियाँ किशोर बाबू की हैं। लेकिन किशोर बाबू कौन हैं?

---

* कलिकथा वाया बाइपास : अलका सरावगी

क्या वे कोई इतिहास-सम्मत पात्र हैं? नहीं.तो फिर क्या वे कपोल कल्पना हैं या फिर कथा-लेखक द्वारा गढ़े गए उसके 'अहं पात्र' (इगो कैरेक्टर) जैसे कि तुलसी के 'हनुमान', प्रेमचंद के 'घीसू-माधव' या फिर प्रसाद के मनु और श्रद्धा। जो भी हों पर यह भी सच है कि वे इतिहास से चलकर नहीं आए हैं। पर उन तमाम इतिहासधर्मी चरित्रों से कहीं बढ़कर हैं जिन्हें हम जब-तब इतिहास की पोथियों में पढ़ते रहे हैं। क्या ऐतिहासिक चरित्रों में भी इतनी ही जीवंतता, सक्रियता और स्मृतिधर्मिता होती है? क्या वे किशोर बाबू की ही तरह हमारी सोई हुई संवेदनाओं को अपनी डायरियों के मार्फत झकझोरते और परेशान कर डालते हैं? क्या वे सिर्फ घटनाओं और नामों की तथ्य-सूचना भर नहीं हुआ करते? अरस्तू ठीक ही कहा करते थे कि काव्य में तारीखों और व्यक्तियों के नामों के अलावा सब सच और इतिहास में इनके अलावा सब झूठ। साहित्य इसी 'रूप' में इतिहास होकर भी इतिहास नहीं है पर वह कभी-कभी तो सारे इतिहासों को नकारकर, सबको धकियाकर, उनका माई-बाप बन बैठता है। तब वह न शुद्ध इतिहास हुआ करता है, न शुद्ध काव्य। बल्कि ऐसा पुराण जो हमारे भीतर अपनी समूची जीवंतता के साथ घटता हमारी कथित चेतनता को पार करता किसी ऐसे झुटपुटे में पहुँच जाता है जहाँ मिथ्या जीवन की सघन छायाओं के बीच कुछ जगमगाते प्रकाश-पुंज हमें पुकारते-से लगते हैं और यह भी कि वे हमें संवेदना के एक ऐसे लोक में लिए चले जाते हैं जहाँ जीवन हमें अपनी समग्रता, परिपूर्णता और आद्यंतता में खड़ा दिखाई पड़ता है। कभी-कभी तो कुछ इस अदा में कि हम उसकी निगाहों के तेज का आगना-सामना तक नहीं कर सकते। विपरीत इसके कलि-कथा के किशोर और शांतनु की तरह बाइपास ढूँढ़ने लग जाते हैं। कभी-कभी इसके पलट ऐसा भी होता है जब सारे बाइपास बेमानी साबित हो उठते हैं। हमें उन्हीं रास्तों से होकर गुजरना पड़ता है जो अपनी दुर्गमता, जटिलता और भयावहता के चलते हमें एक खास दौर में दहला गए थे। इतिहास के एक ऐसे मोड़ पर छोड़ गए थे जो हमसे साहस और संकल्प की माँग करता था, और हम या तो कोरे भावुक और आदर्शवादी थे या फिर वाचाल बुद्धिजीवी। हमारे जीवन के खाते में न साहस बचा था, न संकल्प। अगर कुछ बचा था तो वह थी औसत कटशार्ट वाली सफलता खोजी दुनियादारी। न साहस, न अपराजेयता का बोध। इसके पार देखने वाली निगाह और उसका निर्द्वंद्व साथ देने वाली वह हिम्मत नहीं बची थी, जिसने आजादी पूर्व के दिनों में भारत के लोगों के स्वाभिमान, तेज और पौरुष का इतिहास रचा था? आखिर आज हम सब इतने बौने, इतने घटिया और वाहियात किस्म के लोग कैसे हो गए कि हमारी सोच गंदी हो गई, हमारे सपने दागदार हो गए। हम केवल संवेदनाओं की सतह पर तैरने वाले लोग बचे और गंभीर जीवन-मूल्य बेमानी साबित होते चले गए। कलिकथा के किशोर बाबू सोचते हैं—किशोर को बाद में जाकर कई दशकों के बाद अहसास होता है कि जब शत्रु का चेहरा खोजने पर अपना ही चेहरा शीशे

में नजर आने लगता है तो सारे सपने धुँधला जाते हैं। यहाँ तक कि कोई सपना बाकी नहीं बचता। बस अपना पेट बचता है जो दिन-ब-दिन बढ़ती जरूरतों, इच्छाओं और चीजों के साथ-साथ बढ़ता जाता है और किसी तरह पूरा नहीं भरता। तभी न किशोर बाबू का बेटा आजादी की पचासी वर्षगाँठ की खुशी में कर्ज के पैसे से खरीदी गई छह लाख की फ्रीडम फोर्ड गाड़ी की चाभी सत्तर साला बूढ़े किशोर बाबू की हथेलियों में रखते हुए उन्हें 'सरप्राइज' देने का खेल खेलता है और किशोर बाबू अवाक् और उदास होकर सोचने लगते हैं 'एक चाभी से स्वतंत्रता मिल जाती है, तो इतने लोगों को जान देने की क्या जरूरत।' पर उन्हें कौन समझाए कि तब लोग इसलिए जान देते थे कि वे आजाद-पसंद लोग थे और आज कुछ लोग इसलिए दे रहे हैं क्योंकि उनके पास 'फ्रीडम फोर्ड' नहीं है। किशोर बाबू का बेटा अपनी पूरी झुँझलाहट में उनसे कहता है–'कोई लड़की इसलिए जहर खा लेती है क्योंकि उसका बाप उसे माधुरी दीक्षित वाली घाघरा-चोली नहीं ला देता', 'अपने इर्द-गिर्द क्या हो रहा है उसकी कोई खबर है आपको?'

क्या किशोर बाबू को सचमुच अपने आस-पास की खबर नहीं है? क्या वे सचमुच पगला गए हैं? आस-पास के जीवन में जो घट रहा है, उससे वे क्या सचमुच बेखबर हैं? अगर बेखबर होते तो वे यह सब कैसे लिखते अपनी डायरी में "और घोर आश्चर्य कि वहाँ मैंने किसे देखा। मैंने देखा कि मेरे यहाँ बीस वर्ष से ऑफिस में काम करने वाला शिव बाबू वहाँ बैठकर खाना खा रहा था। मैं कभी सोच भी नहीं सकता था कि शिव बाबू यहाँ इस तरह सड़क पर दीवार की तरफ मुँह किए खाना खा सकता है। क्या उसकी पत्नी बीमार है–मैंने सोचा–जो वह टिफिन नहीं लाया? लेकिन तभी मुझे पता चला कि मैं तो जानता ही नहीं कि उसकी पत्नी है भी या नहीं और वह इतने सालों से दोपहर में क्या और कहाँ खाता रहा। लेकिन एक बात और है जिसे सोचकर मैं परेशान हो रहा हूँ–जब शहर में सड़क पर चलते हुए औरतों को पेशाब आता होगा, तो वे कहाँ जाती होंगी।" (पृष्ठ 11) किशोर बाबू की खबरदारी का आलम यह है कि वे विलायत पलट डॉक्टर–जो उन्हें देखने आया है–से पूछते हैं कि "बताइए राबड़ी देवी और सोनिया गाँधी में क्या अंतर है" जवाब में वह कहता है "अंतर ही अंतर है। कहाँ एक अशिक्षित नौ बच्चे पैदा करने वाली गँवार औरत और कहाँ एक पढ़ी-लिखी सम्मानित परिवार की सुसंस्कृत महिला" तो किशोर बाबू कहते हैं "दोनों में अंतर इतना ही है कि एक का पति मुख्यमंत्री था और दूसरी का पति प्रधानमंत्री। बाकी कोई अंतर नहीं।"...वे सोचने लग जाते हैं 'इस देश का अंग्रेजी पढ़ा-लिखा पेशेवर डॉक्टर भी 'पोलिटिकली' इतना मूर्ख है।' इन्हीं किशोर बाबू के बारे में पत्नी और बच्चों की राय है कि वे बुरी तरह बीमार हैं। वे उन्हें तरह-तरह से स्वस्थ करने की कोशिशों में जुटे हैं, खासतौर से उनकी पत्नी सरोज। पर किशोर बाबू सोचते हैं–डॉक्टर की जरूरत तो सचमुच इन

लोगों को है, जो समझते हैं कि वे स्वस्थ हैं। पति और पत्नी, पिता और बेटे में चेतना का इतना जबदस्त अंतराल है कि दोनों एक-दूसरे के लिए बीमार लग रहे हैं। पर कौन है सचमुच बीमार? किशोर बाबू सोचते हैं 'कितनी सीमित दुनिया है इन लोगों की। कितने घिरे हुए बंद विचार। कहीं कोई अद्भुत बात अंदर आने के लिए कोई छिद्र नहीं। जीवन के प्रति कितना सतही रोमांचहीन, 'कट एंड ड्राइड' रुख। अब कैसे इन लोगों को अपने अंदर चलती उस दुनिया के हिस्सेदार बनाएँ, जिसे ये लोग सामान्य व्यवहार की बाऊंड्री के पार की दुनिया समझते हैं—झक्कियों, सनकियों की दुनिया। कैसे इन्हें समझाएँ कि तुम लोगों ने चालू मापदंडों को निर्णायक मानकर जो संसार बनाया है उसमें कितना नुकसान है। कितनी चीजों को देख पाने, महसूस कर पाने से तुम वंचित रह जा रहे हो।

किशोर बाबू ने सच्चे हृदय से उन लोगों को धन्यवाद दिया जिन्होंने उन्हें आपरेशन के बाद सिर की यह चोट दी थी। अपने जीवन के अंतिम हिस्से में ही सही, कम से कम मरने से पहले उन्होंने जीवन को उस पूरी गहराई, पूरी समृद्धि—उसके पूरेपन में जानने की पहल तो की।' (पृ. 82)

किशोर बाबू इतना सोचते क्यों हैं? क्यों उनकी स्मृतियाँ इतनी गंभीर और मार्मिक हैं? क्यों इन्हीं के चलते अपने ही लोगों के बीच वे असमंजसकारी हो गए हैं? चेतना के स्तर पर कहीं वे एकदम से दूसरे किशोर बाबू तो नहीं हो चुके हैं? आखिर उनकी कुल परेशानी और समस्या क्या है? इसका उत्तर समूची परंपरा में जगह-जगह अंकित है। ग़ालिब तो ग़ालिब, फ़िराक़ तक अगर यह लिखने को मजबूर हुए 'हमवतन बात न समझें वो वतन मुझको दिया'। कहीं अलका सरावगी भी इसी पीड़ा से तो नहीं गुजर रही हैं? जातीय स्मृतियों की शक्ति और सुंदरता के बोध से आंदोलित अलका के रचयिता वेद व्यास की वेदना भी नहीं भूली होंगी जब वे कहते हैं—'धर्म ही से सबकुछ सधता है, धर्म से ही जय होती है, मैं दोनों हाथ उठाकर कहता हूँ पर मेरी कोई नहीं सुनता।' तब भी...तब भी आप सिवाय इसके और कर क्या सकते हैं। ऐसे ही थोड़े कहानी अँधेरे में एक चीख बनकर उभरती है। मज़ाज लखनवी की वह नज़्म उपन्यास पढ़ते वक्त यादों के परदों पर बिजलियों की तड़प बनकर उभरती है—'ऐ गमे दिल क्या करूँ ऐ वहशते दिल क्या करूँ...' कलिकथा की कथा-लेखिका अलका की तड़प और बेचैनी का आलम भी यहाँ यही है।

कलिकथा सुदूर मरुप्रदेश से चिड़ियों की तरह उड़कर आ बसे कलकतिया मारवाड़ियों और कलकत्ता महानगर के साझे इतिहास की कहानी है। यह साझा इतिहास क्या

है? ईस्ट इंडिया कंपनी, लार्ड क्लाइव, सिराजुद्दौला, मीर जाफर, सेठ अमीचंद और जगत सेठ से शुरू होकर यह कहानी बंगाली रईसों और भूमिपतियों से होकर मारवाड़ियों के उन बेटे-बेटियों तक चली जाती है, जिनके हाथों में आज कलकत्ता महानगर का आर्थिक साम्राज्य है। पर आजादी से पहले के मारवाड़ियों का लक्ष्य प्रायः ताकत और पैसा था, आजादी के बाद की पीढ़ी ने भी लगभग यही ध्येय बना रखा है। उपन्यास के कथानायक किशोर बाबू अपने पुरखों की कहानी जिस अंदाज में कथा-लेखक को सुनाते हैं उससे उनके पहले की तीन-चार पीढ़ियों की जीवन-प्रणाली और सामाजिकता का एक सघन बिंब उपन्यास में बार-बार उभरता है। इतिहास और स्थानिकता का प्रयोग कर उन्होंने इसे बेहद प्रभावी बना डाला है।

मारवाड़ियों का यह इतिहास यहाँ कुछ इस तरह कहा गया है इसे पढ़ते हुए कि अंग्रेजों—वे हैमिल्टन हों (जूट कंपनी के मालिक) या पुलिस कमिश्नर टैगर्ट—से उनके रिश्तों (सामाजिक और आर्थिक) की प्रगाढ़ता का पता लगता है। कथा नायक किशोर बाबू के परदादा, ग्रेट ग्रैंड फादर रामविलास से हैमिल्टन साहब कहते हैं "यह कलिकाता है मेरे दोस्त—काली का देश। यहाँ आने वाले को पहले काली की पूजा देनी पड़ती है। तुम्हारे पिता ने नहीं बताया तुम्हें? तुम्हारे पिता ही मेरे पिता की ओर से हर साल कालीघाट में पूजा करके आते थे।"

यही हैमिल्टन प्रगाढ़ता हो जाने पर रामविलास से कहते हैं, "साहब नहीं रामविलास, आज से तुम मुझे जॉन कहोगे। अपने मित्र को कोई साहब नहीं कहता"...यह मित्रता गौर तलब है।

हैमिल्टन रामविलास को अपनी पिछली गाथा सुनाते हैं—मैं आधा हिंदू ही हूँ रामविलास। मेरी माँ एक हिंदू औरत थी। वह बहू बाजार में फिरंगी काली मंदिर के पास रहती थी। मेरी, इंग्लैंड वाली माँ ने मुझे गोद लिया था। शायद बेमन से ही...मेरी माँ को मेरे पिता जी से मिलाने वाले तुम्हारे पिता ही थे...

तभी तो किशोर का सहपाठी और बाल सखा शांतनु कहता है—"मारवाड़ी लोग आजादी की लड़ाई में भाग नहीं ले सकते। वे इतने दब्बू और डरपोक हैं कि न जेल जा सकते हैं और न ही पुलिस के डंडे खा सकते हैं—हर समय उन्हें जान-माल की ही फिक्र लगी रहती है।"...इसी क्रम में वह किशोर से यह भी कह डालता है—अगर सिराजुद्दौला को उसके "सेनापतियों और बड़े व्यापारियों ने धोखा नहीं दिया होता तो आज हमें इस तरह गुलाम नहीं बनना पड़ता।" किशोर को शांतनु की ये बातें आहत कर जाती हैं और उसका तनाव बढ़ता चला जाता है। बड़ा बाजार लाइब्रेरी के लाइब्रेरियन सत्यपाल जी की फाइलों को पढ़ने के बाद जब यह जान लेता है कि जगत सेठ भी मारवाड़ी ओसवाल थे तब तो उसकी परेशानी का कोई ठिकाना ही नहीं रहता। सत्यपाल जी उसकी इस व्यथा को भाँप कर कहते हैं—लेकिन तुम जिस बात से परेशान हो रहे हो, वह बिल्कुल बेबुनियाद है। अंग्रेजों के साथ मिलकर

जिस मीर जाफर ने सिराजुद्दौला से दगा किया, उससे खुद उसका खून का रिश्ता था। ताकत और पैसों के पीछे पागल लोगों की कोई अलग जाति नहीं होती। वे सब एक ही जाति के होते हैं। वे अनादिकाल से अपने को बेचते आए हैं और हमेशा बेचते रहेंगे।...देख रहा हूँ कि तुम्हें कोई दूसरी ही बात चुभ रही है। क्या सबसे पहले बंगालियों ने ही अंग्रेजों को यहाँ पाँव जमाने में मदद नहीं की? तुम अपने को स्वयं पहचानो। किसी दूसरे की धारणाओं से क्यों परेशान हो रहे हो?

सहपाठी अमोलक और शांतनु के साथ आजादी की लड़ाई में थोड़ी बहुत मानसिक भागीदारी किंतु अधिकांशतः पलायन और आत्म बचाव किशोर के कैशोर्य की कहानी है। कारण है उसकी पारिवारिक विपत्तियाँ और उनसे पैदा होने वाली भारी जिम्मेदारियाँ। पिता तो गुजर ही गए थे, बड़े भैया ललित भी बीमारी में चल बसे। विधवा माँ, भाभी (शांता) और किशोर तथा तानाशाह किस्म के मामा लोग। इन्हीं लोगों के बीच और साथ, अपने सपनों में खोई किशोर की जिंदगी की कशमकश—शांतनु हो या अमोलक—सब समाज, देश, जिंदगी के बारे में बड़ी-बड़ी धारणाओं से टकरा रहे हैं। लेकिन उसकी जिंदगी सेंट्रल एवेन्यू के मकान के दो कमरों में सिमटकर रह गई है। उसके पंख कुतर डाले गए हैं। सुबह से शाम तक मामा लोगों की दुकान पर सामान्य कर्मचारी की तरह खटना—फिर भी रात को सपने देखने की फितरत। वह दिन-रात अपनी हिस्सेदारी के बारे में सोचता रहता है—देश की आजादी, मारवाड़ी जाति का पिछड़ापन, औरतों की हालत—पर समय कहाँ है किशोर के पास—इतनी बड़ी गृहस्थी और उसके लिए दिन-रात जूझना, इसी क्रम में किशोर ने एक दिन मामा लोगों से छुट्टी पा ली और स्वतंत्र व्यवसाय की ओर बढ़ा। मामा लोगों ने कुल एक हजार मदद के तौर दिया या वेतन के। तब भी किशोर ने अपनी मेहनत से एक छोटा-मोटा साम्राज्य तो खड़ा कर ही लिया और उत्तर कलकत्ता के सेंट्रल एवेन्यू वाले इलाके से उठकर दक्षिण कलकत्ता के संभ्रांत समझे जाने वाले मारवाड़ियों के इलाके में चला आया। अब उसके बेटे-बेटियाँ अपने उत्तर कलकत्ता वाले इतिहास को धोने पोंछने का काम करते हुए उस समूचे इतिहास की विस्मृति के शिकार भी होते चले जा रहे हैं जिसकी स्मृतियों ने ही बुढ़ापे में नए से हो उठे किशोर बाबू को जन्म देकर बेटे-बेटियों और पत्नी सरोज को मुश्किल में डाल रखा है। आजादी पूर्व का बचपन, उसकी यादें और बाइपास आपरेशन के बाद उपजी झुरपुटी चेतना ने किशोर बाबू को जहाँ लाकर आज खड़ा कर दिया है, उस बिंदु से किशोर बाबू के परिवार वाली चेतना (?) का बिंदु काफी दूर और अलग-थलग है। दूर ही नहीं लगभग छत्तीस के संबंध हैं दोनों में। किशोर बाबू खुद अपने ही परिवार में झक्की, सनकी, बीमार और पागल समझे जाने लगे हैं। इसलिए कि वे औसत, कटशार्ट और संवेदनहीन यांत्रिक जीवन से काफी अलग प्रकार की संवेदन-प्रचुरता और बौद्धिक प्रखरता के इलाकों में संतरण कर गए हैं। उनकी स्थिति

उपन्यास के उस सिरफिरे पागल की सी है जो कंधे पर कई तरह की पोटलियों का डंडा उठाए कलकत्ता की उन्हीं सड़कों पर तिरंगा लिए घूम रहा है जिन पर उधार के पैसों से खरीदी हुई फ्रीडम फोर्ड गाड़ियाँ दौड़ रही हैं, बड़े-बड़े महँगे रेस्तराँ, अस्पताल, पार्क और बुटीक सेंटर हैं। नौजवान लड़के-लड़कियाँ हैं, जिनकी उपभोग-कामनाएँ विलासी इंद्र से भी कई गुना अधिक बढ़ी हुई हैं और लड़की हो या लड़का, बेटा हो या बहू सबके सब इसी प्रतिस्पर्धा में एक-दूसरे को पछाड़ देने के लिए बहुत तेजी से भाग रहे हैं।

आजादी के बाद का भारत इसी गति से पश्चिम के सामाजिक और सांस्कृतिक मापदंडों के अनुसार उनके मनचाहे ढंग से अपने को बदलकर एक उपभोक्ता राष्ट्र में तब्दील करता जा रहा है। किसी एक को भी अपनी पिछली प्रतिज्ञाएँ और पिछला इतिहास याद करने की न तो अब फुर्सत है, न चिंता। उपन्यास इस तेज भागती स्वातंत्र्योत्तर पराधीन भारतीय मानसिकता के मान-मूल्यों के खिलाफ उसी पागल की पताका-सा लहरा रहा है। शायद कुछ लोगों को उनका अपना अतीत याद आ जाए, शायद कुछ लोग उस इतिहास से कोई प्रेरणा लें, शायद कुछ लोग थोड़ी देर के लिए ही सही उन प्रतिज्ञाओं की ओर लौटें जो स्वदेशी आंदोलन के दिनों इस देश के लोगों द्वारा की गई थीं। शायद कुछ लोग यह महसूस करें कि अपनी समस्याओं और हकीकतों को उनके अपने ढंग से समझे बिना हम उस राष्ट्र का पुनर्निर्माण नहीं कर सकते जिसकी बुनियाद संप्रभुता और राजनीतिक स्वाधीनता के सहारे खड़ी होती है। अपने देश के स्रोतों को बाइपास कर विदेशी कर्जों और उधार के विचारों के बल पर हम इस राष्ट्र का पुनर्निर्माण शायद ही कर पाएँ। यही तो वह मुद्दा है जिसके लिए कही गई है यह कलि-कथा-कलकतिया मारवाड़ियों की छह पीढ़ियों की कहानी।

कहानी लगभग डेढ़ सौ (एक सौ सैंतीस 1860-1997) सालों के गुजरे इतिहास की स्मृतिबिंब श्रृंखला पर खड़ी है जिसमें रामविलास और उनके भिवानी वाले दोस्त भारत मित्र के संपादक, 'शिवशंभु का चिट्ठा' लिखने वाले बालमुकुंद गुप्त और रामविलास के अपने इकलौते विद्रोही बेटे केदारनाथ की भी कहानी है। इन्हीं केदारनाथ के ही तो पोते हैं 'किशोर बाबू' जिनके पास अपने स्वर्गीय दादा के लेखों की पूरी सूची और डायरियाँ हैं–खुद किशोर बाबू की अपनी डायरियों की ही तरह जो भारतीय मन के स्वाभिमान, सजग संवेदनशीलता, स्मृति-प्रखरता और विस्फोटक सोच से भरी हुई।

अगर स्मृतियों को भी इतिहास माना जाए तो कलिकथा में इतिहास के अलावा और कुछ है भी नहीं। मरुप्रदेशीय मारवाड़ियों के स्थानांतरण, कलकत्ता शहर, ईस्ट इंडिया

कंपनी का कसता शिकंजा, स्वतंत्रता आंदोलन, सांप्रदायिक दंगे, भारत विभाजन—भारतीय राष्ट्रीय कांग्रेस, गाँधी, सुभाष और नेहरू—बंगाली क्रांतिकारी और जमींदार, अडवाणी की रामरथ यात्रा और बाबरी मस्जिद का ध्वंस से लेकर ग्लोबलाइजेशन की बाज़ारू संस्कृति की ओर बढ़ता बीसवीं सदी का नवधनिक हिंदुस्तानी और न जाने क्या-क्या? अलका की स्मृतियाँ बहुत पॉवरफुल और इतिहास-बोध बेहद उत्तेजनाकारी और आक्रामक हैं। वे जितनी बड़ी लेखिका के रूप में उभरने की कोशिशों में हैं, उसका रहस्य इन्हीं स्मृतियों, इतिहास और उसकी नैतिक तार्किकता में है। यह सही है कि वे अपने कुछ पूर्ववर्तियों—प्रेमचंद-प्रसाद आदि की तरह सामाजिक-राष्ट्रीय आदर्शों की वकालत भी कर रही हैं पर उनके करने का ढंग पिछलों की तुलना में कुछ नाटकीय और कुछ-कुछ जादुई भी है। मुझे लगता है *अलका अपने समूचे समकालीन साहित्यिक परिदृश्य की तमाम सर्जनात्मक संभावनाओं को निचोड़कर सब पर छा जाना चाहती हैं और बीसवीं सदी के भारत का इतिहास—जो निरंतर निराशा, हताशा, पराजयबोध और विषाद का होता चला गया, जिसके पास स्वाधीनता आंदोलन के दिनों की खुरचन तक भी नहीं बची—इसमें उनकी काफी मदद भी कर रहा है। यदि वे इसके लिए लेखक का 'अनिवार्य हस्तक्षेप' वाली शैली न भी अपनातीं तो भी उनकी यह रचना उतनी ही ताकतवर और प्रभावकारी बनी रहती। अपने पाठकों को आंदोलित करती है। अंततः उपन्यास में 'न्यास' को ही अपना प्राण फूँकना पड़ता है। उसी के दम से तो कथानक की छबि खड़ी होती है।* पर ऐसा लगता है कि अलका काफी आजाद तबीयत की हैं और हिम्मतवर तो वे हैं ही। नहीं तो वे इतने नामी गिरामी कहे और माने जाने वालों के बीच इन बहसों को क्योंकर उठातीं कि कहानी कहने के ढंग एक नहीं हैं, कहानी और स्मृतियाँ एक ही ढंग के धागों से बँधी हुई रहती हैं, इतिहास का कोई रोल अगर होता है तो यह रोल क्या है, इसकी संभावनाओं की तलाश कैसे की जा सकती है और इससे भी बड़ी बात यह कि लेखक का व्याकुल मनोलोक आज ऐसी स्वाधीनता का आग्रहशील है जिससे उसका समय और समाज आत्म-साक्षात्कार और आत्मालोचन की प्रक्रिया से साथ-साथ गुजर सके।

एक संभावना है स्त्री : इदन्नमम्*

छोटे परदे पर जब 'रजनी' सीरियल चल रहा था, लोगों के मन में एक उम्मीद और उत्साह का भाव जागा था। ज्यादातर तो नहीं पर कुछेक नवयुवतियों ने अपने आप को 'रजनी' की तरह देखना भी शुरू कर दिया था। पर रजनी करती क्या थी? प्रतिरोध और संघर्ष। तथापि उसकी शैली काफी फिल्मी और इसीलिए उत्तेजक थी। सामाजिक जीवन में यह उत्तेजकता अपने फिल्मीपन में चाहे जितनी मनोरंजक मानी जाए, बुनियादी बदलावों के कारकों को नजरअंदाज करती है और हमारी पारंपरिक संवेदनाओं की घिसी-पिटी आदतों को फिर उसी ठौर ले जाकर खड़ी कर देती है जहाँ जादू या चमत्कार का रस आने लगता है और ग्लैमर का ग्लैमर भी बना रहता है। ऐसी कल्पनाएँ नकली किस्म की पौराणिकता को बढ़ावा देती और छद्‍म पैदा करती हैं। तब तर्क बेमानी से हो उठते हैं और भाषा अनपेक्षित ढंग से रंगीन और अविश्वसनीय। ऐसी चीजों से गुजरते हुए हम यही सोच पाते हैं कि कला और उसे धारण करने वाली कल्पना का अपना अलग आनंद है।

उन्नीसवीं सदी के उत्तरार्ध में जब हिंदी उपन्यास की विधा आई तब ऐसी चीजें भी सामने आईं जिनमें कल्पना की अबाध उड़ानें थीं। कल्पना यह भी तो करती है। कलावाद इसी की कोख से पैदा होता है। पर प्रेमचंद के आने पर यह सुस्पष्ट हो गया कि जीवन को उसके स्वाभाविक सौंदर्य और सहज प्रवाह में देखना ही कला की बुनियादी जिम्मेदारी है। अन्यथा कला संसार और शेखचिल्लियों की दुनिया में कोई फर्क ही नहीं रह जाए। तब ऐसी दुनिया का हम क्या करें? इसी सवाल से टकराते हुए आनंद कुमार स्वामी जैसे कला-चिंतक का यह निष्कर्ष सामने आता है कि पश्चिम में भले ही कला और जीवन में विच्छेदकता हो पर भारत में तो वे दोनों हमेशा अविच्छिन्न ही हैं—'कहियत भिन्न न भिन्न।'

---

* इदन्नमम् : मैत्रेयी पुष्पा

पश्चिम के आक्रामक और दमनकारी साम्राज्य से भिड़ते और जूझते हुए जो स्वदेशी आंदोलन आगे चलकर संपूर्ण राष्ट्रीय आंदोलन और उसकी इच्छाओं का प्रतीक बना उसके जननायक गाँधी ने भारत को समझने और देखने की जो दिशा निर्दिष्ट की वह यदि एक ओर साम्राज्यवादविरोधी तो दूसरी ओर पश्चिमी विज्ञानवाद से भी असहमति की मुद्रा में खड़ी थी। भारत के पश्चिमवादी नेताओं को गाँधी की यह नीति लगभग अरुचिकर और अनुपयोगी-सी जान पड़ी और राष्ट्रीय अस्मिता की खोज में कोलंबस की तरह निकल पड़ वे सब आज हमें जहाँ पहुँचा गए हैं, वहाँ भारतीय अवधारणाओं की ओर लौटना और नए सांस्कृतिक हमलों से आत्मरक्षा कर पाना हमारे लिए आसान नहीं रह गया है। अपने को खुद अपनी निगाह से देखे बिना हम अपने को परायी निगाह से यदि देखते रहे तो एक न एक दिन यह उत्पीड़क बोध भी होगा कि ऐसा हम क्यों करते रहे?

क्या भारत की अपनी भी कोई विश्व-दृष्टि है? अगर है तो समकालीन कला-दृष्टियों और खासतौर से हिंदी में उसके प्रतिफलन का स्वरूप कैसा है?

पिछले दिनों जब सुरेंद्र वर्मा की राधिका शर्मा उर्फ सिलबिल वर्षा वशिष्ठ (मुझे चाँद चाहिए) होकर उभरी थी, हिंदी के कथा-पाठकों को लेखकीय वैदुष्य और कल्पना-प्रवणता के मिश्रित सौंदर्य का अनुभव हुआ था। तथापि वर्षा वशिष्ठ क्रमशः लोक जीवन के तंग मुहल्लों और संकीर्ण गलियों से निकलकर जिस संघर्ष की ओर जाती है, वह बहुत कुछ कैरियर प्रधान है, या फिर गायत्री आदि परिवारों वाला स्वनिर्माणवादी। निम्न मध्य वर्ग से उच्च मध्य वर्ग की ओर जाती वर्षा एक दिन उच्च वर्ग में प्रवेश कर निश्चित रूप से मध्य वर्ग के ऐतिहासिक और विडंबनामय त्रिशंकुवाद का अतिक्रमण कर देती है। मध्य वर्ग के खासतौर से आजादी के बाद के मध्यवर्गीय लेखकों की अधिकतर कल्पनाएँ कुछ इसी तरह की रही हैं। लोक जीवन के विशाल और उठा-पटक वाले दलदली जीवन-संघर्षों की अनुभव मालाओं से हमारे ये लेखक अगर कटे से रहे तो उसके भी अपने कारण हैं। अपनी डायरियों और कविताओं में मुक्तिबोध ने इस संदर्भ में तीखी प्रतिक्रियाएँ दर्ज की हैं। जो लोग इस भावधारा को लाँघ विशाल लोक जीवन की ओर गए भी वे इतना फार्मूलापरस्त और बुद्धि-प्रसूत लेखन करते रहे कि उसे जेनुइन कह पाना मुश्किल। उनके अधिकांश अनुभव शास्त्रबद्ध और प्रायोजित से थे। मौलिक रचनात्मकता के लिए यह और भी खतरनाक हादसा-सा हुआ।

शताब्दी के अंतिम बरसों (1998) में प्रकाशित मैत्रेयी पुष्पा का 'इदन्नमम्' इन तमाम चौहद्दियों को लाँघता और झुठलाता हमें फिर उस परंपरा के करीब ले जा खड़ा कर देता है जहाँ यथार्थ का अर्थ 'सोशल क्रिटिसिज्म' न होकर 'समूह का संघर्ष' बन जाता है। यह भी कम रेखांकित करने योग्य नहीं है कि हिंदी के समकालीन यथार्थपरक लेखन में संघर्ष की कई रंग-छवियाँ हैं। कहीं-कहीं तो वह खुद लेखक

की बौद्धिक प्रयोजना जैसा लगता है और कहीं-कहीं तमाम कोशिशों के बावजूद बेहद औपचारिक, सतही और बेभरोसेमंद। यह भी कम तकलीफदेह नहीं है कि हमारी कल्पनाएँ कुछ अधिक शास्त्र-प्रेरित और विचार-निबद्ध होती जा रही हैं। जीवन की सहज और स्वाभाविक सुगंधों की दुर्लभता और क्षीणता यहाँ प्रायः खलती है। इसका जो भी कारण हो, एक कारण तो यह साफ दिखता है कि लेखक का 'फील्ड वर्क' न के बराबर और 'टेबुल वर्क' काफी जोरदार है। सुविधाजीवी, अवसरपरस्त, किंतु यशःकामी और अति महत्त्वाकांक्षी मध्यवर्गीय प्रतिभाओं की 'चतुराई' और फैशन-परेड, शब्दों की संस्कृति से जिस तरह पेश आ रही है, वैसा तो वे बहुराष्ट्रीय कंपनियाँ भी नहीं कर पा रही हैं जिन्हें सिर्फ बेचना और मुनाफा कमाना है। हमारे लिखे शब्द प्रायः संघर्ष से दूर चले जा रहे हैं और हमारी दृष्टि पर एक खास तरह का प्रतिबद्धतावादी आदर्शवाद क्यों हावी होता चला जा रहा है? इस लिहाज से मैत्रेयी पुष्पा का पहला ही उपन्यास 'इदन्नमम्' समकालीन शब्द प्रवाह की दिशा में बढ़ता हुआ इन संकीर्ण और जड़ चौखटों का अतिक्रमण करता है।

परंपरा बार-बार कहती आई है कि अगर सारे शास्त्र लुप्त हो उठें, लाइब्रेरियाँ जला दी जा चुकी हों, नगर महानगर और उनकी सभ्यताएँ नष्ट की जा चुकी हों तब अपनी पहचान को ढूँढ़ने के लिए 'लोक' की ओर जाना चाहिए। निरुक्तकार का अति प्रसिद्ध कथन है—'लोकं पृच्छ'। कुमार गंधर्व यों ही नहीं कहते रहे कि लोक कलाएँ शास्त्रीय कलाओं की माँ हैं। खड़ी बोली के हिंदी उपन्यास में प्रेमचंद और रेणु की ताकत इसी लोक की ताकत है। मैत्रेयी ने अगर इस 'लोक' को अपने लेखन में फिर से केंद्रीयता देने की रचनात्मक पेशकश की है तो इसे नजरअंदाज नहीं किया जा सकता। यहीं यह रेखांकित कर देना जरूरी है कि प्रेमचंद आजादी के पहले और रेणु आजादी के तत्काल बाद के लोकांचलों के रचनाकार हैं। यह भी निर्विवाद है कि प्रेमचंद में 'विचार' और 'रेणु' में रंगीनी और सौंदर्य की प्रतिस्पर्धी फैंटासियाँ हैं। प्रेमचंद कालिदास आदि की तरह अभिधावादी तो रेणु अलंकारवादियों या लक्षणावादियों के साथ हैं। मैंने पहले ही कहा कि रेणु का लेखनकाल भारत की आजादी के शुरुआती दौरों से जुड़ा है। पर ग्रामीण परिवेश पर लिखे 'अलग-अलग वैतरणी' जैसे उपन्यास या फिर ऐतिहासिक और सांस्कृतिक पृष्ठभूमि पर आधारित 'चारु-चंद्रलेख' में निराशा, लाचारी और विक्षोभ का संप्रेषण यह इशारा करता है कि आजादी के बाद के जीवन में 'उम्मीदें' और लोक उमंगें निरंतर ध्वस्त हुई हैं और समाज में यह मुगालता भी मानसिक स्तर पर घर करता गया कि सरकारी जादू की छड़ी से सब हो जाएगा। पंद्रह-बीस सालों में इस 'जन्नत' की 'हकीकत' भी आखिरकार सामने ही आ गई। 'लोक' की बुनियादी मनोरचना भले ही न टूटी हो पर उसका मानसिक भटकाव और बिखराव तो निस्संदेह बहुत तकलीफदेह हो चुका है। वह उस 'पारंपरिक मानस' से लगभग आत्मविस्मृत सा हो उठा है जिसे मैत्रेयी ने 'इदन्नमम्'

में ढूँढ़कर पुनःसंगठित और पुनःसक्रिय करने की कोशिश की है।

सवाल यह भी है कि यह लेखक का काम है या नहीं? तब दूसरा सवाल यह कि लेखक तो स्वयं 'प्रजापिता' है। उसका संविधान वह खुद रचता रहा है। हम उसके इस अधिकार को न तो कभी छीन पाएँगे न उसके इस काम में किसी प्रकार की दखलंदाजी कर सकते हैं। यदि एक स्तर पर वह रचयिता है तो दूसरे स्तर पर विधाता भी। यदि ऐसा न होता तो मानसकार तुलसी ने यह कहने की छूट कैसे प्राप्त की होती कि वे छंद, प्रबंध, रस आदि नहीं जानते, प्रचलित रचना-मर्यादाओं में उनकी कोई गति और रुचि नहीं है, फिर भी वे अपने समय का सत्य कहने के लिए संकल्पबद्ध हैं और इस सत्य से आँख केवल वे ही मिला सकेंगे जिनकी बुद्धि निखरी हुई और विवेक निर्मल है। जब भी समय के सच का मुँह स्वर्णाभूषणों से ढँक उठता है, कला और लेखन के प्रतिष्ठित आदर्शों का नकार और जीवन और समय के 'सच' की निरावृत्ति तस्वीर खींचनी ही पड़ जाती है। मैत्रेयी पुष्पा ने इसे चाहे अनगढ़ता के साथ ही रचा हो पर यह तस्वीर है बहुत पॉवरफुल। यह जितना हमारे समय की जुझारू स्त्री से संबंधित है उतना ही उस सामाजिक-पारिवारिक-आर्थिक व्यवस्था और नातेदारियों के अत्याचारी रुझानों से भी जिनसे उपन्यास की नाभि 'मंदा' (मंदाकिनी), उसकी बाल सहेली सुगना और दिलेर कुसुमा लगभग अघोषित तौर पर संगठित होकर लड़ती हैं।

उपन्यास की कुल कहानी मंदा और उसकी 'बऊ' की कहानी है। अपने बेटे महेंदर सिंह की राजनीतिक हत्या और महेंदर सिंह की जवान विधवा प्रेम का घर छोड़ भाग जाने और मृतक महेंदर सिंह की जायदाद के लिए मुकदमा लड़ने से आतंकित और घबड़ाकर, बऊ (मंदा की दादी) को इसलिए भी अपना गाँव सोनपुरा छोड़ श्यामली गाँव के परधान दादा पंचम सिंह की शरण लेनी पड़ती है क्योंकि मंदा की माँ प्रेम भी कुचक्रियों के षड्यंत्रों का शिकार हो अपने घर से निकल चुकी है। नैतिक और आर्थिक स्तर पर छलनी-छलनी और लगभग टूट चुकीं 'बऊ' जब श्यामली गाँव पहुँच अपनी पोती मंदा को गहरी नींद से जगा रही हैं तो ऐसा लगता है एक समूची विरासत निद्रा में डूबी नई पीढ़ी के कंधों को थपथपा कर कह रही है 'लो, इतेक देर से हम और क्या कह रहे हैं।' मंदा की उमर तब फ्राक पहनने वाली है। लगभग तेरह बरस। उपन्यास पढ़ते हुए मूर्च्छित स्त्री चेतना की मूर्च्छा टूटेगी और नींद भी खुल जाया करेगी।

श्यामली गाँव के परधान दाऊ पंचम सिंह, और उनके परिवार के अन्य भाई-बंद—बलभद्र, यशपाल, दरोगा विक्रम सिंह, लाभहानि का समीकरण बिठाने वाले गोविंद सिंह, मंदा का किशोर मित्र मकरंद, देवगढ़ वाली कक्को और यशपाल की परित्यक्ता कुसुमा और दाऊ अमर सिंह के अनैतिक संबंधों का ब्यौरेवार और चुनौतीपूर्ण इतिहास लिखता उपन्यास जब श्यामली से उठकर सोनपुरा फिर लौटता है तब उसका

यह वाक्य 'देसिया देस को ही जाता है।' कवि केदारनाथ सिंह की पंक्तियों की याद दिलाता है—'ओह मेरी भाषा/मैं लौटता हूँ तुम में/' सोचते तो अक्सर बहुतों को देखा है पर मैत्रेयी पुष्पा की तरह लौटने वाले विरले ही होंगे। यहाँ 'पुनर्नवा' लिखने वाले हजारी प्रसाद द्विवेदी के सुमेर काका की याद बरबस हो आती है।

श्यामली गाँव से जगह-जगह के अनुभव और कड़वे-मीठे जीवन से संपन्न होकर लौटी मंदा और उसकी बऊ सोनपुरा लौटते ही जैसे आसमान से धरती पर गिर पड़ी हैं। उनके खेत आदि श्यामलीवालों के नाम हो चुके हैं बगैर दाऊ पंचमसिंह की जानकारी के। दाऊ की नेकनीयती, सत्यनिष्ठा और लाचारी महाभारत के बेचैन भीष्म पितामह की याद दिलाती है जिन्हें उनके रक्त-संबंधी ही छलते और अपमानित करते जाते थे। मंदा और बऊ की स्थिति उन पांडवों की-सी है जो लोक जीवन में अन्याय का प्रतिकार और इंसानियत की प्रतिष्ठा के लिए जुझारू संकल्पों के साथ कटिबद्ध हैं।

सोनपुरा लौटकर मंदा जिस तरह के संघर्षों और उनकी जानलेवा जटिलताओं से होकर गुजरती है उससे लोक जीवन में नारी और पुरुष व्यक्तित्व का एक नया ही उभार सामने आता है। सीता ने तो खैर नहीं, पर द्रौपदी ने भारत की स्त्रियों को कठोर प्रतिकार का संदेश दिया है। डॉ. लोहिया अगर द्रौपदी के चरित्र पर मुग्ध हैं तो इसीलिए। किंतु द्रौपदी की प्रतिज्ञाओं को पूरा करने वाले तो उसके पतिगण पंच पांडव हैं जबकि मंदा अपनी प्रतिज्ञाओं और संकल्पों को स्वयं अपने बलबूते पर पूरा कर रही है। मैत्रेयी पुष्पा की स्त्री संबंधी कल्पना इस तरह बीसवीं सदी के उत्तरार्ध की ही नहीं, इक्कीसवीं सदी की स्त्री के उज्ज्वल और दमदार भविष्य की ऐतिहासिक उद्घोषणा भी है।

आज जहाँ कविता और इतिहास की मृत्यु की चर्चा फैशन में है, वहाँ इस तरह परंपरा को अपनी प्रतिभा से पुनर्नवित करना और इंसानी जद्दोजहद को नई उम्मीदों से लैस कर डालना उस विश्व-दृष्टि के बगैर असंभव है जिसका कालबोध लंबवत् न होकर चक्रवत् है। अकारण ही नहीं यहाँ रसवादी और पश्चिम में त्रासदी नाटकों की रचना हुई। *मैत्रेयी पुष्पा ने बीसवीं सदी के हिंदी लेखन में नारी के अबलत्व और उसकी निरीह 'रागमयता' के अंध स्वीकार और बेशर्त समर्पण को नकारते हुए राष्ट्रकवि और कामायनीकार दोनों को ही काफी पीछे छोड़ दिया है।* कुसुम और दाऊजी (अमर सिंह) के अनैतिक संबंधों के प्रसंगों में मानसकार की बहुपरिचित पंक्तियों—अनुज वधू भगिनी सुत नारी/सुनि सठ कन्या, सम ये चारी—से भिड़ते और टकराते हुए जिस तरह के तर्क मंदा और कुसुमा के बहाने दिए हैं उससे पुरुष प्रणीत व्यवस्था और वर्चस्व पर सीधा हमला होता है—

कुसुमा ने बीच में ही रोक दिया—"बिन्नू, हमें एक बात समझाओ, अरथाओ कि ये रिस्ते-नाते, संबंध और मरजाद किसने बनाई? किसने सिरजी है बंधनों की रीत? जो नाम लेती हो उनने? मनुव्यास ने? रिसियों-मुनियों ने? देवताओं कि राच्छसों ने?"

मंदाकिनी पढ़ना रोक कर भाभी को गौर से देखने लगी। क्या उत्तर दे इन सवालों का?

"भाभी, ये रीति-रिवाज तो उन्होंने ही बनाए हैं जिनने ये किताबें लिखी हैं, जिनके ऊपर ये किताबें लिखी गई हैं।"

"गलत बनायी हैं मन्दा! एकदम पच्छपात से रची हैं।"

"बताओ तो अग्नि साक्षी धर के गाँठ बाँधने का क्या मतलब?"

"पति और पत्नी को साक्षी-सहचर कहें तो विरथा है कि नहीं?"

"कितेक उलटा है बिन्नू बेअरथ। यह संबंध बड़ा थोथा है।"

"लो, एक तो खूँटे बाँधा पागुर, दूसरा सरग में उड़ता पंछी।"

"ढोर और पंछी सहचर नहीं हो सकते मंदा..."

उपन्यास में यद्यपि यह मुख्य कथा-वस्तु नहीं है फिर भी आधुनिक स्त्री की बदलती सोच और पुरुष प्रधान समाज-व्यवस्था के प्रति उसके विद्रोह को प्रकट करती है।

मंदा अपनी उत्पीड़ित अम्मा को लेकर जैसी जिरह अपनी बऊ से करती है, वह बहस एक स्त्री के संदर्भ में सामाजिक और सांस्कृतिक दृष्टिकोण और उदारता की माँग करती है। बऊ परंपरागत पुराने ख्यालों वाली हैं तो मंदा स्त्री की ऐतिहासिक यातना, सनातन निर्वासन और पुरुष दिमाग की सांस्कृतिक चालाकियों और सामाजिक बदमाशियों की पीड़ा और व्यथा से भरी-भरी और सचेत। उसमें अपार सहानुभूति और अगाध करुणा है। अपनी माँ से मिलने जाती। और उसे दुर्दशाग्रस्त देख मंदा की अंतरंग प्रतिक्रिया अत्यंत विगलनकारी है– *"मैं तो खड़ी-खड़ी जड़ हो गई। पथरा गए होंठ। जीभ पर लकवा मार गया। शरीर भी सुन्न...बोलना चाहती हूँ मगर क्या बोलूँ? क्या कहूँ तुमसे? कैसे उबारूँ तुम्हें?"* मंदा का यह आखिरी वाक्य केवल अपनी माँ के लिए ही नहीं, समूची स्त्री जाति के लिए है जो आज भी दलितों की दलित है। मैत्रेयी ने यह लिखकर उस विकल वेदना का बोध भी अपने पाठकों को करा दिया है जिसकी पीड़ा से व्याकुल हो नागार्जुन कहते रहते थे–"विजय बाबू! अगला जनम मैं स्त्री का चाहता हूँ जिससे उसकी व्यथा समझ सकूँ।"

मुख्य कथानक के साथ-साथ उपन्यास में कुछ उप कथानक भी हैं। आजादी के पहले और बाद के हिंदू मुस्लिम संबंधों में आती खटास और बिलगाव, आजादी के बाद की भारत की पतनघाती भ्रष्ट राजनीति और नौकरशाही, ग्रामीण विकास, परंपरागत ग्रामीण समाज और विकास के नाम पर लगी चली आतीं, सामाजिक विकृतियाँ, जमींदारों और जागीरदारों के जबड़ों से मुक्त होकर छुटभैये राजनेताओं और असंख्य ठेकेदारों-दलालों के चंगुल में फँसता लोक समाज, जातियों की राजनीति, आरक्षण, शहरों से चलकर गँवई जीवन में सेंध लगाती आक्रामक और घृणित सांप्रदायिकता की विकृति और उससे पैदा हुआ अवसाद यहाँ खूब है। चीफ साहब

की कथा, रतन यादव और अभिलाष सिंह की कथा, आरक्षण-पीड़ित भृगुदेव की कहानी और मंदा के प्रेरणा-केंद्र और दिग्दर्शक महाराज की कथा उपन्यास को एक ऐसे ठिकाने पर ले आते हैं जहाँ से आजादी के बाद की संपूर्ण राजनीति, सामाजिक जीवन और उसे चारों ओर से घेरते जाते कठिन और उलझे सवालों का साक्षात्कार किया जा सकता है। लेखिका का मन इन कहानियों में काफी टूटा-टूटा हुआ-सा है पर इसकी क्षतिपूर्ति करती हुई वह जिस तरह से मंदा के चरित्र को रचती है, उससे यह तो स्पष्ट हो ही जाता है कि उसने विकृति, विघटन, निराशा और अवसाद को अपने लेखन के आधार मूल्य के रूप में न तो अंगीकार किया न ही इनके सामने घुटने टेके हैं। उसे परिस्थितियों से आँख मिलाना आता है और मनुष्य की सामूहिक लड़ाई में उसकी घनघोर आस्था है।

मंदा केवल परंपरागत खेती-किसानी वाला सनातन दिमाग नहीं है। नई सामाजिक-आर्थिक चुनौतियों और राजनीतिक कतर-ब्यौंतों को समझती हुई वह उस अगले मशीनी युग (कलयुग) को लेकर भी सजग है जिसमें नई मनुष्यता को अपना सफर तय करना है। अगर आज वह अभिलाष सिंह जैसे ठेकेदारों के खिलाफ लोकशक्ति की प्रतीकात्मक आवाज बन खड़ी है तो कल उन भैया जी टाइप लोगों से भी निपटेगी जो अत्याधुनिक तकनोलॉजी के स्वामी और एकाधिकारवादी हैं। *'इदन्नमम्' का अर्थ ही यही है कि यह लड़ाई अब अस्पताल और निजी जायदाद के लिए नहीं, उस विराट जन-समूह के सुखद ऐतिहासिक भविष्य के लिए है, जिसे भारत माता कहते हैं। इस दृष्टि से यह कथानक भरा-पूरा, अत्यंत सुगठित और योजनाबद्ध है। इसे हम अगर लोकगाथा की कथा कहें तो शायद सबसे ज्यादा सटीक होगा।*

मैत्रेयी इन सवालों को किन्हीं विदेशी संदर्भों, विचारांदोलनों और किताबों के जरिए नहीं उठातीं। इस रूप में वे हिंदी और खासतौर से नारीवादी लेखिकाओं की उस जमात में नहीं खड़ी हैं जिसे लेखन में आज एक अलग दर्जा मिला हुआ है या फिर अलग निगाह से देखा जाता है। उनके उपन्यास में इस तरह की कोई दबी-छुपी विचारधारात्मक गंध और आंदोलनात्मक परछाईं भी नहीं दिखाई पड़ती। मैत्रेयी की परंपरा में यदि महादेवी वर्मा, अमृता शेरगिल हैं तो अमृता प्रीतम और कमलादास भी।

हिंदी उपन्यासों में यह बहस आजादी के आठ-दस बरसों में उठ चुकी है कि सामाजिक नैतिकता की दृष्टि से स्त्री-पुरुष के लिए यदि पृथक-पृथक मानदंड और दोतरफे रवैये अपनाए गए तो यह बेमानी होगी और आगे का समाज इसे शायद ही अंगीकार करे। हिंदी उपन्यासों में अनैतिक कही जाने वाली हदों तक जाकर जो कल्पनाएँ की गईं, उनका इतिहास भी हम पाठकों के पास है। स्त्री की समानता और उसके सशक्तीकरण की अनेक वैचारिक और सक्रिय राजनीतिक उठापटकों और सामाजिक पहलों की ठेठ देशी जागरूकता की पृष्ठभूमि पर रचा गया यह सीधा-सादा कथानक अपनी प्रेरणा, अनुभव संपदा, विषय-वस्तु और विस्तार में इतना निजत्व

और घरेलूपन लिए हुए है कि लेखिका की सहज प्रातिभ स्वाधीनता, निर्भीक और निर्द्वंद्व आत्मविश्वास का सम्मोहक उजाला बावजूद कई सघन दबावों और जटिल उलझनों के समूचे कथानक में फैला हुआ है।

शिल्प की दृष्टि से देखें तो पारंपरिक रूप में यह एक अभिधा प्रधान कथानक है। जिन्हें पता है वे इससे सहमत होंगे कि अभिधावादियों में मैथिलीशरण गुप्त ही नहीं, प्रेमचंद, निराला और कालिदास जैसे रचनाकार भी आते हैं। अभिधा का वास्तविक सौंदर्य तो उसकी वस्तुपरकता में ही है। व्यंजना आदि शैलियाँ अंततः हमें कलावाद और अमूर्ततावाद की ओर ले जाती हैं। विरले ही होंगे जो इससे बच पाते हों। मैत्रेयी अपने पाठकों को जानती हैं और हिंदी के कई बड़े कथाकारों की तरह वे कुछ बातों को उन तक सीधे पहुँचाना चाहती हैं। वे उन आलोचकों के लिए शायद ही लिखती हैं जिनकी निगाह अब वस्तु पर तो बहुत कम किंतु विरल और अनोखे शिल्प पर कुछ ज्यादा ही रहने लगी है।

कई एक प्रतिबद्ध रिव्यूकारों ने मैत्रेयी पुष्पा के इस उपन्यास की विचारधारा को गाँधीवाद से जोड़कर छिटपुट सवाल भी खड़े किए हैं। उनकी निगाह मंदा और ठेकेदार अभिलाष सिंह की कठिन भिड़ंतों और सुगना के हिंसक प्रतिकारों की ओर नहीं ही जा सकी। न जाने क्यों वे यह नहीं महसूस कर सके कि मंदा ने जो रास्ता अख्तियार किया है, वह हमेशा ही जनांदोलनों के जरिए लोकजागरण और लोकमुक्ति का रास्ता है। वहाँ जरूरी हिंसा वर्जित नहीं है। आजादी के पहले और बाद के दो बड़े ऐतिहासिक जनांदोलनों ने यह भी साबित कर दिखाया है कि गाँधी के विचार न हवाई हैं, न उनकी सार्थकता नष्ट हुई है। न वे पूरी तरह से नेस्तनाबूद हुए हैं। यह अलग बात है कि आजादी के बाद नवशिक्षित भारतीय दिमागों का जिस तरह का पश्चिमीकरण (और अब वैश्वीकरण, जिसमें राष्ट्रीयता के अलावा बाजारीकरण-निजीकरण आदि सबकुछ है) और नए कहे जाने वालों का एकांगीकरण और बौद्धिक ध्रुवीकरण हुआ और किया गया है, उसमें तो शहरों के संस्कारों में सहज रूप में अनजाने चली आई लोकपरंपराएँ भी अबूझ हो रही हैं। ऐसे लोग तब उस अतिपुरातन किंतु जीवंत और जुझारू लोकमानस को कैसे पकड़ पाएँगे जो बऊ, सुगना और उनकी नेत्री मंदा की ताकत बन उनके पास है? प्रेमचंद जैसे महान कथाकारों के मुरीद ये बुद्धिजीवी जाने क्यों अब तक लोकमानस और उसके देशी स्वभाव का अध्ययन करने से कतराते रहे हैं जिसकी समूची संभावनाओं की पूरी पड़ताल गाँधी भी नहीं कर पाए। एक विश्व प्रसिद्ध नृजातिविज्ञानी प्रोफेसर सोलटैक्स ने ख्यातप्राप्त समाज विज्ञानी एम.एन. श्रीनिवास के शोधग्रंथ 'यादों से रचा गाँव' की भूमिका लिखते हुए यह विचार व्यक्त किया है कि आज जिन समस्याधर्मी विनिबंधों का चलन है, उन्होंने उस चीज को लगभग पूरी तरह नष्ट कर दिया है जो कभी साकल्यवादी (होलिस्टिक) विनिबंधों की गरिमा और महिमा थी। इन दूसरी तरह के विनिबंधों में

नृजातिशास्त्री अपनी विशेष पेशेवर रुचि को ताक पर रखकर उस संस्कृति के अलमबरदारों की दुनिया को सामने लाता था, जिससे उसका परिचय होता था। वे यह भी लिखते हैं 'नृजाति शास्त्र उसी सीमा तक एक कला है जहाँ तक वह पराये लोगों के लिए इसका सोद्देश्य वर्णन करने का प्रयास करता है कि एक समाज में अनिवार्यतः परस्पर भिन्न व्यक्ति किस प्रकार एक-दूसरे को, एक-दूसरे के विचारों को और एक-दूसरे के सामूहिक व्यवहार को देखते हैं। किसी अन्य संस्कृति की धारणाओं और जीवन-मूल्यों के अनायास हस्तक्षेप की संभावना को कम-से-कम करने के लिए मानव शास्त्री का अत्यंत परिष्कृत होना आवश्यक है। इसके लिए ऐसे बुद्धिमान और संवेदनशील व्यक्ति की भी आवश्यकता होती है जो इस लक्ष्य को प्राप्त करने के लिए अपने मस्तिष्क और अपने जीवन मूल्यों का सोद्देश्य उपयोग करने का प्रयास करे। व्यक्ति साकार होने की कम-से-कम संभावना वाले जिस आदर्श की कल्पना कर सकता है, वह एक झूठी 'वस्तुनिष्ठता' के शून्य की कल्पना है जो वास्तव में अचेतन के हर प्रकार के हस्तक्षेप से दूषित होती है।' प्रोफेसर टैक्स ने इसी रूप में नृजाति शास्त्र को भी अनिवार्यतः उच्च कोटि की कला घोषित किया है। जब हम किसी समाज, उसे धारण करने वाले विचारों, मर्यादाओं, उसके द्वारा रचे जाते अनुभवों, देखे जाते सपनों और इनके बार-बार के घटित द्वंद्वों की फलश्रुतियों को जाँचते-परखते और अपनी अनोखी कल्पनाओं से रंगते हैं तब यह क्यों भूल जाते हैं कि कभी हमारी मुट्ठी में या तो विचारधारा मात्र बची रहती है या फिर वह सम्मोहक कल्पनापरकता जो जाने-अनजाने ही सही हमें उस यथार्थ से बहुत दूर लेकर चली गई है जिसकी शोभायात्रा में हम शामिल थे। तथापि यह प्रश्न लेखक की अपनी आजादी का भी है, ठीक आत्महत्या या दुर्दम जीवन की मुठभेड़ में से किसी भी एक के चुनाव की तरह।

भारत में गाँधी निस्संदेह उन वामपंथियों की तरह तो नहीं थे जिन्होंने वामपंथ की शास्त्रीयता पर महारत तो हासिल कर ली थी, पर उसे एक यथार्थ की तरह इस जमीन और आबोहवा में उतार नहीं पाए। न वे उन दक्षिणपंथियों में से थे बीसवीं सदी के राष्ट्रीय जीवन के संदर्भ में जिनकी अवहेलना की जा सके या अछूत समझा जाए। गाँधी ने अहिंसक आंदोलन का प्रयोग किया और कुछ दूर तक उनका यह प्रयोग सफल भी रहा, ठीक सोवियत संघ के क्रांतिकारी हिंसक पंथ की तरह। पर जिस तरह हिंसक क्रांति का रास्ता सनातन नहीं है उसी तरह अहिंसक आंदोलन का भी। भारत की परंपरा और स्मृति में दोनों रास्ते और विचारधाराएँ सामयिक रणनीति की तरह रही हैं—गीता भी और गाँधी भी। मैत्रेयी हों या कोई अन्य जब भी इस तरह के सामाजिक, आर्थिक जीवन के अनुभवों के बीच गमन करेंगे तो उन्हें या किसी को भी शायद ही गाँधी को बाइपास करने की गुंजाइश या सुविधा आज मिल सके। इरफान हबीब अगर यह कहते हैं कि गाँधी पहले ऐसे नेता हैं जो राष्ट्रीय

आंदोलन में आर्थिक प्रश्नों को लेकर आते हैं तो हमें यह देखना होगा कि गोदान, मैला आँचल, बलचनमा, परती परिकथा आदि में उठा यह सवाल इस तरह साइड इशू बनाकर क्यों रख दिया गया था और क्यों इधर बीसवीं सदी के आखिरी बरसों के कई कथाकारों ने किसान, उसकी आजादी और जमीन से जुड़े आर्थिक सवालों को फिर से उठाते हुए बार-बार राष्ट्रीय आंदोलन की क्रांतिकारी विरासत का स्मरण जरूरी समझ रखा है? मैत्रेयी ने अगर यह कोशिश मंदाकिनी जैसे पात्रों के मार्फत बुंदेलखंडी माटी की महक और जुझारूपन के साथ की है तो इससे वह ऐतिहासिक रोमांच भी हमारी यादों में तरोताजा हो उठता है जिसका रिश्ता बुंदेलखंड के अन्य करीबी अंचलों से रहा है। तथापि लेखिका ने इसे आंचलिक उपन्यास के बतौर लिखने से बाकायदा सावधानी बरती है। अगर कुछ लोग इसकी बोली-बानी के चलते इसे आंचलिक कहने पर आमादा हो उठें तो कोई आश्चर्य नहीं। पर आंचलिक उपन्यासों और कहानियों की रूपरेखा कुछ और ही किस्म की होती है। इसमें तो शुरू से एक ऐसी समस्या और चुनौती है जो धीरे-धीरे कथानक को उस दिशा की ओर ले जाती है जो बऊ और मंदाकिनी के जीवन की प्रतिज्ञा, संकल्प और संघर्ष की दिशा कही जा सकती है। ऐसा निर्भय मन और अडिग संकल्प अगर इन दोनों के पास है तो इसका कारण उस विराट में इनके अखंड विश्वास के चलते हैं जो इनके चारों ओर हजारों सालों से सेनाओं की तरह खड़ा है। उसी लोक में यद्यपि बलभद्र सिंह, दरोगा विक्रमसिंह, यशपाल, रतन यादव, जगेसर, अभिलाष भी हैं पर उसी में तो दाऊ पंचम सिंह, चीफ साहब, कुसुमा और सोनपुरा के वे सारे जन भी हैं जिनकी शक्ति से मंदा लोक जीवन के मंच पर उभर आए नए आततायियों के लिए रणचंडी और नई उम्मीद बनी हुई है।

चरित्रों की अंतर्विरोधी विविधता और रंगीनी का चित्रण करने में अत्यंत सक्षम लेखिका ने हिंदू-मुस्लिम संबंधों की सघनता और नए राजनीतिक माहौल में उसकी विकृति और त्रासद परिणति को जिस मार्मिक और भावुक ढंग से प्रस्तुत किया है, उससे इन ऐतिहासिक संबंधों के प्रति उसकी गंभीर निष्ठा, वेदना और विकलता का अनुमान किया जा सकता है।

मानव-चरित्रों की अंतर्विरोधी विविधता और खूबसूरती, पुराने सामाजिक-संबंधों की विकृत और शिथिल होती बुनावट, नए सामाजिक-आर्थिक रिश्तों की गर्हित तस्वीरों के बीच उपन्यास का कथानक जिस उल्लासपूर्ण किंतु कठिन जय यात्रा की ओर बढ़ता दिखाई देता है, उस दिशा में अभी किसी साफ आसमान की उम्मीद नहीं की जा सकती। इतना भर कह सकते हैं कि हम नई सभ्यता के विधायक इंसान के प्रति बेसब्र उम्मीदों से लदे-फँदे हैं। पर सभ्यता कोई भी हो उसे पैदाइश की तमाम

पीड़ाओं से होकर गुजरना ही पड़ता है। इन पीड़ाओं से यह कथानक भी न तो अछूता है, न बेखबर। फिर भी यह सोच-सोचकर हैरत होती है कि सोनपुरा से श्यामली और श्यामली से लेकर इतनी सारी जगहों, खेतों-खलिहानों, नदियों-पहाड़ियों के भूगोल को पार कर, इनके बीच आता-जाता और लगातार उठता-बैठता यह कथानक न जाने क्यों गाँव जीवन के उस भरे-पूरेपन से अपरिचित है जिसकी पहचान सिर्फ मानवीय बस्तियाँ शायद ही कभी रही हों। लगता है उद्‌देश्यपरकता पर अर्जुनी आँख टिकाए रहने के कारण लेखिका को 'मानवेतर सृष्टि' लगभग नहीं या बहुत कम दिख पाई। पर किसी भी कथानक के लिए यह क्यों जरूरी हो उठे कि वह अपने समय के तमाम आर्थिक, राजनीतिक और सामाजिक सवालों को अनपेक्षित मजबूरियाँ ढोए और इन्हीं के चलते जब तब खुद-ब-खुद अपनी कथित सोद्‌देश्यता से इधर-उधर होता सा दिखे। यह किसी लेखक की महत्त्वाकांक्षा क्यों होनी चाहिए कि अपने समय के सारे सवालों को उठाने और उसका जवाब खोजने का जिम्मा उसकी नैतिक जिम्मेदारी है। अंततः हम न तो वेदव्यास हैं, न कालिदास और तुलसीदास। शायद हमारा काम ठीक सवाल उठा देने से भी चल सकता है। मैत्रेयी अपने इन सवालों के साथ मुझे निजी तौर पर काफी कद्‌दावर लगती हैं।

स्त्री और पारंपरिक भारतीय समाज, आजादी और किसान, आदमी और मशीन, लोकतंत्र, सहकारिता, ग्रामीण विकास और बदलते गाँवों के बदरंग होते जाते चेहरों को अपनी इंसानी कोशिशों से फिर से कुछ-कुछ रंगीनी सौंपती लेखकीय कल्पनाएँ देर-सबेर यदि कभी साकार होती हैं तो समाज में लेखक और उसके शब्द का महत्त्व बना रहेगा। अपने 'दिवा-स्वप्नों' के लिए लेखक हमेशा ही बदनाम रहा है। मैत्रेयी ने इसमें कुछ सितारे और जोड़ लिए हैं। ऐसा लगता है वे अपने समय के सामाजिक व्यवस्थावादियों से खुला शास्त्रार्थ भी करना चाहती हैं और यह बोध भी करा देना चाहती हैं कि पुरुष यदि स्त्री की सहभागिता का कायल नहीं है तो वह आगे का सफर अपने 'पौरुष' के बलबूते भी तय करेगी। मंदाकिनी तो यही करती भी है। उसे लेकर सोचते हुए बार-बार महादेवी याद आती हैं 'पंथ होने दो अपरिचित, प्राण रहने दो अकेला।'

मैत्रेयी का यह उपन्यास और उसकी नायिका मंदा सोनपुरा को सोनपुरा बनाने के लिए श्यामली से लेकर डाँग, समथर, गढ़ी, विरगवाँ और न जाने कहाँ तक भटकते हैं। किंतु मैत्रेयी अपनी जमीन कभी नहीं छोड़तीं। मैं यह जानता हूँ कि वे रजिस्टर्ड वामपंथी खेमे में नहीं हैं पर उस विराट और उदार जनवाद की सदस्या तो वे हैं जिसकी संस्कृति में राजा राममोहन राय, दयानंद, ज्योति बा फुले, गाँधी और लोहिया ही नहीं, भगतसिंह, आजाद और भगवानदास माहोर भी आते हैं। मैत्रेयी की शक्ति के पीछे ये सारे लोग और उनकी स्मृतियाँ हैं।

महानगरों का अति उच्च जीवन जीते हुए यदि उन्होंने एक और जीवन श्यामली,

सोनपुरा, डाँग, समथर, एटा, उरई आदि का भी निरंतर जीती रहीं और हम सबको इस मार्फत उसका अनुभव-सहचर बनाया तो यह एक और अर्थ में हमारे लिए नसीहत भी है कि वह सब कुछ जो हम जीते और सोचते हैं उसमें बहुतों की भागीदारी है। वह सिर्फ हमारा अकेले का नहीं है।

उपन्यास उन तमाम भारतीय स्त्रियों को लेकर लिखा गया है जो सनातन पुरुष-प्रधान व्यवस्था में सदियों से तरह-तरह से अधिकार वंचित और काम-शोषित रही आई हैं। मंदा की माँ प्रेम विधवा होकर केवल काम-शोषित स्त्री नहीं है। उसका अपहरण कर, उसे प्रताड़ित कर जमीन जायदाद भी हड़पने की योजना का चित्रण यह उपन्यास करता है। बंगाली विधवाओं को सती के नाम पर चिता तक जिंदा पहुँचाने वाला समाज यह दुष्कर्म इसलिए करता रहा जिससे खानदानों में जमीन-जायदाद के अधिकारों को लेकर झगड़े फसाद न खड़े हों। संपूर्ण भारतीय साहित्य में आज स्त्री के प्रति अगर अपार वेदना और करुणा है तो इसीलिए। *आर्य समाज आदि आंदोलनों के साथ राष्ट्रीय आंदोलन में स्त्री की नई उभरती पहचान ने इस उपन्यास को वह पृष्ठभूमि परिप्रेक्ष्य और आधार दिया है, जिस पर मंदा जैसी युवतियाँ अपना चारित्रिक विकास कर सकें। आज अगर नर्मदा बचाओ आंदोलन की मेधा पाटकर को देखें तो हमारे लेखकों की ये कल्पनाएँ असाधारण तो नहीं किंतु औसत से भी कुछ कम लगती हैं। आज जीवन का यथार्थ काव्य की कल्पना से काफी आगे खड़ा है। तथापि दोनों की दिशाएँ एक हैं। यह एक संतोषप्रद स्थिति है।*

कुसुमा जैसे चरित्रों के मार्फत मैत्रेयी भारतीय स्त्री की जिस स्वाधीनता का सपना देख रही हैं, वह समकालीन भारतीय समाज में बहस का मुद्दा हो सकता है। परिवार और रक्त-संबंधों के बीच जो मर्यादा-रेखाएँ खिंची हुई हैं, उन पर बहस करने से तो मुँह नहीं मोड़ा जा सकता, पर बगैर किसी बुनियादी-विमर्श के सिर्फ 'देह की भूख और प्यास' का तर्क समूची सामाजिक और पारिवारिक व्यवस्था को तहस-नहस कर डालेगा। शायद मैत्रेयी भी ऐसी परिवार-संस्था को अंगीकार न करें। निस्संदेह लेखक को कल्पना करने और अपनी 'दृष्टि' प्रस्तुत करने की बुनियादी आजादी है, पर इस स्वाधीनता की अपनी सीमाएँ भी हैं। कुसुमा के संदर्भ में लेखिका अतिउदारता का प्रदर्शन करती इनके बाहर या पार चली गई है। हम मानते हैं कि स्त्री को वरण की स्वतंत्रता मिलनी चाहिए पर हम यह भी जानते हैं कि वही तो गृहस्थी (परिवार) की धुरी है। पुरुष शायद बगैर परिवार के काम चलाने को राजी भी हो जाए पर स्त्री शायद ही कभी तैयार मिले। जहाँ तक मुक्त-काम-संबंधों का प्रश्न है या गुप्त अनैतिक काम संबंधों की हकीकतें हैं, उनकी सूची भी परंपरा के पास है, पर उन संबंधों की श्रेष्ठता की वकालत यह समाज शायद ही कभी करे।

उपन्यास में जिस विंध्य अंचल का लोकजीवन चित्रित किया गया है, वह आम बोल-चाल की खड़ी बोली में न होकर बुंदेली बोली की महक से सराबोर है। हम

जानते हैं कि मैत्रेयी ने उपन्यास की भाषा के संदर्भ में प्रेमचंद का अनुसरण नहीं किया है पर जैनेंद्र, अज्ञेय, अमृतलाल नागर आदि का भी नहीं। निर्मल वर्मा जैसे सुपर कलाकारों का तो एकदम ही नहीं जहाँ पहुँच भाषा और संगीत शास्त्रीय घरानों के असाधारण कलाकारों के अनोखे आलाप बन जाते हैं। मैत्रेयी ने इसके विपरीत उरई, कालपी, एटा, झाँसी आदि के आस-पास की बुंदेली को अपने लिए चुना है और लगभग वैसा ही काम किया है जैसा 'मैला आँचल' या 'परती-परिकथा' में रेणु ने उस अंचल की बोली के संदर्भ में। पर इसके साथ यह कहना जरूरी लग रहा है कि रेणु बोली के हुनर को एक कलाकार की तरह साधते और सँभालते हैं जबकि मैत्रेयी का संबंध यथार्थ जीवन को भरोसेमंद बनाने वाली उस जुबान से है जिसे वे कभी बेहद नाजुकी से तो कभी बेहद ठेठपन से छूती हैं। गँवई अंचलों में पहुँचते नए अंग्रेजी शब्दों के उच्चारणों का बोलीकरण कर उन्होंने यह भी बता दिया है कि बोलियाँ कभी भी बंदख्याल और दकियानूस नहीं रही हैं बल्कि उनकी निगाह हमेशा ही उस जीवन यथार्थ पर रही है जिसकी टकसाल में भाषा या बोली ढलती आई है।

यह भी ध्यान योग्य है कि लेखिका अपने वर्णनों को हिंदी के मुहावरों में ढालती हैं किंतु जहाँ चरित्र एक-दूसरे के आमने-सामने हैं, वहाँ तो बुंदेली ही बुंदेली है। पर यह बुंदेली ठीक वैसी ही बुंदेली है जैसी रामचरित मानस के संदर्भ में अवधी। लगभग बघरी हुई। जैसे कोई गँवई लड़की कस्बे में सौदा-सुलुफ खरीदने आई हो।

प्रेमचंद के बाद एक धारा यशपाल, चतुरसेन शास्त्री, अमृतलाल नागर आदि कथाकारों की रही है। मैत्रेयी की गणना भी इसी धारा में की जा सकती है। इस धारा में महाकाव्यात्मक कथानक और जीवंत लोकधर्मिता है!

स्त्री को चाहिए एक प्रति समाज : आवाँ*

समकालीन भारतीय साहित्य यद्यपि अब भी पुरुष-वर्चस्व का ही साहित्य है तथापि बीसवीं सदी के हिंदी महाकाव्यों में स्त्री को केंद्रीय प्रतिष्ठा मिली है। इस वाक्य के लिख चुकने के बाद तत्काल यह सवाल मन में उठता है कि यह वह कौन-सी स्त्री है? क्या वही नहीं जिसे पुरुष-विवेक ने संस्कृति के फलक पर किसी सम्मोहक किंतु अवास्तविक कलाकृति के रूप में गढ़ा है, जैसे वह कोई ऐसा सपना हो जिसे जीवन के संघर्ष से थका हारा पुरुष-मानस अपनी प्रकृति भूख और थकान मिटाने के लिए देखता रहा है? वह चाहे उर्मिला हो या श्रद्धा, वह स्त्री तो कदापि नहीं है, जो सचमुच है। हाँ! यथार्थ-विकल समाज की आदर्श छवियाँ ये जरूर हैं। मेरे गुरुदेव आचार्य नंददुलारे वाजपेयी अगर ऐसे मानव-चरित्रों को आश्रमवासी कहा करते थे तो उन यथार्थवादियों से कहीं ज्यादा सही थे जो आज भी स्त्री के इस स्वरूप के आग्रही हैं। उसे अनेकानेक पारिवारिक रिश्तों में जकड़ कर तरह-तरह से उसका दोहन कर वे जिस शक्ति स्वरूपा मातृशक्ति का दैवी बिंब अब तक रचते रहे हैं वह सिवाय एक भ्रम जाल के और क्या है? सामाजिक सच्चाइयों के भयावह यथार्थ और आँकड़े इस बात के गवाह हैं कि संस्कृति (?) के राज्य में सबसे ज्यादा दलित और उत्पीड़ित स्त्री ही है और कभी वह धरती में समा जाने को मजबूर हुई तो कभी सभ्यता के निर्लज्ज दरबारों में नंगी की जाती रही है। यह सिलसिला अभी खत्म नहीं हो सका है। कूड़े-कचरे या घास-फूस की तरह जला देना, गए-गुजरे सामान की तरह औने-पौने दाम बेच देना, कौमार्य, शील, पतिव्रत और सतीत्व के तरह-तरह के मोहपाशों में छद्म महिमा-मंडन कर उसकी नैसर्गिक नागरिकता को बरगलाना अभी भी जारी है। यद्यपि ढेर सारे मुक्ति-मंच बने हुए हैं, महिला-मंडल बने हैं, पर स्त्री अभी भी व्यवस्था की पारंपरिक हवस की जद में है और दुःख भोग रही है।

---

* आवाँ : चित्रा मुद्गल

सुपरिचित कथा-लेखिका चित्रा मुद्गल का बृहद् उपन्यास 'आवाँ' स्त्री के समक्ष खड़े इन ऐतिहासिक सवालों से टकराता है और कई जटिल गलियारों से गुजरता हुआ जिस मुकाम पर पहुँचता है वह वही है जो उसके स्वाधारों पर टिका और स्त्री की संघर्षपूर्ण स्वाधीनता और संकल्पसिद्ध दृढ़ता द्वारा पोषित और प्रतिरक्षित है।

उपन्यास की कहानी 'कामगार आघाड़ी' के लकवाग्रस्त मजदूर साथी देवीशंकर पांडेय की जवान होती खूबसूरत बेटी नमिता की है जो पिता की बीमारी और शय्या पकड़ लेने पर कुछेक दिन तो अपनी माँ के साथ, बकौल कथा-लेखिका गाँधी बाबा की लंपट चेली शांतिबेन पटेल की श्रमजीवा में पापड़ बेलने के बाद कामगार आघाड़ी की उसी कुर्सी पर जा बैठती है जिस पर उसके पिता अन्ना साहब के दाएँ हाथ बने बैठा करते थे। किंतु, यही वह बिंदु है जहाँ से नमिता का जीवन-संघर्ष उस बाजार के हवाले हो उठता है जिसके एक सिरे पर अंजना वासवानी तो दूसरे पर संजय कनोई जैसे बड़े व्यापारी नमिता जैसी कुँआरी लड़कियों को अपने प्रेम-पाश में उलझा कर उन्हें किराए की कोख में तब्दील कर डालना चाहते हैं।

उपन्यास में स्त्रियों की दो श्रेणियाँ हैं। एक तो अपनी प्रतिरोध-शून्यता और जन्मजात सहिष्णुता के चलते पुरुषों के काफी माकूल है। खुद नमिता की काँइयाँ और दुनियादार मौसी, उनके प्रभाव में जब तब पड़ जाने वाले माँ, साँप और सीढ़ी का रहस्यमय खेल खेलती अंजना वासवानी और गौतमी, वे स्त्रियाँ हैं जो परंपरागत सामंतवाद और नवागत पूँजीवादी मंशाओं के बेहद माकूल हैं। सामंतवाद में स्त्री की हैसियत घर-परिवार में एक सांस्कृतिक सेविका की तरह है जो पूँजीवाद में एक ऐसे सजीव पण्यपदार्थ की तरह जिससे सौदेबाजी की जा सकती है। सामंतवाद में तो फिर भी स्त्री एक देह भर नहीं है किंतु पूँजीवाद में तो देह के अलावा अन्य कुछ भी नहीं है। सभ्यता के अगले पायदान पर जहाँ उसे पहुँचना है, उस नव पूँजीवाद में स्त्री की देह-सत्ता भी विखंडनवाद की तरह विखंडित हो जाने वाली है।

सैकड़ों सौंदर्य प्रतियोगिताओं के पीछे के रहस्यों पर से परदा उठाया जा सके तो यह कहना आसान हो उठेगा कि बाजार को अपनी खपत बढ़ाने और माल बेचने के लिए स्त्री देह की आज जबरदस्त जरूरत है। वह माल चाहे उसके गर्भ में पलता हीरों के अंतर्राष्ट्रीय व्यापारी संजय कनोई का बच्चा हो, चाहे किसी अन्य का, अंततः एक बिकाऊ माल है जिसका तीखा प्रतिकार यह उपन्यास करता है। बाबा ज्वेलर्स की अंजना वासवानी हो या उनके साथ एकरस हो उठी गौतमी, वे स्त्रियाँ हैं जो अभी भी पितृसत्तात्मक भव्यता के प्रति आस्थावान हैं और किसी भी स्थिति में उस संघर्ष के लिए राजी नहीं हैं जो उन्हें चल या अचल संपत्ति से अलग कोई दर्जा दिला सके। मैत्रेयी पुष्पा आदि लेखिकाओं की तरह जो यह भी नहीं सोचने-समझने पर राजी हैं कि पुरुष-वर्चस्व और दमन के रूप कितने भयानक और त्रासदायी हैं।

किंतु उपन्यास में कुछ और भी स्त्रियाँ हैं जो आँवें की तरह धुँधुआ और दहक

रही हैं। जो अपने ही घर-परिवार के पुरुष-दादाओं से निपटने की रणनीति तलाश रही हैं। नमिता की सहेली स्मिता एक-ऐसी ही लड़की है जिसके पिता मुंबई के मटका किंग हैं और वह उनके विरुद्ध जैसे किसी विस्फोटक मानव-बम की तरह भरी हुई है। उसकी भाषा में जैसे बारूदी छर्रे भरे हों या फिर वह किसी तेजाबी घोल से निकल कर आ रही हो। चित्रा ने जैसे अपना सारा आक्रामक क्षोभ स्मिता में भर दिया है और वह उसका मूर्तिमान प्रचंड रूप बनी बैठी हो।

ये समस्त स्त्रियाँ जिनका उल्लेख किया गया, उस परिप्रेक्ष्य को रचने में सहायता करती हैं जो उपन्यास के अवधारणात्मक प्रस्थान को न केवल मूर्त फलक प्रदान करती है, बल्कि एक ऐसी तार्किक प्रक्रिया से जोड़ भी देती है जिस पर चाहें तो बहस भी हो सकती है। वह अवधारणात्मक प्रस्थान क्या है?

उपन्यास स्त्री को केंद्र में रख सबसे पहले उस पुरुष दृष्टि को निर्वस्त्र करता है जहाँ एक सीधी सादी झेंपू लड़की अपनी आजीविका की तलाश में मुंबइया लोकल ट्रेनों में ठीक से सफर भी नहीं कर सकती। पुरुष वर्ग की अनियंत्रित और गर्हित काम पिपासा से उन्मत्त हो उठी पशुता में सिर्फ अपरिचित जन ही नहीं, वे नातेदार-रिश्तेदार भी आते हैं जिन्हें प्रायः रक्त-संबंधों के आधार पर भरोसे और आदर की निगाह से देखा जाता है। उपन्यास-लेखिका ने इसके जो चित्र खींचे हैं वे अपनी पाशविकता में बेहद क्षोभकारी हैं। नमिता के साथ अन्ना साहब और उसके मौसा जी का प्रकरण इस दृष्टि से उल्लेखनीय है।

जिन स्त्री चरित्रों पर उपन्यास अपनी आस्थाएँ केंद्रित किए हुए है वे हैं मजदूर बस्ती की किशोरी बाई, उनकी बेटी सुनंदा, हैदराबाद में रहने वाली एक दिवंगत नक्सलवादी की पत्नी नीलम्मा जो अपने छोटे-छोटे बच्चों की परवरिश करती हुई एक ओर तो अपने सास-ससुर और दूसरी ओर आस-पास के समाज में फैली कुत्साओं से लड़ती हुई अपने स्वाभिमान और स्वाधीनता का संघर्ष करती है। किशोरी बाई वही है, उपन्यास के अंत में जो नमिता के लिए एक घर के रूप में प्रकट होती है। उन्हीं की बेटी थी सुनंदा जिसके मुसलमान प्रेमी सुहैल से विवाह पूर्व ही गर्भ रह जाता है। जो सुनंदा से विवाह तो करना चाहता है किंतु उसका धर्म बदलवा कर। सुनंदा इसे अपने प्रेम का अपमान समझती है और समाज का सामना करती हुई एक बेटी को जन्म देती है किंतु कुछ संदिग्ध कट्टरपंथियों के हाथों उसकी हत्या कर दी जाती है। किशोरी बाई फिर भी ऐसे कट्टरपंथियों के सामने घुटने नहीं टेकती। उपन्यास में सुनंदा एक अविवाहित माँ है। लेखिका ने उसके प्रति अपनी गहरी संवेदना रेखांकित की है। वहीं दूसरी ओर वह नीलम्मा जो विधवा है, किंतु जीवन को किसी भी गर्हित समझौते से बचाती हुई जो नमिता के भीतर वह शक्ति भर देती है जिसकी जरूरत आज की स्त्री को है। एक तरफ सुनंदा का कुँआरा मातृत्व दूसरी तरफ हिम्मत से भरा वैधव्य (नीलम्मा) यह संकेत करते हैं कि स्त्री को अपनी ही दुनिया रचनी

होगी। पुरुष-वर्चस्वी समाज में स्त्री की आजादी स्वाधीनता और स्वाभिमान की कल्पना भी नहीं की जा सकती। पुरुष अभी भी न तो जाति-संबंधों से ऊपर उठ सका है, न धार्मिक संकीर्णताओं से। उसकी मनोरचना अब भी सड़े-गले सामंती मूल्यों का गहरा अंधकार और सड़ाँध लिए हुए है। वो चाहे कामगार आघाड़ी के अन्नासाहब हों या पवार सब अंततः अवसरपरस्त, गणितबाज और चिंतनीय रूप से धंधेबाज हैं। भारत के मजदूर आंदोलनों की दुर्गति इन्हीं प्रवृत्तियों के चलते हुई है। विचारधारा और सामूहिक मुक्ति के आदर्शों के प्रति निष्ठा के बजाय स्वनिष्ठा का भाव उनमें अत्यधिक प्रबल रहा है।

लेखिका ने एक और गंभीर प्रश्न यह उठाया है कि मजदूर आंदोलनों और उनके नेताओं में कार्यकर्ताओं समेत अभी कोई वैचारिक सामाजिक परिवर्तन नहीं आ सका है। परंपरागत जीवन-संबंधों और मूल्यों को लेकर अब भी उनकी सोच और दृष्टि यथास्थितिवादी है। श्रमिक समाजों का जो सपना देखा गया था, वह तो जहाँ का तहाँ रह गया, परंपरागत सामाजिक कर्मकांडों में कुछ और नए कर्मकांड जुड़ते चले गए किंतु बुनियादी परिवर्तन नहीं हो पाया। मजदूर नेता और उनके सहायक साथी अभी भी सामंती सोच और दृष्टि की कैद में हैं। स्थिति यहाँ तक आ चुकी है कि पवार जैसे दलित साथी कार्यकर्ता हमेशा यही गणित बिठाते रहते हैं कि मजदूर मंचों का इस्तेमाल सीढ़ी की तरह करते हुए संसदीय राजनीति में प्रवेश कैसे पाया जा सकता है।

उपन्यास इन प्रवृत्तियों का जितना खुलासा करता है, उनके प्रति उतनी ही गहरी चिंता भी प्रकट करता है। इसलिए यह आक्रामक जैसा होकर भी मजदूर संघों की बुनियादी कल्पनाओं और उनसे जुड़े नए सपनों के प्रति भरोसेमंद उम्मीदों से भरा हुआ है। तथापि यह मजदूर समाज के निर्माण में उन बाधाओं को रेखांकित करना नहीं भूलता जिसके एक छोर पर सामंती अवचेतन तो दूसरे पर नवपूँजीवाद और बाजारवाद है। वह हिंसक कट्टरतावाद भी जो इन दोनों का लाभ लेता हुआ बनते हुए नए मानव-संबंधों के प्रति न केवल असहिष्णु है, बल्कि उनके प्रति मोर्चा बद्ध भी है और उन्हें खत्म कर डालना चाहता है। पुरुषों की मनोचेतना में स्वतंत्र स्त्री जीवन के प्रति हिंसक आक्रामकता का उदाहरण तो सुनंदा की हत्या ही है।

क्या यह उपन्यास स्त्री-वादी है और एक हद तक एकांगी भी या फिर नए मानव संबंधों का आग्रह लिए हुए उस नए समाज का आकांक्षी जिसमें स्त्री की नागरिकता किसी भी स्थिति में दोयम या तोयम दरजे की न हो? कथानक के बीच-बीच में जिस स्वाध्याय का संदर्भ आया है उसे देखते हुए यह कहा जा सकता है परिवार जैसी संस्थाएँ स्त्री की मुक्ति में शायद सबसे बड़ी बाधाओं के रूप में हैं। मौजूदा 'परिवार' पुरुष-वर्चस्वी अवधारणाओं से जुड़े हैं। मैत्रेयी पुष्पा लिखती हैं—"अब हम संदेह नहीं करते कि हमारी वर्गीय चेतना को तोड़ने वाला पुरुष चालाक ही नहीं,

खासा चौकन्ना है। शुरू से ही ऐसी भूमिका रचता है कि स्त्री का बराबर का हक छिनता चला जाए।" मैत्रेयी की दृढ़ मान्यता है कि "भौतिक गुलामी द्वारा आंतरिक स्वतंत्रता विकसित नहीं हो पाएगी।" चित्रा का उपन्यास स्त्री की इस भौतिक गुलामी के इंद्रजाल को तार-तार करता हुआ उसकी आंतरिक स्वतंत्रता की घोषणा करता है। उपन्यास के अंत में, हीरों-जवाहरातों के अंतर्राष्ट्रीय व्यापारी संजय कनोई का अपनी कोख में पलता हुआ गर्भ गिरवाकर नमिता अपनी छाया (सहेली) हर्षा को लिखती है—"छत्रपति शिवाजी टर्मिनस उतरकर मैं कल्याण या अमरनाथ लोकल पकड़ूँगी। कंजूर मार्ग स्टेशन उतर सीधे प्रताप नगर चाली पहुँचूँगी—किशोरी बाई के पास। वो घर पर न हुई तो मैं 'जयहिंद आयल मिल' चली जाऊँगी। पड़ोस में सामान टिका और उनसे खोली की चाभी ले आऊँगी। हाँ, हर्षा! वहीं। अब वहीं मिलूँगी तुमसे।" नमिता जिस जगह का बयान कर रही है, वह जगह वही है जहाँ कामगार आघाड़ी के दफ्तर से उठकर जाते हुए उसने यह प्रत्यक्ष महसूस किया था—चालियों के उलझी माँग से बीच फँसे सँकरे रास्ते, यत्र-तत्र उतराई नालियों के काले, नीले गँदले पानी से बजबजाए, चलने के लिए नहीं, फाँदने के लिए बाध्य करते से लगे। सुना जरूर, देखा पहली बार, ऐसे भी रहते हैं लोग? आदमी गंदगी में रह रहा है या गंदगी आदमी के बीच। इन्हीं खोलियों में किशोरी बाई अपनी बेटी सुनंदा की कद्दावर हिम्मत और तेजस्वी स्वाभिमान के साथ रहा करती थीं। अब जब सुनंदा की हत्या की जा चुकी है किशोरी बाई उसी आठ बाई आठ की कोठरी में उसकी नन्ही बेटी के साथ स्त्री के संघर्ष और स्वाभिमान की प्रतीक बन कर रह रही है।

नमिता चाहती तो, संजय कनोई, कामगार आघाड़ी के कार्यकर्ता पवार के घर तो लौट ही सकती थी। किंतु नहीं, वह किसी ऐसी जगह या तथाकथित घर में नहीं लौटती जहाँ उसका 'स्व-बोध' ही उससे छीन लिया जाए। उपन्यास स्त्री के इसी स्व-बोध की कथा है।

स्त्री को नव-बाजारवाद में महँगी वस्तु की तरह बिकाऊ बनाने वाला उत्तर पूँजीवाद या फिर पुराने सामंतवाद लेखिका का रवैया इन दोनों के प्रति बेहद सख्त और असहमतिपूर्ण है। इन जगहों या सभ्यता के ठिकानों पर स्त्री की शायद ही कोई स्वाधीनता बचती हो। नवपूँजीवाद में और भी नहीं जिसके खूँखार और हिंसक चरित्र का बयान करते हुए काशीनाथ सिंह अपने एक कथा-रिपोर्ताज में लिखते हैं—"वह शुरू में ऐसे ही किसी मुल्क को चाटना शुरू करता है जैसे गाय बछड़े को चाटती है—प्यार के साथ। बाद में जब चमड़ी छिलने लगती है, जीभ पर काँटे उभरने लगते हैं, जबड़े चलने की आवाज सुनाई पड़ती है तब पता चलता है कि यह जीभ गाय की नहीं किसी और जानवर की है।" नवपूँजीवाद की इस अमानवीयता और पशुता को अंजना वासवानी (बाबा ज्वेलर्स की मालकिन) और संजय कनोई में देखा जा सकता है। नमिता का व्यक्तित्व इनके लिए बैंक के किसी लॉकर की तरह है,

जिसकी चाभी उन्होंने खरीद कर रख ली है। नमिता ही क्यों, हैदराबाद में रहने वाली वह नीलम्मा भी धन-कुबेरों के इस गर्हित चरित्र के प्रति अपना विद्रोह दर्ज करती है। इस दृष्टि से यह कथा नवपूँजीवाद के चरित्र को न केवल खोलती है बल्कि उसे कई-कई रूपों और स्तरों पर नंगा भी करती है।

मजदूर-यूनियनों के प्रसंगों में यद्यपि लेखिका अपने पिता की समर्पित भावना के चलते आस्थावान है किंतु पवार जैसे गणितबाज और अन्ना साहब जैसे ठरकी बूढ़ों की घृणित कामेच्छाओं के चलते उनके निरंतर पतित और पथभ्रष्ट होते जाते रूपों के प्रति तीखा प्रतिवाद भी दर्ज करती है।

निस्संदेह यह उपन्यास एक ऐसी बहस खड़ी करता है जो स्त्री जीवन के स्वाभिमान और स्वाधीनता के प्रश्नों से जुड़ी है। पुरुष केंद्रित और पुरुष-वर्चस्वी लोकतंत्र और समाज में उपन्यास एक समानांतर सामाजिक नवरचना की माँग करता है। जहाँ स्त्री की पहचान उसके स्वयं के पौरुष पर हो।

उपन्यास आगाह भी करता है कि पुरुष-वर्ग स्त्री को उसकी यह सत्ता सहज ही पाने नहीं देगा। तरह-तरह के कोमल और कठोर प्रलोभनों और कूटनीतियों का इस्तेमाल करता है। उसे घुटने टेकने को मजबूर करने की चालाक कोशिशें करता रहेगा।

कई विचारक कह चुके हैं कि उपन्यास केवल यथार्थ जीवन की कथा नहीं है, वह उसकी भविष्य कथा भी है। चित्रा जैसी स्वप्नशील लेखिकाएँ इसे अपने सृजन से प्रमाणित करती हैं।

कोई एक लेखक इन दिनों केवल मेज पर बैठा लेखक नहीं रह सकता। निश्चय ही उसके सामने निराशावादी बुद्धिवाद प्रबल होकर उभर रहा है। किंतु आशावादी इच्छाशक्ति की प्रेरणाएँ एकदम लुप्तप्राय नहीं हैं। स्थिति जरूर संशय और दुविधापूर्ण है। मेज पर बैठे लेखक के लिए तो यह कई-कई मुगालतों से भी भरी हुई है। जो मेज पर नहीं है और जीते-जागते, बेचैनी से भरे लोक-समूहों के बीच हैं, भीतर ही भीतर उस प्रक्रिया को ताकत पहुँचा रहे हैं जो नए युग के परिवर्तनों से जुड़ी है। यह उपन्यास इस ख्याल से गहरे रूप में बावस्ता है।

इसे पढ़ते हुए ऐसा भी नहीं लगता है कि यह आँख मूँद कर और दुराग्रहपूर्ण होकर लिखा गया है। या फिर किसी फार्मूले के तहत लिखा जाकर किसी फार्मूले का बयान भर रह गया है। हाँ, इसका कथानक जरूर सीधा-सादा, कुछ-कुछ हल्का मुंबइया और कुछ-कुछ पण्यमोही भी है। कइयों को यह भी लग सकता है कि मुंबइया मसाला फिल्मों की तरह इसमें वह सब है जो पाठकों को रुचता आ रहा है और उत्तेजक है। इन तमाम आरोपों को यदि हम मंजूर कर लें तो यह कहने की सुविधा भी मिल सकती है कि उपन्यास फिर भी और अंततः उपन्यास ही है जिसमें रोचक कथाक्रम और सजग बौद्धिकता एक साथ पिरो दिए गए हैं। नीरस वैचारिक और

सपाट घटना-क्रम के बजाय इसमें एक दिलचस्प नाटकीयता और आत्म सजगता है। बगैर किसी सांप्रदायिक विद्वेष और राजनीति प्रेरित घृणा के यह हमें उन ताकतों के प्रति सावधान करता है जो धर्म, राजनीति, संघ और सहयोग को जड़ता के ढाँचे में कैद कर अपनी स्वार्थपूर्ण रोटी सेंकना चाहते हैं। इसे पढ़ते हुए हम यह भी नहीं भूल सकते कि मजदूर-संघों के प्रति बुनियादी तौर पर आस्थाशील और नरम होकर भी यह उनकी सांघातिक प्रवृत्तियों की निर्मम आलोचना से भरा हुआ है। इसलिए यह भी नहीं कहा जा सकता कि लेखिका ने अपनी पूर्व निर्धारित प्रतिबद्धताओं के चलते इस ओर से अपनी आँखें मूँद रखी हैं बल्कि तरह-तरह से उन विचलनों को दर्ज और रेखांकित करती गई है कि जिनके चलते मजदूर आंदोलन अपना सही स्वरूप नहीं ग्रहण कर सके।

चित्रा की निगाह उन समाजसेवी संस्थाओं की ओर भी उठी है जो अपने छद्म में शोषण के नए संस्थानों के रूप में उभरकर सामाजिक बदलाव की क्रांतिकारी प्रक्रिया के आड़े आ रही है।

सफेदपोश काँइयाँ मध्यवर्ग के अवसरवादी चरित्र को फलने-फूलने का अवसर भी ये संस्थाएँ बड़ी आसानी से मुहैया करा देती हैं। कामचोर परजीवी दलाल मध्यवर्ग इस रूप में उन सारे बचे-खुचे सामाजिक सपनों और विश्वासों की छाती में छुरा घोंप रहा है। यह वही वर्ग है, जिसने कभी आजादी की लड़ाई और नवजागरण का नेतृत्व किया था और जिसकी ईमानदारी और नेकनीयती पर भारतीय समाज को भरोसा था। अब यही लंपटता पर उतर आया है। धीरे-धीरे एक प्रवृत्ति के रूप में उभरती जा रही है। शाह बेन, विमला बेन ही नहीं अंजना वासवानी, अन्ना साहब, संजय कनोई इसी मध्यवर्ग के सदस्य हैं जो क्रांतिकारी संभावनाओं को छद्म-स्तूपों में बदल रहे हैं। शमशेर और मुक्तिबोध आदि कवियों ने मध्यवर्ग के इस चारित्रिक पतन और ध्वंस पर काफी कुछ कहा है।

उपन्यास में चरित्र-चित्रण की जो विधियाँ अपनाई गई हैं वे यद्यपि नई तो नहीं हैं किंतु कई मायनों में समूचे सामाजिक परिप्रेक्ष्य को उसके अतिस्वाभाविक रूप में उपस्थित करती हैं। अन्ना साहब, पवार, नमिता पांडेय, अंजना वासवानी, संजय कनोई और नीलम्मा उपन्यास के प्रमुख पात्रों में से हैं जो कथानक के आधार-चरित्र कहे जा सकते हैं। वर्तमान जीवन और उसके यथार्थ-संदर्भों से जुड़े ये चरित्र हमारी क्रांतिकारी सामाजिकता बनाम नई अथवा आधुनिकतावादी सामाजिकता के द्वंद्व को आमने-सामने करते दिखाई देते हैं। आधुनिकता यदि हमारी दुनिया का सबसे महत्त्वपूर्ण और कद्दावर मूल्य है तो यह भी विचार करना पड़ेगा कि क्या पूँजीवादी समाजों की आधुनिकता ही उन समाजों की भी आधुनिकता है जो समाजवाद के दुर्लभ सपनों में विश्वास करते आए हैं? अंजना वासवानी और संजय कनोई आधुनिक हैं या फिर नमिता और नीलम्मा क्या ऐसी आधुनिकता किसी समाज को मानवीय बनाएँगी जो

बाजार-संबंधों पर टिकी हो अथवा वह आधुनिकता जो मनुष्य के श्रम और उसकी गरिमा में विश्वास करती हो?

सच तो यह है कि न तो यह मरणासन्न सामंतवाद को मंजूर करता है, न विश्ववादी पूँजीवादी बाजारवाद को। अनेक-अनेक स्तरों पर यह उन सबकी चारित्रिक नंगई का चित्रण करते हुए एक ऐसे समाज की माँग करता है जिसकी रचना में ही नहीं, फलश्रुति में भी स्त्री की निर्णायक भागीदारी हो।

यह विचार कर लेना भी जरूरी है कि उपन्यास मजदूर संघों की विकृतियों को प्रदर्शित करने के लिए लिखा गया है या फिर स्त्री की नई सत्ता की खोज के लिए। यद्यपि नमिता घर से निकलकर कामगार आघाड़ी के दफ्तर में आ बैठती है और उसका सामना अन्ना साहब और पवार जैसे चरित्रों-मजदूर नेताओं और सहकर्मियों से होता है पर बाद में तो मुख्य कथानक नमिता के गतिशील चरित्र के पीछे-पीछे चलने लगता है और कथानायक अन्ना साहब या पवार न होकर नमिता हो बैठती है। मजदूर-संघर्ष पीछे रह जाता है, नमिता का जीवन-संघर्ष मजदूर संघ की कथा पर भारी पड़ने लगता है। इसलिए कहना पड़ रहा है कि लेखिका ने एक तीर से दो शिकार करने की कोशिश भले ही की हो किंतु इसमें वह सफल नहीं हुई है। संभवतः यही कारण है कि उपन्यास अपनी तमाम रोचकता और सरसता के बावजूद उस महत्ता को अर्जित नहीं कर पाता जिसकी कि उम्मीद शुरू-शुरू में बँधती है। मजदूर-संघों के क्रिया-कलापों और उनकी पतनोन्मुखता के बीच से जिस उम्मीद को फूटना था वह स्त्री चेतना की स्वाधीनता बन कर फूटी है। किंतु स्त्री भी क्या उसे समाज कह पाएगी जिसमें वही, वहीं हो? समाज तो फिर भी पुरुष के साथ ही बनेगा जरूरत इसकी है कि उस रचना में निर्णायक भागीदारी स्त्री की हो। संभव है इसके लिए कुछ भिन्न सामाजिक मर्यादाओं की जरूरत महसूस हो और वे सारे पुराने सामाजिक प्रतिमान या आदर्श वर्तमान समाज को त्यागने पड़ें। आसान न होते हुए भी यह प्रक्रिया अवश्यंभावी है।

उपन्यास की भाषा में वर्णन और चित्रण की मनोहर सामर्थ्य है और लेखिका ने कहानी को जिस ढंग से सुनियोजित किया है उससे नाटकीय रोचकता पैदा होती चली गई है। घर-परिवार, समाज, संघ और बाजार के प्रसंगों से होकर बनता कथानक भाषा की तदनुकूलता और सटीकता लिए हुए है। खड़ी बोली हिंदी के जाने-पहचाने रूपों के साथ मुंबइया हिंदी के चटख और मर्दाने मुहावरों का इस्तेमाल करते हुए लेखिका ने अपनी मातृभाषा(बोली) बैसवाड़ी अवधी के शब्दों और मुहावरों का खूबसूरत और जानदार प्रयोग किया है। इन प्रयोगों से हिंदी भाषा की ग्रहणशीलता और जीवंतता बढ़ी है। उसका शब्द-भंडार अधिक समृद्ध और व्यापक हो सका है।

चित्रा रहती भले दिल्ली में हों पर न तो उन्हें बैसवाड़ा भूला है न मुंबई। इन दोनों ही अंचलों की बोली-बानी उनके लेखन की पूँजी है जिसका लाभ इस उपन्यास

को सहज ही मिल सका है।

इस भाषा में जितनी कठोर निर्ममता है उतना ही सहेलीपन भी। दोस्ताने-अंदाजों से भरी हुई यह भाषा जब तर्क पर उतरती है तो सामने वाले को निरुत्तर सी करती चलती है। किंतु जब आत्मचिंतन या अंतर्द्वंद्व से रू-ब-रू होती है तो ऐसा जान पड़ता है जैसे बाढ़ में आई कोई नदी पार कर रही हो। इसमें जितनी तरल संवेदना है, उतनी ही उदग्र बौद्धिकता भी और इनसे भी कहीं अधिक आत्मसजगता और निर्णय-विकलता भी। सच तो यह कि यह एक आत्मसजग और निर्णय विकल स्त्री की भाषा है।

अंत में यह जरूर कहना चाहूँगा कि लेखिका ने इस भाषा के मार्फत उन रूपों को रेखांकित किया है जो यह घोषित करते हैं कि हिंदी उपन्यास की भाषा में एक तेजाबी मिठास जरूरी है। लेकिन यहाँ भाषा ही नहीं पकी है, स्त्री का दुहरा-तिहरा संघर्ष भी परिस्थितियों के जाने-पहचाने यथार्थ में पक कर सुर्ख हो उठा है।

संवेदना की थकान और उपन्यास : बिस्रामपुर का संत*

कुछ प्रतिभाएँ अपना सर्वाधिक मूल्यवान और सर्वोच्च देकर कुछ इस तरह निःशेष हो जाती हैं कि उसके बाद की उनकी सक्रियता रस्म-अदायगी जैसी लगती है। कारण शायद यह कि जीवन के कुछ खास हिस्सों से उनका जैसा गहरा और सघन लगाव होता है उसे रचनात्मक स्तर पर निष्पादित कर उनके पास जो बचता है, वह अनुभव तो कम उसकी सूचना कुछ अधिक ही होती है। सूचना को अनुभवों में ढालकर कहानी का जो ढाँचा खड़ा किया जाता है, उसमें तब न तो संवेदनों की मांसलता और समृद्धि दिखती है, न ही वैसा जीवंत कथा तंत्र जिससे गुजरते हुए पाठक को किसी ऐसे अभिनव अनुभव बोध की प्रतीति हो जिसे भारतीय आचार्यों ने 'अपूर्वता' की संज्ञा दी है।

श्रीलाल शुक्ल ने जब हमें 'राग दरबारी' जैसा व्यंग्य-उपन्यास दिया तब वह अपनी असाधारण अभिव्यंजना, यथार्थ की जटिल और उत्तेजक बुनावट में अनोखे और विस्मयकारी शिल्प का सर्वोच्च शिखर बनकर उभरा था। हिंदी भाषा में इतनी संहारकता और उत्फुल्लता भी हो सकती है, इसे 'राग दरबारी' जैसे उपन्यासों ने शब्द-शब्द में प्रमाणित किया था। यह वही दौर था जब रघुवीर सहाय जैसे कवियों की चर्चित कविताएँ—आत्महत्या के विरुद्ध और हँसो हँसो और हँसो—लिखी जा रही थीं। भारत के लोकतंत्र और उसकी संचालक मशीनरी-नौकरशाही की राष्ट्रीय जीवन में बढ़ती हुई दखलंदाजी और प्रतिरोधी लोकमानस की पतनशीलता और उदासीनता के विरुद्ध श्रीलाल शुक्ल जैसे लेखकों ने जैसा आक्रामक रचनात्मक साहस और पौरुष प्रदर्शित किया था वह अब आधुनिक हिंदी का कालजयी अध्याय बन चुका है।

उपन्यास और व्यंग्य के रिश्तों को उन्होंने वहाँ जिस तरह परिभाषित किया उससे यह तथ्य भी उभरा कि व्यंग्य का अर्थ अनुभवों का हल्का-फुल्कापन नहीं,

---

* बिस्रामपुर का संत : श्रीलाल शुक्ल

बल्कि जीवन के करुण और गंभीर संवेदनाओं को त्रस्त कर डालने वाली झनझनाहट भी है। 'राग दरबारी' जैसा उपन्यास लिखकर श्रीलाल शुक्ल ने लोकप्रियता और गंभीरता के प्रश्न को भी नई दृष्टि और नया प्ररिप्रेक्ष्य दिया। उनके इस उद्यम से परसाई और शरद जोशी के लेखन को एक और निगाह से देखने की जरूरत महसूस हुई। व्यंग्य लेखन हाशिए से उठकर केंद्र में आ गया। यह सब अगर घटा तो इसका एक बड़ा कारण राग दरबारी उपन्यास भी है। आज यह बीसवीं सदी के हिंदी उपन्यासों के बीच क्लासिक प्रतिष्ठा अर्जित कर चुका है।

इस संदर्भ में जब उनके दूसरे उपन्यासों पर हमारी निगाह जाती है तो ऐसा लगता है कि वे लगभग निःशेष हो चुके हैं और आगे की कोई और बड़ी उम्मीद उनसे करना बेकार है। इक्के-दुक्के जासूसी कथानकों को लिखने के बाद इधर उनका जो नया उपन्यास 'बिस्रामपुर का संत' आया है, वह यह तो साबित करता ही है कि अब उनके पास जो है, वह बचा-खुचा-सा है और एक थके हुए लेखक का उदाहरण प्रस्तुत करता है। 'राग दरबारी' ने जिन शिखरों का स्पर्श किया, उनके पार चले जाने की सामर्थ्य अब इस लेखक में शायद नहीं बची। यह दुर्घटना तो है लेकिन पहली नहीं। आजादी के पहले वीणा, ग्रंथि और पल्लव की कविताओं से आगे बढ़ते हुए यशस्वी कवि पंत जब युगांत और युगवाणी की कविताओं की ओर बढ़े तो आचार्य नंददुलारे वाजपेयी को लिखना पड़ गया—'हिंदी का शेली हिंदी में आता-आता रह गया।' शेखर : एक जीवनी (अज्ञेय) और मैला आँचल (रेणु) के बाद भी कुछ-कुछ ऐसा ही घटता रहा। अज्ञेय और रेणु जैसे निर्द्वंद्व प्रतिभाधर ख़ुद अपनी ही खींची रेखाओं के पार नहीं जा सके। प्रतिभाओं के विकास में शायद ऐसा होता रहा है। इसके विपरीत चित्राधार और कानन-कुसुम से चलकर कामायनी के अतिउच्च शिखर की ओर जाने वाले कवि प्रसाद और सेवा-सदन से गोदान की ओर प्रयाण करने वाले महान कथाकार प्रेमचंद भी हैं। इससे बिल्कुल भिन्न उदाहरण निराला का है, जहाँ चीजें लंबवत् विकास क्रम या एकरैखिक विकास में नहीं दिखतीं। हिमालय की अनेक ऊँची-ऊँची चोटियों और घाटियों की तरह उनकी प्रतिभा अनेक 'दिगंतों का स्पर्श' करती चलती है।

आजादी के बाद के हमारे अधिकांश लेखक मानसिक तौर पर विस्थापित हो चुके हैं। उनका परंपरा-बोध क्षीण हुआ है और दृष्टि बेहद फौरी और परजीवी। इससे हिंदी उपन्यास को काफी क्षति पहुँची है और वह उस 'स्वभाव' की अभिव्यक्ति करने में असमर्थ रहा है, जिसे हम राष्ट्रीय जीवन की संश्लिष्ट बुनावट में प्रायः अनुभव करते रहे हैं।

यह गौर करने की जरूरत है कि 'गोदान' और 'मैला आँचल' जैसे उपन्यास अधिक विकसित रूप में आगे क्यों नहीं लिखे जा सके? कहीं ऐसा तो नहीं कि हमारे कथित आधुनिक लेखकों ने जातीय अनुभव और राष्ट्रीय आंदोलन की विरासतों

से परदेशियों जैसा व्यवहार किया और खुद को एक ऐसी सुविधापूर्ण स्थिति में देखने लग गए जिसे जैसे कभी चुनौती ही नहीं दी जा सकती। यह सवाल उठाने का मन भी होता है कि क्या लेखक का काम आलोचना या उपहास मात्र है? क्या उसका उत्तरदायित्व उस मूल्य-परंपरा का पुनर्शोध और पुनर्रचना नहीं, जो हमारी भाषा और उसके सपनों की तार्किक-संगतियों और अकल्पनीय विडंबनाओं तक हमें पहुँचा सके। हमारे लेखकों ने, मुझे लगता है, आजाद भारत में अपनी आजादी का कुछ ज्यादा ही इस्तेमाल किया है। यथार्थ से मुठभेड़ तो कम किंतु पतनशील यथार्थ का स्यापा उन्होंने कुछ अधिक ही किया है। श्रीलाल शुक्ल का नया उपन्यास 'बिस्रामपुर का संत' इसका सबसे ताजा उदाहरण है।

•

उपन्यास की कथा, ताल्लुकेदार घराने से जुड़े, प्रसिद्ध वकील, स्वाधीनता सेनानी कुँवर जयंती प्रसाद सिंह के भूदान-यज्ञ में सक्रिय हिस्सा लेकर राज्यपाल बनने से जुड़ी हुई है। कुँवर जयंती प्रसाद सिंह के व्यक्तित्व की एक बारीक झलक हमें उपन्यास के शुरुआती पृष्ठों पर ही मिल जाती है– *"फिर भी मुझे अपने से शर्मिंदा होने की जरूरत नहीं है। अगर किसी की मौत मुझे इतना विचलित नहीं करती तो शायद इसीलिए कि इतनी लंबी जिंदगी बिताकर मैं उस पड़ाव पर आ गया हूँ जहाँ घटनाएँ मुझे विचलित करने की शक्ति खो चुकी हैं।*

पर क्या सचमुच ही ऐसा है? तब खुद अपनी मौत की कल्पना मुझे इतना विचलित क्यों करती है? ऐसा क्यों है कि मुझे उस आतंक से छुटकारा नहीं मिल पाता?

ये क्षणिक विचार-तरंगें थीं जो एक-दूसरे पर गिर रही थीं, एक-दूसरे को तोड़ रही थीं : सुंदरी की मौत से मुझे बहुत दुखी होना चाहिए, पर मैं उतना नहीं हो पा रहा हूँ। सच्चाई यह है कि मैं जीर्ण-शीर्ण हो रहा हूँ। मेरी संवेदना बुढ़ापे के कारण भोथरी हो रही है।

कहीं गहरे में एक या दूसरी या तीसरी-चौथी अनुभूति की अंतर्धारा भी उनके मन पर हलके थपेड़े मार रही थी : एक छुटकारे की, समाधान की, निष्कृति की अनुभूति। कितना भयावह है ऐसा सोचना, पर सोचते हुए उन्हें वैसा नहीं लगा : कि अब उन्हें असमंजस में डालने के लिए सुंदरी उनके सामने कभी नहीं आ सकेगी और न कभी उन्हें सुंदरी की मौजूदगी में किसी तीसरे व्यक्ति का सामना करना होगा।

इस अनुभूति ने एक अपराध बोध को जगाया। उसके कारण हो, या किसी दूसरी अवचेतन बाध्यता के कारण, उन्होंने तय किया कि तार मिलते ही उनकी जो पहली प्रतिक्रिया हुई थी, वही ठीक थी, उसी के अनुसार उन्हें चलना होगा। उन्हें सुंदरी के तथाकथित आश्रम पर पहुँचना ही होगा।" (पृष्ठ 19)

श्रीलाल शुक्ल द्वारा कल्पित और रचित इस आश्रम में ही रह रहे हैं भूतपूर्व ताल्लुकेदार और राज्यपाल कुँवर जयंती प्रसाद सिंह 'बिस्रामपुर का संत' बनकर। किंतु उम्र के तिरासीवें साल में अगर इस 'संत' ने काफी उधेड़बुन के बाद आत्महत्या का निर्णय ले लिया तो इसके भी अपने कारण बहुत साफ हैं। आत्महत्या से पूर्व कुँवर साहब ने जो पत्र अपने बेटे (तकिए पर रखा पत्र केवल विवेक के लिए) को अंग्रेजी में लिखा उसमें उस 'ऊब' और 'व्यर्थता' के बोध का जिक्र है जो जीवन को ऊहापोह में तब्दील कर चुके हैं और जिनके कारण कुँवर साहब आत्महत्या कर लेना ही मरणोपरांत जीवन के लिए प्रेयकारी मानते हैं।

यह आत्महत्या सिर्फ भयानक रोगों की आशंका के चलते नहीं है, निरर्थकता के अवांछित बोझ के चलते भी है और इनसे भी कहीं अधिक 'स्मृतियों की घातक चुभन' के चलते है। ये स्मृतियाँ कौन सी हैं? कहीं उस असफल प्रणय-कथा की तो नहीं जिन्हें बिस्रामपुर के सुरक्षित और निर्द्वंद्व वातावरण में सुंदरी को लेकर पाला-पोसा गया था। क्या ये स्मृतियाँ किसी औसत सामाजिक मन की धरोहर हैं? या फिर किसी ऐसे एबनार्मल-जीव की, जो प्रकृतिवादी कथा-पात्रों की याद दिलाता है। एक सर्वथा नाटकीय जीवन बिताने वाले रिटायर्ड और सनकी बूढ़े घाघ की जो अपने जीवन की सामान्य मर्यादाओं से तो खेलता ही है, उन नौजवानों के जीवन और सामाजिक अभिलाषाओं से भी अत्यंत घिनौने ढंग से खेलता है जो सचमुच भूदान आदि जैसे आंदोलनों की ओर किन्हीं गहरी और पवित्र जिम्मेदारियों के बोध को लेकर आए हैं, किंतु जिन्हें ऐसे ही, घाघ, सनकी और कुत्सित-चित्त वाले बूढ़ों की कुचेष्टा के चलते उस ट्रैजेडी का शिकार होना पड़ता है, जो सुंदरी और विवेक के प्रेम के संदर्भ में घटी है। उन दिनों जब सुंदरी त्याग, अपरिग्रह और सेवा के सभी मानदंडों के आगे बढ़ती अपनी नियति को विवेक से अपरिहार्य रूप से जोड़कर देखने की मनःस्थिति में आ गई थी और विवेक के प्रस्ताव (विवाह करने) को स्वीकार करने का मन बना रही थी तभी विवेक के पिता ने उसे अचानक अपनी बाँहों में बाँधकर घोषणा की थी, "मैं तुमसे विवाह करना चाहता हूँ।" उसके बाद सुंदरी के निर्मम भविष्य का फैसला सुंदरी के हाथ में नहीं रहा, इस संयोग के हाथ में चला गया। कुँवर जयंती प्रसाद सिंह की इस लंपटता ने सुंदरी और विवेक के जीवन को एक ट्रैजेडी में बदल डाला। (पृष्ठ 186)

इसी प्रकार के नाटकीय और कुत्सित जीवन जीने वाले बूढ़ों को आजकल जब हमारे राष्ट्रीय कहे जाने वाले दैनिक अखबार अपनी टिप्पणियों और साक्षात्कारों आदि के मार्फत पेश करते हैं, उनके फोटोज के नीचे 'अपरिग्रह', 'वानप्रस्थ', 'संन्यास', 'सर्वोदयी आस्था' और अंत में निर्णायक ढंग की झूठी घोषणा 'बिस्रामपुर का संत' जैसे वाक्यांशों से लोगों को बरगलाते हैं तब ऐसे बूढ़ों को भी—जिनकी चेतना सड़ चुकी है, विचार टुच्चई से भरे हुए हैं और कर्म बेशर्म नंगई पर उतर आए हैं—यह

सोचना पड़ जाता है, 'अब जीने का कोई अर्थ नहीं है।' आत्महत्या ही सबसे बड़ा प्रायश्चित्त है।

यों तो यह उपन्यास केवल कुँवर जयंती प्रसाद, बेटे विवेक और सुंदरी की उलझनपूर्ण प्रेम कहानी नहीं है, बीसवीं सदी के छठे और सातवें दशक में एक सशक्त आंदोलन के रूप में विकसित भूदान यज्ञ की असफलताओं और विघटन की भी कहानी है किंतु कथा-लेखक ने इसे जिस तरह निबाहा है, वह 'तरह' बहुत विचित्र है। उपन्यास पढ़ते हुए ऐसा निरंतर महसूस होता है कि भूदान जैसे बड़े आंदोलनों को तो ड्राइंग-रूम की औपचारिक बौद्धिक चर्चाओं के हवाले कर दिया गया है और कुँवर साहब, जयश्री (कुँवर साहब की प्रथम प्रणयिनी) सुंदरी आदि की काम-कथा समूचे बेडरूम में पाँव पसारे लेटी हुई है अगर सुंदरी और कुँवर जयंती प्रसाद सिंह की आत्महत्याएँ कथा की नियति के लिए जरूरी थीं तो इनके संदर्भ भूदान-यज्ञ की असफलता और विघटन के भी हो सकते थे। फिर दूसरी बात यह भी कि श्रीलाल शुक्ल जैसे रिटायर्ड प्रशासनिक अफसरों ने इस आंदोलन के साथ उस वक्त कैसा व्यवहार किया जब वे सत्ता की ऊँची कुर्सियों पर थे?

उपन्यास केवल बौद्धिक बहस और विमर्श नहीं है, वह लोक जीवन की अनुभव-गाथा भी है। और इस 'गाथा' को सिर्फ बौद्धिक टिप्पणियों और आलोचनात्मक एकांगिता के सहारे नहीं लिखा जा सकता। उपन्यास टेबुल-वर्क मात्र नहीं है, वह एक ऐसा फील्ड वर्क है जिसमें लेखक को खुद उतरना पड़ता है। दूसरों की कमाई पर सिर्फ सेकंड-हैंड लेखन किया जा सकता है। उपन्यास का मिजाज इसे शायद ही कभी झेल पाए।

यह सोचना भी जरूरी है कि इतने बड़े-बड़े आंदोलनों के साथ हमारे हिंदी लेखकों ने अपनी कौन-सी भूमिका निर्धारित की? अरुंधती राय जिस तरह मेधा पाटकर और नर्मदा आंदोलन के साथ आज खड़ी हैं या भवानी प्रसाद मिश्र जैसे कवि सर्वोदय से जुड़कर सक्रिय रहे या फिर नागार्जुन आपातकाल का विरोध करने वालों के साथ खड़े रहकर जेल गए, क्या वैसा कोई इन्वाल्वमेंट इस लेखक का भी कभी इस आंदोलन के साथ रहा है? अगर नहीं तो ऐसी स्थिति में क्या शब्द-न्याय संभव है? आखिर उपन्यासकार को भूदान आंदोलन के ब्यौरों और इतिहास के लिए 'परिशिष्ट' क्यों जोड़ना पड़ता है? अगर इसे एक कलात्मक अदा मान लें तब भी तो यह पूछना पड़ेगा कि इससे उपन्यास के रूप-रंग में क्या इजाफा होता है?

इन सवालों के संदर्भ में जब हम लेखक की मानसिकी (साइकी) में उतरते हैं तो वह जिस दशा में मिलती है, वह दशा सहज आस्था, भविष्य-बोध और लोक-परायणता से सर्वथा परे चली गई गाँठ है। असामान्यता, अनिष्ठा और लोक-विरुद्धता के सूत्रों को अपना और जोड़कर यहाँ जैसी कमाई की गई है; उससे कुत्सा और फूहड़ता के भाव ही हमारे हाथ लगते हैं। कुछ लोग इसे आलोचना का

आदर्शवाद भी कहेंगे पर देखना यह भी पड़ेगा कि आलोचना की कोई अपनी सामाजिक जिम्मेदारी भी है या नहीं? शब्द को अगर मंत्र कहा गया है तो हमें उसकी इस प्रकार की परिणतियों पर भी विचार करना होगा।

बीसवीं सदी निराशा, अंधकार और आत्महत्याओं की सदी नहीं है। यदि उसका पूर्वार्ध राष्ट्रीय आंदोलन, स्वाधीनता संघर्ष और तपःपूत गाँधी की स्मृतियों से गौरवान्वित है तो उसका उत्तरार्ध दलित और पिछड़ों की ऐतिहासिक जागरूकता और उभार से। इसका सामना गाँधी के मार्फत होगा या मार्क्स के, या फिर अन्य किसी मार्ग से, आज यह प्रश्न हम सबके सामने है। गाँधी ने एक रास्ता बताया था जिस पर विनोबा चले किंतु वे सब गाँवों की परंपरागत जटिल आर्थिक और कठिन सामाजिक बुनावटों को सुलझा नहीं पाए। कथित तौर पर प्रगतिशील शासन-तंत्र ने भी इस दिशा में कोई सार्थक पहल भी नहीं की। हम कह सकते हैं कि नहीं की तो नहीं की पर हमारे सांस्कृतिक अभिजन क्या कर रहे हैं? क्यों हमारे विश्वविद्यालय, उनकी शोध-संगोष्ठियाँ और प्रयोगशालाएँ खानापूर्ति मात्र हैं, क्यों वे अपनी इन समस्याओं के प्रति उदास और अपने लोगों के प्रति अनुत्तरदायी हैं? क्यों इस देश के अधिकांश कथित अभिजन, बुद्धिजीवी और लेखक कुक्ड-कल्चर के भरोसे रहकर पश्चिम की दलाली कर रहे हैं कि भारत का कोई भविष्य नहीं है। उसकी एकमात्र नियति है विश्व-पूँजी के मकड़जाल में उलझ जाना। क्यों हमारा लेखन सामाजिक रूपांतरण की प्रक्रिया में अपनी भूमिका निभाने के बजाय सिर्फ शैलियों की नवीनता और लेखक के छद्म-बोध को उकसाने का पर्याय बनता चला जा रहा है। क्यों वह राष्ट्रीय आधुनिकता की गहरी जाँच-पड़ताल किए बगैर ही उत्तर-आधुनिक और उत्तर-पूँजीवादी हो चला है? क्यों हमारे लेखकों में ऐसे लोग ज्यादा घुस आए हैं? जो लेखक तो कम किंतु कुछ और कुछ ज्यादा हैं? क्या—लेखन का अर्थ शैली-निपुणता और वाक्-वैदग्ध्य है या उस लोक-हृदय की पुनर्रचना जो आजादी के बाद विघटित और विखंडित हो गया है। क्या हमारे लेखकों के पास अब विष ही विष बचा है, वह संजीवनी क्यों नहीं बची जिससे सत्य और न्याय के लिए प्राणपण से जुटी घायल और मूर्च्छित शक्तियों को नया जीवनदान मिल सके? क्या हमारे लेखकों को मोतियाबिंद हो चुका है? क्यों उनकी कल्पनाएँ इतनी बौनी, घिनौनी और संघर्षविमुखता की शिकार हो चली हैं? क्या हिंदी उपन्यास का अब यही भविष्य रह गया है?

आजादी के आस-पास के बरसों में हिंदी उपन्यास ने जिस प्रकार की राहों को चुना उनमें से एक राह आलोचनात्मक यथार्थ की भी रही। ज्यादातर प्रतिपक्षी विचारों और उनसे जुड़े जीवन की निर्मम समीक्षा करते हुए जो उपन्यास आए, उन्होंने बहुधा मूल्यध्वंस और सामाजिक बिखराव को रेखांकित करने की कोशिश की। स्वपक्षी विचारों की वकालत करने वाले उपन्यास भी लिखे गए और भारतीय समाज की सुषुप्त ऊर्जा और भविष्यपरकता को इन उपन्यासों में दर्ज किया गया। दोनों ही

लेखन-प्रकार परिदृश्य का साक्षात्कार अधूरा ही कर पाए। समग्र स्वातंत्र्योत्तर राष्ट्रीय जीवन को उसकी विषमता और जटिलता में, उसके अंधविश्वास और तर्क में, उसकी निराशा, अवसाद और सक्रिय उल्लास और अनथक उम्मीद में देखने की जैसी कार्यकारी पहल होनी थी, जिस प्रकार के महाकाव्यात्मक अनुभव-बिंबों में उन्हें ढलना था, वह नहीं ही हो सका। आजादी से लगभग बारह-पंद्रह बरस पहले लिखे गए अधूरे क्लासिक गोदान में जहाँ एक ओर परंपरागत सामंतवाद और दलित भारतीय किसान को आमने-सामने किया गया है, वहाँ ऐसा लगता है उपन्यास और कुछ नहीं, अपनी ही सभ्यता और समाज की क्रूर समीक्षा है। पर गोदान में ही मेहता और मालती जैसे शहरी बुद्धिजीवी और सफेदपोश लोगों की दिलचस्प लफ्फाजियाँ भी हैं जो यह इशारा करती हैं कि आगे के उपन्यासों में यह वाचालता बढ़ भी सकती है। भाषा और चरित्र की जो फाँक प्रेमचंद ने वहाँ प्रदर्शित की है, उससे यह नंगा सच भी हाथ लगता है कि यह उसी समय की नहीं आने वाले समय की भी विडंबना है। पता नहीं क्यों गोदान में प्रेमचंद बेहद निराश हैं? गाँधी और नेहरू के बावजूद? यह निराशा और उदासी कामायनी में भी रेखांकित है :

ज्ञान दूर कुछ क्रिया भिन्न है
इच्छा क्यों पूरी हो मन की
एक दूसरे से न मिल सके
यह विडंबना है जीवन की

राष्ट्रीय जीवन के इस मानसिक द्वंद्व को गाँधी और नेहरू के संवादों में भी देखा जा सकता है। गाँधी इस देश के बुनियादी चित्त और स्वभाव को जिस रूप में समझ रहे थे, नेहरू ने उसके ठीक विपरीत जाकर उसकी आयोजना की। इस रूप में नेहरू उन पश्चिमवादी आधुनिकों का नेतृत्व करते हैं जिनके एक अत्यंत विकृत और क्षरित रूप खुद कुँवर जयंती प्रसाद हैं। उपन्यास इस विडंबना और पाखंड को बेहद तीखेपन से रेखांकित करता है।

उपन्यास को पढ़ते हुए कई संदेह भी मन में उठते हैं? क्या उपन्यास की भी अपनी कोई राजनीति होती है और वह अनुभव की तो कम किंतु विचारधारा की कहीं अधिक हुआ करती है? इसी के साथ एक सहज बुनियादी सवाल यह भी कि बगैर किसी राजनीति के क्या कोई सार्थक लेखन किया भी जा सकता है या आज तक जितना भी महत्त्वपूर्ण हमें मिल सका है वह एक सुनिश्चित राजनीतिक मानस की ही सर्जना है? वाल्मीकि, वेद व्यास, कालिदास या फिर तुलसी, भारतेंदु, प्रेमचंद, निराला, मुक्तिबोध आदि अपने सपनों को इसी राजनीतिक मानस की ऊर्जा से रचते आए हैं। डॉ. लोहिया ठीक ही कहते थे कि दीर्घकालीन राजनीति का दूसरा नाम धर्म है। एक बार किसी ने गाँधी जी से पूछा–'आपका व्यवसाय क्या लिखूँ?' गाँधी का जवाब था–'राजनीति।' उत्तर सुन उसके विस्मित हो उठने पर गाँधी ने

कहा था—जो लोकहित में किया जाए वही तो राजनीति है। गाँधी के इस जवाब में गीता की वह पुरानी और अतिप्रचलित उक्ति भी तो प्रतिध्वनित है—धर्मक्षेत्र ही कुरुक्षेत्र है। न्याय-अन्याय, सुंदर-असुंदर, पाप-पुण्य को हम धर्म और राजनीति के इस दायरे से बाहर करके कभी भी नहीं देख पाएँगे क्योंकि मनुष्यता की दीवार ही नैतिकता की नींवों पर खड़ी है। और जो नैतिक नहीं है, वह सुंदर कैसे हो सकता है? सौंदर्य की सत्ता ही भावों की नैतिकता पर टिकी हुई है। भावों और विचारों की परिष्कृति और उदात्तता ही तो नैतिकता है।

'बिस्रामपुर का संत' में इसे दूसरे कोण से देखने और समझने की कोशिश अगर की गई है तो उसका एक अर्थ यह हो सकता है कि कभी-कभी बिगड़े हुए निगेटिव से ही सही पाजिटिव परिणाम निकल पाते हैं। लेखक ने यहाँ उसी बिगड़े निगेटिव से काम लिया है। उपन्यास का पहला ही पन्ना पढ़ते हुए हमारा मन वितृष्णा से भर उठता है। अस्सी साल के काम-कुंठित राज्यपाल की सनक, अहम्मन्यता, दंभ और विकृत शिल्प की यह रूपरेखा—'इस ढले हुए, पर रोबीले चेहरे पर आँखों के पपोटे फूले हुए थे। ओठों के कोने झूलकर ठुड्डी को छूने की तैयारी में थे। गले की झुर्रियाँ अर्ध समानांतर रेखाओं में बेतरतीब बिखरी हुई थीं। सिर के बचे-खुचे बाल मटमैले सफेद थे। रेशमी स्लीपिंग सूट और मखमली कंबल से ढके हुए सीने का मांस—उन्हें लगा—कुछ ज्यादा ही हिलग आया है।' —कितनी फूहड़ और अशोभनीय है। किसी ने एक विख्यात इतिहासविद से पूछा था—अश्लीलता क्या है? उसने अपनी बढ़ी हुई और लटकी हुई तोंद को अपनी हथेलियों से पीटते हुए जवाब दिया था—यही जो सरप्लस है, वही। बढ़ी हुई उम्र और सहज जीवन आकांक्षाओं की अति ही तो अश्लीलता है जिसे प्रायः लोग श्मशान ले जाने की प्रतीक्षा करने लगते हैं।

सत्ता की सारी मलाई चाट, लगभग अस्सी साला बूढ़े की ऐसी घृणित तस्वीर खींचकर कथाकार ने जिस मनोदशा को संप्रेषित करने की कोशिश की है, वह उस विकृत राजनीतिक निगेटिव की ही देन है जिसे इस देश ने पिछले पचास-बावन सालों में कथित तौर पर राजनीति करने वालों के मार्फत अनुभव किया है। कथानक के कई टुकड़े ऐसी टिप्पणियों से भरे पड़े हैं जो बेहद तीखी, क्रूर और आक्रामक हैं। यह जो गुस्सा है, सचमुच बेहद नैतिक है और इसीलिए बेहद धार्मिक और खूबसूरत भी। यह वही गुस्सैल और आक्रामक धार्मिकता है जो हमें भीष्म पितामह और द्रोणाचार्य को मारते हुए अर्जुन में या फिर दुर्योधन की जाँघों पर कसकर आघात करते गदाधर भीम में दिखाई देती है।

भूदान-यज्ञ में सक्रिय होने वालों में सामंतों, पूँजीपतियों और नौकरशाहों (1. कुँवर जयंती प्रसाद सिंह के बड़े भाई तअल्लुकेदार थे, पहले सत्याग्रही फिर कांग्रेसी और अंततः समाजवादी, 2. सुंदरी के पिता पहले उद्योगपति जो 1931 में जेल गए थे और 3. सुशीला के पिता सरकार में अंडर सेक्रेटरी हैं) के घर परिवार और बेटे-बेटियों

ने जैसा बौद्धिक योगदान दिया, उसकी प्रश्रयदात्री राजनीति की एक झलक यहाँ इन पंक्तियों में दर्ज है। कुँवर साहब सुशीला और सुंदरी को लेकर अपने पुराने मित्र राव साहब से मिलने पहुँचते हैं। कथाकार ने चित्र खींचा–'दोनों के लिए राव साहब का साक्षात्कार एक विचित्र और उत्तेजक अनुभव था। इस ऊबड़-खाबड़ निर्जन क्षेत्र में, जो सब कहीं से दूर न जाने कहाँ पर था, उन्होंने स्वतंत्रता के इतिहास के अद्‌भुत अध्याय को जीवंत रूप से देखा था, शहरों की जगमगाहट से दूर ऐसे बीहड़ कोनों में भी सत्ता के केंद्र पनप सकते हैं, इस तथ्य का साक्षात्कार किया था, और यह सदमा भी झेल रही थीं कि राजनीति की कुरूपता इतनी तेजी से देश और प्रदेश की राजधानियों को पछाड़ती हुई अपनी छाया इस निष्कलंक निर्जन में भी फैलाने जा रही है। महिला के कहने पर वे तुरंत भीतर चली गईं, जैसे वे उस छाया के प्रदूषण से बचना चाहती हों।' सन् बावन के आम चुनावों के बाद 'राव साहब' जैसी हस्तियों की ध्वंसोन्मुखता का चित्रण करते हुए कथाकार लिखता है...''पर वह कुछ पुरानी मूर्तियों के टूटने और नई मूर्तियों के गढ़े जाने का युग था, भले ही टूटने वाली मूर्तियाँ ग्रेनाइट की हों और नई मूर्तियाँ घटिया किस्म के बलुहे पत्थर की।''

''स्वतंत्रता आंदोलन के दिनों में भी त्याग और संघर्ष के साथ जिनके नाम जुड़े थे; वे सभी खरे सिक्के न थे। अब ऐसा लगा कि राजनीति के बाजार में खोटे सिक्कों को जान बूझकर चलाने की कोशिश की जा रही है। इस प्रक्रिया में संदिग्ध अतीत और उससे भी ज्यादा संदिग्ध भविष्य वाले कई नए चेहरे त्याग और संघर्ष की गाथाओं के नायकों के मुकाबले बाजी मार ले गए। इसे पार्टी में दूसरी पंक्ति के अनिवार्य गठन और विकास की प्रक्रिया बतलाया गया।''

उपन्यास अगर कुछ सार्थक कर सका है तो यही कि उसने आजादी के बाद के सामाजिक जीवन और घटिया राजनीतिक इतिहास के चेहरे को बेनकाब कर दिया है। यह अलग प्रश्न है कि परसाई, शरद जोशी और कई मराठी, बंगाली लेखक भी यह काम पहले से करते आ रहे हैं। पर कुँवर जयंती प्रसाद सिंह नामक प्रजातियों को केंद्र में रखकर जिस तरह का श्लिष्ट ताना-बाना बुना और रचा गया है उसे अनुभव करने के लिए पर्याप्त बौद्धिक सजगता और पाठकीय नैतिक बोध और संवेदनशीलता की जरूरत है। भूदान आंदोलन और उसके घुसपैठियों का वृत्तांत प्रस्तुत करते हुए लेखक ने उन तमाम स्वातंत्र्योत्तर घुसपैठियों और दलालों को भी बेपरदा किया है जिनके प्रवेश से सामाजिक मूल्य-पतन घटित हुआ और भारतीय जन मानस के पवित्र और गंभीर सपने चूर-चूर हुए हैं। इस दृष्टि से यह यथार्थ-दर्शन काफी ताकतवर है। किंतु यह भी सच है कि यह तस्वीर का एक पहलू मात्र है। इसे किसी भी स्थिति में पूरी तस्वीर कहना सच न होगा।

सामाजिक और राजनीतिक जीवन में, आजादी के बाद भी कुछ ऐसे तपोनिष्ठ और तपकर कुंदन की तरह निखरे लोगों का इतिहास हमारे पास है जिनकी ओर

न जाने क्यों हमारे प्रगतिशील लेखकों का ध्यान अभी तक नहीं गया। आश्चर्य है कि नरेंद्र देव, लोहिया, जयप्रकाश, बाबा आमटे, सुंदरलाल बहुगुणा, अण्णा हजारे और मेधा पाटकर हमारे इन लेखकों की संवेदन-प्रवणता (?) के पात्र नहीं हो पाए?

भूदान आंदोलन को चित्रित करने की असफल कोशिश करते हुए लेखक उस ग्रामीण जीवन, अर्थव्यवस्था, सांस्कृतिक मानस और प्रकृति को बराबर नजरअंदाज करता चला गया है, जिसके हित संवर्द्धन और उत्थान के लिए यह आंदोलन खड़ा किया गया था। उपन्यास के अधिकांश प्रमुख पात्र शहरी और किताबी किस्म के बुद्धिजीवी और कार्यकर्ता हैं जिनकी आत्माएँ तो बेहद पुरानी और जीवन-शैली सामंती और अर्ध पूँजीवादी हैं। श्रीलाल शुक्ल, जिनका जीवन सत्ता के ऊँचे कहे जाने वाले इन्हीं शिखरों के बीच गुजरा है, यही सहज संभव था जो वे आधे-अधूरे तौर पर यहाँ कर सके हैं।

क्या कारण है कि जितनी उत्तेजकता विद्रूप और रोमांच वे बूढ़े कुँवर के किस्सों में पैदा कर पाते हैं, ठीक उसी कोटि का प्रतिस्पर्धी ताप और तेज उन सर्वोदयी कार्यकर्ताओं के मार्फत नहीं, जो इस आंदोलन के हाथ-पाँव, आँख और कान माने जाते रहे हैं? क्यों यह कथानक भूदान के असली कार्यकर्ताओं को प्रधानता न देता उसके घुसपैठियों को केंद्र में लाता है? इसका कारण क्या है? आजकल के दैनिक हिंदी अखबारों के संपादकों की तरह जैसे उनके भी हाथ में एक ऐसी कैंची है जिसके सहारे वे कुछ कतरनें यहाँ-वहाँ से काटकर अपने समय के चेहरे को रचने और पहचानने की कोशिश कर रहे हों। शायद इसीलिए वे बार-बार अपने पाठकों को यह याद दिलाने की कोशिश करते हैं कि यह भी एक फैंटसी है। हो भी तो भी बेहद अधूरी और एकांगी। मुक्तिबोध ने अगर फैंटसी को अनुभूति की कन्या कहा है तो प्रसव-पीड़ा की प्रक्रिया से गुजरने की प्रक्रिया को अभिव्यक्ति के खतरों से जोड़ा भी है। श्रीलाल शुक्ल ने जो फैंटसी गढ़ी (रची नहीं) है, उससे उनके कथाकार की सामर्थ्य का तो एहसास होता है किंतु उस इन्वाल्वमेंट का नहीं जैसा कि अँधेरे में मुक्तिबोध का है। इसे लेखक की तटस्थता का सौंदर्य कहें या आत्मबचाव की मुद्रा?

उपन्यास के अंत में एक परिशिष्ट जोड़कर लेखक ने यह और भी स्पष्ट कर दिया है कि वह जिन ब्यौरों, विचारों और आंदोलनात्मक गतिविधियों की ऐतिहासिक परिणतियों को एक फलश्रुति की तरह अपने पाठकों तक पहुँचाना चाहता था, उसे कुँवर साहब, विवेक और सुशीला जैसे चरित्रों के मार्फत नहीं ही पहुँचा सका है। अव्वल तो यह परिशिष्ट सामान्य तौर पर परंपरानुसार कृति के आदि में लिखा जाने वाला प्राक्कथन ही है और वहीं यह शोभित भी इसलिए होता कि इसमें लेखक के अपने स्टैंड का पता पाठकों को पहले लग ही जाता, पर तब उस बँधी हुई निगाह से शायद ही वह उस रहस्य और रोमांच तक अपने पाठकों को पहुँचा पाता जिसे उसने प्रायः संप्रेषित करने की कोशिश की है।

कहानी का मुख्य जीवनानुभव तो कुँवर जयंती प्रसाद सिंह की विकृत काम-कुंठाएँ और वे विचलनें हैं जो उन्हें हाँक कर बिस्रामपुर तक ले गई हैं? वह आंदोलन नहीं जिसे आचार्य विनोबा भावे ने सामाजिक विषमता के निवारण के अमोघ अस्त्र के रूप में देखा और प्रयुक्त करना चाहा था। नए सामाजिक परिवर्तनों के संदर्भ में तेलंगाना का आंदोलन जिस तरह एक प्रयोग था, भूदान आंदोलन को भी उसी तरह का एक प्रयोग माना जाना चाहिए। प्रयोग सफल भी हो सकते हैं और असफल भी होते आए हैं। लेखक जब ऐसे प्रयोगों की सफलता-असफलता पर विचार करता है तब उसकी दृष्टि भी उजागर होती है। वह इस बारे में कौन-सा पक्ष चुनता है या फिर कैसे कैसे 'विजन' (स्वप्न) प्रस्तुत करता है इसी से तो उसके लेखन की मूल्य दृष्टि का अंदाज लग पाता है। उपन्यास के कुँवर साहब जो राज्यपाल हैं और इतने दंभी, अहम्मन्य और असंस्कृत भी, यदि अपनी राजनीतिक महत्त्वाकांक्षाओं की अबाध अतृप्तियों के चलते 'बिस्रामपुर के संत' का छद्म ओढ़ सर्वोदय की ओर चले आए हैं और अंततः ऐसी योजनाबद्ध आत्महत्या करते हैं जो आसानी से विवेक जैसे बुद्धिवादियों को भी उलझा देती है और उपन्यास के आखिरी पृष्ठ भी ऐसे ही कुँवर साहब की आत्महत्यारी प्रवृत्ति के विश्लेषण और विवेचन में जाया हो जाते हैं, तब यह कैसे मान लिया जाए कि इस लेखक का कंसर्न सचमुच एक ऐसा ऐतिहासिक आंदोलन है जो हमारा राष्ट्रीय यथार्थ रहा है। यदि यह आंदोलन इसी तरह के छद्मी और विकृत मानसिकता वाले रिटायर्ड महाजनों (?) का चरागाह बनने से बच पाता, यदि इसमें समर्पित और मिशनरी भाव के कार्यकर्ता अपना वर्चस्व स्थापित कर पाते, यदि इसे परजीवी बौद्धिकों और सत्ता के पंडों और दलालों से बचाया जा सका होता तो बहुत संभव था यह आंदोलन भी अपना कमाल दिखा पाता। इस देश के पास ऐसे अनुभव भी हैं। बार-बार स्थापित व्यवस्थाओं को चुनौतियाँ यहाँ बराबर दी गई हैं। बौद्ध, जैन, शंकराचार्य, भक्ति आंदोलन ही नहीं, राजा राममोहन राय, दयानंद और उनका आर्य समाज, ज्योति बा फुले और रानडे आदि की सामाजिक सक्रियता और उसके सुपरिणाम इसके गवाह हैं कि सामाजिक असंगतियों और दुर्व्यवस्थाओं को सिर्फ उन हथियारों से दुरुस्त किया जा सकता है जिन्हें हमने इम्पोर्ट (आयात) नहीं किया है बल्कि जिन्हें हमने खुद-ब-खुद ईजाद किया है। भक्ति-आंदोलन सर्वथा अहिंसक आंदोलन था जिसमें सूर, तुलसी मीरा जैसे समर्थ सवर्ण भी स्वयं को संस्कार-च्युत करके उतरे थे। नामदेव-कबीर आदि तो अपनी जगह हैं ही। दुखद है कि हिंदी के अधिकांश लेखक—एकाध रामविलास शर्मा जैसे अपवादों को छोड़कर—एक ऐसी पकी-पकाई खीर चाँदी के चम्मच से खाना चाहते हैं जिसमें हाथ की उँगलियाँ तक न गंदी हों। ताउम्र ऊँची सरकारी कुर्सियों पर तरह-तरह से बैठकर, हाथ-पाँव में गँवई पगडंडी की कठिन सलोनी बेधकता से बगैर दो-चार हुए, उस आंदोलन को कैसे समझा जा सकता है जिसने हिंसा और रक्तपात किए बगैर उन्हीं भूमिपतियों

से लाखों हेक्टेयर जमीनें भूमिहीनों के लिए प्राप्त की थीं। आज यह सवाल भी उठेगा कि इस परिवर्तनकारी आंदोलन में उस कथित और प्रगतिशील सरकार की भूमिका और रवैया क्या रहा जिसका उल्लेख करते हुए परिशिष्ट में लेखक ने लिखा—यह आंदोलन गाँवों में एक जटिल आर्थिक और सामाजिक दुर्व्यवस्था का कोई उल्लेखनीय व्यावहारिक और स्थायी समाधान नहीं दे पाया है। इसकी प्रमुख उपयोगिता ग्रामीण नागरिकों में कुछ समय के लिए अपने समाज के प्रति उनके दायित्व-बोध को सजग भर करने में रही है। ग्रामीण अर्थ-व्यवस्था में संतुलन और विकास के लिए कृषि और भूमि-सुधार के क्षेत्र में एक प्रगतिशील शासन-तंत्र को जो सुनियोजित कदम उठाने चाहिए, उनके विकल्प के रूप में इसे नहीं देखा जा सकता। बिहार का उदाहरण इस स्थिति को स्पष्ट करने के लिए काफी है। निस्संदेह सबसे अधिक भूदान और ग्रामदान बिहार में हुआ था। पर यह सवाल फिर भी रह जाता है कि इसमें तथाकथित प्रगतिशील शासन-तंत्र ने कौन-सा रोल अदा किया? लेखक ने इस तरफ से क्यों अपनी आँखें मूँद लीं? कहीं इसलिए तो नहीं कि इस जमात में वह खुद भी शामिल था? क्यों उसने उन जातिवादी आक्रामकताओं और अतिवादों को कहीं ज्यादा उभारा जो परिवर्तन की हवाओं के बहने में आड़े आने का काम करने लगीं। आज अगर राम रथयात्राएँ और रणवीर सेनाएँ उभार पर हैं तो यह भी देखना होगा कि प्रगतिशील शासन-तंत्र की भूमिका क्या है? आज नहीं तो कल यह सुस्पष्ट हो ही जाएगा कि पिछले पचास-बावन सालों की कथित राष्ट्रीय राजनीति और प्रगतिशील शासन-तंत्र, किसान विरोधी और पूँजीवाद समर्थक रहे हैं। अगर ऐसा न होता तो भारत की जैसी स्थिति आज विश्व-परिदृश्य पर है, वह कदापि न होती।

अपने आपको अति सजग, अति आधुनिक और अतिबौद्धिक समझने वाले हिंदी के लेखक ने आजादी के बाद के सामाजिक-आर्थिक प्रश्नों को समझने और समझाने वाली बुनियादों को लगातार नजरअंदाज किया और प्रदत्त फार्मूलों को रामवाण जैसे नुस्खों के रूप में प्रयुक्त कर अपनी-अपनी बारातों के दूल्हे बनने में लगे रहे। गाँवों की जटिल सामाजिक और आर्थिक दुर्व्यवस्था का जो महाशोक गीत प्रेमचंद गोदान में लिख गए थे, उसे जिस तरह से 'सरोज-स्मृति' के बाद 'राम की शक्तिपूजा' में बदलना था, हमारे ये कथित धुरंधर नहीं ही कर पाए। यह सामर्थ्य रेणु और नागार्जुन में दिखी भी तो दिखकर ही रह गई। इसका एक और बड़ा कारण यह कि अधिकांश हिंदी लेखकों के 'मानस' का भरपूर शहरीकरण हो चुका है या फिर वे बेचारे शहरों में ही पले-बढ़े और सांस्कृतिक तौर पर सुसंस्कारित हुए हैं। उन्हें गँवई लोक मानस, उसकी बुनियादी संरचना और ताकतों का कोई अंदाज ही नहीं है। यह अंदाज पुनर्नवा के हजारी प्रसाद द्विवेदी को था, कबीर के गायक कुमार गंधर्व को था, पर अज्ञेय, अहंवादी निर्मल वर्मा या इसी तरह के कुछ और दूसरे ढंग के 'शहरी मानस' वाले लेखकों को तो नहीं ही है। यही कारण है कि हमारे ये लेखक यथार्थ के रचनाकार

तो कम उसके प्रति टिप्पणीकार की भूमिका निभाने वाले कहीं ज्यादा दिखते हैं। भाषा की व्यंजकता, शिल्प का अनूठा सौष्ठव तभी सार्थक हो पाता है जबकि हम अपने समय को सच्चाइयों और उन्हें मुँह चिढ़ाने वाली सामाजिक-राजनीतिक कोशिशों को लाँघते हुए एक ऐसे ठिकाने पर पहुँच सकें जहाँ कोई छोटी-मोटी लड़ाई या उसकी उम्मीद नजर आती हो। यह कैसी सार्थकता है जो अनुभवों की प्रतिस्पर्धी जटिलता और प्रतिद्वंद्विता को नजरअंदाज करती हुई लेखन को कॉफी हाउस या ड्राइंगरूम की बौद्धिक बहस में तब्दील कर देती है या फिर एक ऐसे दारुण मर्सिए में जहाँ सच्चे आँसू भी अपनी सार्थकता और पहचान खो बैठते हैं।

असंगतिबोध और उपन्यास : दास्तान-ए-लापता*

बीसवीं सदी में उपन्यासों की बाढ़, विविधता और रचनात्मक उत्कर्ष को देखते हुए अब यह कहा जा सकता है कि यह सदी उपन्यास की है। बंकिमचंद्र, शरत्चंद्र और प्रेमचंद से लेकर विक्रम सेठ और अरुंधती राय तक जो लंबी ऐतिहासिक यात्रा उपन्यास और उसके गद्य ने तय की है उसमें परंपरागत आख्यान और गल्प के संस्कार तो मौजूद हैं ही, कलात्मक विविधता और संवेदनात्मक बारीकियाँ भी कुछ कम नहीं हैं। आज से एक दो दशक पहले कुछ लोगों ने यद्यपि 'कविता की वापसी' का नारा लगाया था और इस बहाने अपनी भूमिका को केंद्रीयता देने की असफल कोशिशें भी की थीं। किंतु इसके लिए काव्य-परंपरा से जैसा निर्मम विमर्श और अपने समय से ऐतिहासिक साक्षात्कार किया जाना था, उसका अवकाश हमारे इन कवियों के जीवन में शायद ही कभी रहा हो।

आजादी के बाद कैरियरजीवी मध्यवर्ग ने जैसी वैचारिक परोपजीविता और सांस्कृतिक अकर्मण्यता प्रदर्शित की है, उससे भाषा और रचना में औसत मंदता की वृद्धि हुई है और सहृदय पाठक की निराशा में इजाफा हुआ है। खुशी है कि सदी के पूर्वार्ध और अंतिम बरसों में लिखे गए उपन्यासों ने हिंदी पाठकों की इस निराशा को काफी कम किया है। समकालीन समाज और सृजनशील प्रतिभा के गंभीर रिश्तों को आश्वस्त करते हुए इन लेखकों ने राष्ट्रीय जीवन के अनुभवों, इनसे पैदा होने वाली उलझनपूर्ण जटिलताओं और ऐतिहासिक दिशाहारेपन को जिस छटपटाते विषाद और उम्मीद से भरी उदासी के साथ अंकित किया है उससे हम अपने समय की विडंबनाओं और नायकहीनता का ही साक्षात्कार नहीं करते, प्रवाह-पतित राष्ट्रीय जीवन और उसके प्रेरक कारकों की समझ की दिशा में भी कुछ दूर तक बढ़ पाते हैं।

समकालीन प्रतिभाओं में आज जैसी बौद्धिक दुर्बलता और साधना-विरति

---

* दास्तान-ए-लापता : मंजूर एहतेशाम

दिखाई देती है, इसके चलते भी हिंदी गद्य और उसका कथा-पौरुष अपनी ऊँचाइयों का प्रदर्शन नहीं कर पा रहा। बृहत्तर औसत भारतीय जीवन से प्रतिभाधारी मध्यवर्ग की दूरी और मानसिक अलगाव ने भी इस खाई को अधिक चौड़ा और गहरा किया है। अब तो हमारे इन लेखकों के लिए यही संभव रह सका है कि वे उसी मध्यवर्ग की छान-बीन और जाँच-पड़ताल करें जिसमें वे पले-बढ़े और संस्कारित हुए हैं। यह भी कर पाते हैं तो भी बड़ी बात होगी। फिर भी सोचने को रह जाएगा कि जातीय प्रतिभा न केवल मध्यवर्गीय प्रतिभा का ही दूसरा नाम है.या फिर यह कोई ऐसी प्रतिभा है जिसमें परंपरा और लोक की अंतर्ध्वनियाँ भी शामिलहाल और संवादरत हैं। एक लेखक के नाते मैं हमेशा इस खयाल का रहा हूँ कि मध्यवर्ग, सुशिक्षित और पढ़ा-लिखा होने के कारण इस बात के लिए बुनियादी तौर पर उत्तरदायी है और अगर वह ऐसा नहीं कर पाता तो इसका एक अर्थ उसकी अयोग्यता और नाकारापन भी है। अफसोस इसकी जड़ें राष्ट्रीय आंदोलन की उस दूसरी विचारधारा में कहीं हैं जिसने पश्चिम की बौद्धिक विजय और उपलब्धियों को चमत्कृत होकर अंगीकार करते हुए जनता के सार्वभौम्य के बहाने सत्ता की सर्वोच्चता के मानदंड स्थापित कर दिए। शुरू-शुरू में तो यह सब हमें बेहद मुग्ध किए रहा किंतु आज दूसरी ऐतिहासिक राष्ट्रीय मौत के करीब पहुँचकर अब हमारे कुछ लेखकों को यह बेचैनी हो रही है कि आजादी के बाद हमने जिस जीवन-पद्धति और मूल्य-समूह (जीवनादर्श) को चुना था, वह हमें भीतर ही भीतर तोड़ गया है और हम अपने ही लोगों के बीच असंगति और विडंबना की अपमानजनक उपस्थिति बनकर रह गए हैं। अलका सरावगी के किशोर बाबू हों या मंजूर एहतेशाम के जमीर एहमद खान उर्फ लापता खाँ भोपाली, आज अगर अपने-अपने कुनबों और परिवारों में बीमार माने जा रहे हैं और तेजी से आगे बढ़ते सफल लोगों की राहों में असुविधापूर्ण स्पीडब्रेकर की तरह महसूस किए जा रहे हैं, तो इसके कारण क्या हैं? क्या ये लोग सचमुच असंगति के ही उदाहरण हैं या फिर ये वे विरल प्रजातियाँ जिन्हें हमारा यह मशीनी समय अभी पूरी तरह से नेस्तनाबूद नहीं कर पाया है। इनकी स्मृतियाँ सुरक्षित हैं, इनका पारंपरिक जीवन-बोध सुरक्षित है और सुरक्षित है इनका वह राष्ट्रीय विवेक जो भले ही इन्हें किसी नायक की-सी प्रतिष्ठा न दिलवा सके पर आजादी के आस-पास और बाद-बाद के छोटे-छोटे नायकों की श्रेणी में तो अवश्य पहुँचा सकेगा। अपने समय के कथित सफल लोगों के जीवन-दंभ और आचार-ध्वंस के बीच ये एक ऐसा मुहावरा बन जाएँगे जिनका उपयोग हमारा यह सफलताजीवी समाज गुस्से और गाली की जगहों पर करता रहेगा। इनमें इतनी ताकत तो है कि ये चरित्र भुलाए न जा सकेंगे और अपनी दुर्लभ विरलता के चलते बार-बार उन लोगों की बातचीत में आते-जाते रहेंगे जो कभी अपमान, उपहास या व्यंग्य के लिए या फिर किसी तीखी प्रताड़ना और नसीहत के लिए इन्हें उद्धृत कर ऐसी ही अन्य दुर्लभ प्रजातियों वाली

संभावनाओं को आचारभ्रष्ट और मूल्यशून्य जीवन प्रवाह की ओर खींचने की कोशिशें करते रहेंगे। पर ये भी कोई ऐसे-वैसे पुरुष नहीं हैं। ये बार-बार सफ से अलग खड़े होकर कहेंगे, 'मुझे नमाज पढ़ना नहीं आता' और भागकर उन लोगों के साथ खड़े होते रहेंगे जिनके पास अभी भी संवेदना है। मंजूर एहतेशाम का तीसरा उपन्यास 'दास्तान-ए-लापता' इसी विरल संवेदना की विडंबनात्मक गाथा है। इसे उन्होंने स्मृति, यथार्थ, इतिहास, धर्म, राजनीति, साहित्य, फिल्म और कला के कई-कई हवालों के मार्फत कहते हुए जिस मार्मिक आख्यान की सृष्टि की है उसमें बुनियादी इंसानी दुर्बलताओं के बावजूद यथार्थ-सन्निकटता और स्वाभाविकता है।

मंजूर ने अपने समय के जीवन और उसकी सघन जटिलता का जैसा अंतरंग और गंभीर चित्र खींचा है, उसमें आवेग और उत्साह तो बेहद कम पर बौद्धिक विमर्श और यथार्थ-दर्शन की तार्किक धीरता और तटस्थ विश्लेषणात्मकता का सर्जनात्मक संयम कुछ अधिक है।

यदि हम परंपरा की ओर जाएँ तो एक ओर बाणभट्ट की 'कादंबरी' और दूसरी ओर उन्हीं का लिखा 'हर्षचरित' हमें मिलता है। संस्कृत आचार्यों के विवेचन के आधार पर हमें यह जानकारी मिलती है कि 'हर्षचरित' में अधिकांशतः आत्मकथा की शैली में वर्तमान की घटनाओं का आख्यान है जबकि 'कादंबरी' में अनेक जन्मांतरों की, विचित्र अतिप्राकृत तत्त्वों से भरी हुई अतीत की प्रणय कथा है। दोनों में शैली की समानता के बावजूद विषय वस्तु और भावभूमि में काफी अंतर है। आचार्य रुद्रट ने पहली बार कथा और आख्यायिका की स्पष्ट भेदकता को रेखांकित करते हुए कादंबरी को कथा और हर्षचरित को आख्यायिका कहा। पहले तो इतिहास-पुराण आदि के लिए भी यहाँ कथा और आख्यान जैसे शब्दों का प्रयोग जब-तब किया जाता रहा पर जब ये दोनों शब्द (पारिभाषिक पद) काव्य विधा के लिए रूढ़ हुए तो इनका प्रायः गद्य में रचा जाना अनिवार्य मान लिया गया। अतः कथा और आख्यायिका गद्य काव्य की ही विधा माने गए। काव्यशास्त्र में गद्य की विधा के इन दोनों रूपों को स्वीकार करने वाले आचार्य भामह थे, यद्यपि भामह के बहुत पहले ही कथाओं और आख्यायिकाओं की रचना होती आ रही थी। भामह के अनुसार आख्यायिका में नायक स्वयं अपनी कथा कहता है किंतु हर्षचरित जिसकी ख्याति आख्यायिका के रूप में बनी रही, भामह की इस कसौटी पर खरा नहीं उतरता। लगता है भामह के समय तक ऐसी आख्यायिकाएँ रही होंगी जिनको आधार बनाकर उन्होंने संभवतः यह धारणा प्रस्तुत की होगी। आगे चलकर भोज ने अपने 'शृंगार प्रकाश' में हर्षचरित के उदाहरण को सामने रख कर भामह के लक्षण में संशोधन करते हुए कहा : "नायक चरितं ब्रूते नायक एवास्य बानुचरः।" इससे आगे एक बात और स्पष्ट हुई कि आख्यान तो काव्य में भी ढल सकता है पर गद्य में आई लोकानुभूतियाँ आख्यायिका ही कही जाएँगी। जहाँ-जहाँ गल्प और अतिप्राकृत तत्त्वों की अधिकता

होगी, वे कृतियाँ 'कथा' के अंतर्गत मानी जाएँगी और 'गाथा' तो केवल वही मानी जाएगी जो एक मँजे हुए कवि की रचना हो और जो अनुभवों और अनुभूतियों का 'निष्कृष्टार्थ' वहन करने में सक्षम हो।

कथा और आख्यायिका का यह भेद सामने रखकर यदि हम सदी के उपन्यासों पर विचार करें तो अधिकांश आधुनिक भारतीय उपन्यास—देवकीनंदन खत्री जैसे कथाकारों के उपन्यासों को छोड़कर—आख्यायिका के अंतर्गत ही आएँगे। प्रेमचंद और शरत्चंद्र तो ठीक, वृंदावनलाल वर्मा जैसे इतिहास-विभोर आख्यायिकाकार भी। सबसे ज्यादा निर्णायक और अहं लक्षण है लोकानुभव और गद्य की शैली। गल्प जो कथा का प्राण तत्त्व है, उसमें लेखक की कल्पना की उड़ानें निर्बाध स्वच्छंदता का अधिकार रखती हैं। अतिप्राकृत कल्पनाएँ भी वहाँ संभव हैं पर आख्यायिका मूलभूत तौर पर लोक अनुभूतियों की डोर से बँधी रहती है और लेखक का व्यक्तित्व एक प्रमुख घटक के तौर पर वहाँ सक्रिय देखा जा सकता है। परंपरा से अपरिचित लेखक भले ही इसे नामंजूर करें और गैरजरूरी ढंग से पश्चिमी 'पदों' और 'संज्ञाओं' की ओर देखें पर इधर मराठी में लिखी जा रही आत्मकथात्मक कादंबरियाँ (मराठी में उपन्यास के लिए कादंबरी शब्द पहले से चला आ रहा है) और अरबी-फारसी की 'दास्तानें' यह तो इशारा करती ही हैं कि जीवन के अनुभव और समय से अपनी टकराहटों को लेकर उठ खड़ा होना आधुनिक भारतीय कथा-लेखन का स्वभाव रहा है। प्रेमचंद आदि इसके निर्द्वंद्व उदाहरण हैं। उन्होंने लोकानुभव को ही अपने उपन्यासों में ढाला है। 'दास्तान' में गल्प या गप की मात्रा तो नमक बराबर ही रहा करती है। बकौल अलका सरावगी चौबीस कैरेट में दो कैरेट जितनी। 'एक और हस्तक्षेप : पुनः प्रस्तावना' में मंजूर इसी उपन्यास में लिखते हैं, 'मेरे खयाल से किसी अक्ल से परे, समझ से दूर रचना की भी कल्पना की नींव बहरहाल रखी किसी-न-किसी यथार्थ पर ही होती है। यथार्थ को उस तरह से सत्य कहने की गलती मैं बहरहाल नहीं करना चाहूँगा जैसे मेरे एक लेखक दोस्त ने की।' तथापि 'कोई भी रचना शायद किसी सच पर आधारित तो हो सकती है, अपने आप में सच कैसे हो सकती है?' अब अगर मंजूर का यह तर्क हम मान लें तो उनका इससे पहले का लिखा यह वाक्य अपनी संगति पा लेगा—'गपशप हमारी जिंदगी का एक जरूरी हिस्सा है और यह हमेशा झूठ भी नहीं होती। कहीं-न-कहीं उसकी आधारशिला किसी सच पर रखी होती है।' शायद ऐसा ही जमाना तुलसीदास का भी रहा होगा जब उन्होंने राम के आख्यान के साथ जुड़े चले आए लोकानुभवों को दोहा-चौपाई में बाँधते हुए—'सत्य कहऊँ लिखि कागद कोरे।' कहा। तुलसी द्वारा वर्णित आख्यान में अतिप्राकृत तत्त्वों की भरमार है पर हिंदी के उपन्यास प्रायः इन अतिप्राकृत तत्त्वों से बचकर निकलते आए हैं।

मंजूर का यह उपन्यास 'दास्तान-ए-लापता' यद्यपि आत्मकथानक अनुभवों की जमीन पर रचा गया है पर अपने दायरे में लोकानुभवों को समेटे हुए है। कभी-कभी

तो ऐसा लगता है जैसे सारे के सारे पात्र प्रतीक भर हों जिनके बहाने कथाकार ने उन अनुभवों का ठाट खड़ा किया है जो उसे अपने समय और जीवन-प्रवाह के मार्फत मिले हैं। पर ये अनुभव क्या हैं? मूल्य-क्षरण और मूल्य-ध्वंस, सामाजिक राष्ट्रीय बिखराव और असहिष्णुता, आदमीयता का लोप और मानव-संबंधों का निचाट बाजारूपन। यहाँ से वहाँ तक निरर्थक गाजर घास की तरह फैली हुई जिंदगियाँ और इनके बीच बार-बार प्रताड़ित की जाकर पिटी हुई इंसानी संवेदनाएँ। कथा में ज़मीर एहमद खान यहीं हैं।

उपन्यास की शुरुआत ज़मीर एहमद खान की बीमारी की चिंता और डॉ. मगरमच्छ के पास जाकर चेक-अप कराने की घटना से होती है। पहली नाटकीय पंक्ति है–"डाक्टर उसकी ओर दिलचस्पी से देख रहा था। उसके मुँह में कई दाँत सोने के थे। उसे याद था वह वर्षों पहले, सबसे पहले उसी डॉक्टर के पास आया था। बल्कि सही मायनों में आया उतना नहीं था जितना कि लाया गया था। वह शुरू-शुरू के दिन थे, अब्बा के इंतिकाल के कुछ ही माह बाद। यानी आज से लगभग एक दशक, एक दहाई पूर्व। और तब, उसने दिल-ही-दिल में हिसाब लगाने की कोशिश की, डॉक्टर के मुँह में सोने के इतने दाँत नहीं थे, ना ही शायद जिस्म पर इतनी चर्बी थी। लगता है कि खामोशी से यह भी देश के कर्णधारों के साथ-साथ प्रगति और उन्नति के पथ पर अग्रसर है। खुश और खुशहाल...। अब तो यहाँ मरीजों के वेटिंग रूम की तुलना भी किसी फाइव-स्टार होटल के लाउंज से की जा सकती है।"

उपन्यास आजादी के इन्हीं पचास-बावन सालों के विकास और प्रगति की उदास, चिंतित और विक्षुब्ध कर डालने वाली कहानी है जिसमें ज़मीर एहमद खान जैसे लोग संतुलन नहीं साध पाते जबकि दूसरी ओर भाई मियाँ, इदरीस ठेकेदार, शराफत कबाड़ी और पर तौलता अज़ीज उर्फ अच्छन देह और आत्मा के झगड़े और पचड़े में न पड़कर उस ऐश्वर्य और भोग की ओर चले गए हैं जहाँ जायज-नाजायज, सही-गलत, पुण्य-पाप ही नहीं, हैवान और आदमी तक का भेद गायब है। अज़ीज से ज़मीर एहमद खान की बातचीत का यह अंश जरा देखें–

"बिरादर" उसने व्यंग्यात्मक स्वर में कहा था, "तुममें सबसे बड़ी खूबी मालूम है क्या है? तजस्सुस उर्दू में, जिज्ञासा हिंदी में अर्थात् दुनिया और चीजों को जानने-समझने का शौक! और तुममें सबसे बड़ी खामी क्या है, लगे हाथों यह भी सुनते चलो–बातों और चीजों को समझाए जाने पर भी तुम्हारी उनको समझने की नाएहली। यू आर इनकॉरिजब्ली डम्ब। अगर मुझे सच कहने की इजाजत दो तो मैं कहूँ सेंट (Saint) तो अब ऊपर के कारखाने में ही मैनुफैक्चर होना बंद हो गए, मेरे खयाल से यह अपने गाँधीजी वाला संतों का अंतिम बैच था। सो अब न तो जमाने में उनकी डिमांड और न ऊपर से सप्लाई, मगर कमसमझों और मूर्खों की तो हर जमाने में खपत रही है, सो वह खूब पैदा भी हो रहे हैं। आप ही इस हकीकत की एक जिंदा और जावेद मिसाल

हैं, और मेरे कुछ मश्वरों पर अगर आप अमल करने लगें, यानी दुनिया को अपने हैट में से कबूतर निकाल कर दिखाना सीख जाएँ तो अजब नहीं कुछ पीढ़ी बाद आम लोग आपका नाम संत-फकीरों से भ्रमित करने लगें।''

''हर संत को शुरू-शुरू में लोगों ने पाजी समझा है।'' ज़मीर एहमद खान ने अच्छन की धाराप्रवाह बातचीत का लुत्फ लेते हुए कहा था।

''कमाल है, आप समझते हैं यह आपकी शुरुआत है। अमे, नमाज पढ़ी जा चुकी, अब तो दुआ को हाथ उठाने की घड़ी है। खैर, यह तुम्हारी अपनी जिंदगी है जिसमें किसी को दखलअंदाजी का हक हासिल नहीं, लेकिन तुम अगर अपने युग के टूटे-फूटे महात्मा हो भी तो यह तो देखो कि दुनिया ने सही मायने में एक बहुत बड़े महात्मा के साथ क्या सलूक किया... ।''...''बताओ कुछ सुख होगा ऐसा महात्मा बनकर?'' ज़मीर एहमद के यह कहने पर कि महात्मा सुख-दुख से परे होते हैं, अजीज उर्फ अच्छन ने कहा ''तो यह सच्चाई सुन लो कि मेरा यह कमरा महात्माओं के लिए नहीं, उन अनुयायियों के लिए है जो महात्माओं के प्रति अपनी जिम्मेदारियों से मुक्त होकर अब कुछ ऐसा करना चाहते हैं। यह भी सौदेबाजी का एक ठीया है...'' उपन्यास की असली बहस यही है।

लेखक ने अजीज के मार्फत तमाम ऐसे लोगों का बयान कर दिया है जो एक व्यक्ति नहीं आजादी के बाद की प्रवृत्तियाँ हैं। ये वे हैं जो ईमानदारी से बेईमानी करते हुए उसी व्यवस्था में फल-फूल रहे हैं जिसकी हिफाजत और सलामती के लिए ढेर सारे कानून और उसके रक्षक बनाए गए हैं। अजीज कहता है, ''भाई, कानून अगर मुझ तक पहुँचने लगा तो उन अनगिनत लोगों का क्या होगा जो कानून की पहरेदारी की तनख्वाह एक हाथ से हुकूमत से वसूल करते हैं और कानून से मुझ जैसों की हिफाज़त करने की, पहली से कई गुना ज्यादा तनख्वाह दूसरे हाथ से मुझ या मुझ जैसों से वसूल करते हैं। उन्हें अपने पेटों, अपनी औलादों के उज्ज्वल भविष्य की पड़ी है बिरादर, बेकार में अन्नदाताओं से क्यों उलझेंगे...सबको कुछ होना है फटाफट! जल्दी से जल्दी! तुम्हें नहीं मालूम यह रोग कहाँ तक बढ़ चुका है,'' ये कौन लोग हैं जिनकी ओर अजीज की उँगलियाँ इशारे कर रही हैं? कहीं वे ही तो नहीं जिन्हें भारत के प्रथम प्रधानमंत्री के ही शासनकाल में उनके बेहद मुरीद रहे आए कवि मुक्तिबोध ने 'अँधेरे में' चित्रित रात के उस जुलूस में लक्ष्य किया है? व्यवस्था की पालकी को कंधों पर ढोने का ढोंग करने वाले ये लोग, दरअसल पालकी को ढोनेवाले कहार नहीं, बटमार हैं—'बदनाम रहे बटमार मगर घर तो घरवालों ने लूटा'—गोपाल सिंह नेपाली। अजीज जैसे पात्रों के मार्फत उपन्यासकार ने व्यवस्था और शासन-तंत्र की उस सड़ाँध को उघाड़ दिया है जिसके दोगले चेहरे पर ढेरों मुखौटे चढ़े हुए हैं। यहाँ वे बेनकाब खड़े हैं। ज़मीर एहमद खान की इस अहो-जारी पर कि ''मैं सारी दुनिया के सामने तुम्हारा जिक्र बहन की हैसियत से करता रहा हूँ।''

अनीसा ने मुस्करा कर उसे यूँ देखा जैसे वह कोई बच्चा हो। फिर भी जमीर का मन अनीसा के जीने के अंदाज का समर्थन कहाँ कर पा रहा था? और ज़मीर की बीवी राहत भी ज़मीर के नैतिक अवसादों और गहरी संवेदनात्मक उलझनों से कहाँ इत्तफाक बरत पा रही थी?

ज़मीर एहमद खान की चेतना से यह सवाल बार-बार टकराया करता था—"क्या जिंदा रहने के लिए सबसे सरल रास्ता अपनाना ही अंतिम सच है?" लेकिन उसके इस सवाल और उसकी चेतना को गंदे लिबास की तरह उतार कर फेंकते हुए अनीसा बेगम ने उसके पीछे सिगमंड फ्रायड की किताब फेंक कर कहा था..."तो जा, अपनी राह ले! बहन मैं तेरी बन नहीं सकती और साफ-सुथरी दोस्ती के लिए तू तैयार नहीं।" वहाँ ज़मीर एहमद खान जो अनीसा से सगापन न केवल चाहता बल्कि उसे ईमानदारी से निभाना भी चाहता था।

अनीसा की फटकार और प्रताड़ना का अवसाद लेकर लौटते ज़मीर एहमद खान के दिमाग में वाल्टर डी ला मेयर की कविता 'द लिस्नर्स' आ भटकी थी। "टेल देम आई केम, एंड नो वन आनसर्ड, दैट आई केप्ट माई वर्ड।" पर घर के बंद हो चुके दरवाजों की कुंडियाँ कहाँ खुलीं? कविता के उसी घुड़सवार की तरह ज़मीर एहमद खान की जिंदगी की साँसें घोड़े की टापों की कमजोर पड़ती आवाजों की तरह निरंतर दूर होती जा रही थीं और सारा वातावरण एक गहरे सन्नाटे में तब्दील होता जा रहा था। इस सन्नाटे का क्या कोई रिश्ता है 35-36 के उस सन्नाटे (भवानी मिश्र) से है जिसमें दर्ज किया गया है—'कुछ लोग यहाँ थे, जो अब यहाँ नहीं हैं।' क्यों हमारे समय के कुछ और लोग भी ज़मीर एहमद खान की गवाही में खड़े मिलते हैं—

थक कर
लौटना चाहता हूँ
बंद हो चुके हैं दरवाजे
रात अँधेरी है
कोई नहीं है साथ
हैं सिर्फ
परछाइयाँ बेतरतीब
घर याद आ रहा है
लगातार...

ज़मीर सोचता ही रह जाता है 'एक व्यक्ति बिलकुल बाजार से खरीदी चीज की तरह, जो न ठीक निकलने पर रद्द कर दी जाती है, कैसे हो सकता था?' कुछ था जो बीते बरसों में ज़मीर एहमद खान और शहर के बीच बेगानगी का परदा बनकर गिरता गया था। थोड़ी बहुत अपनाइयत अगर बाकी बची थी तो रात के इन्हीं अकेले और सुनसान पहरों में जब रह-रहकर ऐसा लगता था कि शायद किसी से भेंट हो

जाए। किससे? किसी भी ऐसे चेहरे से जो शहर के पुराने रिश्ते की खातिर दो कदम साथ चल सके। आखिर यह भरोसा और यह अपनाइयत क्योंकर टूटते चले गए? यह बेघरी और बेदरी क्यों और कहाँ से आती और क्योंकर बढ़ती गई? क्यों हमारी संवेदनाएँ पछाड़ खाकर गिर पड़ीं और मूर्च्छित हो गईं और क्यों कुछ राजनीतिक लफंगे बार-बार हमें खींच कर 'जय श्रीराम' या फिर 'अल्लाहो अकबर' वाले जुलूस में शामिल होने की सुविधा में आ गए। क्यों हम अब अपना भरपूर प्रतिवाद भी नहीं दर्ज कर सकते? क्यों सारी भीड़ एकाध ज़मीर एहमद खान को छोड़कर इन्हीं लफंगों के पीछे भागी चली जा रही है? क्या हुआ अगर जमाने की अंधी दौड़ में उसके बचपन के दोस्त विवेक, खुद भाई मियाँ, शराफत कबाड़ी और पर तौलता अज़ीज यहाँ तक कि राहत, अनीसा और वसीमा बेगम तक सबके सब इसमें शामिल हो चुके हैं और ज़मीर एहमद खान कॉलरिज की प्रसिद्ध कविता, 'राइम ऑफ द ऐंसियेंट मेरीनर' के बूढ़े नाविक की तरह 'अलोन अलोन ऑल ऑल अलोन, अलोन आन ए वाइड वाइड सी', अक्षितिज फैले सीमाहीन समुद्र में निरुपाय और बिल्कुल अकेला फिर भी जीवन की अदृश्य उम्मीदों को सँभाले खुद-ब-खुद एक रौशन कंदील बना हुआ, गोकि ये कंदीलें पश्चात्ताप में डूबी हुई हैं।

उपन्यास पृष्ठ-दर-पृष्ठ यह सवाल उठाता चलता है कि अगर इंसानी मूल्य और मान्यताएँ चरम पतन के तल तक पहुँच चुकी हैं तो कोई भी समाज 'सर्वाइव' कैसे कर सकता है? ज़मीर एहमद खान को वे सारी लँगड़ी उजतराशियाँ महसूस होती हैं जिनका जिक्र इन पंक्तियों में है—

'कभी-कभी उसे लगता है उसकी छाती में बिछात बिछाए, चूड़ियाँ फोड़े, सिर पे खाक डाले बेगिनती विधवाएँ अपने सीने कूटती मातम कर रही हैं। वह चीख-पुकार, रोना-चिल्लाना है जिसके ऊपर कुछ सुनाई नहीं देता। मगर यह सोच की मुख्य धारा का सामना करने से पलायन है। और किस चीज का मातम? अपने इर्द-गिर्द का अक्स ही तो होता है किसी भी व्यक्ति का वजूद।' यही अक्स उपन्यास की मूल अनुभूति का प्राण है। पृष्ठ बयासी पर लेखक का यह कथन इस बात की तसदीक भी करता है— *'दरअसल लापता भोपाली वह दीमक है जो मेरे व्यक्तित्व, देह और आत्मा की रद्दी चाट-चाट कर पला है। उसमें प्यार की जगह पश्चात्ताप कंदीलें बनकर रौशन हैं।'* बकौल लापता भोपाली *'हस्ती है कि बस्ती है, सीना कि सफीना है। इक दिल है जो मक्का है, इक दर्द मदीना है।'*

समूचा उपन्यास क्षोभ, विषाद, तीखी असहमति, गंभीर आक्रामक टिप्पणियों और बुनियादी असहमतियों की एकमुश्त घोषणाओं से जैसे भरा हुआ है। विषाद और बेगानापन तो भयंकर है। कहीं इसका उत्तर 'सूखा बरगद' के सुहैल के मोहभंग में तो नहीं है जो न आम मुसलमान की तरह अल्लाहवाला बन सका, न पूरी तरह कम्युनिस्ट, न व्यक्ति के स्तर पर अब्दुल वहीद खाँ बन पाया, न रजब अली का-सा

मौकापरस्त ही। इसमें कोई संदेह नहीं कि आजादी के बाद और बँटवारे के फलस्वरूप हिंदुस्तानी मुसलमान काफी जहनी कशमकश में रहता आया है और उसकी ऐतिहासिक स्मृतियाँ उसकी चेतना को निरंतर डँसती रही हैं। ये दंश-चिह्न 'सूखा बरगद' में भी हैं, यहाँ भी 'गुफा' से रुख्सत वाले अध्याय में 'रात के सन्नाटे में अलविदा कहती आवाजें उभर कर डूब रही थीं।' यह डूबना यहाँ कई-कई बार है और अलविदाई भी कई-कई बार। उपन्यास जैसे एक पूरे जमाने की मौत का मर्सिया-सा बन गया है। एक ऐतिहासिक शोक गीत।

तब क्या यह उपन्यास आजादी के बाद के आम भारतीय जीवन और विषादाच्छन्न बूढ़ी बीसवीं सदी का पोस्टमार्टम? ज़मीर एहमद खान की बीमारी, कब्रिस्तान वाले इलाके में अपनी मिल्कियत का इजाफा करते डॉ. मगरमच्छ, चौरासी का भोपाल गैस कांड और दिसंबर बानवे का भयावह हिंसक सन्नाटा और गायब जनाजे की नमाज। जुटी हुई भीड़ की भुनभुनाहट, मातमी चेहरे और शोकधुन। फिर वही कब्रिस्तान के दरख्त, कुंद-सी फैली सुर्खी और सन्नाटे, आवाजों की सुनगुन। कर्फ्यू और ज़मीर एहमद खान की थकी हुई, थक कर बैठ-सी गई सोच, नींद और खौफ के बीच राहत, सना और सबा की चिंता का बोझ। जैसे कि एक ऐतिहासिक शोक गीत। किंतु इस सन्नाटे के प्रति अपने प्रतिवादों को दर्ज करता हुआ—वही एक शख्स ज़मीर एहमद खान।

'मैं बौखला कर जागता हूँ। रात अभी बाकी है, बहुत बाकी है। सर्दी, अँधेरा और खौफ बढ़ता महसूस करके मैं उठता हूँ और घर के सारे बिजली के बल्ब एक-एक करके रौशन कर देता हूँ।' उपन्यास की इन आखिरी पंक्तियों से गुजरते हुए ऐसा लगता है कि यह रुदन और उदासी भी ठीक है, शायद बेहद स्वाभाविक और जरूरी भी। इससे भी कहीं अधिक नैतिक कि अंततः उसने अपनी निरीहता पर काबू पा लिया है और उम्मीदों की खिड़कियाँ खोल ली हैं—

रोने की एकमात्र शर्त शायद यह है
कि उसे कभी बिसूरने में न बदला जाय
ऐसा न हो कि वह सुखद लगने लगे
हमारा व्यसन व्यवसाय और आश्रय बन जाए
कभी कभी देखा गया है कि सकारण बहुत रोने के
दर्म्यान और बाद भी
हमें उस पर हँसी आने लगती है
न वह रोना गलत था न यह हँसना गलत है
कुछ ऐसा ही होना चाहिए विराट रोदन के साथ...

—विष्णु खरे

क्या इस उपन्यास को तब हम 'विराट रोदन' कहें? क्या यह हमें मातमपोशी

और बिसूरने के कर्म से मुक्त करता है? क्या यह हमारे भीतर मूर्च्छित-सी पड़ी उन चेतना लहरों को झकझोरता या जगाता है, जो यदि एक साथ उठ खड़ी हों तो वह सन्नाटा जिससे होकर ज़मीर एहमद को हर बार अकेले गुजरना पड़ता है, शायद टूटे। वह छटपटाहट जो अदृश्य हो चुकी है, शायद कुछ कारगर सी होती लिखे...

डॉ. मगरमच्छ, इदरीस ठेकेदार, शराफत कबाड़ी और उनका ट्रोजन ट्रोव्ह, अनीसा, वसीमा बेगम और उनका साहिल, राहत और ज़मीर की दोनों बेटियाँ सना और सबा यदि भारत की आजादी के बाद की पैदावारें हैं तो ज़मीर के बचपन और कैशोर्य से जुड़े बड़े अब्बा, अब्बा, अम्मा, फूफूबिया, दुल्हन चाची, भाई मियाँ और आपा उस खानदानी हकीकत की याद दिलाते हैं जिनकी अब सिर्फ 'दास्तान' भर कही जा सकती है। पीढ़ियों और समय के इस अंतराल को झेलकर बड़ा हुआ शहर भोपाल, उसकी खूबसूरत नैसर्गिक संरचना और अब वह नया भोपाल जो राजधानी बनते-बनते ठेकेदारों, कोलोनाइजरों, बड़े-छोटे व्यवसायियों और आला से लेकर बाला असफरों, ओहदेदारों का चरागाह बनता जा रहा है। पुराना भोपाल अपने चरित्र में एक अंतरंगता और गर्मजोशी लिए हुए था, नया तो बाजारू धंधेबाजों का अड्डा-सा बनता हुआ है। लेखक ने यह कहानी भी बहुत खूबसूरती के साथ कह डाली है। इस दृष्टि से देखें तो अन्य तमाम चरित्रों की तरह शहर भोपाल भी एक चरित्र बनकर उभरा है। हाँ, यह जरूर महसूस होता है कि 'गुफा' और 'गुफा से रुख्सत" वाले प्रसंगों के बावजूद इस चरित्र का जो जगजाहिर कस्बाईपन है, वह अनदेखा-सा रह गया है। न ताँगेवाले हैं, न कत्था और चूना चाटते लोग? शायद नफासत पसंद इस लेखक को नापसंद रहे हों। पर 'दुल्हन चाची' जैसे चरित्रों की परिकल्पना कर लेखक ने जिस साहस और तर्क-बुद्धि का परिचय दिया है उसे कुछ कठमुल्ले उसकी काफिरी करार दे सकते हैं। धर्म को अफीम कहकर गाली देने वाले और उसे चरणामृत की तरह आँख मूँद पी जाने वालों से बिल्कुल अलग इस लेखक ने उसे जीवन के एक अहम कारोबार के रूप में चित्रित करते हुए उसके लोकविरोधी, अवैज्ञानिक और पाखंडी रूप को निर्द्वंद्वता के साथ जेरे-बहस ला दिया है।

हमारे लेखक यह क्यों भूल जाते हैं कि धर्म का एक रूप यदि प्रतिक्रियावादी और सांप्रदायिक खूँखारपने की चपेट में है तो उसका दूसरा रूप बेहद इंसानी (मानवीय) और प्रगतिशील भी है। धर्म के प्रत्येक रूप को 'अफीम' कहकर उसकी सत्ता से घृणा करना या फिर उसकी चर्चा से बचना भी किसी कठमुल्लेपन से कम नहीं है। क्या कारण है कि हम लेखकों ने अब तक उसके क्रांतिकारी रूप का कोई भी सृजनात्मक उपयोग नहीं किया है और उसके लोकविरोधी चरित्र और पाखंडकारी रूप पर कोप की वर्षा करते रहे? उसके इंसानी पहलुओं पर हमारी निगाह क्यों नहीं जा सकी? क्या लेखक का काम किन्हीं ऐसी 'आस्थाओं' को पैदा करना नहीं है जिससे जीवन एक रचनात्मक और कार्यकारी प्रतिपक्ष की भूमिका ग्रहण कर सके? क्या कभी हमारे

कोई एक लेखक खुद हजरत मोहम्मद साहब के जीवन को आधार बनाकर कोई ऐसी कृति लिखेंगे जिसमें गाँधी और अंबेडकर ही नहीं, गाँधी और जिन्ना, गौतम बुद्ध और महावीर तथा पिछली वे तमाम सांस्कृतिक क्रांतियाँ शामिलहाल होंगी जिनकी रोशनी में मनुष्यता ने अपना रुका और थमा हुआ रास्ता ढूँढ़ा और पहचाना है। पर यह तभी संभव है जब हमारे लेखक राजनीति, धर्म, विज्ञान, प्रौद्योगिक तथा विश्व बाजार के नए संबंधों की भी गहरी जाँच-पड़ताल कर सकेंगे। सखेद कहना पड़ता है कि इस प्रकार की कोई तैयारी हमारे लेखक अब तक नहीं दिखा सके हैं और सब प्रायः एक बने-बनाए फार्मूले के भीतर, मुहावरे में कहें तो जाने-पहचाने अखाड़ों के पहलवान बनकर रह गए हैं। हमें उम्मीद है उनकी इतिहास-दृष्टि किंचित विकसित होगी और उनका काल-बोध सदी के आर-पार की यात्राएँ कर सकेगा। शायद तभी ऐसी भारतीय कथा लिखी जा सकेगी जिसमें परंपरा की जीवंत धड़कनें और नई मनुष्यता की नैतिक लालसाएँ एक साथ उभार पा सकेंगी।

कथा में चरित्रों की कल्पना में जैसा कथात्मक-विवेक है, उनके विकास का कौशल भी उतना ही प्रभावकारी। अनुभव और कल्पना जैसे एकाकार हो गए हों। ऐसा लगता है कि इंजीनियरिंग की जो पढ़ाई अधूरी रह गई थी उसे यहाँ कथानक के खूबसूरत और जटिल कौशल के मार्फत पूरा कर लिया गया है। कई छोटी-बड़ी अलग-अलग सी दिखती कहानियों को जिस तरह से ज़मीर एहमद खान उर्फ लापता भोपाली के आख्यान या दास्तान में गूँथकर एकरस किया गया है, उसे देख पंचतंत्र का कथा-कौशल और प्रातिभ वैलक्षण्य याद आता है। कभी-कभी घटनाओं के लिए चरित्र सिरजे जाते हैं। लेखक ने इसके ठीक विपरीत चरित्रों के लिए घटनाओं का समन्वयन और आवश्यकतानुसार सृजन भी किया है। इस प्रक्रिया में उसकी भाषाई सामर्थ्य और व्यंजनागर्भी अभिव्यक्तियों का भरपूर योगदान है।

निस्संदेह मंजूर की भाषा जितना देखती है, उतना ही सोचती भी है। जितना सोचती है उसे बहुत नाप-तौल कर कहने की सिफवत बरतती है। यह उनके पात्रों के बीच घटते संवादों से गुजरते हुए सहज ही अनुभव किया जा सकता है।

लेखक का काम भाषा के आम-फहम प्रचलित रूपों का कामकाजी उपयोग नहीं है बल्कि उन अर्थ गंभीर और परंपरागत सांस्कृतिक भाषा-पदों का सृजनात्मक प्रयोग भी है जिससे भाषा का रोज-रोज घिसता-पिटता चेहरा या रूढ़ि बनती जाती अभिव्यक्तियाँ नया जीवन पा सकें। पिछले हिंदी दिवस (सितंबर, 99) के मौके पर पत्रकारिता के छात्रों के बीच अपने उद्गारों को रखते हुए मंजूर ने कहा था—"मैं तो जो बोलता हूँ, वही मेरी हिंदी है।" मंजूर जब यह कह रहे थे तब मुझे भवानी मिश्र की कही उक्ति याद आ रही थी—बोलचाल हिंदी की मेरी ताकत है।

मुस्लिम परिवार और समाज का चित्रण करते हुए मंजूर ने हिंदी को ढेर सारे नए शब्द दिए हैं जिन्हें न तो हम आलोचक जानते थे न वे लेखक ही जो हिंदू-मुस्लिम

एके या हिंदी-उर्दू के सगेपन की दावेदारी करते रहते हैं। इस दृष्टि से भी यह उपन्यास बेहद महत्त्वपूर्ण है। उपन्यास में प्रयुक्त कुछ भाषा-पद हैं—अलविदाई कलमा, खंदा पेशानी, रहल-तिलावत, गुस्ले सेहत, संगे-अवसद, अलेक-सलेक। इसी प्रकार के कुछ और भी बेहद म्यूजिकल और अर्थसमृद्ध शब्द। आश्चर्य तो यह कि मंजूर की हिंदी की काव्य योजना भी बेहद दमदार और गंभीर है और कभी-कभी तो वह अपनी शैली में औपनिषदिक जान पड़ती है। लेकिन यह भी कम सही नहीं है कि उसमें तीखी आलोचनात्मकता, तार्किकता, वैचारिक आक्रामकता और मनमौज आने पर व्यंग्य-विद्रूप और बयानबाजी भी है। तथापि वह एक गंभीर चरित्र की शख्सियत लिए हुए है।

इधर लिखे जा रहे उपन्यासों में ऐतिहासिक दस्तावेजीकरण की प्रवृत्ति भी बढ़ी है। मंजूर ने भी जहाँ-तहाँ इसका उपयोग किया है। पुराणों के बारे में अक्सर कहा जाता है कि वे पचास प्रतिशत इतिहास और पचास प्रतिशत कल्पनापरक हैं। तसलीमा नसरीन ने 'लज्जा' और कामतानाथ, अलका सरावगी जैसों ने भी इस कला का भरपूर उपयोग किया है। 'दास्तान-ए-लापता' में यूनियन कार्बाइड गैस कांड, बाबरी मस्जिद ध्वंस, राम रथ यात्राओं के हवालों को कथा के ताने-बाने में गूँथकर चरित्रों की बदलती मानसिक तरंगों का चित्रण किया गया है।

मंजूर एहतेशाम यद्यपि हमारी भाषा और समय के एक अहम लेखक हैं और उन्होंने 'सूखा बरगद' से ही हममें अनयुजुअल किस्म के लेखन के प्रति हमारी दिलचस्पियों को जगाया है पर मन बार-बार उनसे यह पूछने को करता है—जमीर एहमद खान, तुम इतने दब्बू, निरीह और अकेले क्यों हो? कहीं यह तुम्हारी और तुम्हारे वर्ग की अंतिम नियति तो नहीं है? गुफा से रुख्सत लेते हुए कभी कभार तो उन जगहों पर जाया करो, जहाँ लोहा पीटा जा रहा है और 'मंजरियों को पाला' मार गया है। शायद वहाँ के दरवाजे तुम्हें जरूर खुले मिलें।

उपन्यास की रस्सी पर व्यंग्यकार का नाच : बारामासी*

1

समझदार और रसिक कहे जाने वाले पाठक भले ही उपन्यास की चुटीली और चमकदार रंगीन भाषाई चुहल और मनमोहक किस्सागोई पर अपने कथाकर की पीठ थपथपाएँ या फिर उसका अभिनंदन इस आभार के चलते करें कि उसने उन्हें न केवल विस्मित और चमत्कृत किया है, बल्कि तंग, फटेहाल और चिथड़ा-चिथड़ा हो उठे समय के अबूझ अँधेरे में, थोड़ी-ही देर के लिए सही, अपने टीसते दुःखों और समय के लगभग सड़ से चुके घावों पर हँसने का एक मौका-सा दे दिया है, यह सोचने को फिर भी रह जाता है कि इतनी सारी पीड़ा और वेदना के बावजूद उसने अगर यह विस्मयकारी और दुस्साहसपूर्ण मुद्रा प्रदर्शित की है तो क्यों? वे कारण कौन से हैं जिनके चलते हमारा समय भग्न जलपोत की तरह डूब रहा है और सपने पतझर में सूखे पत्तों की तरह झर और उड़ रहे हैं? लेखक की नाराजी अगर इन हादसों की वजह से है तो क्या हम यह मानकर चलें कि यही उसकी प्रेरणा भी है। अगर ऐसा है तो यह भी सोचना पड़ेगा कि इस नाराजी और प्रेरणा का चरित्र कैसा है? यह किसी अभिभावक की नाराजी है, किसी मित्र या साथी की या फिर किसी पुश्तैनी दुश्मन की, जो अपने जगजाहिर खूँखारपने के लिए भी ख्यात हो? क्या हम अपनी शताब्दी के तमाम व्यंग्य-लेखकों को नाराज या खूँखार प्रजाति का मानें? उनके लिखे और किए-धरे के प्रति आखिर कैसा रवैया हम अख्तियार करें?

लेखक को हम चाहें भी तो खूँखार की श्रेणी में नहीं डाल पाएँगे। उसमें एक अदृश्य कोटि की गहरी मनुष्यता तब भी सचेत और सक्रिय बनी रहती है जब वह भाषा के स्तर पर बेहद हिंसक और आक्रामक दिख रहा होता है। 'कुकुरमुत्ता' और 'खजोहरा' के निराला में यह सब है पर उन्हें हम नृशंस और खूँखार कभी और

---

* बारामासी : ज्ञान चतुर्वेदी

किसी स्थिति में भी नहीं कह पाएँगे। न 'मंत्र' कविता वाले नागार्जुन को ही। महाभारत के कृष्ण की तरह वह लेखक ही तो है जो चतुर्दिक से लहूलुहान और घायल होकर बार-बार मरता और मर-मर कर बार-बार जी उठता है। लेखक की नियति इसी बार-बार के मरने और मरकर जी उठने से जुड़ी हुई है।

जब सारे उपाय चुक जाते हैं, भाषा अपनी रचनात्मक विश्वसनीयता खोने लगती है, अत्याचारी व्यवस्था और घिनौनी सामाजिकता में एक अघोषित और चुप्पा मैत्री-संवाद और पारस्परिकता स्थापित हो उठती है, तब व्यंग्य ही लेखक के पास एक मात्र और कारगर हथियार बच रहता है। संभवतः वह भाषा का अंतिम हथियार है पर मैं यह नहीं कह पा रहा कि अंतिम होने की नियति उसे ब्रह्मास्त्र बन सकने के गौरव तक ले भी जा पाती है या नहीं। यह किंचित मुश्किल-सा सवाल है। कभी-कभी तो वह इस 'अंतिम' के तर्क को न्यायोचित भी ठहरा पाता है। बीसवीं सदी के उत्तरार्ध में परसाई, शरद जोशी, श्रीलाल शुक्ल जैसे लेखकों की प्रातिभ उपस्थिति और सक्रियता इसकी गवाह है कि व्यंग्य ब्रह्मास्त्र तो है। कवि सम्मेलनों के मंचों पर बच्चन और नीरज की विरासत का अशोक चक्रधर और सुरेंद्र शर्मा में दुर्विकास देख यही कहना पड़ता है कि व्यंग्य और विद्रूप हमारे समय की सबसे लोकप्रिय भाषा भी है। राग दरबारी, अंधों का हाथी जैसे उपन्यास और नाटक अब अगर 'बारामासी' के लेखक में अपनी परंपरा को विकसित होते पा रहे हैं तो यह भी तय है कि हम अपनी भाषा में व्यंग्य-लेखकों की एक पूरी बिरादरी देख पाएँगे।

व्यंग्य संभवतः मानवीय वेदना की सबसे गहरी, तीखी और पवित्र आवाज है। उसकी जानी पहचानी पीड़ाएँ अपना निकास जब रौद्र, करुण या फिर हास्य में नहीं ढूँढ़ पातीं तब एक ऐसे असामान्य और आपात् रूप में फूट पड़ती हैं जिसे व्यंग्य कहते हैं। भाषा का रूप भी तब वक्र हो उठता है। उसका अर्थ-बिंब ऐसा चरपरा, तीखा, खट्टा-मीठा कभी-कभी तो इतना कसैला कि बुंदेली लोकजीवन के भोजों में परोसे जाने वाले सन्नाटे (जिस सन्नाटे का एक दोना पी के आप मिर्ची-मिर्ची कर रहे हों—बारामासी, पृष्ठ दो सौ आठ) का आक्रामक तीखापन भी झख मारे। बेहद करुण दृश्यों से मन भर उठे, आँखों में सावनी भदौहीं बदलियाँ छा जाएँ, जीभ सी-सी करे और संवेदना का कुंजी-पटल थरथरा उठे। पर स्वाद की यही आक्रामकता अन्य तमाम भावों की आदर्श समानुपातिकता के बीच अपनी विशिष्ट भाव-भंगिमा के चलते सबसे ज्यादा आकर्षक और उत्तेजक लगने लगे। भाषा जब क्षोभ से भर कर अनुरोध, विनय और अन्य तमाम कोमल-मधुर मुद्राएँ उतार डालती है और अनुभवों के महासमर में बमवर्षी तोपों को ढोने वाले युद्ध-टैंकों में तब्दील हो जाती है, तब पाठकों की चेतना का आकाश एक ऐसी खलबली और बेचैनी से भर उठता है जो उन्हें न तो पीड़ाओं की निष्क्रिय खंदकों में बैठने देता है, न ही उन आनंद-शिखरों की ओर जाने देता है जहाँ से रस के निर्झर का दिव्य स्नान-सुख लिया जा सके। भाषा के भँवर

में पड़े अब डूबे तब डूबे की डाँवाडोली और जोखिमपूर्ण ऊभ-चूभ और रस्साकशी में हमारी चेतना कुछ इस तरह चकरघिन्नी खाने लगती है कि हम न तो अपनी गहन निराशाओं से उबर पाते हैं और न ही कठिन उम्मीदों को कभी छोड़ ही पाते हैं। मुझे लगता है, व्यंग्य ना-उम्मीद सी हो उठी भाषा की सबसे आखिरी उम्मीद है।

करुण व्यंग्य और ललित हास्य में श्लिष्टता को साधकर जैसी मार्मिकता और गंभीरता उत्पन्न की जा सकती है, वह किसी भी व्यंग्य लेखक का आदर्श हो सकती है पर ललित और फूहड़, अशिष्ट विनोद और नंगई या फिर गाली-गलौज को अलंकार बनाकर व्यंग्य की कमाई करने वाले लेखक प्रायः वे होते हैं जो अपनी रचनात्मक लफंगई और अभद्रता के निकास के लिए इसे रास्ते की तरह चुनते हैं।

हमें यह भी सोचना पड़ता है कि किसी भी व्यंग्य-लेखक के निगाह की सीमा क्या है? वह महाकाव्यात्मक है या फिर खंड कथात्मक। उसकी कथा-संरचना घटना-संयोजन और पात्र कल्पना किन प्रयोजनों के तहत नियोजित और प्रक्रिया-विहित है। उदाहरण के लिए 'राग दरबारी' में रचनात्मक अनूठापन उसके पात्रों और घटनाओं के सूक्ष्म किंतु विस्तृत विवरणों में है। इस लिहाज से ज्ञान चतुर्वेदी में बारीकी और विस्तार तो बहुत कम है। वे कहानीकार की निगाह से उपन्यास के कथानक को देखते हैं। स्थूलता तो खैर उनमें जहाँ-तहाँ है। लेकिन क्यों?

हम शहरी लेखक इस मुद्दे पर चाहें तो खूब बहस कर सकते हैं। पर हमें तब अपनी उस दृष्टि का ख्याल रहता है जिसे हमने अपनी लिखाई-पढ़ाई के चलते अर्जित की है। उसे हम परिष्कृत नागर निगाह कह सकते हैं। धोती को घुटनों तक पहनना और टखनों को नंगा रखना गँवारपन अगर माना जाता रहा है तो अब जो बरमूडा या मिडी है, वह कैसे फूहड़ और गँवार नहीं हुआ? असल बात तो यह कि लोकदृष्टि ही कुछ अलग है। वह हमारी शहरी निगाह से मेल नहीं खाती। वह कुछ अधिक उन्मुक्त और अपने सामाजिक और सांस्कृतिक भूगोल में रची बसी है। उसके उठने-बैठने, खाने-पहनने के अपने पारंपरिक तर्क हैं। पर्वों के अवसरों पर लाखों-करोड़ों स्त्री-पुरुष-बच्चों-बच्चियों का एक साथ मुक्त स्नान इस बात को समझने में हमारी मदद कर सकता है कि लोक में जो अकुंठ सामूहिकता है, वही उसका सबसे बड़ा सौंदर्य है। उसका हास्य भी इसी की उपज है जैसे कि निराला की कविता खजोहरा। इसमें अपनत्व और अमर्यादा के बीच से लोक हास्य की सृष्टि की गई है और जैसी कल्पना-योजना है, उसकी तार्किक परिणति यही है।

कृति-विशेष को पढ़ते हुए हमें अपनी इस निगाह की चौकसी करनी पड़ेगी। देखना यह भी पड़ेगा कि लेखक का आलंबन उसके किस प्रयोजन की पूर्ति कर रहा है? उसके पीछे हास्य मात्र है या कुछ और भी? अंततः उसका भाव-बोध और उसकी दिशा क्या है?

ज्ञान चतुर्वेदी का उपन्यास 'बारामासी' पढ़ चुकने के बाद मेरी भेंट विख्यात

पत्रकार और जाने-माने लेखक रामशरण जोशी से हुई। उन्होंने पूछा—क्या यह व्यंग्य उपन्यास है? मैंने प्रतिप्रश्न रख दिया—'आपको कैसा लगता है?' उनका जवाब था—'यह तो गहरी वेदना से भरा हुआ है'। मैंने कहा—'बात तो बिल्कुल सही है।' व्यंग्य हो तो आप उसे बाजार में बेच भी लें पर वेदनाओं की हाट तो अभी महादेवी वर्मा की कविताओं से ही नहीं उठी। वह कभी मंटो, कभी कोई इसी तरह के आदमी के पास रुक या ठहर कर अपना मोल-भाव जाँच रही है। ज्ञान चतुर्वेदी अगर उपन्यास के आखिरी पन्नों पर व्यंग्य की भाषा तक भूल गए हैं तो इसीलिए कि वेदना के सागर में व्यंग्य का महापोत भी टाइटैनिक की तरह डूब सकता है।

मुश्किल-सा बनने वाला काम है यह यों भी—'हर स्थिति, घटना, पात्र, मानसिकता तथा विवरण को व्यंगय के माध्यम से उतनी ही जीवंतता तथा तीव्रता से निभाने में कितना क्या-क्या लगता है, यह बात एक ऐसी व्यंग्य रचना लिखकर ही जाना जा सकता है। चीजें छूट-छूट जाती हैं। भाषा, विट (यानी विदग्धता बकौल रामचंद्र शुक्ल) हास्य और व्यंग्य का सतत प्रवाह जब-तब टूटने को होता है। एक-एक वाक्य पर कभी-कभी घंटों की मशक्कत के बाद भी वह बात पैदा नहीं होती, जो व्यंग्य और बात, दोनों को बराबर साध ले।' बकौल ज्ञान चतुर्वेदी 'तनी हुई रस्सी पर सावधानी से चलने का खेल है यह', 'क्योंकि इससे नीचे गिरकर वापस रस्सी पर पहुँचने की सुविधा व्यंग्यकार को नहीं दी गई है।'

अन्य बातें बाद में, पर तनी हुई रस्सी पर सावधानी का खेल खेलने का कौशल प्रायः हर लेखक को साधना पड़ता है, केवल व्यंग्य लेखक को नहीं। अज्ञेय जैसे प्रतिभाधरों के यहाँ यह बिंब मिलता है। 'शब्द और सत्य' कविता में उन्होंने एक और सवाल उठाया है—'दोनों जो अपने बीच एक दीवार बनाए रहते हैं। मैं कब, कैसे, उनके अनदेखे/उसमें सेंध लगा दूँ/ये दोनों जो एक-दूसरे से तनकर रहते हैं/कब कैसे, किस आलोक-स्फुरण में इन्हें मिला दूँ—दोनों जो हैं बंधु, सखा चिर सहचर मेरे/' शब्द और सत्य को आलोक-स्फुरण से मिलाकर एक कर देने वाला शिल्प उस गैसवेल्डर जैसा है जो बाजार में पिट-पिट कर अधमरे हो चुके शब्द और समाज में दचके खा-खाकर पिचक से गए सत्यों को फिर से एक नई जीवनी सौंपता है। अगर ज्ञान चतुर्वेदी को इस परंपरा का इतिहास नहीं मालूम तो इसे उनका भोलापन ही कहना होगा। निस्संदेह उनके सामने की यह समस्या तब आई होगी जब उन्होंने कलम उठाई और जिंदगी का पहला वाक्य लिखा होगा। यह उतनी ही पुरानी चुनौती है जितनी कि रचनात्मक अभिव्यक्ति और हर बार उतनी ही नई जितनी कि कोई नया, उदीयमान भाषाई लेखक।

भाषा जब इतिहास के घायल अनुभवों की देह पर मलहम-सी लगाने लगती है तब निर्व्यंग्य का शिल्प जन्म लेता है। पर इसके ठीक विपरीत कभी-कभी हम अपने ही दुखों के प्रति इतने कसाई हो उठते हैं कि कफ़न कहानी के प्रेमचंद भी

क्या होंगे। अनुभवों के घावों पर मलहम लगाने के बजाय हम उन पर नमक छिड़क कर हँसने की अदा सीख लेते हैं। दर्द बन जाता है दवा हद से गुजरने के बाद जैसी निस्संगता, आत्म-निर्ममता और तटस्थता। कोई भी समाज जब इस भयावह भाव पुरुषार्थ तक पहुँच जाता है तब यह विश्वास तो होने ही लगता है कि वह स्थितियों का आमना-सामना करने के निःसंशय और निडरता वाले मूड में आ चुका है।

ज्ञान चतुर्वेदी ने अगर यह निःसंशयता और निडरता प्रदर्शित की है तो इससे उनकी लेखकीय पक्षधरता बकौल मुक्तिबोध 'पालिटिक्स'—का प्रमाण मिलता है, जो न तो कभी सत्तालोभी वामपंथी पार्टियों की धरोहर रही है न उन लेखक संगठनों की ही साहित्यिक रखैल जो अपनी रेवड़ियाँ सिर्फ अपने ही अंधों के बीच बाँटने की कूटनीति करते हैं। लेखक की असली पहचान तो उसकी यही निस्संगता और साहस होता है।

2

रेणु की 'परती-परिकथा' पर अपनी प्रतिक्रियाएँ दर्ज करते हुए निर्मल वर्मा ने लिखा—"समूचा उपन्यास पढ़ जाने के बाद लगता है जैसे हम किसी गाँव का अद्‌भुत विचित्र 'कार्निवाल' देख आए हैं। अनेकानेक रंगों, गंधों, सुरों की हहराती धारा हमारे बीच बहकर आगे बढ़ गई है, अनेक व्यक्तियों की असंगतियों, सुख-दुःख, हास-विलास से हमने अपने को सम्यक्त किया है, किंतु ये चेहरे, रंग और सुर अपने में महत्त्वपूर्ण नहीं हैं—महत्त्वपूर्ण है इस कार्निवाल की गतिमयता, अविरल प्रवाह की कलकल, हवा में उड़ते रंगों की आभा, एक मायावी लय जो समस्त व्यक्तियों और घटनाओं के बीच गुजरती हुई हमारे मस्तिष्क और हृदय को आलोड़ित कर देती है।"

किसी अंचल विशेष को इतनी गहरी आत्मीय दृष्टि से देखना, वह भी कुछ नई उम्मीदों के साथ, शायद इसलिए संभव हो पाया कि तब हमें नई-नई आजादी मिली थी और किसान के जीवन में मशीन बिजली और पानी की नई प्रौद्योगिकी प्रवेश कर रही थी। 'परती-परिकथा' के जित्तन और उनका ट्रैक्टर उन बंजर जमीनों पर अपने संगीत को गुँजाता है जो कल तक अनुर्वर मानी जाती थीं। नेहरू युग का यह कल्पना-प्रवण आशावाद हम सबके मन में था यद्यपि कुछ लोग इससे भी पहले अपने सपनों को भुने हुए पापड़ों की शक्ल में टूटने का अनुभव कर चुके थे। आजादी के चौदह-पंद्रह बरसों के बीच ही हम अपने अनुभवों की दुखद विडंबना की उस ऊँची ढलान पर पहुँच चुके थे जहाँ से एक गहरी खाई की फिसलन ही बाकी थी और जिससे फिसलने पर उम्मीदों के हाड़ और मांस का बचना भी नामुमकिन था। आपात्काल तक आते-आते हमारी उजली उम्मीदें अँधेरों में बदल चुकी थीं।

इन अँधेरों की आहटें हमें आपातकाल से चार-छह साल पहले लिखे गए उपन्यास 'राग दरबारी' में मिल चुकी थीं। इसी के आस-पास राही मासूम रजा का 'आधा गाँव' और शिवप्रसाद सिंह का 'अलग-अलग वैतरणी' भी आया जिनमें राष्ट्रीय जीवन की विभाजित मानसिकता और ग्रामीण प्रतिभाओं का पलायन चित्रित है। तत्कालीन राजसत्ता ने कुछ नए सपनों की छद्म सूची हमारे सामने फेंक कुछ ऐसा नाटक किया कि हम चीजों के बिगड़ने, बनने और नष्ट होने में कोई दोटूक फैसला तक न ले सकें, हमें सपनों से प्यार भी बना रहे और हम चाहकर भी उन पर भरोसा न कर सकें। धूमिल जैसे कवि इन्हीं स्थितियों की उपज कहे जा सकते हैं, राजकमल चौधरी भी। उसके बाद तो सत्ता की एकछत्रता भी टूटी और राजनीतिक बिखराव और पुनःसंयोजन की प्रक्रियाएँ भी सामने आईं। इस बची-खुची उम्मीद पर सबसे करारा आघात आठवें दशक में उस तथाकथित 'दूसरी आजादी' ने किया जिसका नायकत्व लोकनायक जयप्रकाश नारायण कर रहे थे। जनता पार्टी और उसके अड़ियल और बूढ़े राजनीतिक सत्ताकर्मियों ने हमारे बचे-खुचे भरोसों की छाती पर इस तरह चलना शुरू किया जैसे खड़ी लहलहाती फसलों से होकर आक्रामक फौजी टुकड़ियाँ चलती हैं। हमारे सपने कड़वाहटों से भर उठे। सघन उम्मीदों से चलकर हम जपाट यथार्थ के उस बंजर पठारीपन में चले गए जहाँ सपना देखना तक बेशर्मी और अपराधपूर्ण जान पड़ने लगा। आश्चर्य है कि सपने तब भी देखे जाते रहे। शताब्दी के आखिरी दशकों में हमारे पास 'कार्निवाल' तो था पर बेहद धुमैला, कसैला और प्रदूषित। बासठ-चौंसठ में ही मुक्तिबोध ने लिखा 'कहीं आग लग गई, कहीं गोली चल गई।' आठवें दशक में नई कविता का राजमार्ग छोड़, हिंदुस्तानी गजल की पगडंडियों पर आ खड़े दुष्यंत ने बौखलाहट, बेचैनी और बदलाव की हाँक लगाई। राष्ट्रीय जीवन के संभावित खतरों पर निगाह डालते हुए उन्होंने यहाँ तक लिखा 'बाढ़ की संभावनाएँ सामने हैं। और नदियों के किनारे घर बने हैं।' राष्ट्रीय जीवन की इन तमाम दुर्लभ और विरल छटपटाहटों के बावजूद सामाजिक और राजनीतिक जीवन की अगुवाई का दावा करने वालों ने दिशाहारपन ही पैदा किया। समसामयिक लेखन इसे बेहद पीड़ा से देखता और चित्रित करता रहा। इस संदर्भ में उदयप्रकाश की लंबी कहानियाँ—'पाल गोमरा का स्कूटर' और 'वारेन हेस्टिंग्स का साँड़' याद आती हैं। आधुनिक हिंदी कथा-साहित्य के उत्तर-आधुनिक छोर से जब हम वापस लौटते हैं तो हमें वह भूला-बिसरा राष्ट्रीय आंदोलन और उसके मसान में शव-साधना करते कुछ ऐसे कथाकार भी दिखाई देते हैं जो मुरदा अतीत को जिंदा वर्तमान में बदल डालना चाहते हैं। एक दूसरा वर्ग उन लेखकों का है जो मध्यवर्ग के अनुभवों से बाहर नहीं निकल पा रहे हैं। ये वे लोग हैं जिनकी मुख्य चिंता पश्चिम के अधुनातन साहित्य का मुकाबला करने को लेकर है। इनकी सबसे बड़ी समस्या आधुनिकता

है। तीसरी श्रेणी उन लेखकों की है जो बेहद देशी हैं और देशी यथार्थ से भिड़कर जिन्होंने एक ऐसी आत्मनिर्भर दृष्टि प्राप्त की है जो इस अति पुरातन समाज और उसकी विभिन्न सामाजिक और राजनीतिक करवटों को कभी किसी गहरी सहृदयता तो कभी किसी तीखी व्यंग्यमयता से देखती है। अपने ही किन्हीं घावों पर नमक छिड़क उनकी बढ़ती हुई पीड़ा का मजा लेना।

इस संदर्भ में याद करें तो गणेश और उनकी सवारी याद आती है। समाज अगर गणेश है तो व्यंग्य क्या कोई चूहा है? गणेश की काया और चूहे की सत्ता में न तो समानुपातिकता है न ही संतुलन। विषम अनुपात और असंतुलन ही तब शायद व्यंग्य की बुनियाद है। व्यंग्य अगर इस बूढ़ी हो चुकी जर्जर काया वाली सदी की आखिरी बची-खुची साँसों का क्लासिक है तो इसके दम-खम पर विचार तो करना ही होगा। क्लासिक की चर्चा छिड़ने पर विरूपताओं की विलक्षणता नहीं, अपरूप सौंदर्य की शोभाएँ और रमणीयताएँ याद आती हैं।

क्या हमारा समय सचमुच व्यंग्य के टमटम पर बैठा हुआ है? या उपन्यास की तनी हुई रस्सी पर किसी दक्ष नट जैसा कौतुक-नृत्य कर रहा है।

लेखक ने यह बहस भूमिका में ही उठा दी है कि व्यंग्य को एक स्वतंत्र विधा माना जाए। व्यंग्य क्या है? वह भाव या रस है या भाव-प्रक्रिया? वह भाषा का एक विशेष विधान है या शैली? विधा क्या चीज है, कहीं यह अभिव्यंजना प्रणाली ही तो नहीं है? यह रूप है या कथन-पद्धति? आखिर व्यंग्य क्या है? वाच्य है या वाचक?

अभिधा और लक्षणा की तरह व्यंजना भी एक प्रकार का शब्दबोध ही है किंतु है वह शब्द का अर्थ-व्यवहार ही जिसकी सत्ता प्रयोक्ता के शब्द-व्यवहार पर टिकी रहती है। काव्य-प्रकाश में मम्मट ने अर्थ की इस व्यंजकता पर विचार किया है—

वक्तृबोद्धव्य काकूनां वाच्य वाकयान्य संनिधेः।
प्रस्ताव देशकालादे वैशिष्ट्यात् प्रतिभाजुषाम
योऽर्थस्यान्र्थधीहेतुः व्यापारो व्यक्तिरेव सा।।

वक्ता या श्रोता का वैशिष्ट्य, विशिष्ट स्वर में किया गया वक्ता या श्रोता का उच्चारण प्रकरण, देश, काल आदि का वैशिष्ट्य आदि अनेक कारणों से वाच्यार्थ से भिन्न अर्थ प्रतिभायुक्त (प्रतिभाजुष) रसिक को प्राप्त होता है। इस रूप में तो वह अर्थ विशेष की एक भंगिमा ही है। शायद सबसे खूबसूरत भंगिमा।

कुंतक जैसे वक्रोक्तिकार इसे यानी भंगिमा को रचनाकार के स्वभाव की उपज बताते हैं। पर सिद्धांत रूप में तो इसे काव्य (साहित्य) का शरीर ही माना गया। यदि ऐसा है तो फिर इसका प्राण क्या है? क्या वह ध्वनि तत्त्व तो नहीं जो वाच्यार्थ के कंधों पर बैठा रहकर भी वाच्यार्थ नहीं है। वाग्यार्थ है। प्रश्न यह भी है कि अर्थ की वक्रता से शब्द की वक्रता आती है या फिर शब्द से अर्थ की वक्रता की ओर प्रयाण किया जाता है।

संप्रेष्य अगर अर्थ है तो निश्चय ही व्यंग्य एक स्वभाव है, नहीं तो फिर भाषा पद्धति या शैली मात्र। अनुभवों को व्यंग्यात्मक निगाह से देखना, जैसे कि परसाई या शरद जोशी देखते हैं या फिर श्रीलाल शुक्ल या करुण दृष्टि से देखना जैसे कि भवभूति या फिर शृंगार और प्रेम के कवि कालिदास। आप्त उदाहरण कहें तो आदर्शवादी वाल्मीकि और यथार्थवादी वेद व्यास। अर्थभेद से ही स्वभाव भेद निखर उठता है। भारत की परंपरा में केशव आदि कवि भी हुए हैं पर मुख्यतः हमारी परंपरा अर्थ-वादी ही रही है।

व्यंग्य जब हास्य के कंधे पर हाथ रखकर आता है तब उसका चेहरा वही नहीं रहता। गौरतलब है कि 'हास्य' एक भाव है। तब व्यंग्य भी भाव ही हुआ। विद्रूपताओं से पैदा हुई विक्षुब्धता, या भाषा की ऐसी संहारक मुद्रा जो अपने समय के यथार्थ को तरह-तरह से घायल और क्षत-विक्षत कर डालती है। पर वह मुद्रा या तो अपने रूप में निबंध होगी या कहानी या फिर उपन्यास या इसी तरह की कोई और भी चीज व्यंग्य रूप नहीं है, सर्जक और वस्तुबोध का स्वभाव है। 'कुकुरमुत्ता' एक व्यंग्य कविता है। उसमें कवि की आस्था और आक्रामकता का संयुक्त सौंदर्य है। इस रूप में वह अपने समय की सबसे बेधक आवाज और दोटूक किस्म की करुण पक्षधरता है। सच है कि यह किसी मानसिक बौद्धिक प्रौढ़ता और सामाजिक-ऐतिहासिक विडंबनाओं की विकलता के बोध के बगैर संभव ही नहीं। यहाँ पहुँच कर यह मुझे किसी लेखक का सबसे बड़ा आपद्धर्म-सा लगने लगता है। इस आपद्धर्म को जब कुछ लोग अपनी आदत बनाने पर उतारू हो उठते हैं या फिर इसे एक नए साहित्यिक संप्रदाय में खड़ा करना चाहते हैं तब उनसे पूछना ही पड़ जाता है कि वे शब्द, कथानक, फैंटसी सबको व्यंग्य मानते हैं या फिर भाषा के उस विशेष प्रकार का जो संयोग से उन्हें उस वक्त हासिल है—वे भरे-पूरे लेखक हैं या कोरे शैलीकार?

मुझे लगता है कि यह एक गुस्से से भरे मन की शायद आखिरी और सबसे ताकतवर कोशिश है। इस कोशिश को कौन-सा रास्ता पकड़ना है, या फिर इस कोशिश को ही स्वतंत्र रास्ते का नाम दे देना है, जब यह सवाल सामने आए तो बकौल खुद ज्ञान चतुर्वेदी इसे 'तेवर' कहना ही मुनासिब होगा। बारामासी की उसी भूमिका में उन्होंने लिखा 'आदि से अंत तक व्यंग्य के तेवर को साधना बहुत कठिन-सी बात हो जाती है'. (सही है यह बारामासी में सधा भी नहीं है)। तेवर शब्द काफी नया है, भारत भवनीय लोगों ने 'टेंपर' को तेवर कह अपनी नई मुद्रा पर आत्ममुग्ध रहे आए। परंपरा में तो 'भंगिमा' शब्द है। पर अपनी इस बीसवीं सदी के पूर्वार्द्ध में जो हमारा राष्ट्रीय तेवर था, वह उत्तरार्ध में उलट-पुलट गया है। हम जहाँ के तहाँ भी नहीं रहे और दुबारा साम्राज्यवादियों की गिरफ्त में आ गए। व्यंग्य का असली व्यंग्य तो अब यही है।

एक चिंतक की सोच यह है कि जब चीजों का रूप गड्ड-मड्ड हो उठे और दिशाएँ खो जाएँ तब आदमी को लोक की ओर चल देना चाहिए। वहाँ पहुँचकर विशिष्टता और अद्वितीयता का बोध भले ही क्षीण हो जाए पर सहजता और स्वाभाविकता की अनुभूतियाँ निश्चय ही प्रबल हो उठती हैं। दुनिया-जहान को देखने और बरतने का हमारा नजरिया एक ऐसी सर्वसाधारणता और मुक्ति प्राप्त कर लेता है कि हम अपने उस स्वभाव के निकट पहुँच जाते हैं जो अपनी ही आत्मा की सार्वभौमिकता को अपनी ही विरल तटस्थता में देख पाता है। यही तब हमारे सृजन-स्वभाव की मुक्ति भी कही जाती है।

इस मुक्ति में ही कहीं लेखक की सृजनात्मकता या प्रतिभा का सामर्थ्य छिपा रहता है। अफसोस ज्यादातर लेखक अपनी छोटी-मोटी प्रतिज्ञाओं और उनसे जुड़ी महत्त्वाकांक्षाओं से इतने जकड़े होते हैं कि वे अपने पूर्वाग्रहों के परकोटों को कभी लाँघना ही नहीं चाहते। अव्वल तो यह न भी व्यंग्य उपन्यास हो तो क्या? अंततः यह एक अच्छा भला, पठनीय और विस्मयकारी प्रभाव छोड़ता है। किंतु यहाँ से वहाँ तक सपनों के खँडहरों से होकर निरंतर गुजरते विषाद और करुणा का जैसा बोध-मार्ग निर्मित होता चला गया है, उसमें 'भावनाओं के विस्फोटों' की जगह 'यातनाओं के सघन ब्यौरों' की भरमार है। ग़ालिब की अति ख्यात ग़ज़ल के कई मिसरे इसे पढ़ते हुए याद आते हैं। समूचा कथानक इसी प्रकार अपमानजनक, अमर्यादित और भर्त्सनापूर्ण किंतु दुस्साहसिक जीवन-व्यापार से भरा पड़ा है। बेहद ऊटपटाँग और विसंगतिजनक दृश्यों की व्यंग्यात्मक विरुदावली को हम अगर व्यंग्य कथा कहें तो कैसे? अम्माँ हों या बिन्नो, भैयन मामा हों या गुच्चन लल्ला या फिर चंदू इनमें से कोई भी तो व्यंग्य-पात्र नहीं है। क्या इनकी आपसी बतकही या फिर चित्रण की शैली और वर्णन-पद्धति के आधार पर इसे व्यंग्य उपन्यास कहा जाए।

'बारामासी' नामकरण में भी व्यंग्य नहीं, प्रतीकात्मकता है। बकौल लेखक यह एक 'ऐसा फूल है, जो हर मौसम में उसी शिद्दत से खिल सकता है।' निस्संदेह बारामासी के चरित्र ऐसे ही हैं। तब इसमें व्यंग्य कहाँ है? व्यंग्य न तो शीर्षक में है, न कथा-वस्तु में। अगर कहीं है तो वह कथाकार की वर्णन-शैली में है, सो भी उस रूप में नहीं जिस रूप में यहाँ गहरा विषाद चित्रित है। हम कह सकते हैं कि यह एक व्यंग्य लेखक की कृति है पर यह शायद ही कह पाएँ कि 'बारामासी' व्यंग्यकृति है। शैली के एक आंशिक प्रकार को किसी भी स्थिति में वस्तु के समग्र-प्रभाव का दर्जा नहीं दिया जा सकता।

जब हम परसाई, शरद जोशी और श्रीलाल शुक्ल या उनसे भी पहले के भारतेंदु, बालमुकुंद गुप्त के शीर्षकों को याद करते हैं तो उनकी वक्रोक्तियाँ याद आती हैं—ठिठुरता हुआ गणतंत्र, सदाचार का ताबीज, जीप पर सवार इल्लियाँ, अंधों का हाथी, अंधेर नगरी, शिवशंभु का चिट्ठा। 'नरक यात्रा' और 'बारामासी' में से 'नरक

यात्रा' में व्यंग्य ढूँढ़ा जा सकता है, पर वहाँ भी इतनी आसानी से नहीं। 'राग दरबारी' इस दृष्टि से उत्कृष्टतम है।

'बारामासी' शीर्षक में व्यंग्य कहाँ है? उपन्यासकार की निगाह अगर अपने पात्रों और उनके जीवन-व्यापार को इस शीर्षक में सारभूत अवस्थित पाती है तो इसीलिए कि उठा-पटक, उल्लास से भिड़ता हुआ अवसाद, रंगीन कल्पनाओं और सपनों को लतिया कर उठ खड़ी होती निराशाएँ और इनकी छाती पर चढ़ बैठतीं बेशर्म उम्मीदें। इसी केंद्रीय बिंब को उपन्यास के कथानक और ज्यादातर चरित्रों में प्रतिच्छबित किया गया है। खेद है कि ज्ञान चतुर्वेदी इस दुर्लभ कल्पना के बावजूद उस ऐतिहासिक दृष्टि का विकास नहीं कर सके हैं जिसे हम उसी बुंदेली अंचल की मैत्रेयी पुष्पा में देखते हैं। बुंदेली लोकजीवन की सांस्कृतिक छटाएँ और रंगीनियाँ भी यहाँ नदारद हैं। न ईसुरी की फागें हैं, न राई। न आल्हा है, न मेले-ठेले। एक बजबजाता, अपनी ही बदबू और सड़ाँध से भरा, अपनी निचाट जड़ता में डूबा, अपने लट्ठमार गँवारपन में अलमस्त, अपने सपनों में बेहद बौना और कुएँ के मेढक सा आत्ममुग्ध और गौरवान्वित कस्बा अलीपुर और उससे जुड़े कुछ और अगल-बगल के लोग उसी से नत्थी। परंपरागत या ऐतिहासिक बुंदेलखंड जो वृंदावनलाल वर्मा में है, वह भी कहाँ? कहीं यह लेखक का अपना बुंदेलखंड तो नहीं है? कामायनीकार के शब्दों में लेखक से पूछने का मन होता है—

तपस्वी! क्यों इतने हो क्लांत? वेदना का यह कैसा वेग?

उपन्यास की कहानी स्वर्गीय अमृतलाल दुबे के परिवार की है जिसकी अभिभाविका हैं बिन्नो, गुच्चन, छुट्टन, लल्ला और चंदू की विधवा अम्माँ और अभिभावक की जगह पर डटे हुए हैं बिन्नू के मामा भैयन। भैयन रेलवई नौकरी में थे अतः झाँसी से अलीपुरा आने-जाने, सो भी टिकट लगाकर। जैसी, कोई समस्या उनके लिए हो भी कैसे सकती थी। जैसे सब रेलवई वाले थे, वैसे ही अपने भैयन मामा भी थे। इसी प्रकार अलीपुरा में सब लोग अन्य सब लोगों जैसे थे। कुछ पूजा पाठी जैसे गुच्चन, कुछ पहलवान टाइप जैसे लल्ला, कुछ सनातन शोहदे छुट्टन और अपराधी फिरंगी जैसे। कुछ बाबागिरी कर रहे थे कुछेक कट्टा बना और बेच रहे थे, जिनसे कुछ नहीं बन पा रहा था वे अलीपुरा की गंदगी, ऊब और एकरसता से निबटने के लिए सुबह-शाम मानिकपुर पैसेंजर देखने स्टेशन की तरफ चल दिया करते थे। अलीपुरा के लिए वह प्लेटफॉर्म जैसे कोई मेला या पिकनिक स्पॉट हो।

उपन्यास की बुनियादी या असली समस्या गुच्चन, छुट्टन, लल्ला और चंदू की शादी योग्य हो चुकी बहन बिन्नो की है जो इसी प्रतीक्षा में धीरे-धीरे बूढ़ी होती जा रही हैं—"जानती थीं कि वे इस घर पर एक फालतू बोझ हैं, जिसे उतारने को हर शख्स बेचैन है। रिश्ते अभी भी आते थे और भैयन मामा जीवित रहे तो आते ही रहने वाले थे, पर अब वे उस उत्साह से तैयार नहीं होती थीं। अब उन्हें सजधज

जाने के बाद भी दर्पण में वह सुंदर लड़की दिखलाई नहीं देती थी, जो एक जमाने में मानो दर्पण में स्थायी तंबू गाड़ कर रहा करती थी। इन पाँच वर्षों में न जाने कब वह सुंदर लड़की दर्पण से गायब हो गई थी, उसका अपहरण हो गया था या शायद वह मर गई थी।'' कथाकार की इन पंक्तियों में भारतीय स्त्री की सनातन नियति की ऐतिहासिक प्रतिध्वनियाँ हैं। रामायण की सीता पर सोचते हुए विवेकानंद ने उन्हें यातना के प्रतीक के रूप में देखा था। बारामासी के कथाकार ने बिन्नो को अम्माँ के साथ रसोईघर में चित्रित करते हुए लिखा—''अम्माँ बिन्नू को देखती जा रही थीं। बिन्नू की आँखों में अंगारों का बिंब चमक रहा था। फिर भी वे आँखें कितनी अँधियारी थीं? उदासी ने बिन्नू के चेहरे पर जो-जो लिख रखा था, वह अम्माँ पढ़ रही थीं। रोटियाँ बेलते हुए अम्माँ की आँखें भर आईं। कितने सपने अभी भी बिन्नू के आस-पास तैर रहे थे। अम्माँ जानती थीं कि उनकी बेटी कितनी सुघड़ और अच्छी है। ऐसी लड़की को कोई वर क्यों न मिलेगा? अम्माँ ने प्यार से कहा—चिमटा ले लो बिन्नू, हाथ न बर जाएँ। ''नहीं जलेंगे।'' बिन्नू ने कहा। अम्माँ चुप रह गईं। बिन्नू चुप थीं ही।''

अम्माँ की इस खामोशी में वह 'रहस्यमय कमरा' भी शामिल-हाल था जो अटारी पर बना था और आज तक जिसमें अम्माँ के अलावा बस हवा भर को प्रवेश की अनुमति थी। गाँव-जवार, नाते-रिश्तेदारों से लेकर धीरे-धीरे छुट्टन और चंदू को भी यही लगने लगा था कि अम्माँ के इस कमरे में काफी मालमत्ता है, कोई ऐसा दुर्लभ खजाना जिसे उनके स्वर्गीय पति अमृतलाल उनके लिए छोड़ गए हैं पर वहाँ क्या है इसे उनके सिवा और कौन जानता था। उस कमरे में शायद वह 'सपना' था जिसे उन्होंने अपने पति की अकाल मौत के बाद सँजोने की हिम्मत की थी और वर्षों से अब तक सपने देखे चली जा रही थीं। 'वे थकी नहीं थीं। वे थकती नहीं थीं। उनमें कुछ था, जो कहता था कि चले चलो।' यह सपना भले ही बेटों से पूरा न हो, नाती-पोतों से तो होगा। पर होगा जरूर। यही तो अम्माँ थी। अपने इन सपनों को अम्माँ ने कभी भी 'बूँद और समुद्र' की ताई की तरह पूरा करने का कृच्छ उद्यम नहीं किया। यह भी सही है कि बारामासी को 'बिन्नो' 'इदन्नमम्' की मंदा की तरह अपने आस-पास की चुनौतियों से कमर कस कर लड़ने को कभी तैयार नहीं दिखी।

अम्माँ और बिन्नो की कहानी में अलीपुरा की संक्षिप्त बुंदेली गाथा कुछ इस तरह गुँथी हुई है जैसे भैयन मामा और गुच्चन-छुट्टन के विवादी संवाद में रेवन ककवारे की कुतिया की कहानी। बरुआसागर के रिछारियाजी, बिन्नो के ससुर गंगेले जी, अतर्रा का लोहार नारायणदास, जो समूचे बुंदेलखंड में अपने देशी कट्टों के लिए मशहूर था, ग्राम रहटी, तहसील अलीपुरा का वह गऊ प्रिंसिपल जो बैल की तरह तब तक बेटियाँ पैदा करने में लगा रहा जब तक कि एक बेटा न हो गया। और पाँच-पाँच लड़कियों को पार लगाने के लिए नकल कराने का धंधा करता रहा, वह

ईमानदार टी.टीं. जो नौकरी में नया-नया आया था और बेटिकट छदामी और छुट्टन के चंगुल से अंत में पच्चीस हजार का मुआवजा देने के बाद ही छूट सका, विधायिका बेनीबाई उनके चमचे रज्जन, हनुमान टोरिया वाले बाबाजी, गाँजा-भाँग का धंधा करने वाले झाँसी के शीतला प्रसाद, विवाहों में मान पत्र बाँचने वाले कवि रसाल जी, वज्र खवैया रामदास और उनके पिता दशरथनंदन जी जिनके बारे में माना जाता था कि पेट में कोई मशीन जैसी लगी है, पचहत्तर पूड़ियों के बाद पचास लड्डू खा लेना प्राइमरी स्कूल के हेडमास्टर साहब, इसी तरह के न जाने कितने लोग, हलवाई, घोड़े, ताँगे वाले आदि। सब अपनी जिंदगी की जद्दोजहद में मशगूल और वह सरकारी अमला भी जो इन गाँवों की रोजमर्रा जिंदगी से पैबस्त है, सबका सब, अलीपुरा का वह समकालीन व्यक्तित्व जो बरसों से ठहरा हुआ फिर भी अजगर की तरह धीरे-धीरे आगे की ओर सरकता हजारों हजार टूटते सपनों के बीच अपने रोज-रोज के बनते सपनों में डूबा हुआ है।

लेखक के पास जो कैमरा है उसमें स्मृतियों के लांग-साट के साथ-साथ क्लोज-अप के दृश्यों की भी भरमार है। उसकी दोनों ही आँखें खूब देख पाती हैं। विवरण काफी नाटकीय हैं पर यह भी सही है कि गँवई चरित्रों में मध्यमवर्गीय शहरी पात्रों जैसा जटिल मानसिक अंतर्द्वंद्व यहाँ कहीं नहीं है। उसके कुछेक दृश्य गौरतलब हैं—जैसे कि कोई नाटकीय निर्देश हो—

"पेटी पर जो शख्स बीड़ी धौंक रहा है, वह अपने पिचके गालों, गंजी चाँद, फूलती श्वास (साँस) तथा लगातार खों-खों की आवाज के साथ 'आकथू' करके ढेर-सा बलगम बार-बार वहीं प्लेटफॉर्म पर थूकने के कारण दूर से ही पहचाना जा सकता है। वह भैयन मामा हैं...। अलबत्ता, पेटी के बचे हुए हिस्से पर अपने नितंब का एक चौथाई हिस्सा टिकाकर भी, चमत्कारिक रूप से, बिना धराशायी हुए बैठे दूसरे आदमी को पहचानना थोड़ा कठिन है। चेहरा पहचाना-सा लगता है, पर फिर भी समझ में नहीं आता कि कौन है तथा पिछली बार कहाँ देखा था। इसी चेहरे पर यदि साधूकट दाढ़ी लगा दी जाए तो आदमी तुरंत पहचान लेगा कि ये गुच्चन हैं।"

यही अद्भुतता बारामासी के संवादों में भी है—

अम्मा आँगन में आईं, भैयन ने पाँव छुए।

"कितें से आ रहे हो?"

"झाँसी से, और कितें से आएँगे?"

"मामाजी, आपका क्या है। रेल आपकी, जहाँ से आना चाहो, आओ।" बीच में छुट्टन बोले।

"इस टेम कौन-सी गाड़ी से आए?"

"मालगाड़ी से। आने की तो वैसे भी सोच रहे थे, फिर पहचान का गार्ड दिखा गया। बोला, चलते हो अलीपुरा—हमने भी कहा कि चलो। सो आए तो थे टेसन

घूमने-फिरने, पर चढ़ गए मालगाड़ी में।"

"और भौजी? वे न घबराएँगी कि कितें को कढ़ गए?"

"अम्माँ, मामी को इनकी आदत का पता है कि रेलगाड़ी दिख-भर जाए। मामाजी फिर रोके नहीं रुकते...अच्छा मामाजी, महीने के हजार-दो हजार तो रेल वाले आपके किराए में गला देते होंगे?"

"रेल जा रही है और पैंतालीस किलो के उसमें बैठ गए, तो कौन साली घिस जाएगी? हमारे बिना भी तो जा ही रही है।"

"ऐसे तो सभी कहें और चढ़ जाएँ बिना टिकिट।" मजा लेते हुए छुट्टन बोले।

"ऐसे किसी के बाप का राज है क्या? चढ़े तो बेड़ भी दिए जाएँगे जेल में। तीन महीने की होती है, बिना टिकिट वालों को। पता है कि ऐसे ही..." मामाजी चिढ़े।

"पता है, तभी तो हमें डर लगता है, भारी होती है, आप तो जेल की चक्की को एक दफे भी नहीं घुमा पाओगे। बिना टिकिट न चढ़ा करो मामाजी, हमें घबराहट होती है।" छुट्टन ने छेड़ा।

"ऐसे न घबराओ। अभी ऐसा भी कलजुग नहीं आ गया है कि रेलवे वालों को भी टिकिट लेकर रेल में चढ़ना पड़े।" मामाजी चिढ़कर बोले। इन संवादों में भाषा की वक्रोक्ति और व्यंग्योक्ति के साथ-साथ वह विदग्धता और मुँहफटपना भी है जो लोक-चरित्रों की सहज और स्वाभाविक मुद्रा है।

कथाकार जहाँ नैरेट करता है, वहाँ भी उसकी कलम की रोशनाई सूखती नहीं। वहाँ भी उसकी अभिव्यक्तियों में गहरी मार्मिक अर्थ-ध्वनियाँ और मुहावरों की पारंपरिक व्यंजनाएँ हैं–

अम्माँ पौर में रखी चक्की में गेहूँ पीस रही थीं।...यह चक्की, इस घर में, अम्माँ से भी पुरानी थी। अम्माँ को याद आता है...जब वे बारह वर्ष की उम्र में इस घर में शादी करके आई थीं...

अब हिसाब करें तो जिज्जी तबसे आज तक रोज ही चक्की चलाती रही हैं। पचास बरस से ऊपर हो गए चक्की पीसते। चक्की पीसने के शानदार पचास वर्ष। ये पचास वर्ष मानो उन्होंने चक्की के दो पाटों के बीच पिसते हुए ही गुजारे हैं। जब वे बाईस वर्ष की थीं तब अमृत गुजर गए। पाँच बच्चों की माँ जवान बेसहारा विधवा का जैसा जीवन अपने यहाँ हो सकता है, वैसा जीवन अम्माँ के सामने था।

तब जब अम्माँ चक्की पीस रही थीं, तब जब छुट्टन और छदामी खेत में बैठी कन्या को बाँहों में भरने के हवाई किले की नींव डाल रहे थे, तब जब लल्ला मानिकपुर पैसेंजर से भैयन और गुच्चन को अंदर धकेलकर तीन-चार लोगों को दचककर टीन की पेटी हवा में अस्त्र की भाँति लहराते हुए रेल के डिब्बे में उस तरह जगह बना रहे थे जिस तरह बनाने का बुंदेलखंड में रिवाज था, तब बिन्नू छत पर खड़ी थीं।

चारों तरफ ऊँची-नीची छतों का जंगल-सा था। दूर क्षितिज तक कच्चे-पक्के मकानों की छतें। कबेलू की नीची छतों से लगातार ऊँची सीमेंट की छतों का एक ऊँची-नीची लहरों वाला समंदर मानो अलीपुरा पर लहरा रहा था, जिसमें बिन्नू किसी कागज की नाव सी असहाय डोल रही थीं कि अब डूबीं कि तब डूबीं। ऐसा अकेलापन, ऐसा अबूझ भय, ऐसा सूनापन? क्या लड़की की कहानी इतनी छोटी-सी लघुकथा जैसी ही होती है कि वह पैदा हुई और फिर उसकी शादी की प्रतीक्षा होने लगी। बस। और मान लो कि उसकी शादी न हो सकी तो? तो फटे पन्ने पर लिखी एक अंतहीन लघुकथा-सी फालतू चीज, जो ढंग से फड़फड़ा भी नहीं सकती—ऐसी ही तो बिन्नू रह गई थीं।

जाने-पहचाने यथार्थ को किस्से में ढालते हुए कथाकार ने जिस काव्य गाथा का सृजन किया है, वह उसकी अनुभवों की विकलता और गहरे लगाव का प्रमाण है। जीवन में ऐसे लोगों को तो देखा है जिनमें बौखलाहट और बेचैनी है, पर उस काली व्यथा की असूझ छाया नहीं जो यहाँ चित्रित है। बिन्नू का यह चित्र मेरे कहे की गवाही देगा—उनका चेहरा, जिस पर कभी लुनाई-सी रहती थी, अब सख्त तथा सूखा हुआ जा रहा था। कुछ झुर्रियाँ भी मानो गालों पर तंबू गाड़ने की तैयारियाँ कर रही थीं। सफेद बालों की तो एक बस्ती बस ही चुकी थी। अपने ५ालों को जतन से काले बालों के नीचे छुपा देने की इच्छा भी अब उनकी नहीं होती। जैसे हैं ठीक हैं। चरित्रों के आस-पास होते कैमरे जिस तरह धीरे-धीरे उनके मन की भीतरी और भीतरी गहराइयों में उतरते चले जाते हैं, उससे यही उम्मीद बँधती है कि इस लेखक में अनंत संभावनाएँ हैं।

अलीपुरा असल में न तो गाँव है न कस्बा। वह एक ऐसी बस्ती है जिसमें आजादी के बाद के हाशिए पर जीने वाले धर्मेंद्र युगीन कस्बाई मध्यवर्गीय परिवार बसते हैं। ये वे परिवार हैं जो न तो 'गोदान' वाले होरी के हैं, न बड़े शहरों के हपी-डपी उपभोक्ता-झुंडों वाले धन-कुबेरों के, न इनकी नकल करते छुटभैये मध्यवर्ग लोग। यह वही परिवार तो वह है जिसे 'इदन्नमम्' में मैत्रेयी पुष्पा ने अलग निगाह से देखा है। मैत्रेयी ने नई उम्मीदों के पक्ष में 'मंदा' का सृजन किया है। ज्ञान चतुर्वेदी ने सपनों के बार-बार टूटने और भैयन की कैंसर से मृत्यु अंकित की है। समूचे उपन्यास में अम्माँ के बाद भैयन ही तो एक चरित्र है जिसमें अजीब प्रकार का विस्मित कर डालने वाला दुर्दम जुझारूपन और दुनियादारी का चकित कर देने वाला मर्दानापन है। भैयन ही तो हैं जिनसे मौत भी घबड़ाती है। उपन्यास अगर अपने किसी चरित्र के लिए याद किया गया तो वह भैयन ही होंगे। भैयन को कैंसर डिडेक्ट हुआ है, डॉक्टरों के मुताबिक बीड़ी पीने से फेफड़े का कैंसर। भैयन की प्रतिक्रिया इस पर गौरतलब है 'वे जो बीड़ी नहीं पीते वे स्साले, बच गए क्या? सबको मरना है। सभी मरते हैं। मरने के डर से क्या आदमी जीना छोड़ दे?' ये सब बातें वे अस्पताल

से भागकर आँगन में बैठे बीड़ी पीते हुए अम्माँ तथा छुट्टन से कर रहे थे। लेखक की टीप है 'वे' अपने कैंसर के विषय में ऐसे असंपृक्त होकर बतिया रहे थे मानों मौसम की चर्चा कर रहे हैं। अम्माँ ने 'अब तो मरी बीड़ी छोड़ दो' कहा तो उसके जवाब में भैयन ने यह दर्शन बघारा–

"संसार में इतने लोग बीड़ी पीते हैं। हमारे बुंदेलखंड में हर दूसरा आदमी बीड़ी धौंक रहा है। स्साला बीड़ी से कैंसर होता तो आधा बुंदेलखंड कैंसर से मर जाता...तो हम तो भाग आए अस्पताल से, अब मरने की तो पता नहीं कब मरेंगे, तब तक क्या अस्पताल के पलंग पर बैठकर जमराज का इंतजार करें? ऐसी तैसी भैन कैंसर की। बस जे बकाया काम निबट जाएँ तो फिर जरा शांति से मरा जाए।" भैयन के इस वक्तव्य में 'अपराजित हृदय' और कर्मठ पौरुष का सनातन संदेश भरा हुआ है। बिन्नू का ब्याह तो अम्माँ और भैयन का सपना और भीष्म प्रतिज्ञा है ही, छुट्टन और लल्ला के ब्याह और नौकरी के सपने भी भैयन के अनथक और अटूट सपनों की बिरादरी में मिले हैं। 'छुट्टन दूल्हा बनके कैसे सजते हैं, जब तक यह न देख लें तो मरने का मतलब क्या है? कैंसर को इत्ती प्रतीक्षा तो करनी ही होगी' भैयन का यह अंदाज देखकर इक़बाल का वह शेर याद आता है–

बागे-बहिश्त से मुझे हुक्मे-सफर दिया था क्यों।
कारे-जहाँ दराज है अभी तो इंतजार कर।।

भैयन में यह जिम्मेदारी और बढ़ जाती है अगर उनके सामने छुट्टन जैसे मुँहलगे और दोस्तनुमा भानजे हों। भैयन अपने भानजों के भावी सुखद जीवन की प्लानिंग में व्यस्त हैं और एक पर एक प्लान बनाते और जिज्जी को बताते चल रहे हैं तभी खाँसी के दौर के बाद बलगम के साथ खून भी आया और अम्माँ घबरा गईं। भैयन ने उन्हें सांत्वना देते हुए कहा "खराब खून है। निकल जाए तो अच्छा है। कैंसर कट-कट कर बाहर निकल रहा है," इसके बाद भैयन अपने नौकरी के कानपुरवाले दिनों की याद करते हैं जिसमें यूनियन वालों ने उन्हें चाकू मारा था और खून भलभल करके बहता रहा पर भैयन ने चाकू मारने वाले की कलाई पकड़ ली थी और साले को छोड़ा नहीं। छुट्टन अपने आदर्श हीरो की याद में डूबकर कह उठते हैं–

"ऐसा सीन धर्मेंद्र की एक फिल्म में भी है। चक्कू को सीधे ही हाथ में दबोच लिया था उसने।" छुट्टन ने बताया।

"तुम्हारे धर्मेंद्र से बहुत पहले हम कर चुके।"

"आप तो न जाने क्या-क्या कर चुके...। धर्मेंद्र को आपसे अभी बहुत कुछ सीखना है...।"

"उससे कहना कि जल्दी-जल्दी सीख ले...पता नहीं कितने दिन और जिएँ तुम्हारे भैयन मामा...।"

"ऐसी असगुन बात न करो मामा...धर्मेंद्र को और तुम्हें, कोई नहीं मार सकता," छुट्टन ने भावुक होकर कहा।

"जे कैंसर साली ऐसी बीमारी है कि वो धर्मेंद्र का लिहाज भी नहीं करेगी।"

ऐसी बातें और ऐसी ही ढेर-सी बातें। रात देर तक भैयन मामा करते रहे। अपने जीजा अमृतलाल के दिनों की और अपनी जवानी की। रेलवे की नौकरी, चेचक, हैजा जिसमें उनके चार-चार बच्चे पटापट मर गए। पर निपूता रह जाने का कोई गम नहीं क्योंकि छुट्टन, लल्ला, गुच्चन भी तो उनके ही बेटे हैं। भैयन को अगर चिंता है तो सिर्फ यही कि जीवन में कितना बिना किया रह गया...छुट्टन के नहले पर अपने दहले का रौब गालिब करते हुए भैयन याद करते हैं..."बड़े फुग्गे बनाए हमने भी अपने बालों में। तब देवानंद के जलवे थे। तुम्हारे धर्मेंद्र जैसे। फिर सुरैया के किस्से। पहला ग्रामोफोन खरीदने का किस्सा। भाभी बेसन के चीले बड़े स्वादिष्ट बनाती हैं। तब रेलवई में क्या ठाट थे। किस्से और अंतहीन किस्सों में डूबे भैयन मामा। लगता था जैसे रात ही नहीं, अपनी यादों की अंतहीन फौजों से भैयन मामा आज आसन्न मौत की सेनाओं को धूल चटा कर ही दम लेंगे। ये भैयन ही हैं जिनके राग का कमल जिंदगी के गहरे से गहरे कीचड़ और दलदल में भी खिलखिलाता रहता है। यही तो बारामासी है। भैयन हर मोर्चे पर अपराजेय हैं। अभावों का रेगिस्तान हो या असूझ समस्याओं का दलदल वे कभी भी घुटने नहीं टेकते, कभी दिशाहारेपन के शिकार नहीं होते और मौत के दिन की तयशुदगी के बावजूद जिंदगी की छोटी-बड़ी पुकारों पर कमर कसे योद्धा की तरह डटे तैयार मिलते हैं।

ज्ञान चतुर्वेदी जैसे कथाकार यदि कभी अपनी भाषा की अनूठी व्यंग्योक्तियों और अनोखी वक्रोक्तियों के लिए याद किए जाएँगे तो उससे कहीं अधिक भैयन मामा जैसे चरित्रों के लिए स्मरणीय बने रहेंगे। इस चरित्र में विस्मित कर डालने वाली जिंदादिली और दुर्लभ सहजता है। जीवन के कीचड़ में कपड़े उतार बेखौफ धँस जाने और अपनी इच्छाओं के कमलों को अपनी मुट्ठी में कर लेने वाला दुर्दांत पौरुष और आत्मविश्वास है।

उपन्यास पढ़ते हुए ऐसा लगता है कि लेखक बुंदेलखंड के ठस्स गँवारपन और बजबजाते पिछड़ेपन पर बेहद नाराज है (शायद है भी और एक निगाह से इसे बुंदेलखंड का खड़ी बोली में लिखा गया निंदा पुराण भी कहा जा सकता है) पर भैयन मामा ने इस सब पर परदा डालते हुए लेखक की जीवन-दृष्टि और लोकबोध को जैसी प्रामाणिकता और धार दी है, उससे बुंदेलखंड के बहाने भारत के कस्बों और गाँवों में आम आदमी की तरह जीवन जीते उन विरले और अनोखे चेहरों की याद आती है जो अखबार, फिल्म, राजनीति और कथा वाचकों की दुनिया के सितारे न होकर भी जिंदगी के विराट कैनवास पर जहाँ-तहाँ चटख रंगों की तरह हँसते-मुस्कराते दूर से ही पहचाने जा सकते हैं। निश्चय ही ये वे फिल्मी चेहरे नहीं हैं जिनको छुट्टन

और अम्माँ के पोते उदय जी रहे हैं। जीवन की चुनौतियों से लगभग बराबर की हाथापाई करते हुए ये उससे कुछ इस तरह भिड़ते हैं मानो शेर से चीता या फिर साँप से नेवला। समूचे उपन्यास में यथार्थ और स्वप्न की यह कठिन जुगलबंदी अपने पाठकों को बाँधे रहती है।

3

विवादास्पद उपन्यास 'लोलिता' के लेखक नाबाकोव के अनुसार महान उपन्यास असल में महान परीकथाएँ होती हैं। उनका सच जीवन की सार्वजनिक सत्यवाली कॉमन लाइब्रेरियों से चलकर नहीं आता। वह उस अनकॉमन अनुभव की देन हुआ करता है जो एक लेखक अपने किसी खास क्षण में अर्जित करता है। वो लड़का जो 'भेड़िया आया', 'भेड़िया आया' चिल्लाता रहता है और उसकी चीख-पुकार तमाम संबंधित लोगों (यानी पाठकों) को अपनी चपेट में ले लेती है, जबकि असली भेड़िया वहाँ कहीं होता ही नहीं। यह और बात है कि वह भी वहीं कहीं लंबी और ऊँची सघन घास में छिपा बैठा हो। लेखन का सच घास के भेड़िए वाला नहीं, लड़के का वह कल्पित सच है जिसे उसने किसी बुनियादी सच के आधार पर अपनी कातर आवाज में ढाल दिया है।

तय है कि ज्ञान चतुर्वेदी कोई महान या अति प्रतिष्ठित उपन्यास लेखक अभी नहीं हैं। यह भी सही है कि वे 'अनकॉमन अनुभव' भी हमें नहीं परोस रहे हैं। ज्यादा सही तो यह है कि वे बेहद कॉमन को रंगीन असामान्यता में ढाल कर पेश कर रहे हैं। बेटे-बेटियों की पढ़ाई-लिखाई, शादी, नौकरी, इन सब बातों के लिए मध्य और निम्न मध्यवर्ग की अनोखी तरकीबें और उसके साथ बुंदेलखंड जैसे ऐतिहासिक अंचल की कहानी, कोई अनकॉमन जैसी बात नहीं है। आचार्य शुक्ल 'कविता क्या है?' वाले निबंध में लिखते हैं 'केवल असाधारणत्व की रुचि सच्ची सहृदयता की पहचान नहीं है।' अतिसाधारण और तुच्छ से जान पड़ने वाले, अतिपरिचित रोजमर्रा के अनुभवों को गल्प बना डालना संभवतः कुछ अधिक कठिन और बड़ा काम है। लेखक ने यहाँ इसे कर दिखाया है।

प्रेमचंद तो इस प्रकार के अतिसामान्य और तुच्छ से समझे जाने वाले अनुभव-बिरादरी के ही सम्राट हैं। रेणु, नागार्जुन आदि न जाने कितने और भी नाम। निश्चय ही यह धारा इलाचंद्र जोशी, जैनेंद्र और अज्ञेय से होकर नहीं जाती। यह वह प्रवाह है जो छोटे-छोटे कस्बों और सुदूर फैले गाँवों के उन तमाम लोगों के जीवन को लेकर बहता है जिसे भारत का लोकहृदय कहते हैं। यानी कि भारत का वह शिक्षित द्वीपधर्मी मध्यवर्ग नहीं जो अपने को भारत का असली भाग्य विधाता और

बुद्धिजीवी प्रजाति का समझता है जबकि है वह मात्र बौद्धिक श्रमिक या बुद्धि-मजदूर। लेकिन बेहद आत्ममुग्ध और स्वार्थ केंद्रित। समझौतों और अवसरवाद के कीचड़ और दलदल में सिर से पाँव तक धँसा हुआ। इसका एक चेहरा ज्ञान चतुर्वेदी ने अपने पहले उपन्यास 'नरक यात्रा' में चित्रित किया है। पर वहाँ वे कलात्मक बयानों से अपना काम चलाते दिखते हैं। उनकी भाषा का जो जादुई कौतुक बारामासी में ठुमरी और तराना का उप शास्त्रीय संगीत बन व्यापा हुआ है वह कभी-कभी ध्रुपद और खयाल जैसे कठिन रागों और प्रायः कजरी और कहरवा जैसे लोकगीतों की कटाक्ष प्रियता और सम्मोहक चुहल की याद दिलाता है। बारामासी में भाषा का यह समर्थ उद्यम 'नरक यात्रा' की लट्ठमार भाषा से कोसों आगे है। उसका कारण शायद यह भी है कि यह शहरी मध्यवर्ग, पारंपरिक जीवन शैली से ही नहीं, पारंपरिक जीवन-बोध से भी कट चुका है और अपने पेट और बैंक-बैलेंस के बाहर की दुनिया के प्रति बेहद लापरवाह और निर्मम है। उसका अवसाद और विषाद ही उसका आत्मघाती आत्मचरित है। जीवन शैली के साथ जीवन-दृष्टि भी देर सबेर बदलती है, यह परिवर्तन इसका उदाहरण है। 'बारामासी' इस मध्यवर्ग का उपन्यास नहीं है।

आधुनिक हिंदी के कई गाथाकार अचानक शहरी मध्यवर्ग के सीमित जीवन क्षेत्र से उठकर अकस्मात् अनुभवों के अपार लोक जीवन की ओर चले आए हैं तो शायद यही कारण होगा। विद्यासागर नौटियाल, सोहन शर्मा, कामतानाथ, कमलाकांत त्रिपाठी, मैत्रेयी पुष्पा की औपन्यासिक प्रतिभा में धुर दक्षिण या धुर वाम जैसा फार्मल विभाजन न होकर भी यह तो साफ पता चलता है कि वे सब लोक की अनथक जिजीविषा और विस्मित कर डालने वाली दुर्दमता के आख्याता हैं। ज्ञान चतुर्वेदी ने भी यद्यपि बार-बार सपने देखने और उनके टूटने का उल्लेख किया है—'सपने टूटते हैं क्योंकि सपने तो टूटते हैं' पर वे अपनी इस समझ को पीछे फेंक नहीं सके हैं कि 'सपनों से ही जीवन है।' इन सपनों में सबसे ज्यादा सपने वे हैं, जो जिज्जी ने कभी गुच्चन, लल्ला आदि के लिए देखे और सहेजे थे। घर में अम्माँ के पैर, टूटे हुए इन सपनों पर जब-तब पड़ जाते हैं तो किरच गहरी चुभ जाती है। पर अम्माँ फिर भी हारी नहीं हैं। टूटी नहीं हैं। घर के नाती पोतों के मार्फत अपने सपनों की तलाश में निरंतर और जुटी हुई हैं। ये बच्चे पढ़ेंगे। बहुत बड़े बनेंगे। स्वर्ग उतरेगा। ठीक इसी जमीन पर, ठीक इसी आँगन में। गुच्चन जो अज्ञातवास में चले गए हैं एक दिन लौट आएँगे। लल्ला लोग भी जेल से छूटेंगे ही। अम्माँ का यह विश्वास अडिग है। लेखन में इस तरह की असंभावनाओं की संभावना हमेशा से मंजूर की जाती रही है और 'जब तक साँस तब तक आस' की तर्ज पर जारी भी रहेगी। 'बारामासी' की अम्माँ इसी विश्वास की जीती-जागती मिसाल हैं। पर यह सब औपचारिक सूचना भर है। किसी अच्छे-भले निबंध का एक रद्दी उपसंहार। व्यंग्य भी यहाँ टें बोल गया।

लेखक का एक अन्य काम अपने समय की ज्वलंत चुनौतियों की रचनात्मक शिनाख्त करना भी है। वह चाहे तो उनका बौद्धिक आमना-सामना भी करे। उन्हें बाइपास कर निकल जाने की सुविधा और गुंजाइश में तो वह शायद ही कभी रहता हो। देखा यह भी जाता है कि कुछेक लेखक या तो बेहद फूहड़ ढंग से यह शिनाख्त करते हैं जैसे कि वह भी कोई पुलिसिया कार्रवाई हो या फिर इतनी मोटी और भोथरी कलम से करते हैं कि समय कोरा इतिहास मात्र रहता है। सर्जनात्मक शब्द को इतिहास का विवरण बना डालना जितना दुर्भाग्यपूर्ण है, इतिहास के अंधड़ से उसे कोरा का कोरा बचाकर निकाल ले जाना भी उतना ही विडंबनापूर्ण। शब्द की असाधारण सर्जना को ही तो दूसरे मुहावरे में 'ऐतिहासिक' कहते हैं। 'बारामासी' में ज्ञान चतुर्वेदी ने इस ऐतिहासिकता की अनदेखी करने की कोशिश की है तथापि बीसवीं सदी के 'दागदार उजाले' और 'चितकबरे विकास' के दरम्यान लेखक ने जिस जीवन-बोध को चित्रित और रेखांकित किया है उसमें न तो 'अज्ञात जटिलताओं के अनुमान' से पैदा हुआ संशय और भय है, न आगत दुखों के डर से डरकर बैठा हुआ नकारा निठल्लापन। न वह अंतर्द्वंद्व ही जो एक समाज के ध्वंस-काल से दूसरे समाज के निर्माण युग तक सक्रिय रहा करता है। उपन्यास के प्रत्येक पात्र में जीवन की अशेष लालसाएँ तरंगित समुद्र की तरह लहर रही हैं। यहाँ हर आदमी के चारों ओर अबूझ अंधकार है पर हर आदमी अपने सपनों की मोमबत्ती जलाए इस अँधेरे को जैसे-तैसे पार करता हुआ निरंतर आगे बढ़ रहा पर यह किसी नए जीवन-स्वप्न या जीवन-बोध के चलते नहीं है। किसी लोकतांत्रिक चेतना के चलते भी नहीं। तब भी 'सपने' यहाँ हैं यह बड़ी बात है। पाश जैसे कवियों ने अगर यह लिखा कि 'सबसे खतरनाक होता है। हमारे सपनों का मर जाना' तो संभवत ऐसे ही लोकजीवन और उसे पूरी जिंदादिली और गरमाहट से जीने वालों को महसूस करते हुए लिखा होगा। ज्ञान चतुर्वेदी की कल्पनाएँ भले ही पंत जैसे कवियों की सी कोमल, रंगीन और रेशमी न हों, पर उनमें औसत जीवन की गरमाहट और तत्परता तो है। लोक को—बगैर करीब से जिए यह सब कदापि संभव नहीं था। लेखक ने अलीपुरा का साक्षात्कार कुछ इस तरह किया है जैसा कोई अपने घर-परिवार का करता है। पर इससे आगे जाने क्यों नहीं?

हो सकता है वे ही गुच्चन, छुट्टन, लल्ला के चंदू हों, अम्माँ और बिन्नू के भी। यह भी हो सकता है कि उपन्यास में गलती से शहर भोपाल की जगह नाम ग्वालियर का आ गया हो। हो तो यह भी सकता है कि चंदू ने इस मार्फत आत्मग्लानि को प्रकट किया हो या फिर वे अपनी भली-बुरी यादों का तर्पण या प्रायश्चित्त-सा कर रहे हों। गौरतलब है कि कस्बा अलीपुर भी इसी तरह एक प्रायोजित-सा कस्बा है जिसे स्वयंभू लेखक ने अपनी स्वाधीनता का सहज लाभ लेते हुए रचा है। जो भी हो या फिर सबका सब। गंभीर कहे जाने वाले लेखक बगैर आदर्श चरित्रों के

संतुष्ट नहीं होते पर कुछ रचनाकार तो औसत चरित्रों की अमर्यादित नंगई और फूहड़ता में रसलीन होकर अपने पाठकों को विद्रूप और हास्य के लोक में ले जाते हैं पश्चिम की कॉमेडीज की तरह।

ज्ञान चतुर्वेदी न तो प्रेमचंद वादी हैं, न प्रसाद वादी, अज्ञेय और निर्मल वर्मा वादी। वे मंटो और बेचन शर्मा उग्र वादी भी नहीं। उन्हें अगर किसी हिंदी कथाकार के अगल-बगल किंचित रखना हो तो वे रेणु ही होंगे पर कुछ लोग तब सवाल करेंगे कि श्रीलाल शुक्ल क्यों नहीं? शायद इस तरह का बयान ढेर सारी मुश्किलात पैदा करे। थोड़ा बहुत रेणु और ज्यादातर श्रीलाल शुक्ल या फिर श्रीलाल शुक्ल की जमीन पर रेणु की सी खेती। जो भी सच हो, न भी हो। पर यह केवल उपन्यास नहीं है, बुंदेलखंड के सामाजिक जीवन के पिछले पचास सालों की ऐतिहासिक जड़ता और फिल्मी हीरोइज्म का प्रतीकात्मक दस्तावेज भी है। एक ऐसा नंगा सच जो यथार्थ से रू-ब-रू होकर भी फार्मूलाई यथार्थवाद से कोसों-कोसों दूर है।

महाकाव्य, मिथक और उपन्यास : अपने-अपने राम*

समय-समय पर आवरण में पड़ी हुई मानवता अपना प्रदर्शन करती ही है।
—जयशंकर प्रसाद

'अपने-अपने राम' उपन्यास पढ़ते हुए मेरे स्थायी पारंपरिक या फिर यथास्थितिशील मन को ढेर सारी उलझनों से गुजरना पड़ा पर मैं इनकी परवाह न करते हुए राम-कथा के इस रम्य, गंभीर और रोचक नए किस्से को अंततः पढ़ ही गया। सच तो यह है कि किताब बेहद दुस्साहसिक और लेखक अति दुर्दांत लगता रहा। ऐसे समय में जहाँ लोग-बाग अपने भावों के साथ हल्के-फुल्के खिलवाड़ और विचारों के प्रति गैरजवाबदेही से भरे हों, या फिर अपनी अभिव्यक्तियों में इतने काँइयाँ और चतुर हो उठे हों कि जहाँ आग हो वहाँ चुप्पी साध, जहाँ पानी हो वहाँ तूफान मचाकर अपनी स्वाधीनता, स्वतंत्रता, अपना बौद्धिक पौरुष और सर्जनात्मक प्रज्ञा का अभिनय कर रहे हों, दुनिया भर के संघर्षपूर्ण जीवन की पक्षधरता में अपनी लफ्फाजियों के बल पर समूचे ब्रह्मांड को सिर पर उठा लेने वाले किंतु स्थानीय और आस-पास के छोटे-बड़े संघर्षों से आँखें चुरा कर, आंदोलन-विरत वास्तविक तौर पर अप्रतिश्रुत और अप्रतिबद्ध चेहरों वाले छद्‌मी लेखकों की विपुल भीड़ में, सनातनी व्यवस्था और तंत्रवादी जड़ सत्ता की बारीक कुमंशाओं को रेशा-रेशा उधेड़ना और उसी सक्षमता और बौद्धिक प्रचंडता से उसका आमना-सामना करना सहज और सामान्य रचना कर्म नहीं कहा जा सकता। 'अपने-अपने राम' के लेखक ने यह हिमाकत अगर की है तो उसे दाद तो देनी पड़ेगी।

अपने कैशोर्यकाल में जब निराला रचित 'पंचवटी-प्रसंग' पढ़ा था और उसी के आस-पास किन्हीं आनंद कुमार द्वारा लिखित 'अंगराज' प्रबंध काव्य भी, तब

---

* अपने-अपने राम : भगवान सिंह

ऐसा लगा था कि 'शूर्पणखा' और 'कर्ण' को लेकर मन में जो बिंब बने थे, वे टूटे नहीं तो हिल-डुल जरूर उठे हैं। निराला ने शूर्पणखा का जो चित्र अपनी स्वच्छंद कल्पना के सहयोग से तैयार किया है उसकी एक झलक कुछ यूँ है—देख यह कपोत-कंठ/बाहु-बल्ली कर-सरोज/उन्नत उरोज पीन-क्षीण कटि—/नितंब-भार-चरण सुकुमार—/गति मंद-मंद/छूट जाता धैर्य ऋषि-मुनियों का,/देवों-भोगियों की तो बात ही निराली है।

महाकवि ने उसके मुखमंडल को 'चंद्रानन विश्वविजयी' कहकर कहने की सीमाओं का अतिक्रमण कर डाला है। मेरा किशोर मन बार-बार पूछा करता था—यह क्या किया है महाप्राण ने। फिर अपने आप जवाब भी आता था—ऐसा न कर पाते तो महाप्राण काहे के। वस्तु तत्त्व को उन्मुक्त, तटस्थ और वस्तु-निर्भर दृष्टि से देख सकना, सर्जक की ईमानदारी है। सर्जक का काम वकालत करना नहीं, सृष्टि की सुंदरता को उसकी निर्मल समुच्यता और संपूर्णता में देखना है। वाल्मीकि और भक्त कवि संत तुलसीदास की अगर तुलना की जाय जो कि गैरवाजिब ही कही जाएगी कि वाल्मीकि की रचना-दृष्टि वस्तु के अधिक करीब है। मानव संबंधों, उनके घात-प्रतिघात से उपजे मनोभावों और अनुकारी अभिव्यक्तियों में वाल्मीकि ने कलात्मक नैतिकता का पालन किया है। तुलसी को पढ़ने के बाद अगर हम विपरीत क्रम में वाल्मीकि को पढ़ें तो झटके ही झटके लगते हैं। दैवी पुरुषोत्तमताएँ छिन्न-भिन्न हो उठती हैं। पाठक का मन जीवन की सहज और स्वाभाविक सतहों के पास आ जाता है। तुलसी जैसे भक्ति रस में डूबे कवियों ने इस लोक-सम्मत प्रकृत मन की जगह एक ऐसे अलौकिक और अति मन को रचने की कोशिश की है—जिसमें वे एक हद तक अपेक्षा से कुछ ज्यादा ही सफल हो सके हैं—जो सिर्फ वही कर सकते थे। यह उनका अभीष्ट था। मध्ययुगीन भारत में इस्लाम की चुनौतियों के बीच डरे और विचलित-से हो उठे हिंदू लोकमानस को आत्मनिष्ठ और आत्मबद्ध कर उन्होंने काव्य और कला के माध्यमों की जैसी ताकत साबित की है, वह विस्मयकारी है। उन्होंने यह भी कहा कि यह राम कथा अनेक स्रोतों से ली जाकर वैसी प्रस्तुत की गई है जैसी स्वयं तुलसी को महसूस हुई। भगवान सिंह ने तुलसी की इन पंक्तियों को ज्यों का त्यों उद्धृत कर अपनी 'मति' की स्वाधीनता की ओर संकेत कर दिया है—

एतेहु पर करिहहिं जे असंका।
मोहि ते अधिक ते जड़ मति रंका।।
कवि न होउँ नहिं चतुर कहावउँ।
मति अनुरूप राम गुन गावउँ।।

इससे स्पष्ट है कि 'राम-कथा' कई-कई युगों में, कई-कई बार, कई-कई विधियों में कई-कई रूपों और प्रकारों से लिखी, बाँची और कही जाती रही है। पता नहीं यह संभावना रामकथा में है या फिर कहने वालों की सामर्थ्य ही इसका कारण है।

पर यह सच से कुछ ज्यादा ही सच है कि जब भी किसी प्रतिभा को परंपरा की सनातनता और उसके बदलते अथवा विरूप होते चेहरे ने प्रेरित अथवा परेशान किया है, वह रामकथा के पास गया है। तुलसी ने रामकथा को ऐसे ही सुरसरि की धारा नहीं कह दिया है।

तुलसी का युग शायद 'जड़' और 'मतिरंक' लोगों की विपुलता का समय था। सामाजिक जीवन कर्मकांड-संकुल और दुहरे चरित्रों वाले लोगों की बहुलता का समारोह बन चुका था। विचार और कर्म में असंगतियों की भरमार थी। मार्क्सवादी आलोचना की शब्दावली में कहा जाए तो केवल अंतर्विरोध ही युग-यथार्थ था। तुलसी ने ठीक ही लिखा कि काव्य विवेकवाद और संकीर्ण पंथवाद इतने वर्चस्वी हो गए कि परंपरा और इतिहास के पथ तृण-संकुलित होते चले गए। भक्ति और उसकी अनन्यता ही तब एकमात्र रास्ता बचा। पर वे अपने समय के उन बुद्धि-दरिद्रों और यथास्थितिवादियों की ओर से असावधान भी नहीं थे। अब अगर गुस्से में उनके मुँह से ऐसे 'जनों' के प्रति कुछ अभद्र टिप्पणियाँ फूट पड़ीं तो इससे भाषा की अपशब्दता उतनी अपराधिनी नहीं, जितनी कि सामाजिक जीवन की संस्कृति-भ्रष्टता, और परंपरा-घात जिम्मेदार है। भगवान सिंह ने इन्हीं अपशब्दों के बल पर अपना भी पक्ष सूचित कर दिया है तथापि उनके 'राम' समूचे कथानक में यातुधान वसिष्ठ से जिस तरह पेश आते हैं उसे देखते हुए झुँझलाहट तो महसूस होती है। हिंदी मध्य देश, जिसे अंग्रेजीदाँ भारतीय चरवाहा क्षेत्र (काउलैंड) कहते हैं, न सही ज्यादा, थोड़ा बहुत तो बछिया के ताऊ वाला क्षेत्र है ही। 'किसान' और उसकी संस्कृति इस मिट्टी की पहचान है। प्रेमचंद जैसे किसानोन्मुख किसानजीवी लेखक यूँ ही यहाँ नहीं पैदा हो गए। किसान की सरलता, सहजता, विश्वास परायणता, परंपरा-निष्ठता, अशेष आस्थापरकता और आस्तिकता ने रामकथा को जिस भाव से अनुभव किया, जिया और जतन से सँभाला है, 'अपने-अपने राम' उस 'जतन' की खिल्ली खुल्लम-खुल्ला तो नहीं उड़ाता, अगल-बगल, दाएँ-बाएँ से उसे चपतियाता जरूर है। मेरे एक छात्र को यह उपन्यास पढ़ता देख पहले तो उसके शिक्षित (?) अभिभावकों ने उपन्यास (सो भी पाठ्यक्रमेतर) और विद्यार्थीकालीन जीवन संबंधों पर ही आपत्ति दर्शायी, पर नैतिक-अनैतिक के संदेह से दो-चार-दस-बीस पन्नों को पलटने के बाद न केवल उसे प्रताड़ित किया बल्कि उस आचार्य की भी लानत-मलामत की जिसने ऐसी कृतियों की ओर शिष्ट, सुशील और आज्ञाकारी माने जाने वाले छात्रों को प्रेरित किया। कई लोग ऐसे हैं, जिन्हें विद्यमान सामाजिक व्यवस्था को लेकर प्रश्नचिह्न खड़े करना अपराधपूर्ण लगता है, इनसे भी परम वे लेखकगण और साहित्य-विचारक (?) हैं जो विवाद तो दूर 'संवाद' की पहल को भी अश्लील और दंड योग्य मानते हैं। 'अपने-अपने राम' को लेकर इन विविध प्रतिक्रियाओं और उसके इतिहास को याद करता हूँ तो लगता है कि इस लेखक में उलट-पुलटकारी प्रतिभा का बीज असंदिग्ध है। यह भी कि यह सौंदर्य

केंद्रित और परंपरा-पोषित लेखन नहीं है, बल्कि अभियानकारी आंदोलनधर्मी लेखन है जिसका एकमात्र उद्देश्य उस दरिद्र बौद्धिकता और रूढ़ि-जड़ता का उच्छेद करना है, जिसने इस देश और समाज को तरह-तरह से जकड़ रखा है। यह मोहपाश संभवतः कथित परंपरा और इतिहास का सबसे बड़ा ब्रह्मपाश है जिससे छुटकारा पाए बगैर यह देश अपने सहज चित्त और स्वाभाविक पथ पर आ ही नहीं सकता। उपन्यास उस दृष्टि से उन तमाम प्रकार के सृजन-कर्मों से भिन्न है जो समस्या-विशेष या विषय अथवा अनुभव-वैलक्षण्य के चलते संपन्न किए जाते हैं। इसका मुख्य प्रयोजन समकालीन भारतीय समाज की तर्कहीन आस्थाओं और अंध मर्यादाओं की बुनियादों पर प्रहार करते हुए इनके चलते मटमैली, धूमिल और निस्तेज हो उठी निर्वासन-सा झेलती तर्कसम्मत और उदार परंपरा का पुनर्वास संभव हो सके।

समकालीन आलोचना और उसके पर्याय समझे जाने वाले एक ओर तो 'दूसरी परंपरा' की वकालत करते हैं किंतु तभी तक जब तक उन्हें पितृ या गुरु ऋण चुकाना रहता है। इसके बाद उनकी निगाह और तर्क फिर उसी पहली परंपरा के पास लौट जाते हैं जिसे दूसरी के समर्थनकाल में तिरस्कार योग्य और उपेक्षणीय माना गया था। भगवान सिंह को पढ़ते हुए यह दूसरी परंपरा उभर कर दो-टूक रूप में सामने आती है। पहली तो वही जिसे वसिष्ठ आदि जन्मना ब्राह्मणवादी-ब्राह्मणों ने असली और वरेण्य मान रखा है और कदम-कदम पर उसकी रक्षा और अंधपालन की वकालत करते हैं। दूसरी वह जिसमें विश्वामित्र से लेकर दुर्वासा आदि अनेक ऋषि-मुनि आते हैं और जिसका ध्येय शुद्ध और ठेठ ब्राह्मणवाद (समकालीन शब्द लें तो गर्वीला हिंसक हिंदूवाद) का पेट फाड़कर ऐसे महासमुद्र में परिणत हो जाना है जिसमें आर्य-अनार्य, ब्राह्मण, शूद्र, नगरवासी औ पुरजन, बनवासी कोल-भील-निषाद के साथ-साथ वे आधुनिक ऐतिहासिक जातीय आमदें भी शामिल हैं जो बार-बार सामाजिक न्याय की लड़ाई लड़ती हुई परंपरा और व्यवस्था के पुनर्शोधन, परि ष्कार और नवनिर्माण की माँग कर रही हैं। यह प्रश्न केवल भारत की लोकसभा या राज्यसभा के सांसदों से उतना नहीं जुड़ा है जितना कि उन संस्कृतिकर्मियों और वैचारिक सांसदों से जिनके रचना-कर्म से लोकमानस की छवियाँ बनती, बिगड़ती, उखड़ती या फिर जमती हैं।

हम यह जानते हैं कि परंपरा की बहस शुद्ध समाजशास्त्रीय बहस नहीं है पर जिसे शुद्ध साहित्य (कोरा साहित्य) कहते हैं, वह तो भारत में बहुत कम ही लिखा या रचा गया। कुमार स्वामी ठीक ही कहते हैं कि भारत में कलाएँ, साहित्य और सामाजिक जीवन-प्रवाह एक संश्लेष में जीवित रहा करते हैं। महाभारत और गीता, रामचरित मानस में काव्य और पुराण, कामायनी में इतिहास, काव्य और कल्पना का जैसा अधुनातन विपाक घटित हुआ है, उसे देखते हुए पश्चिम के कला-बोध और कला-चिंतन से हमारी दृष्टि भिन्नता सहज प्रमाणित है। इसलिए जो शुद्धतावादी हैं, वे या तो यथास्थितिवादी हैं या कलावादी या फिर दुराग्रही और हठी। शुद्धतावाद

एक ऐसा राजतंत्रवाद या अभिजनवाद है जिसका एकमात्र उद्देश्य राष्ट्रीय जीवन की नई संभावनाओं और कार्यकारी शक्तियों के उदय की संभावनाओं को नकारना और खत्म करना है। शुद्धतावाद दूसरे अर्थ में अतीतधर्मी भविष्य विरोधी और जन विरोधी धारा है जिसके ढेर सारे अवशेष समकालीन भारतीय राजनीति में भी तालठोंक शैली में आज भी सक्रिय हैं। साहित्य में भी उन्हें कलात्मक स्वायत्तता और सूक्ष्मता, गंभीर विचार-निपुणता और शास्त्रवाद की निहंग वकालत करते देखा और पहचाना जा सकता है। जीवन में तो ऐसे लोग कदम-कदम पर पहचाने और लक्षित किए जा सकते हैं। संस्कृति के नवनिर्माण और आदर्श संश्लेष में सबसे बड़े बाधक ये ही हैं। यहाँ भी मानसकार से सहायता लेते हुए कहना होगा कि दूसरी परंपरा के विकास और निर्माण में केवल वे ही लोग अपनी भूमिका निभा सकेंगे जिनका मानस निर्भ्रांत हो और विवेक अत्यंत निष्कलुष और तर्कसम्मत। किन्तु जिनका विवेक दूषित और मटमैला हो चुका हो, उनसे किसी सद्‌निर्णय की उम्मीद कैसे की जा सकती है? त्रेता में भी ऐसे पुरोहितों, वर्णवादी विचारों और ब्राह्मणवादियों की सुसंगठित बिरादरी थी जिसका प्रतिनिधित्व वसिष्ठ जैसे लोग करते थे। 'अपने-अपने राम' के बत्तीसवें खंड के दो सौ पैंसठवें पृष्ठ पर कथाकार लिखता है, 'अगस्त्य और विश्वामित्र दो ही ऋषि ऐसे नहीं हैं जो कर्मकांड और वर्णवाद का विरोध करते हों। भृगु ने तो यज्ञ रूपी विष्णु को ही नहीं ठुकरा दिया था, अपितु वे इंद्र का भी उपहास करते थे। वे अनाहिताग्नि थे। वरुण के उपासक। व्रत और नियम का पालन करने वाले। आध्यात्मिक उत्कर्ष और साधना को व्यक्ति की श्रेष्ठता की कसौटी मानने वाले। वर्णवादियों ने इंद्र को वर्ण मर्यादा का प्रतीक बना दिया था। पर भृगुवंशी इसका उपहास करते थे। xxx अगस्त्य और विश्वामित्र की यदि कोई विशेषता थी तो यह कि वे इंद्र को तो मानते थे, पर वर्ण के बंधन को नहीं। अगस्त्य तो परजीविता को भी ज्ञान के मार्ग में बाधक मानते थे। वह अपनी खनती-खुरपी चलाकर अपने निर्वाह के लिए अन्न स्वयं उपजाते थे। ब्राह्मणवादी लोग कहते वह कुलीन नहीं हैं और इसीलिए न केवल श्रम करते हैं अपितु वह दोनों वर्णों का समादर करते हैं—आर्यों का भी, दासों का भी। सवर्णों का भी, असवर्णों का भी। उनकी मान्यता थी कि वर्णवाद परोपजीविता का ही दूसरा नाम है और इसीलिए विलासी ब्राह्मणों का एक वर्ग अपनी जातिगत श्रेष्ठता के बल पर ही अपनी जीविका और सामाजिक प्रतिष्ठा की रक्षा करना चाहता है, पर इस वर्णवाद से एक ओर तो ब्राह्मणों की दशा दयनीय होती गई है और दूसरी ओर इसने हमारे समाज को बाँट रखा है। आवश्यकता इस बिलगाव को समाप्त करके अपने समाज को और स्वयं ब्राह्मणों को भी शक्तिशाली बनाने की है। वर्णवाद की आलोचना करते समय वह इतने क्षुब्ध और असहिष्णु हो जाते कि लोगों ने उनका नाम ही उग्र ऋषि या क्रोधी बाबा रख दिया था। विश्वामित्र के तो नाम का ही अर्थ था सबका मित्र, सबका हितैषी। ऊँच-नीच का भेद उनके

यहाँ था ही नहीं। राम जानते थे कि यदि विश्वामित्र को वसिष्ठ की धर्मसभा का निमंत्रण मिला भी तो, वह नहीं जाएँगे, पर यदि अगस्त्य भी इस सभा में नहीं गए तो कोई ऐसा प्रभावशाली ऋषि उसमें नहीं रहेगा जो वसिष्ठ के विचारों का जमकर प्रतिवाद कर सके।' इन्हीं अगस्त्य का एक छात्र शंबूक भी था जो न जाने कब से इस प्रतीक्षा में था कि कोई वादगोष्ठी हो और वह लोगों को दिखा सके कि प्रतिभा का न तो कुल से संबंध है, न रक्त से। वह प्रभुप्रदत्त है। xxx इसी शंबूक के माध्यम से अगस्त्य ऋषि समाज को दिखा देना चाहते थे कि अगस्त्य की शिक्षा-दृष्टि का महत्त्व क्या है? शंबूक ने किया भी यही। वसिष्ठ और उनके वर्णवाद और जाति आधारित ब्राह्मणवाद का उत्तर देते हुए कहा, 'सुनो वसिष्ठ, इस समाज में या तो कोई ब्राह्मण या क्षत्रिय, वैश्य या शूद्र है नहीं, या सभी ब्राह्मण हो चुके हैं। यदि वर्ण का अनुराग सता ही रहा हो तो श्रेष्ठ ब्राह्मण तो अब्राह्मणों में ही मिलेंगे। xxx स्थिति अब विस्फोटक हो चली थी। अगस्त्य स्वयं भी संभावित अनिष्ट का अनुमान करके कुछ विचलित अनुभव कर रहे थे। स्थिति को सँभालने का अब एक ही उपाय था, "उठो शंबूक, चलो। यह महर्षियों नहीं, ब्रह्म मूर्खों की सभा है। यहाँ न धर्म का लाभ हो सकता है न ज्ञान की वृद्धि।" और वह स्वयं भी उठकर चल दिए।' उपन्यास की यह सभा अपरोक्ष तौर पर समूचे उपन्यास में व्याप्त है जो राजनीति, धर्म, लोक जीवन प्रवाह और मानव-संबंधों के निरंतर ठस्स, जड़ और संप्रदायबद्ध होते जाते रूपों का कठोर प्रतिवाद और ऐतिहासिक बहिष्कार करती है। यह परंपरा के उन मूल तलस्पर्शी रूपों और तत्त्वों की खोज भी करती है जो बीज रूप में किसी भी सभ्यता और संस्कृति में संस्थित रहा करते हैं। वह न तो संप्रदाय होती है न वर्ण या जाति न यज्ञ, पुरोहित, यजमान होती है न ही इनका अंधनिषेध और अन्य कुछ। वह सनातन जीवन-प्रवाह का ऐसा अविच्छिन्न और अविरल गतिशील रूप है जिसमें वर्तमान की ताजगी और भविष्य के सपने अपने पंख फड़फड़ाते रहते हैं। वह सबकी होकर भी किसी व्यक्ति-विशेष की सांस्कृतिक बपौती नहीं है और उसकी युक्तता, अयुक्तता, नीतिविरुद्धता और नीतिपरकता का निर्णय वे लोग शायद ही कभी कर पाते हों जिनको किन्हीं विशेष सामाजिक पदों, अवसरों या सुविधाओं ने अतिउच्च और अतिश्रेष्ठ साबित कर रखा हो। ऐसे लोग प्रायः इस प्रकार की स्थितियों को अपने लिए बेहद हितप्रद और अनुकूल पाते हैं और इस प्रवाह को रोकने-टोकने या बाधा पहुँचाने वालों को विद्रोही या अपराधी करार देते हैं। संस्कृति और परंपरा का असली संकट यहीं से शुरू होता है। पर इसके सांस्कृतिक निदान भी हैं। जब शास्त्र और उसे धारण करने वाली परंपरा संदेह के घेरे में आ जाए तब सही निर्णय के लिए सामूहिक लोक-विवेक के पास जाना पड़ता है। भारत में यह प्रक्रिया दसियों बार अपनाई और दुहराई गई है। वैदिकों और कर्मकांडीय ब्राह्मणों की यज्ञ-संस्कृति के विरुद्ध उठ खड़े होने वाले वेद-विरोधी बौद्धों और जैनियों, जप-माला-छापा तिलक

वाले अर्थशून्य, अनुभव-विरत कर्मकांड के विरुद्ध आचारपरक भक्ति आंदोलन और उन्नीसवीं-बीसवीं सदी के नवजागरण और राष्ट्रीय आंदोलन इसके गवाह हैं कि लोक का सर्वसामान्य धरातल ही परंपरा और संस्कृति के निर्व्याज रूपों का साक्षात्कार करा पाता है। 'बादल राग' में निराला ने जिन जीर्ण-शीर्ण किसानों और उनके नंग-धड़ंग किंतु उछाहित बच्चों के द्वारा क्रांतिकारी बादलों के परिवर्तनकारी संगीत का अभिनंदन करवाया है, वह संकेत यही है कि पंक्ति का सबसे आखिरी आदमी—मार्क्सवादी शब्दावली में 'सर्वहारा' और गाँधीवादी में 'दरिद्र नारायण'—ही निर्णय की सर्वोच्च और एकमात्र कसौटी हो सकता है।

'अपने-अपने राम' में धर्मसभा में एक ओर राज पुरोहित वसिष्ठ जैसे अति प्रतिष्ठित और सुविधा संपन्न बुजुर्ग ब्राह्मण हैं तो दूसरी ओर शंबूक जैसा प्रतिभा-प्रखर अप्रतिष्ठ शूद्र युवक। ब्राह्मण मार्क्सवादियों और लोकतंत्र के पिछले पचास बरसों के काल खंड में दूध-मलाई चाटते सुविधाभोगी मध्यमवर्गीय बुद्धिजीवियों को कथाकार का यह उद्यम, परंपरा को हथिया लेने की हड़बड़ी भर यदि लगे तो इसमें आश्चर्य ही क्या? उपन्यास के संदर्भ में दूसरा विवाद मिथ को भ्रष्ट करने को लेकर है। वसिष्ठ की एक सुनिश्चित लोकछवि है, जैसी कि रावण की। राम, दशरथ, सीता, लक्ष्मण आदि की तो है ही। इन काल-प्रतिष्ठित मानस-छवियों को डिस्टर्ब कर कुछ ऐसी मूर्तियाँ गढ़ना जो गले के नीचे बमुश्किल उतरें और उतर भी जाएँ तो सांस्कृतिक अपच या विसूचिका का प्रकोप जान पड़े तब लेखक की आजादी और उसके सृजन की स्वाधीनता पर विचार करना ही पड़ जाता है।

क्या किसी लेखक को परंपरागत मानस-छवियों से इस तरह की छेड़-छाड़ की आजादी दी जा सकती है? क्या यह सांस्कृतिक अपराध नहीं है? 'रामकथा' में घोषित खलनायक तो रावण है फिर उसकी जगह उपन्यास में राम और वसिष्ठ को कैसे आमने-सामने कर दिया गया है? राजा और राज-पुरोहित (प्रधानमंत्री) में यदि इस प्रकार के द्वंद्व-संबंध जन्म ले चुके हैं तो फिर राजनीति का स्वरूप तथा सत्तातंत्र का क्या होगा? सवाल यह भी कि किसी लेखक को ऐसी क्या जरूरत पड़ती होगी कि इस प्रकार की अति लोकप्रिय, गंभीर और सुप्रतिष्ठित कथा तथा सदियों की मानस-छवियों को इस तरह झिंझोड़ डाले जैसे कोई शिकारी बिलौटा चूहे को झिंझोड़ कर अधमरा कर डाला करता है।

निस्संदेह उपन्यास में इस तरह के प्रसंग और दृश्य हैं जो अति उदार और सहृदय कहे जानेवाले दिमागों को भी शॉक मारते हैं। पहले ही खंड में शास्त्र, धर्म, ब्राह्मण और राजा को लेकर जो प्रश्न खड़े किए गए हैं, उसी के फलस्वरूप 'राम ब्रह्मदोषी' करार दिए जा रहे हैं, सीता को लेकर प्रवाद फैलाया जा रहा है और वसिष्ठ एक बार फिर महारानी पद पर बैठी सीता की अग्नि परीक्षा का प्रस्ताव भरे दरबार में कर डालते हैं। वसिष्ठ के इस प्रस्ताव से राम के इस संदेह की पुष्टि हो गई

कि वे उनके विरुद्ध रचे जाने वाले कुचक्रों में अहम भूमिका निभा रहे हैं। वसिष्ठ जो शताब्दियों से न जाने कैसे—शायद प्रचलित और उपलब्ध रामकथाओं के सुनियोजित प्रचार और प्रसार के चलते भारतीय मानस के पुराण-पुरातन चित्त पर अति प्रतिष्ठित और पूज्य हैं, 'अपने-अपने राम' में जैसे राम की सोच और उनके द्वारा रची गई मर्यादाओं और निर्धारित विधि-विधानों के प्रतिपक्ष दिखाई देते हैं। उपन्यास पढ़ते हुए 'राम' तो अपनी जगह हैं, कथा का प्रत्येक पात्र अपनी मानवीय इयत्ता और गरिमा में केवल अंध समर्पित पात्र नहीं है, उसकी जीवंतता और सक्रियता रामकथा को केवल समर्पण और भक्ति की कथा नहीं बनाती बल्कि मानव-समाज के सामूहिक (लोकचित्त) मन और वैयक्तिक मन के वास्तविक द्वंद्व को भी चित्रित करती है। 'राम' यहाँ कोई अति लौकिक या अलौकिक पुरुष नहीं हैं, बल्कि पुरुषोत्तम हैं, जो प्रचलित और स्थापित मर्यादाओं के पीछे की असली और गहरी मंशाओं की रक्षा करने को कटिबद्ध हैं, जिन्हें चंद चालाक और स्वार्थी वर्गों ने अपने पक्ष में व्याख्याबद्ध कर लोक के साथ बौद्धिक और नैतिक छल और ऐतिहासिक घात किया है। उपन्यास में वसिष्ठ इसी स्वार्थबद्ध और चालाक बुद्धिजीवी का प्रतिनिधित्व राम के राज पुरोहित के रूप में करते हैं। उपन्यास की कथा को लेकर असली संकट और हिचक यही है। हमारा परंपरागत अंधविश्वासी मन यह मानने को तैयार नहीं होता कि सचमुच वसिष्ठ ऐसे भी रहे होंगे। दिल्ली के महाराणा प्रताप इन्क्लेव के सी-36 वें नंबर के भगवान सिंह के निवास पर मैंने जब एक रात रात्रि भोजन के दौरान यह आपत्ति उठाई कि आपने तो वसिष्ठ को 'यातु-धान' उपन्यास में यहाँ तक कह डाला है, तो वे संयत बौखलाहट के साथ मेरी दाईं कलाई पकड़े मुझे अपने रीडिंग रूम में ले गए किताबों की खचाखच भीड़ के बीच वहीं एक कंप्यूटर भी था। उन्होंने इससे पहले अपनी बैठक की अलमारी में से ऋग्वेद का संबंधित अंश निकाल मेरे सामने रख दिया था, जिसे अपनी संस्कृत भाषा संबंधी अनभिज्ञता के चलते भुला दिया और दो-तीन महीनों बाद मेरे अनुरोध पर जिसे उन्होंने लिखित प्रमाण के रूप में मुझे भेजा। उन्होंने लिखा 'ऋग्वेद' में लिखा अंश निम्न प्रकार है :

अद्या मुरीय यदि यातुधानो अस्मि यदि वा आयुः ततप पूरुषस्य।
अद्या स वीरैः दशभिः वि यूयायो मा मोधं यातुधान इति आह।।
यो मा अयातुं यातुधान इति आह यो वा रक्षाः शुचिः अस्मि इति आह।
इंद्रः तं हंतु महता वधेन विश्वस्य जंतो क्षधमः पदीष्ट।।

ऋग्वेद : मंडल 7 सूक्त 184 मंत्र 15, 16

वसिष्ठ द्वारा विश्वामित्र को बाँध कर मँगवाने पर विश्वामित्र का शाप भी इसी ऋग्वेद के तीसरे मंडल के तिरपनवें सूक्त के बाईस, तेईस और चौबीस संख्या वाले मंत्रों में देखा जा सकता है।

प्रश्न यह भी किया जा सकता है कि 'अपने-अपने राम' या राम-कथा का

वसिष्ठ यही ऋग्वेद के सातवें मंडल वाला वसिष्ठ है जो सप्त सैंधव प्रदेश का वासी था और विश्वामित्र के पहले महाप्रतापी राजा सुदास का पुरोहित था? ऋग्वेद के प्रमाणों से यह तो पता चलता ही है कि पुरोहितों के झगड़े और राजनीतिक वर्चस्व की लड़ाइयाँ शुरू हो चुकी थीं, वसिष्ठ और विश्वामित्र सुदास के पुरोहित थे—कालक्रम में यह भी ऋग्वेद का बयान है। यह कौन कहे कि कहीं यही 'सुदास' तो राम के रूप में विकास नहीं पाता चला गया क्योंकि 'राम' के राजनीतिक जीवन और सोच-विचार में वसिष्ठ और विश्वामित्र की विचार-प्रतिद्वंद्विता साफ-साफ झलकती है। इसे भी तथ्य मानना होगा कि राम और लक्ष्मण की शिक्षा-दीक्षा वसिष्ठ नहीं विश्वामित्र के आचार्यत्व में हुई थी। इन दोनों के झगड़े अति लोक-प्रसिद्ध हैं। यह भी सच है कि वसिष्ठ जन्माधारित और विश्वामित्र कर्माधारित वर्णव्यवस्था के समर्थक हैं। रामायण और महाभारत—दोनों ही शंबूक, एकलव्य और कर्ण के माध्यम से इस सवाल को उठाते और वसिष्ठ, द्रोणाचार्य जैसे सरकारी पुरोहितों और आचार्यों के चरित्र की कूटबुद्धि और नंगई को रेखांकित करते हैं। सूत पुत्र समझे जाने वाले सूर्य पुत्र कर्ण को अपमानित करने का काम द्रौपदी तो बाद में करती है, शस्त्र प्रतियोगिता परीक्षा में विजयी होने के बाद अपमान-बोध और खीझ से भरे भीम आदि पांडव इस सहज स्वीकार को नकार में बदलते हुए उसे सूत पुत्र-सूत पुत्र कहकर चिढ़ा रहे हैं जिसके प्रत्युत्तर में असाधारण संवेदन-पुरुष वेदव्यास कर्ण के मुँह से कहलवाते हैं—

सूतो व सूतपुत्रो वा यो वा को वा भवाम्यहम्।
दैवायत्तं कुले जन्म ममायत्तं ही पौरुषम्।।

किंतु महाभारत के पितामह ने भी कर्ण के 'पौरुष' को कहाँ स्वीकार किया? उसके सेनापतित्व में लड़ने को वे कब तैयार हुए? यह विषैली और सांघातिक विचार दृष्टि और जातिगत श्रेष्ठता का निकम्मा और घटिया दंभ हमारे समय में भी कुछ कम नहीं है। विश्व प्रसिद्ध समाजशास्त्री और भारतीय समाज विज्ञान के पिता माने जाने वाले मनीषी आचार्य एम.एन. श्रीनिवासन ने मंडलवादी विश्वनाथ प्रसाद सिंह से काफी पहले अपने ही समाज का अध्ययन करते हुए लिखा—

''पिछड़े वर्ग आंदोलन ने प्रारंभिक दिनों से ही अपनी अलग कल्प-कथाएँ बना ली थीं। ब्राह्मणों के आर्यों के साथ और तमिल के मूल द्रविड़ भाषा के साथ तादात्म्य संबंधी तत्कालीन विचार-वितर्क से लाभ उठाकर गैर-ब्राह्मण जातियों के नेताओं ने एक लंबा-चौड़ा सिद्धांत ही रच डाला कि शताब्दियों से ब्राह्मणों की नीतियाँ धूर्ततापूर्ण ही रही हैं। ब्राह्मण आक्रमणकारी ही जाति प्रथा को भारत में लाया और उसने अपने लिए अनुकूल नियम कायदे बनाकर, और इससे निंद्य, वर्ण, आश्रम, धर्म और मोक्ष की धारणाओं से लोगों की बुद्धि को जकड़कर समाज पर अपना शिकंजा और भी मजबूत करने में अपनी अत्यधिक प्रतिष्ठा और सत्ता का दुरुपयोग किया। दलितों के इस प्रतिक्रियापूर्ण जवाबी बौद्धिक कार्यवाही का एक रूप छठवें दशक के दलित

उभार और आधुनिक राष्ट्रीय उभार में देखा जा सकता है। प्रोफेसर श्रीनिवासन नीचे के पैराग्राफ में लिखते हैं—'शताब्दियों से ब्राह्मण नियमित रूप से दूसरों का शोषण करते आए थे, इसी कारण वे शिक्षा और नई नौकरियों के मामले में और राष्ट्रीय आंदोलन के नेतृत्व में दूसरों से बहुत आगे बढ़ गए थे। भारतीय समाज के निरंतर दलित होने वाले वर्गों को अब नए अवसरों में अपना भाग प्राप्त करने के लिए यह आवश्यक था कि कम से कम कुछ समय के लिए उन्हें कुछ रियायतें और विशेषाधिकार मिलें। इसमें ब्राह्मणों के विरुद्ध भेदभाव अनिवार्य था, पर जो कुछ गैर-ब्राह्मण शताब्दियों से सहन करते आए थे उसकी तुलना में यह नगण्य था।' (देखें : उदय प्रकाश की कहानी 'वारेन हेस्टिंग्स का साँड') श्रीनिवासन ने आगे के जो वाक्य ब्राह्मण होकर भी लिखे हैं वे उनकी सत्यनिष्ठा और बौद्धिक ईमानदारी के प्रमाण हैं। वे लिखते हैं—'दूसरे शब्दों में आज के ब्राह्मणों को अपने पूर्वजों के पापों का मूल्य चुकाना होगा।' गैर-ब्राह्मणों के साथ पक्षपात पूर्ण और ब्राह्मणों के विरुद्ध भेदभाव की नीति का तर्काधार प्रस्तुत करने वाला 'सामाजिक न्याय' का सिद्धांत मोटे तौर पर यही था। (आधुनिक भारत में सामाजिक परिवर्तन, पृष्ठ 97)

'अपने-अपने राम' में जिस धर्मसभा का चित्रण किया गया है, वह अपने बुनियादी चरित्र में वही है जिसे प्रोफेसर श्रीनिवासन ने ब्राह्मण शब्द द्वारा अभिहित किया है। उपन्यास इससे अलग किंचित अधिक उदार और विस्तृत फलक पर सवर्ण कही जाने वाली जातियों में भी विश्वामित्र आदि के चरित्रों द्वारा गैर-ब्राह्मण विचारधारा का नेतृत्व और कार्यपालन चित्रित करता है। उपन्यास के 'राम' स्पष्टतः ब्राह्मणवाद की जड़ कर्मकांडवादी धारा को संदेह और तर्क की दृष्टि से देखते हैं। 'अपने-अपने राम' के राम यहीं पहले के तमाम रामों से सर्वथा भिन्न खड़े दिखाई देते हैं। सरल और औसत बुद्धि नागरिक को राम का यह स्वरूप काफी विचलित करता है। उसके मन में संदेह और भ्रम पैदा करता है।

कथाकार का यह 'संदेह' और 'तर्क' विचार और चिंतन की अवरुद्ध प्रक्रिया की मुक्ति का एक सारस्वत उपाय है। आश्चर्य है कि इस प्रकार का उद्यम उन लोगों को भी अखरता है जो स्वयं को वैज्ञानिक विचारधारा का ठेकेदार मानते हैं। उनके हिसाब से 'यह रामानंद सागरों और अवैद्यनाथों का ही अनुपूरक बन जाना है।' इतना ही क्यों उनके दूसरे आरोप भी हैं। यह 'मिथक का ऐसा इकहरा अनुकूलन सचमुच उन्हीं का अनुपूरक बनेगा जिनके प्रतिवाद का इरादा है।' 'हंस' और 'जनाधार भारती' के पृष्ठों पर उठी इन बहसों का जिक्र बाद में। सबसे पहले खुद लेखक का पूर्व पक्ष लें। उन्नीस दिसंबर चौरानवे के एक पत्र में भगवान सिंह लिखते हैं—

"मिथक के विषय में भी मेरी लगातार मान्यता है कि इनका विश्लेषण किया जाना चाहिए। ये सामाजिक आद्यरूपों की अभिव्यक्ति नहीं हैं अपितु जनमानस को नियंत्रित करने के लिए गढ़े गए झूठ हैं जिनकी असंगति को दूर करने और अधिक

विश्वसनीय बनाने के लिए इनमें से अधिकांश पर एक से अधिक पर्तें जमाई गई हैं। पर इनके विश्लेषण से भी इतिहास पर प्रकाश पड़ता है कि किन्हीं विशेष चरणों में किन आर्थिक या सामाजिक दबावों के तहत इन्हें गढ़ा गया। ये आज भी गढ़े जा रहे हैं और आगे भी गढ़े जाएँगे। xxx बुद्धिजीवी का काम है इन मिथकों को खोलकर उनके पीछे के सत्य का उद्‌घाटन। चाहे वे नए मिथक हों या पुराने। मैं साथ ही यह भी मानता हूँ कि जहाँ इनका उपयोग हथियार के रूप में किया गया है, वहाँ इनको ऐसी संगति देना भी जरूरी है जिससे चोट उस अन्याय पर पड़े जिसको उचित ठहराने के लिए इनका सृजन किया गया है। 'अपने-अपने राम' में इन तीन रूपों में मिथक से निबटा गया है।''

उपन्यास के संदर्भ में लेखक की इस दो टूक स्वीकृति के बाद अब सोचा सिर्फ यह जा सकता है कि यह दृष्टि कितनी संस्कृत या असंस्कृत और अपराधपूर्ण है। उपन्यास कई-कई पाठकों को, खास तौर से ऐसे पाठकों, जिनका अपना क़ोई खेमा या विचारबद्ध संप्रदाय नहीं है, संतुष्ट करता है। उसके तर्क और विश्लेषण उनके गले उतरते हैं और वे अपनी अति पुरातन प्रतिष्ठित रामकथा का वह रूप भी देख पाते हैं जिसे लव-कुश ने पँवारे के रूप में गाया था, जैसे कि आजकल आल्हा गाया जाता है। आल्हा में मध्ययुगीन राजपूती मर्दानगी का सँकरा उल्लास है पर लव-कुश का गीत तो भारतीय स्त्री की वेदना का सनातन गीत है। बकौल विवेकानंद यह भारतीय स्त्री की असीम व्यथा का काव्य है, जो यहाँ इस उपन्यास में भी घुट-घुट कर जब-तब वैसे फूटा है जैसे वाल्मीकि की कुटिया के तिनके-तिनके को कँपाती हुई, उसके एक-एक रंध्र से घुमड़ कर बाहर आती हुई, जैसे सुलगता हुआ धुआँ जाड़े की ओस-भीगी झोंपड़ी से बाहर निकलता है—

मा निषाद प्रतिष्ठां त्वं आगमः शाश्वती समाः।
यत् क्रौंच मिथुनादेकं अवधीः काम मोहितम्।।

लव-कुश से राम पूछते हैं—''यह कविता जिसे तुम गाते हो, किसने रची?'' ''गुरुदेव ने। वही तो अकेले कवि हैं इस संसार में। वह रचते नहीं हैं, गाते हैं। बस गाते चले जाते हैं। और गाते हुए रोने लगते हैं। हमने पूछा, आप रोते क्यों रहते हैं गुरुदेव, तो बोले दोनों एक ही सत्य के रूप हैं। दोनों ही नहीं, तीनों। जब वह कंठ से फूटता है तो लोग उसे कविता कहते हैं, आँखों से झरता है तो आँसू और जब एक तारे से फूटता है तो संगीत।'' 'अपने-अपने राम' के लेखक ने इस उपन्यास में यही किया है समय के कंठ से फूटा, यथार्थ की आँखों से झरा और लोक-संवेदना के तारों पर झनझनाता यह कथा-लेख जायसी के मुहावरे में कहा जाए तो रक्त के आँसुओं की कहानी है। इसमें केवल सीता की ही नहीं कैकेयी की वह वेदना भी फूटकर बही है, जिसे रामकथा के पूर्व गायकों ने लगभग अनदेखा कर बूढ़े महाराज दशरथ का गौरवगान किया है। भगवान सिंह इस परंपरा से बिल्कुल

अलग भारतीय स्त्री की उस वेदना को देख सके हैं जिसकी करुण गाथा में न जाने कितनी विधवा राजमाताओं, सुंदरी दासियों और कैकेयी जैसी अल्पवयस राजकामिनियों के दुखों का इतिहास छिपा हुआ है। गुरुदेव रवींद्रनाथ ने 'काव्येर उपेक्खिता' लिख उर्मिला की वेदना को तो महसूस करने का प्रयत्न किया किंतु वार्धक्य के निकट पहुँचे प्रतापी दशरथ और कैशोर्य की सीमारेखा भी ठीक से पार नहीं कर पाई कैकेयी के अनमेल और अपराधपूर्ण परिणय को लेकर चुप्पी साधे रहे। भगवान सिंह ने यहाँ यह चुप्पी तोड़ी है। राम से पूर्व के राजाओं का जैसा चरित्र रहा है उसे उपन्यासकार के शब्दों में ही रखना उचित होगा—'उनकी दृष्टि में वे स्वयं देवता हैं और पत्नी उनको अर्पित की जाने वाली अवगुंठित कली जिसे विकच होने तक सिर पर, गले में, चरणों में, सर्वत्र स्थान दिया जा सकता है और मुरझाते ही फेंक बुहार कर मुक्ति पाई जा सकती है।' रामायण के राम इस कुप्रथा और सामाजिक अन्याय के सर्वथा अपवाद हैं—"राम के लिए सीता के रूप का नहीं पत्नीत्व का महत्त्व है। सीता के लिए राम जितने आदरणीय हैं, राम के लिए सीता भी उतनी ही आदरणीय हैं।" तथापि 'अबला जीवन' का करुण-सच अपनी जगह है। कैकेयी के सच को इसमें जोड़कर भगवान सिंह ने रामकथा के उन अंशों पर नई दृष्टि डाली है, जो पुरुष-वर्चस्व वाली दृष्टियों के चलते ढाँप दिए गए थे। इस दृष्टि से राम की कथा का वह सामाजिक और ऐतिहासिक रूप हमारे सामने आता है, जो अलौकिकता और भक्तिभाव निरपेक्ष शुद्ध जीवन-यथार्थ है। नायक को ही सारी सच्चाइयों का प्रतिनिधि मान अन्य सारी सच्चाइयों की अनदेखी कर जानेवाले लेखन के बदले अन्य सच्चाइयों पर भी समान सहृदयता का संचार करने वाले लेखन को अधिक नैतिक और परिपूर्णता बनाता है। महाभारत की संरचना इस दृष्टि से उत्तम कही जा सकती है। उसका शिल्प बेहद लोकतांत्रिक और यथार्थधर्मी है। 'अपने-अपने राम' भले ही रामकथा का पुनराविष्कार हो पर इसकी शैल्पिक संरचना पर रामायण आदि नायक केंद्रित महाकाव्यों के बदले—व्यक्ति-वैचित्र्य बहुल कथानकों का प्रभाव है। मराठी में इरावती कर्वे ने 'युगांत' जैसी कृतियों में इस शैली को वरीयता दी है। अकेले नायक को कथानक के केंद्र में प्रतिष्ठित कर उसका प्राण या जीवन निरूपित करना एक दृष्टि है तो अन्य दूसरे महत्त्वपूर्ण चरित्रों को लगभग वैसी ही प्रधानता देकर चित्रित करना दूसरी दृष्टि। आधुनिक हिंदी उपन्यास में रेणु आदि इसी दूसरी दृष्टि या धारा के लेखक हैं। भगवान सिंह अपने लेखन में इस लोकधारा के काफी करीब हैं। यह धारा प्रसाद जी के अनुसार व्यक्ति वैचित्र्य वाली यथार्थवादी धारा है। मानवीय वासनाएँ इसके केंद्र में हैं।

राम कथा का पुनराविष्कार करते हुए लेखक ने जिस दृष्टि से काम लिया है, वह एक समाज-विज्ञानी की दृष्टि है जिसमें इतिहास, राजनीति, धर्म, दर्शन और समाज के वे तत्कालीन संभावित प्रश्न शामिल हैं जिनका वास्ता खुद हमारे अपने समय से भी है। उपन्यास हमारे परंपरागत अंध भाव प्रवाह और तर्कहीन समर्पण

को झकझोरता और वैचारिक जड़ताओं को लगभग हिलाता-डुलाता उस बिंदु तक हमें ले आता है, जहाँ से अपनी परंपरा और सांस्कृतिक इतिहास को देखने की एक नई ही दृष्टि और पद्धति हमें प्राप्त होती है।

आजादी के बाद के भारत को जैसी सर्जनात्मक लोक प्रज्ञा की अपेक्षा है, यह उपन्यास उसी की पूर्ति जान पड़ता है। यह भारतीय समाज की अभिजन और कथित शास्त्रविहित दृष्टि के ठीक समानांतर उस लोकदृष्टि को रेखांकित करता है, जिसकी प्रासंगिकता और महत्त्व को पं. हजारी प्रसाद द्विवेदी ने 'पुनर्नवा' में 'सुमेर काका' जैसे चरित्रों के जरिए रेखांकित किया है। स्वातंत्र्योत्तर भारत पर पश्चिमोन्मुख भारतीय शासक वर्ग का जबरदस्त वर्चस्व है। नेहरू इसके सटीक प्रतिनिधि और प्रतीक कहे जा सकते हैं। भारत को समझने, विकासबद्ध करने का उनका मॉडल पश्चिमी है। विज्ञान प्रौद्योगिकी और सामाजिक संरचना में आयातित उपक्रमों के चलते बहुसंख्यक भारतीयों के जीवन में वह बुनियादी बदलाव संभवतः इसीलिए नहीं लाया जा सका जिसकी रट खुद पं. नेहरू अपने 'साइंटिफिक टेंपर' वाले मुहावरे के मार्फत किया करते थे। आम भारतीय अवधारणात्मक मानस और उसकी क्रिया-प्रक्रिया ज्यों की त्यों बनी रही चाहे वह अभिजन समूह हो या फिर जन सामान्यों का बहुल समूह। न उसमें आत्मनिष्ठा आ सकी, न स्वाधीनता बोध न सृजनकारी कर्मठता और मौलिकता, फलतः आजादी के बाद स्वदेशी का सर्जनात्मक लोकबोध ही विलुप्त हो गया। आला अफसरों और उनके छुटभैयों की बिरादरी के एक राजनीति विज्ञानी के अनुसार 'पश्चिमीकृत वर्ग की प्रशासनिक शाखा' और भारत की विकास नीतियाँ पश्चिमी विकास-मॉडलों की घिसी-पिटी विस्तार इकाइयाँ मात्र हैं। यह अभिजन-वर्ग जीवन के स्तर पर उपभोगवादी और सर्वसत्तावादी है। स्वभावतः यह लोक-विरुद्ध दृष्टि है जो सभी प्रकार के बुनियादी परिवर्तनों को अपने लिए खतरनाक पाती है और समाज में अलगाव और दूरी पैदा कर एक ऐसा अंतराल रचा करती है जहाँ उच्च कुलोत्पन्न सवर्णतावाद ही नियामक माना जाता है। पर यह सवाल कौन करे कि एक अरब वाली आबादी के भाग्य का फैसला सिर्फ लाख-दो लाख अभिजन करते रहें तो क्यों और क्यों इतना बड़ा राष्ट्र चंद अफसरों और हुक्मरानों का मुहताज बनकर रहे? क्यों? क्यों?? क्यों???

खेद है यही वर्ग जो सर्वसुविधा संपन्न, व्यवस्था-पोषित और सत्ता समर्थित है, अपने हितों की निरंतर रक्षा करने की कोशिशों में इतना सचेत रहता है कि परंपरा को दूसरी निगाह से देखने और व्यवस्था के ढाँचे की सनातनता और अवधारणात्मक संज्ञानों के संदर्भ में प्रश्न उठाने वालों को अपराधी मानता है। भारत के ऐसे अभिजनों और बुद्धिजीवियों का प्रतिनिधित्व 'अपने-अपने राम' में वसिष्ठ करते हैं। वे व्यवस्थावादी, वर्णवादी, जातिवादी और सर्वसत्तावादी और तो और कुचक्रवादी क्या क्या नहीं हैं? भारत के इन आधुनिक अभिजनों पर विवेकानंद, मुक्तिबोध और पूरनचंद

जोशी के अलावा धर्मपाल जैसे चिंतकों की टिप्पणियाँ गौरतलब हैं। इन्हीं अभिजनों के चलते बकौल धर्मपाल 'भारत ने एक 'स्लम' का रूप ले लिया है। यह अभिजन वर्ग प्लेटो, यूरोपीय ईसाइयत, पश्चिमी बुद्धिवाद, यहाँ तक कि मार्क्सीय विश्लेषण-पद्धति का इतना बड़ा गुलाम है कि उसकी तुलना उन कट्टर हिंदूवादी या तत्त्ववादी भारतीयों से ही की जा सकेगी जो रामायण, महाभारत, शिव, काली, हनुमान आदि धारावाहिकों के मार्फत एक ऐसा राष्ट्र निर्मित करना चाहता है जिसमें धर्म, राजनीति, शिक्षा और समाज सबके सब अपनी समूची अन्यायधर्मिता के साथ आगे भी फलते-फूलते रहें और दलित और वंचित जन दलित और वंचित रहने का अभिशाप झेलते रहें।' राम कथा में दलित, सीता और कैकेयी दोनों हैं।

समकालीन लेखन में पुराकल्पों (मिथकों) और उनकी प्रेरक प्रायोजिताओं के रहस्यों पर परदा डालने के बजाय उनके नग्न आशयों को चतुर्दिक से उधेड़ना और घेरना यदि अब भी नहीं किया जा सका तो हमारे लेखक लेखक कहने के अधिकारी भी कैसे कहे जाएँगे? इससे तो सिर्फ उनकी 'सृजनात्मक अक्षमता' ही प्रमाणित होगी। भगवान सिंह ने अपनी प्रातिभ दुर्दमता की घोषणा कर जैसा विवेक और साहस प्रदर्शित किया है, वही उन्हें अन्य लेखकों से अलग भी करता है। उनकी कलम उस कथातत्त्व और विषय-वस्तु पर केंद्रित है जिससे वाल्मीकि, कालिदास, भवभूति और तुलसी आदि महानों की सर्जनात्मक प्रतिभा के ऐतिहासिक संदर्भ जुड़े हुए हैं। यह 'वयं रक्षामः' (चतुरसेन शास्त्री) या फिर गुरुदत्त जैसी कृतिपरकता का लेखन नहीं है जिसमें अतीत का अन्वेषण या फिर स्तुति गायन हो। इसमें अतीत की अडिग सामर्थ्य और अविचल मानी जाने वाली सत्ता से हमारे समय की एक ऐसी असाधारण मुठभेड़ है जिसमें बदलते काव्यरूपों, उनकी विस्तृत होती सीमाओं और काव्य-वस्तुओं की तुलनात्मकता और ऐतिहासिकता एक साथ कसौटी पर चढ़ी हुई हैं। यह मुठभेड़ महाकाव्य और उपन्यास की भी है और परंपरा और आधुनिकता की भी। जिस तरह परंपरा को परंपरा बनाए रखने वाले लोग हठी और एकांगिता वादी हैं उसी तरह आधुनिकता को आधुनिकता बनाए रखने वाले लोग भी। हम किसी ऐसे समय और समाज की शायद ही कल्पना कर सकें जो अपने अतिवादों के चलते एक संतुलित समाज कहा जाए। इतिहास ऐसे अतिवादों का समर्थन कभी नहीं करता। परंपरा तो अतिवादों के लोप पर ही बन पाती है। उपन्यास इन अतियों की विवश प्रेरकताओं का निषेध करता है और इनके अन्यायों की उन छायाओं को प्रस्तुत करता है जो दुःख और वेदना से भरी हुई हैं, जिनके चलते समय का चेहरा बेहद तनावपूर्ण, मुरझाया और झुलसा हुआ है।

अपनी उसी मुलाकात में भगवान सिंह ने कहा था कि 'अपने-अपने राम' एक अभियानकारी लेखन (कैंपेन लिटरेचर) है। आज सोचता हूँ तो लगता है बीसवीं सदी का प्रमुख लेखन अपने मूल स्वरूप में क्या यही नहीं है? 'साकेत' हो या 'कामायनी',

'गोदान' हो या 'मैला आँचल', 'उसने कहा था' हो या 'वारेन हेस्टिंग्स का साँड'—क्या सब इसी प्रवृत्ति के विकास नहीं हैं? यह लेखन क्या नए और पुराने मूल्यों के बीच रिश्तों और तार्किक संगतियों की खोज करता है? या फिर यह ऐसा ध्वंसकारी तर्कवाद है जिसकी परिणति मूल्यशून्यता और परंपरा-विरोध में होती है? वस्तुतः यह उन विच्छिन्न से हो उठे वृक्षों की जड़ों का फिर से अंखुवाना है जिनकी छाया के नीचे यह कथित आधुनिक सभ्यता अपनी छिनगियाँ फेंक अपने को पहचान सकेगी। विस्मृत किंतु जीवंत अतीत की ऐसी समर्थ पुनर्रचना ही तो 'अपने-अपने राम' है। यह हमें बहस-तलब करती है और तर्क की तमाम ऊँची-नीची घाटियों से गुजारकर जहाँ ले जाकर खड़ा करती है, वह जगह वही है, जहाँ सदियों के प्रवाह से धूमिल और निस्तेज हो उठा जीवन-सत्य फिर से निखर और सँवर उठता है और हम अपने को उसके मार्मिक विस्फोट के बेहद करीब पाने लगते हैं।

मैंने पहले भी कहा है कि भगवान सिंह एक समाज-विज्ञानी पहले हैं, लेखक बाद में। कलाकार तो वे उस अर्थ में हैं ही नहीं जिस अर्थ में आज कलाकार कलाकार कहा जाता है। इतिहास, पुरातत्त्व, प्राचीन भारतीय विद्याओं और समाजों में अपनी गहरी बुनियादी रुचियों के चलते वे हिंदी उपन्यास के ढाँचे को जिस दिशा में मोड़ना चाहते हैं, वह नई समाज-रचना और अवधारणाओं के पुनर्निर्माण की दिशा भी है। वे अन्वेषणकर्ता हैं और वकील भी। पर यह कैसे कहा जाए कि वे वादी हैं या प्रतिवादी। सत्ता हैं या प्रतिपक्ष। या फिर यथास्थितिवादी। विचारधारा और साहित्य की राजनीति करने वाले अपने समकालीनों का जवाब देते हुए ऊपर के आरोपों के संदर्भ में वे एक और पत्र में लिखते हैं—

"इन टिप्पणियों में प्रमाण और तर्क-संगति का स्थान अंदेशा ले लेता है। धर्म खतरे में है, मिथक खतरे में है, सांस्कृतिक कीमियागिरी खतरे में है, वाली भाषा है। बदलेगा जमाना लाल मगर कुरआन न बदला जाएगा का रूपांतर मिथक न बदला जाएगा का कठोर संकल्प है। इसके लिए लोक स्वीकृत मिथक हो या लोक स्वीकृत षड्यंत्र इनकी रक्षा जरूरी है और इसके बावजूद ये यथास्थितिवादी नहीं हैं, इतिहास और मिथक को वर्तमान का सत्य बनाने वालों के खिलाफ हैं। इनको आपत्ति राम की वर्गवादी व्याख्या से है, विरोध नारीवाद और मंडलवाद के पुरोधा राम से है। यदि राम सतीप्रथा समर्थक, कुम्हेर और बेलछी कांडों के प्रेरक, शोषितों के उत्पीड़क भाग्यवाद के प्रवर्तक हो जाएँ, मंदिरवाद और यज्ञवाद के उन्नायक हो जाएँ तो इनके लिए उपयोगी हो जाएँगे, फिर भी ये अवैद्यनाथों और सिंहलों की सेवा नहीं करते। इन्होंने सृजनात्मक लेखन का नाम भले किताबों में ही पढ़ा हो पर इनकी जहन में एक अदृश्य तालिका भरी है जिसमें यह दर्ज है कि साहित्य में किस पर और किस तरह लिखा जा सकता है। ये परेशान हैं कि इस दुराशाई लेखक ने उनके प्रिय मिथकों को बिगाड़ दिया वर्ना सामाजिक न्याय की लड़ाई में वे इसी का इस्तेमाल करने जा

रहे थे। वे यह देखने को तैयार नहीं कि राम के लांछन को किसी आंदोलन का आधार बनाकर, उस आंदोलन का सत्यानाश और अपराधियों का ही हाथ मजबूत किया जा सकता है। वे यह मानने को ही तैयार नहीं कि इसी के निमित्त राम के सामान्य चरित्र से अनमेल पड़ने वाले इन मिथकों को गढ़ा गया था। वे नहीं मानते कि पुरोहितों के अवतारी और राष्ट्र के कुछ साधनों को जनकल्याण के स्थान पर यज्ञकुंड में झोंकने वाले राम का मुकाबला उनसे अधिक बड़े, अधिक विश्वसनीय, सभी वर्गों मतों और जीवन-रीतियों व विचार-पद्धतियों के कल्याण के लिए समर्पित मानवतावादी राम को खड़ा कर के ही किया जा सकता है, जो स्वयं उन खौफनाक सवालों के जवाब बन जाएँ जो राम के बहाने उठाए जाते हैं। वे यह मानते हैं कि हमारे जो पूर्ववर्ती महान साहित्यकार हुए हैं, उन्होंने जो कुछ रचा या देखा है, उससे भिन्न रूप में रचने और देखने का तो न तो किसी को अधिकार है, न जरूरत और यदि ऐसा कर दिया गया तो उसे साहित्यिक पातक माना जाएगा। वे यह मान कर चलते हैं कि उनके ज्ञान, अध्ययन और चिंतन की सीमाओं में जो बातें नहीं अंट पातीं उनका न तो कोई आधार हो सकता है, न ही औचित्य—यहाँ तक कि उनके विषय में जिज्ञासा तक संभव नहीं। वे मानते हैं कि रचना का संरचनागत तर्क और चरित्र विधान का सपाटपन सचमुच दयनीय है पर अपनी उस दयनीयता को छिपा ले जाते हैं जिसके कारण वे इतनी दयनीय कृति की उपेक्षा नहीं कर पाते। उन्हें अपनी उत्तेजना में भगवान सिंह महात्मा भगवान दिखाई देने लगते हैं। xxx अधिक समझ न रखने के बावजूद मैं उनकी उस वेदना ग्रंथि को समझता हूँ जिससे वह कराह और गुर्राहट पैदा हो रही है जिसमें "मिथक के फूहड़ इस्तेमाल," "आर्य समाजी दृष्टि", "मेड टु आर्डर", "भयानक रूप से भले", "चरित्र रचना गुलशन नंदा के उपन्यास सी" और "ट्रीटमेंट नरेंद्र कोहली सी", "रपटने को ही रचना मानने" जैसे अनर्गल और अतर्क्य नाद फूटते हैं।"

अपने लंबे पत्र के अंत में वे लिखते हैं—"लेखन एक दुधारी तलवार है और कलम को लापरवाही से पकड़ने वाला अपनी आत्महत्या तक कर लेता है। सभी आरोपों और अभियोगों के विरुद्ध लेखक के पास एक ही हथियार है, मेहनत से लिखना, ईमानदारी से लिखना और लेखन कार्य जारी रखना। xxx मैं अपने मित्रों की तरह आशुचिंतन नहीं कर पाता कि मंडलवाद आए तो उस पर उपन्यास लिख दूँ और कोई अन्य लहर उठे तो उसके शिखर पर झाग की तरह सवार होकर बहने लगूँ।"

खुद लेखक के इस कथन के बाद कहने को फिर भी रह जाता है कि हम समय या काल के जिस प्रवाह में हैं, उसमें प्रवाह की गति और दिशा के बारे में, साथ ही उन स्रोतों पर भी सोचे जाने की जरूरत है जिन्होंने अपने भीतर ऐसी कालजयी सामर्थ्य संचित कर रखी है जिसका सामना बगैर किसी गंभीर ऐतिहासिक

आलोड़न-विलोड़न के असंभव है। तसलीमा नसरीन की तरह प्रासंगिक टिप्पणियाँ करने मात्र से इन आदि 'प्रस्थानों' का मुकाबला नहीं किया जा सकेगा। इनके लिए वैसी ही वैज्ञानिक और ऐतिहासिक तर्क दृष्टि-लोक परायणता और लोक-प्रज्ञा की जरूरत है। शून्य में तो महल खड़ा करना आसान है पर जहाँ वह पहले से खड़ा ही हो और लोग बाग पीढ़ी दर पीढ़ी उसमें रहते आ रहे हों वैसे में हेर-फेर करने का प्रस्ताव करना या उसे गिरा कर नया उठाने का जोखिम लेना साधारण प्रतिभा और प्रज्ञा का काम नहीं है। भगवान सिंह ने यह असाधारणता तो प्रदर्शित की है और उम्मीद बँधाई है कि ऐसे लेखक भी हैं जिनके पास न केवल अपनी निगाह बल्कि नई सृजनात्मकता भी है।

एक गोष्ठी में इस सवाल पर कि आखिर यह कथा उन्हें कहाँ से प्राप्त हुई (तुलसी को तो सूकर खेत में सुनकर मिली थी) तो उनका जवाब था कि असली राम-कथा तो कुशी-लवों द्वारा गाई गई है। बाद में ब्राह्मणों ने इसे एक हथियार के तौर पर बौद्धों आदि नास्तिकों से निपटने के लिए इस्तेमाल किया। यज्ञों की पुनःप्रतिष्ठा करने के लिए भी क्योंकि बौद्धों और जैनों ने यज्ञों का भी विरोध किया था। अकारण नहीं कि रामायण और महाभारत में सभी असाधारण जन्म यज्ञों के मार्फत दिखाए गए। इससे कर्मकांडवाद और पुरोहितीवाद ने फिर सत्ता हथिया ली। यह भी कम बड़ा सच नहीं है कि इतिहास में चाहे चाणक्य जैसे क्रांतिकारी चिंतक हों या पुष्यमित्र शुंग जैसे मगध साम्राज्य के सेनापति या महान दार्शनिक शंकराचार्य—तीनों ब्राह्मण ही थे जिन्होंने बौद्धों की राजनीति, धार्मिक और दार्शनिक सत्ता को ध्वस्त करने में निर्णायक भूमिका निभाई। किंतु यह सिर्फ इसलिए भी नहीं कि बौद्धों और जैनों का परमधर्म अहिंसा और करुणा तथा ब्राह्मण का आधारभूत विश्वास यज्ञ और हिंसा में था। इस सांस्कृतिक उतार-चढ़ाव और बदलाव को हमें सत्ता शक्ति प्राप्त करने के प्रेरक कारकों के रूप में देखना होगा। अहिंसा, करुणा और कठोर व्यावहारिक राजनीति के संबंधों पर सोचते हुए हमें निरंतर उन विचारों की समीक्षा करनी होगी, जो दार्शनिक ऊँचाइयों का स्पर्श तो करते हैं किंतु व्यावहारिक राजनीति की कठिन चुनौतियों का मुकाबला नहीं कर पाते। विश्व के बौद्ध धर्मावलंबियों के उदाहरण चीन, श्रीलंका और जापान के रूप में हमारे पास हैं, जैन धर्म को लेकर तो अभी कोई राष्ट्र बना नहीं है। राष्ट्रीय संप्रभुता की रक्षा, अंतरंग प्रशासन और सुव्यवस्था के लिए हिंसा का घटाटोप ही सही, शायद अनिवार्य है। कभी-कभी तो राष्ट्रों की आत्म रक्षा का प्रश्न सबसे पहला प्रश्न बन जाता है। 'चंद्रगुप्त' नाटक में जयशंकर प्रसाद का यह कथन सही है कि विदेशी आक्रान्ता जब अपनी तलवारें लेकर आएँगे तब वे बौद्ध या ब्राह्मण का भेद नहीं करेंगे। इस बिन्दु पर पहुँचकर यह सोचना पड़ जाता है कि सामाजिक जीवन के उत्कर्ष के लिए अहिंसा एक मार्ग अवश्य है पर सामाजिक जीवन की रक्षा के लिए हिंसा की जरूरत भी जब-तब है। सामाजिक

और राष्ट्रीय अपराधियों और अन्यायियों का प्रतिकार सिर्फ अहिंसा के बल पर नहीं किया जा सकता। ब्राह्मण विचारधारा का यह दृष्टिकोण किंतु इस बात की अनुमति कहाँ देता है कि आप अपने आपको ब्रह्म कहकर भोले-भाले नागरिकों का मानसिक दोहन और शोषण करें। उन्हें तरह-तरह के कर्मकांडों के जड़ व्याकरणों में कैद कर अपना बौद्धिक दास बनाए रहें। इन महाकाव्यों के रचयिताओं ने अलौकिकताओं का सहारा लेकर जिस अवतारी ब्रह्मवाद—'तदात्मनं सृजाम्यहं'—का आविष्कार किया उसने इस देश को तर्कहीन भाग्यवाद और अकर्मण्यतावाद की ओर भी धकेला। रामकथा को इस अलौकिक इंद्रजाल से निकाल कर उसे ठेठ लौकिक जीवनानुभवों की कथा बनाना परंपरा का विद्रूपण, विध्वंसन या निषेध नहीं, उसकी तर्कसंगत आधुनिक फलश्रुतियों की तलाश करना है। इस बहाने ऐसी जातीय कथाओं को उस जमाने के और करीब ले आना है जिसे वैज्ञानिक कहते हैं, जिससे धर्म और राजनीति अंधविश्वास की खोहों से निकल तर्क-बुद्धि के उजाले के करीब आ सकें।

कामायनी, कुरुक्षेत्र और अंधायुग-जैसी कृतियाँ अगर जातीय स्मृतियों की पुनःसृष्टि कर सकी हैं तो इसीलिए कि वे अपने समय की बुनियादी चिंताओं के प्रति न केवल फिक्रमंद बल्कि जवाबदेह भी रही हैं। यह जवाबदेही हमें इस लेखक में भी दिखाई देती है। भारत का शायद ही कोई ऐसा महत्त्वपूर्ण लेखन हो जिसमें यह जवाबदेही न पाई जाती हो। अप्रतिश्रुत और स्वयंभू लेखकों की बढ़ती हुई भीड़ में, या फिर बने बनाए उत्तरों और फार्मूलों की हाँ में हाँ मिलाने वाले लेखकों के बीच ऊर्जाहीन साहित्य का विपुल प्रकाशन इस बात का प्रमाण है कि जड़ीभूत आस्थाओं और उनकी प्रतिक्रिया में जन्म लेनेवाली अनास्थाओं के पार नए मूल्यों की रचना-प्रक्रिया जितनी वेदनापूर्ण, यातनाधर्मी किंतु संघर्षजीवी है, उसे यह कृति बार-बार अनुभव कराती है। संतों ने ठीक ही कहा—हँसि-हँसि कंत न पाइया जिन पाया तिन रोय। इस 'रोने' और 'पाने' में जिस 'लोक विवेक' और 'सहज-मेधा' की जरूरत है, उसे वे लोग प्रायः नहीं देख पाते जिनकी बुद्धि किताबी ज्ञान से आतंकित और पश्चिम के विज्ञान की चकाचौंध में है। या फिर वे दर्शन और विचारधारा विशेष के प्रति अतार्किक श्रद्धा और आज्ञाकारिता के लोक में पहुँच कर जिज्ञासा से वंचित हो उठे हैं।

'अपने-अपने राम' जैसी कृति इन सांस्कृतिक विमर्शों को भरपूर ताकत के साथ रेखांकित करती है। इसे हम इस कृति की उपलब्धि कह सकते हैं।

डॉ. नामवर सिंह ने इसकी रिव्यू में लिखा कि यह पढ़ने में जासूसी उपन्यासों जैसा मजा देती है। बात चाहे व्यंग्य में ही कही गई हो पर है बेहद सच। कथा की यह शैली अत्यंत उत्तेजक और नाटकीय मुद्रा लिए हुए है। बहुत कम लेखक ऐसे होते हैं जिनका वर्णन, चित्रण और संलाप एक साथ इतने परिपूर्ण हों कि शैली की उत्कृष्टता ही नहीं सम्मोहकता भी अन्यों के लिए निकष लगने लगे।

उपन्यास के प्रारंभिक पृष्ठों पर भी सीता एक प्रश्न हैं, अंतिम पृष्ठ तो उनकी

व्यथा से गीले हैं ही। इस दृष्टि से यह राम की कथा तो उतनी नहीं है जितनी कि सामाजिक अन्याय से उत्पीड़ित दलित समूहों और दलितों की दलित भारतीय स्त्री की कथा है।

इसके पात्र जितना सोचते हैं, उतना ही तर्क भी करते हैं और जितना तर्क करते हैं, उसमें संवाद का साहस और प्रतिकार का पौरुष बराबर प्रमाणित होता चलता है। खुद 'राम' यहाँ एक ऐसे शासक के रूप में हैं जो सिर्फ अपने राजपुरोहितों और दरबारियों के बल पर राज-काज नहीं चलाता। सामान्य जन से उसका प्रत्यक्ष रिश्ता है। हमारे लेखकों ने भले ही असंख्य बार सामान्य जन या लोक-बिरादरी का रामनाम जपा हो पर उसकी शक्ति, सामर्थ्य और उलट-पुलटकारी ऊर्जा का साक्षात्कार शायद ही करा सके हों। परंपरा के पास जाकर उसका ऐसा जनजीवी और जनपक्षधर रूप अगर 'अपने-अपने राम' का स्रष्टा प्रस्तुत कर सका है तो विरासत तरोताजा हुई है। कल्पनाओं की सामाजिकता और सांस्कृतिक बुनियादों का विस्तार हुआ है। साहित्य, भाषा, विचार और जीवन-इतिहास, राजनीति, विज्ञान और धर्म अधिक करीब आए हैं। जीवन काव्यमय और काव्य जीवनमय महसूस होने लगे हैं। यही तो उपन्यास है। आज नहीं तो कल उपन्यास को आधुनिक उपनिषद कहा जाने लगे तो आश्चर्य नहीं।

ऐतिहासिक शोकगीत और उपन्यास : सात आसमान*

पाकिस्तान के जिन नासिर काज़मी के शेर 'सात आसमान' के लेखक-कथाकार असग़र वज़ाहत ने प्रत्येक अध्याय की शुरुआत में लगभग बतौर शीर्षक इस्तेमाल किये हैं उन्हीं नासिर काज़िमी की एक और ग़ज़ल के कुछेक शेरों से मैं भी अपनी समीक्षा की शुरुआत करना चाहता हूँ। चाहूँ तो मैं यह प्रारंभ बीसवीं सदी की महान कृति कामायनी से करूँ पर इस वक्त लेखक की संवेदना और चेतना के राग में राग और रस में रस-पग कर मैं भी उसी शायर का सहारा लेना चाहता हूँ–

याद के बे-निशाँ ज़जीरों से
तेरी आवाज़ आ रही है अभी
शहर की बे-चिराग़ गलियों में
जिंदगी तुझको ढूँढ़ती है अभी
सो गए लोग उस हवेली के
एक खिड़की मगर खुली है अभी

जिन यादों के निशान तक ठीक से बाकी न हों, जहाँ अँधेरा ही अँधेरा हो, लोग-बाग जहाँ नींद के अंधे तहखानों के हवाले हो चुके हों, उन खामोश बखरियों/हवेलियों के संसार में अगर फिर भी एक खिड़की किसी एक याद की इतिहास के आसमान और अनुभवों के भूगोल में खुली हुई हो तो यह कम सुखद नहीं है।

स्मृति-अंधता जितनी खतरनाक है, स्मृति-लोप उससे भी कहीं अधिक भयावह और दुष्परिणामकारी है। बावजूद इसके कई लोग स्मृति-विमुख होकर जी रहे हैं तो कई-कई लोग स्मृति-विक्षिप्तता की नियति से ग्रस्त हैं। जिन तथाकथित अति आधुनिक राष्ट्रों को स्मृति एक बीमारी सी जान पड़ती है वे शिशु-राष्ट्र शायद ही कभी स्मृति की ताकत का अनुभव भी कर सकें।

---

* सात आसमान : असग़र वज़ाहत

मानव-संस्कृति में अभिज्ञान का तत्त्व कितना महत्त्वपूर्ण है, इसकी यदि चर्चा की जाय तो पता चलेगा कि स्मृति-लुप्त समूह अतीत-विच्छिन्न और तात्कालिकताजीवी जीवन समूह रहा है। समय के कटे-पिटे, खंडित और अधूरे सच को जीने वाला समुदाय। संयोग ही है कि भारत अतीत-दीर्घ होने के नाते स्मृति-प्रचुरता का स्वामी है और यहाँ के रचनाकार और संस्कृतिसेवी अपनी स्मृति-प्रगल्भता से निरंतर उस विश्व की पुनर्रचना और पुनःसंयोजन करते रहते हैं, जो उन्हें जातीय विरसे के रूप में मिला है।

कमलाकांत त्रिपाठी, विद्यासागर नौटियाल, गिरिराज किशोर, अलका सरावगी, सोहन शर्मा, कामतानाथ जिस भी गुण और स्तर के कथाकार हों पर उन सबकी ऊर्जा का स्रोत यही जातीय स्मृतियाँ हैं। राष्ट्रकवि जब 'हम कौन थे' जैसा काव्य-पद प्रयुक्त करते हैं, इक़बाल 'सारे जहाँ से' जैसी गीतात्मक नज़्म लेकर आते हैं या जयशंकर प्रसाद अपने नाटकों के बहाने राजनीतिक, धार्मिक, दार्शनिक अथवा सांस्कृतिक यादों की पुनर्रचना और पुनःसंस्कार करते हैं तब यह तो स्थापित हो ही उठता है कि आधुनिक हिंदी खड़ीबोली का एक बहुत बड़ा हिस्सा स्मृतियों के शक्ति-केंद्र से आंदोलित और अनुप्रेरित है। ये स्मृतियाँ कोरा गौरवगान नहीं करतीं, आत्ममुग्धता की कई-कई परतें चीरकर हमें उस सांस्कृतिक और ऐतिहासिक यथार्थ के निपट निचाट में ले आती हैं जहाँ हम रुचिर संभाषण, संवेदनात्मक आदान-प्रदान, मूल्य-विमर्श और बौद्धिक मुठभेड़ चाहें तो एक साथ कर सकते हैं। स्मृतियों का रंगमंच जितना पठारी है, उतना ही मैदानी भी। वह वसंत भी है और पतझर भी। इसलिए जब कोई लेखक इस तरफ आने का उद्यम करता है तब उसका सामना इन परस्पर विरोधी किंतु सच सिर्फ यह कि पारस्परिक और प्रकृत विपरीतताओं से स्वभावतः होता है। इनके दामन में अनुभवों की सरल-जटिल मुद्राएँ, विचारों की चढ़ान और उतार, सपनों के हरे-भरे बाग-बगीचे और मोह-भंग के न जाने कितने बीहड़ बियाबान लिपटे रहते हैं। ये स्मृतियाँ जब उपन्यास का हाथ पकड़कर चलती हैं तब तो कुछ और भी खूबसूरत नजारा हो उठता है।

उपन्यास को मानव-चरित्रों का भरा पूरा चित्र कहने वालों ने यह कथन कुछ सोच समझकर ही किया होगा। इन चरित्रों का विपुल अनोखापन और अनुभव-विलास जब स्मृतियों की चासनी में डूबकर गाढ़ा हो उठता है तब उपन्यास जैसी विधा केवल एक साहित्यिक विधा नहीं रह जाती, वह समय-विशेष के जीवन-प्रवाह का चिर परिचित ऐतिहासिक दस्तावेज भी बन जाती है।

असग़र वज़ाहत के उपन्यास 'सात आसमान' को पढ़ते हुए बार-बार ऐसे दस्तावेजी कथानकों की पंगुता याद आती है जो तथ्यों की भरमार के चलते जहाँ-तहाँ लड़खड़ाते जाते हैं।

'इतिहास' को कच्ची सामग्री के बतौर उपयोग में लाते हुए, मुंशीगिरी या लेखपाली

करना किसी भी शब्द-स्रष्टा के लिए खतरनाक हो सकता है। इतिहास खुद सृजन नहीं है। वास्तविकता है। तथ्य है। किंतु निपट तथ्य को शायद ही कभी सृजन कहा जा सके। सृजन के ब्रह्मांड में तथ्यात्मक यथार्थ को आत्मशोधन की प्रक्रिया से गुजरना पड़ता है। जीवन की सच्चाइयों को संवेदनात्मक रूप ग्रहण करना पड़ता है। और इससे भी कहीं अधिक यह कि रचनाकार की अनुभव-प्रक्रिया और भाव-शोधन से गुजरकर ही कोई तथ्य रचनात्मकता का स्पर्श कर पाता है अन्यथा वह एक ऐसा अखबारी सच साबित होता है जिसका बासीपन सूचनाओं के निरंतर बासी होते चले जाने की याद दिलाता है। तथ्यों की यह नीरसता या ऐतिहासिक सच्चाइयों का पुनर्शोधन और पुनर्विन्यास करने का काम जो सृजन करता है, वह एक प्रकार से उन सुदूरवासी स्मृतियों की पुनःसृष्टि भी करता है जिसमें उसके रचनात्मक नजरिए और मंसूबे बुनियादी तौर पर दिग्दर्शक का काम करते रहते हैं। रचनात्मक लपट की आँच में ये सब दुबारा-तिबारा पिघलते, ढलते और आकार-संयुक्त होते हैं। रचनाकार की ऊर्जा का कोष जितना समृद्ध और जीवंत होगा, ये उतनी ही सुडौल आभा प्राप्त कर सकेंगे। इसलिए यदि कृति-विशेष की प्रभविष्णुता दुर्बल है और पाठक को किसी एक या कुछेक बिंदुओं पर आंदोलित, उत्प्रेरित या विचलित नहीं कर पाती तो मानना चाहिए कि लेखक या तो अपने ही सरंजामों से अपरिचित है या फिर उसकी समाधि खंडित और दोषपूर्ण है या फिर उसने पर्याप्त तात्कालिकता और अधैर्य से अपने काम को निपटाया है। बल्कि वह इतनी हड़बड़ी में यह सब करता चला गया है जिसमें लेखक की तर्कहीन महत्त्वाकांक्षा तो है पर निष्ठा और समर्पण की शून्यता ने सब गुड़ गोबर करके रख दिया है।

विपरीत इन बातों के असग़र उन लेखकों में से हैं जो पहले ही वाक्य में जबरदस्त खिंचाव पैदा करते हैं और पाठक उनकी किस्सागोई के जादू से—बल्कि आक्रामक चपेट में खिंचता चला आता है।

वे यों भी एक पारंपरिक किस्सागो हैं। उन्हें देखते ही लगता है कि उनकी पीठ पर कहानियों के सैकड़ों-हजारों मजमून और सिर पर सदियों-सदियों का आसमान लदा हुआ है और वे अपने अनुभवों के बोझ से गरुआए हुए हैं। जैसे कोई एक बड़ा-बूढ़ा किसान अपने खेत-खलिहान, लंबे-चौड़े परिवार और गायों-भैंसों, पालतू कुत्ते-बिल्लियों तक की फिक्र के चलते रोज-रोज और-और जिम्मेदार होता जाए।

असग़र का उभार ढंग से आठवें दशक में हुआ तो लगा कि वे कहानी कहने के लिए ही पैदा हुए हैं। 'दिल्ली पहुँचना है' की कहानियों में उनकी प्रतिभा की ठेठ देशजता देखने को मिल गई थी। उनमें व्यंग्य भी था, उपहास भी। एक खास प्रकार का बेसाख्तापन भी। कुछ-कुछ धूमिल, कुछ राजकमल चौधरी, कुछ पंचतंत्र तो कुछ परसाई और शरद जोशी की-सी रचनात्मक शख्सियत। उनकी हमलावर भाषा और यथार्थ-विरूपणों से साहित्य जैसे सचमुच कोई धारदार हथियार हो। यद्यपि उनके अनुभवों में तात्कालिकता बोध की मात्रा तब कुछ ज्यादा ही थी तब भी उनकी प्रासंगिकता और

सार्थकता पर प्रश्नचिह्न लगा सकना कठिन था। इसके बाद वे बूँद-बूँद जैसे धारावाहिकों की ओर चले आए और पटकथा लेखन भी किया। देश-विदेश की यात्राएँ, हिंदी-उर्दू की प्रगतिशील कविता से आँखें चार करते हुए आज जहाँ वे खड़े हैं, वहाँ स्मृतियों का एक जीता-जागता भरा-पूरा संसार किसी तरंगित समुद्र-सा हिलोरें ले रहा है। माँ-बाप, दादा-दादी, नानी-नाना, ममेरे-चचेरे भाई, घरेलू नौकर-चाकर, कृषि फार्म, सहकारी आंदोलन, चुनाव, आटा चक्की, बीड़ी का कारखाना और मशीन, जानवरों का बाजार, एक सामंती सभ्यता और उसके पुरखों—सैयद इकरामुद्दीन, मोतमुद्दौला, अब्बा मियाँ, अब्बा साब, मुश्ताक मियाँ, खालू, बड़े आगा, जत्तन मियाँ और उनकी रखैल सत्ती—के हजारहा किस्से समूचे उपन्यास में इस कदर यहाँ से वहाँ तक बिछे और फैले हों जैसे किसी ने आठ-दस पीढ़ियों की यादों को एक साथ खूबसूरत सिलसिले में जोड़कर किसी आसमान सा फैला दिया हो।

प्रथम पाठ में तो यही लगता है कि उपन्यास स्मृतियों की खूबसूरती का दस्तावेज भर है। पर धीरे-धीरे यह एहसास कमतर होता जाता है। हुमायूँ की सेना के एक बड़े-बूढ़े सिपाही सैयद इकरामुद्दीन का अपने पुश्तैनी वतन खाफ (ईरान) से चलकर हिंदुस्तान आ बसने और यहाँ की आबोहवा में पुश्त-दर-पुश्त रमते चले जाने की कहानी है। और सो भी इतनी करुण और मार्मिक कि पाठक धीरे-धीरे उदासी की खंदकों में उतरता चला जाए। खड़ीबोली हिंदवी के गद्य में लिखा गया एक ऐतिहासिक मर्सिया (शोक गीत)। या फिर एक सामंती वैभव वाले समाज और उसकी जीवन-शैली के उन कारणों का समाजशास्त्रीय अध्ययन जिनके चलते उक्त सभ्यता और वह समाज बिखराव और पतनशीलता के शिकार हुए। विलास और भोग में गले-गले तक डूबे उत्पादक श्रम के प्रति जबरदस्त विमुखता, आलस्य-लापरवाही, आत्ममुग्धता और थोथा दंभ लिए हुए ये लोग तरह-तरह की सनकें, शौक और सिरफिरेपन के शिकार भी हैं। इक्के दुक्के अब्बा और खालू मियाँ भला इस विरासत को बिखरने से बचाते भी तो कितना। आखिरकार यह सब धीरे-धीरे किसी पुराने पुश्तैनी महल की तरह टूटता-बिखरता और ढहता रहा। अब्बा और खालू मियाँ के बावजूद। एक गौरवशाली इतिहास चिन्दी-चिन्दी होकर बिखर गया। उपन्यास इस बिखराव की कहानी को बड़ी संजीदगी से बयान करता है। इससे गुजरते हुए बार-बार प्रसाद की कामायनी के चिंता सर्ग की ये पंक्तियाँ याद आती है :

वे सब डूबे; डूबा उनका विभव, बन गया पारावार;
उमड़ रहा है देव सुखों पर दुःख जलधि का नाद अपार।

गया, सभी कुछ गया, मधुरतम सुर बालाओं का शृंगार;
उषा ज्योत्स्ना-सा यौवन-स्मित सदृश निश्चिंत विहार।

विकल वासना के प्रतिनिधि वे सब मुरझाये, चले गये;
आह! जले अपनी ज्वाला से, फिर वे जल में गले, गये।

पृष्ठ दो सौ नौ पर कथाकार लिखता है—"बड़े आगा को देखकर अंदाज लगाना मुश्किल था कि यह वही आदमी है जो कभी विलायती सूट पहना करता था, जिसके हाथ फाइव-फाइव का डिब्बा और जिसके पास इतनी कीमती घड़ियाँ हुआ करती थीं कि उससे ज्यादा सिर्फ दुकानों में ही हो सकती थीं।" कथाकार लिखता है—"बड़े आगा इन हालात के लिए खुद ही जिम्मेदार थे।" बड़े आगा अपने इस चरित्र में अकेले नहीं थे। महल के सारे लोग मर्द हों या औरतें पुराने लखनवी ठाट-बाट शानो-शौकत के गुलाम थे और वे सब मूल्य जो उनको विरसे में मिले थे—जैसे नौकरी करना बुरी बात है, मेहनत करना शरीफों का काम नहीं है—यहाँ अब तक प्रचलित ही नहीं थे बल्कि उन पर यकीन किया जाता था। पैसा उड़ाना और फुजूलखर्ची करना इन लोगों की आदत थी। मर्दों के शौक शाहाना किस्म के थे ही, बेगमें भी घर का कोई काम अपने सगे हाथों से शायद ही कभी करती हों। जमीन बेचना और कर्ज लेना इनकी जीवन पद्धति बन चुकी थी। यह आगाओं का खानदान था जो धीरे-धीरे अपनी मौत खुद मर रहा था। इन्हें नए जमाने ने कहीं से भी होशमंद नहीं किया था। कथाकार ने इनके बारे में लिखा, "सबको शानो शौकत से रहना अच्छा लगता था। हीरे-जवाहरात, सोना-चाँदी की चीजें, कटग्लास और क्रिस्टल ग्लास का सामान, झाड़-फानूस, कीमती मोटरें, घड़ियाँ, फर्नीचर और सजावट का दीगर सामान, नौकर-चाकर, घूमना-फिरना खूब प्रचलित था।" 'वर्णन' की यह प्रभावपूर्ण सादगी एक ओर और चित्रण की गहराई का सौंदर्य दूसरी ओर नाना के रिश्तेदारों में वो सनकी रिश्तेदार जिन्होंने अपनी मौत का दिन और समय घोषित कर डाला था, नाना के भतीजे जिन्होंने चलती ट्रेन के गार्ड के हाथ से लपक कर झंडी छीन ली थी और डंडी जो गार्ड के ही हाथ में रह गई थी, उसी से पिटे और जेल में डाले गए, नाना के एक और भतीजे मज्जा आगा जो इमामबाड़े की छत पर चढ़ गये और छज्जे पर दोनों पैर लटकाकर बैठ गए थे। उनकी चीख चारों ओर सुनाई दी कि यदि उनकी शादी नौकरानी की साँवली-सलोनी बेटी नसीम से न करा दी गई तो वे छज्जे पर ही बैठे रहेंगे और कोई हटाने आया तो कूद कर जान दे देंगे। नाना के बड़े भाई आगा जो गजब के खर्राच थे और जिन्हें किसिम किसिम की कीमती कीमती घड़ियों का शौक था। नाना का नाम मुनव्वर आगा था जिनके चचा मिर्जा नवाब कौक आगा पुराने वक्तों के रईस-इब्बे-रईस थे। खालू उनके सबसे छोटे बेटे थे। कथाकार ने उन्हीं खालू का चित्रण करते हुए उनकी कंजूसी का एक किस्सा बयान किया—'एक बार उनकी इकन्नी गंदी नाली में गिर गई थी तो उन्होंने जमादार से निकलवायी। उस पर पानी डाला। सूखने के लिए धूप में रख दी और जब सूख गई तो उसे पानी से फिर पाक किया और अपने रूमाल में बाँध लिया। यानी खालू एक पैसा भी

गैरवाजिब खर्च या बर्बाद न होने देते थे।'

उपन्यास में चरित्रों और किस्सों की इतनी भरमार है कि लेखक की कल्पना-समृद्धि और स्मृति-विपुलता पर मुग्ध रह जाना पड़ता है। यादों की अनेकानेक बेढब लड़ियों और तरह-तरह के मानव-स्वभावों और जीवन-प्रवाहों के इतने अफलातून और मनमौजी, शहंशाही और फकीरी ठाट हैं जैसे कभी का कोई हरा-भरा बाग जिसमें पतझर आ चुका हो या फिर कमल-वन जिसके फूलों की पंखुड़ियाँ तो मुरझा गई हों और कमल-नाल सूख गए हों। समृद्धि और विलासिता के एक छोर से शुरू होकर अभाव और दरिद्रता के दूसरे छोर तक फैली यह कहानी जितनी करुण है, उतनी ही जीवनमुखी भी। भले ही अब्बा मियाँ, अम्माँ, नाना-नानी और बेटों को गाँव बुला बसाने की जिद ठाने खामोश मौत मर जाने वाले अब्बा हों, पर इन सबकी मौत एक इतिहास की मौत है, उस जीवन की नहीं जो इनके बाद भी अपने बौद्धिक पौरुष और आत्मविश्वास के बल पर नयी जमीनों की तरफ रुख किए नयी उम्मीदों के आकाश रच रहा है। खुद कथावाचक जिसने इस कहानी को कहा है, वह इसकी गिरफ्त से बाहर है। उस गहन और अंधे मोह से भी जिसकी चपेट में आने पर भविष्य के भविष्य को भी खतरा है। लगता है यही इस कहानी का सच है।

उपन्यास की दो कहानियाँ ठीक आमने-सामने हैं। पहली अब्बू साहब की जो अब्बा मियाँ के दोस्त थे और लखनऊ से कलकत्ता जाते हुए एक दिन के लिए अब्बा मियाँ के साथ ठहरे और आजकल-आजकल करते हुए यहीं के होकर रह गए। कलकत्ता जो उन दिनों भारत का लंदन जैसा था। पर इस कुएँ का पानी जिसने पिया इसी का होकर रह गया। अब्बू साहब अब्बा मियाँ का हिसाब किताब वाला काम देखने लगे और पूरी जिंदगी गुजार दी।

दूसरी कहानी इन्हीं अब्बा मियाँ के पोते (कथावाचक) की है जो अपने पिता यानी अब्बा की लाख कोशिशों के बावजूद इस जमीन और आसमान को अपनाने के बजाय विदेश जा रहा है जहाँ वेतन और अन्य सुविधाओं का प्रलोभन और आकर्षण है।

जिस कुएँ का पानी पीकर अब्बू साब जिंदगी भर यहीं के होकर रह गए उस कुएँ के पानी में आज इतना दम क्यों नहीं बचा रह सका कि अपने नाती-पोतों को आधुनिक महानगरों और विदेश-गमन से रोक पाए! क्या यह जमीन और आसमान रहने लायक ही नहीं बचे? या फिर अगली पीढ़ियों का मन ही अपनी बुनियादों के प्रति इतना उचट गया है कि पलायन और विस्थापन ही नियति बन बैठे। उपन्यास में इन दोनों कहानियों को सैयद इकरामुद्दीन और अवध के वजीरे आजम मोतमुद्दौला के इतिहास से जोड़कर संभवतः यह कहने की कोशिश भी की गई है पुरखों ने अपने समर्थ पौरुष के बल पर जिस जमीन को रहने लायक बनाया था, बाद के लोगों ने उस उत्तराधिकार की रक्षा करने की योग्यता का प्रमाण नहीं दिया। वे कौन लोग

थे? क्या बुढ़ाते और रोज-रोज बिखरते चले जाते जर्जर सामंतवाद के उत्तराधिकारी गण जिन्हें बदलती नई सामाजिक और राजनीतिक परिस्थितियों में रहना नहीं आ रहा था, जो असंगति और असमंजस को ही अपनी पहचान बनाए हुए थे। आलस्य, अकर्मण्यता, खानदानी अहं और जिद्दीपन, उत्पादक केंद्रों और स्रोतों से अपेक्षित संबंधों के विकास के प्रति बेरुखी और उदासीनता, बदलते हुए सामाजिक-आर्थिक रिश्तों के प्रति असावधानी और लापरवाही वे कारक हैं जिनके चलते नई पीढ़ियों को खुद अपनी ही जमीनों से पलायन करना पड़ा। उपन्यास का कथानक इस समाज का बहुत प्रामाणिक और सटीक वर्णन करता है। इतना सटीक कि लगता है कि कुछ चरित्रों और घटनाओं के बहाने हम किसी समाज और समूह का समाजशास्त्रीय अध्ययन जैसा कर रहे हों।

उपन्यास यदि आधुनिक युग और जीवन का महाकाव्य है तो उसके तर्क यही हो भी सकते हैं। मनसबदारी, चकलेदारी, जागीर और जमींदारी प्रथा के अवशेष के अनेक छोटे-बड़े सत्ता रूप—नवाबी, और जमींदारी आदि हमें उन वक्तों में ले जाते हैं जो हमारे पुरखों के रहे हैं। यों तो यह उपन्यास बृहत्तर रूप में एक खानदान-विशेष और उसके रिश्तेदारों मोतमुद्दौला के वंशजों—बड़े आगा, खालू मियाँ आदि—के सेजरे का प्रभावशाली और सम्मोहक शैली में बयान करता है लेकिन सोचा जाय तो यह एक जानी पहचानी व्यवस्था, ईस्ट इंडिया कंपनी के आगमन और सत्ता हस्तक्षेप के अंदरूनी किस्सों की याद भी दिलाता है जिसके कारण यह देश पराधीन हुआ और यहाँ के राजे-रजवाड़े अपनी सत्ता खो बैठे। कथानक यहीं रुक नहीं जाता। वह आजादी और लोकतंत्र तथा चुनावों को राजनीति, कांग्रेस पार्टी और उसके लोकघाती चरित्र का बयान भी करता है। समय के साथ न चल पाने वाले अब्बा मियाँ और दूसरे अन्य धीरे-धीरे उस पतन और अवसाद का एहसास कराते चलते हैं जिसके कारण उपन्यास एक ऐतिहासिक शोक गीत बन जाता है। नासिर नाजिमी जैसे शायर अगर बार-बार उद्धृत किए गए हैं तो कोई तो कारण होगा। इसे मुख्तलिफ मुस्लिम परिवारों की कहानी भी नहीं कहा जा सकता। रोजे, नमाज, ईद-बकरीद, ताजिये, मक्का मदीना, कुरान और अन्य धार्मिक गतिविधियों की कोई चर्चा उपन्यास में नहीं है। आश्चर्य तो यह है कि यह सांप्रदायिकता के प्रश्न से भी बचकर निकलता चला गया है। इस रूप में यह भारत के मुसलमानों की समस्याओं या उलझनों को प्रकट करने के लिए लिखा गया नहीं लगता जैसा कि राही मासूम रज़ा, शानी या जब कभी मंजूर एहतेशाम जैसे कथाकार करते हैं। हम चाहें तो इसे सामाजिक और राजनीतिक या फिर इससे भी कहीं अधिक समाजशास्त्रीय दृष्टि से लिखा गया उपन्यास कह सकते हैं।

उपन्यास की अभी कोई सीमा रेखाएँ तय भी नहीं की गई हैं। वह जीवन के किसी भी अनुभव-क्षेत्र और दृष्टिकोण को चुन सकता है। पर हिंदी उपन्यास

का मुख्य प्रवाह वह राष्ट्रीय जीवन रहा है जिसमें एक ओर किसान और दूसरी ओर जमींदार रहा है। आजादी के बाद भी भूमि समस्या केंद्रित उपन्यासों ने अपनी विशिष्टता प्रदर्शित की है। यह उपन्यास भी उसी परंपरा में आता है पर यह भी सच है कि यह समस्या के एक ही पहलू को प्रकट करता है। जिस जमींदारी ने मेहनतकश किसानों की रीढ़ तोड़कर रख दी थी, उस जागीरदारी और जमींदारी को यह बेहद प्रामाणिक और सटीक कथानक के मार्फत पेश करता है। न केवल पाठकों बल्कि कई शहरी और मध्यवर्गीय लेखकों को जमींदारी और जागीरदारी, मानसिकता और व्यवस्था के चरित्र को समझने में इससे काफी मदद मिलेगी। इस रूप में यह एक विशेष समाज व्यवस्था का ऐतिहासिक अध्ययन प्रस्तुत करता है।

कोई भी महत्त्वपूर्ण लेखन यदि वह प्रतिबद्ध लेखन भी है तो अपने समय की सामाजिक-आर्थिक स्थितियों की वस्तुपरक समीक्षा भी करता है। सभ्यता की यह समीक्षा ताल्स्ताय आदि भी करते हैं। असग़र वज़ाहत अपने उपन्यास के इस कथ्य के चलते महत्त्वपूर्ण हो उठते हैं और उनकी जीवंत स्मृतियाँ हमारी समझ और दृष्टि को सुनिश्चित तार्किक आधारों पर विकसित करती हैं।

कथानक की संरचना जैसे कोलाज शैली में की गई है। दो अलग खानदानों और मिजाजों को एकरंग और एकरस कर असग़र ने जो कहानी कही है वह बेहद दिलचस्प, आकर्षक और नाटकीय उतार-चढ़ाव लिए हुए है। घटनाओं को स्वाभाविकता, चरित्रों का दमदार अनोखापन और बयान करने की जादुई शैली में जिस बारीक कलम और अमिट स्याही का इस्तेमाल किया है, उससे लेखक की जबरदस्त किस्सागोई और औपन्यासिक शिल्प की अद्वितीयता दमक उठी है।

मैंने पहले ही कहा कि असग़र जन्मजात किस्सागो हैं और किस्सागो वही हो सकता है जो अपने पाठकों में किस्सागोई के प्रति केवल आकर्षण ही नहीं पैदा करता बल्कि उन्हें किस्सागो बनने की ओर प्रेरित कर उनकी सोई हुई स्मृतियों और कल्पनाओं को झकझोर कर जगा जाता है। जो लोकप्रियता की सामान्य हदों तक जाकर उन गंभीर संवेदनों को सम्हाले रहता है जिससे लोकप्रियता कभी भी मनोरंजन नहीं बन पाती और गंभीर मानव-अनुभव अपनी सहज मुद्राओं में आलोकित हो उठते हैं। *असग़र में गंभीरता और लोकप्रियता का यह अद्भुत संयोग है। वे बेहद पठनीय हैं और पाठकों को अपने मुहावरों के पाश में बाँधे रखते हैं। उनके कहने में एक ऐसी रवानी है जो पढ़ने वाले को थकाती नहीं बल्कि उन्हें तरोताजा करती है।* वे यह सब कैसे कर पाते हैं जब इस पर ध्यान जाता है तो लगता है जो भी वे कह रहे हैं जैसे आपबीती हो। एक प्रकार की आत्मकथा जो उनकी तो है ही, उनके पुरखों और नाते-रिश्तेदारों की भी है। उपन्यास को पढ़ते हुए यह आत्मकथात्मक शैली बार-बार हमारे ध्यान में आती है। शायद इसका एक कारण यह भी हो कि लेखक खुद भी एक पात्र की तरह यहाँ उपस्थित होकर आत्मकथन कर रहा है।

घटनाओं और प्रसंगों की कल्पना करते हुए उसने जीवन के जो अनुभव-चित्र खड़े किए हैं, वे भले ही पुराने हों पर उनकी रोचकता और जीवंतता की जोत धुँधली नहीं पड़ी है। इसका कारण वे मानवीय सरोकार हैं, जो मूलभूत तौर पर लेखक को ऊर्जस्वित किए रहते हैं। निस्संदेह हम जिस समाज में रह रहे हैं वह सन् सैंतालीस के बाद का है चुनावी राजनीति, आधुनिक उद्योग-धंधों और पूँजी केंद्रित लोकतंत्र का यह समाज उन मानवीय संबंधों की विलक्षणता शायद ही महसूस करे जिनका उल्लेख, वर्णन और चित्रण कथाकार ने इकरामुद्दीन और मोतमुद्दौला के समयों के हवाले से किया है। इकरामुद्दीन की मौत और उनके शरीर (लाश) को ले जाने वाले, जत्तन मियाँ और उनकी रखैल सत्ती का किस्सा या फिर मोतमुद्दौला के वारिसों की खब्त दीवानगी और पागलपन, विभिन्न प्रकार के अजीबोगरीब शौक और दरिद्रता के किस्सों से गुजरते हुए हमें लगता है जैसे प्रत्येक शख्स एक भरा पूरा किस्सा है। लेकिन यह भी सच है कि उपन्यास में मर्दों की तुलना में औरतों की निष्ठा और मर्यादा कहीं अधिक वजनदार है। परिवारों में रखैलों की एक अलग संस्कृति है पर उनकी भी कोटियाँ हैं। सत्ती जैसी रखैलें अपने हकों को लेकर जिस निस्पृहता से लड़ती और अपने अद्भुत स्वाभिमान का प्रमाण देती हैं, वह उनकी चारित्रिक गरिमा और बेजोड़पन का उदाहरण है। आज के बाजारू संबंधों की भीड़ में उन संबंधों के बारे में सोचना भी प्रायः मुश्किल लगता है। लगता है जैसे वे बीते युगों के सपने हों।

उपन्यास किसी एक चरित्र की केंद्रीयता से बँधा हुआ नहीं है। समय ही इसका केंद्र है जो अपने ऐतिहासिक प्रवाह में सभ्यता के ऊँचे-नीचे ठिकानों और मोड़ों को पार करता हुआ हमें उस ठिकाने तक ले आता है, जिसे हम अपना ठिकाना मानते हैं। समय के इन अनुभवों और उनसे पैदा होने वाले संवेदनों की जो कहानी कही गई है, उसमें एक अनोखी सरसता किंतु दुर्लभ अनुत्तेजकता है। आवेगों के उतार-चढ़ाव और कशमकश के बावजूद धीर प्रशांत किस्सागोई ने यहाँ ऐसा प्रतिमान रचा है जिसमें कथावाचक की तादाम्यता और तटस्थता की टक्कर बराबरी की है। इसी के चलते उस कथा-रस की भी सृष्टि हो सकी है जो पाठकों और प्रयोग करने पर परंपरागत श्रोताओं को भी तल्लीन कर सकता है।

उपन्यास के कथानक का मूल स्वर विषाद का है और यह इतना अटूट और अविच्छिन्न है कि कहीं टूटता ही नहीं। इतिहास की सी धारावाहिकता और अनुक्रमिकता में कथावाचक की आवाज समूचे घटना चक्र को उसके पात्रों के साथ जिस प्रकार गूँथती और रचती है उसमें लोककथाओं की सी मनोरमता और रमणीयता है। कहानी तभी तो कहानी बन जाती है जब उसमें यह हो। वह हमारी अपनी न होकर भी अपने लोगों की लगे और उनके सुख-दुख से हम पाठक एकाकारिता का अनुभव कर सकें। मोतमुद्दौला का प्रसंग छेड़ते हुए कथाकार लिखता है—मोतमुद्दौला आज अफसाना लगते हैं। लेकिन ऐसा था नहीं। वो अवध की सरकार में वजीरे-आजम

थे और हालात के पल्टा खाने की वजह से मुल्कबदर कर दिए गए थे। अवध से निकलकर वो यहाँ आ गए थे और यहीं बस गए थे। अपने जमाने में वो हिंदोस्तान के मशहूरतरीन और मालदारतरीन लोगों में गिने जाते थे। उन्होंने 'नासिख' को अपने ऊपर कसीदा लिखने का इनाम एक लाख रुपया दिया था। ये सुनकर असदुल्लाह खाँ 'गालिब' ने भी मोतमुद्दौला पर कसीदा लिखा था। लेकिन गालिब के नसीब में मोतमद्दौला का पैसा न था। मियाँ गालिब ने कहलवाया कि 'जब मैं कदमबोशी को हाजिर हूँ तो जनाबेवाला उठकर दरवाजे तक आएँ और बंदे से बगलगीर हों, अपने पास मसनद पर बैठने की जगह दें और बंदा जब जाने लगे तो हुजूर करम फरमा कर दरवाजे तक रुखसत करने आएँ।' पर मोतमुद्दौला ने ये क़ुबूल नहीं किया और गालिब भी फिर नहीं आए और उसी कसीदे में कुछ हेर-फेर करके किसी और को सुना दिया और उससे कुछ हासिल कर लिया।

मोतमुद्दौला अबुल मुजफ्फर मुगजुद्दीन शाहेजमन गाजीउद्दीन हैदर के वजीरे आजम थे। लेकिन गाजीउद्दीन हैदर उनकी मुट्ठी में थे। मुल्क-ओ-माल के वजीर उनके इशारों पर नाचते थे। बेगमें उनके रहमो-करम पर थीं। दरअसल अपने जमाने में अवध के नवाब या कहें बादशाह वही थे। अवध में उनकी तूती बोलती थी। उनके पेशाब से चिराग जलता था।

उन्हीं मोतमुद्दौला को अंततः बीस लाख रुपए बतौर जुर्माना अदा करके अपनी जान बचाने की दूसरी शर्त भी माननी पड़ी कि वे लखनऊ छोड़कर चले जाएँ। करीब बीस साल तक अवध के वजीरे आजम रहे मोतमुद्दौला को शहरबदर कर दिया गया। उनके पास कितनी अपार दौलत थी कि सैकड़ों छकड़े खरीदे गए और जब उनका कारवाँ निकलना शुरू हुआ तो कई दिनों तक गाड़ियाँ निकलती रहीं। कारवाँ की एक गाड़ी उन्नाव के पास थी तो दूसरी उनके महल के फाटक से निकलती थी। सैकड़ों पालकियों पर मोतमुद्दौला का खानदान शहर के बाहर निकला।

कानपुर कंपनी के इलाके में था। वहाँ के कलक्टर को लाट साहब का हुक्म आया कि मोतमुद्दौला की मदद की जाय। मोतमुद्दौला ने सबसे पहले सेठ रामनारायण से उसकी कोठी खरीदी जो दस एकड़ के रकबे में थी। दीगर जमीनें और अंग्रेजी ढंग के महल भी खरीदे गए। अपनी बेटी दाऊदी बेगम की शादी उन्होंने एक गरीब लेकिन अच्छे खानदान के, खरी हड्डी वाले सैयद से की। उसके लिए सफेद कोठी के बराबर महल बनवाया।

गर्मियों की छुट्टियों में हम लोग जिस महल में जाया करते थे वह वही महल था जो मोतमुद्दौला ने बनवाया था और सफेद कोठी भी वही थी जो उन्होंने खरीदी थी। हाँ, दस एकड़ बाग एक गुजान मोहल्ले में बदल चुका था। वहाँ जो घर बने थे वो किराये पर उठाये गए थे, जिनका पैसा इसी खानदान के लोगों को मिलता था। जमींदारियाँ भी बँट गयी थीं और सबके पास कोई न कोई गाँव था जहाँ मुंशी

कारिंदे काम करते थे। हम लोगों की हैसियत ननिहाल में गरीब रिश्तेदारों की तो नहीं लेकिन गँवारू रिश्तेदारों वाली जरूर थी। क्योंकि हम लोगों की आदतें और बातचीत का तरीका उनसे अलग था इसलिए वो लोग हम पर हँसते थे। उस महल और कोठी में सौ साल के बाद भी वह लखनऊ जिंदा रखा था जिसे मोतमुद्दौला अपने साथ लाए थे। तकल्लुफ, बनावट, नजाकत, अदब-आदाब, रख-रखाव, शानो-शौकत, दिखावा और वे सब मूल्य जो उन लोगों को विरसे में मिले थे—जैसे नौकरी करना बुरी बात है, मेहनत करना शरीफों का काम नहीं है—यहाँ अब तक प्रचालित ही नहीं थे बल्कि उन पर यकीन किया जाता था। पढ़ाई-लिखाई का चलन उर्दू, फारसी और अरबी तक सीमित था और शेरो-शायरी का बड़ा जबर्दस्त माहौल था, नाच-गाने में दिलचस्पी मर्द ही नहीं, बेगमें भी लेती थीं। रात-रात भर महफिलें आरास्ता थीं। दिन के वक्त ताश, चौसर और शतरंज की बाजियाँ बिछ जाती थीं। इनकी अपनी दुनिया थी और उसी में खुश और मस्त थे।

पिछले दिनों जब इतिवृत्तों की भरमार थी, इतिवृत्तशून्यता का आंदोलन चला था। वर्णन का शिल्प स्थूल शिल्प कहा और माना गया। मानवीय गतिविधियाँ मनोविकारों के सूक्ष्म चित्रणों में ही कैद कर दी गईं। पर जो लेखक हमारे मानस-पटल पर अंकित हैं वे संभवतः वही हैं जो गूढ़ मन का ही नहीं कर्ममय जीवन का प्रतिरूप भी चित्रित कर सके हैं। जिसे हम समाज कहते हैं उसका स्वरूप गतिविधिपरक है। इसलिए इसका प्रतिबिंबन उपन्यास अथवा महाकाव्य में आवश्यक है। इसी तरह चरित्रों की बारीक और मोटी रेखाएँ हमें जीवन के उस स्वभाव को समझने में मदद करती हैं जो ऊँचा-नीचा, उथला और गहरा है। और इन सबके लिए इतिवृत्त का शिल्प अनिवार्य है। यह हमारे संस्कार में है। देखना यह है कि हम इसका विकास कैसे कर पाते हैं।

असग़र वजाहत ने 'सात आसमान' जैसा उपन्यास लिख घटनाओं, प्रसंगों और चरित्रों का जैसा रंगारंग और विषादपूर्ण द्वंद्व-फलक रचा है उससे इतिवृत्त की ताकतों का नए सिरे से एहसास होता है।

सच तो यह है कि हमारे लेखकों की प्रतिभा स्वाधीन नहीं रही। वे अपनी पूर्व परंपरा का उपयोग करने या उसकी सार्थकता या निरर्थकता का गंभीर विवेचन करने के बजाय उस दूसरी ओर भागते चले गए जिधर उनकी मौलिकता का सौंदर्य तो कम किंतु परायी पूँजी का इस्तेमाल कर आधुनिक होने का अंध उत्साह कुछ ज्यादा ही था। यह जोश अभी भी कम नहीं हुआ है। असग़र यदि इस जोश से बचते हुए इधर निकल आए हैं तो देखना यह होगा कि उनकी यह समझदारी है या चतुराई। गूँथकर खड़ा किया जाने वाला शिल्प आखिर है क्या? क्या उसकी कोई व्याख्या हम अपनी परंपरा की जमीन पर कर सकते हैं?

संस्कृत के आचार्य ख्यात आलंकारिक भामह ने ऐसे ही कथा-प्रबंधों को देखकर

भावित अलंकार की खोज की होगी। उनके अनुसार यह समूची कृति का गुण है जिसमें अतीत और अनागत वृत्तांत प्रत्यक्ष जैसे दिखते हैं। बाद के आचार्यों ने यहाँ तक कहा कि रचनाकार का यह प्रत्यक्ष जैसा अनुभव पाठक को भी प्रत्यक्ष जैसा अनुभव लगे। लेखक और पाठक के अनुभवों में द्विजातीयता या द्विगोत्रीयता न महसूस हो—

भाविकमिति प्राहुः प्रबंध विषयं गुणम्।
प्रत्यक्षा इव दृश्यंते यत्रार्था भूत भाविनः।।

काव्यालंकार।।31-53।।

कसौटी यह कि लेखक की भावधारा जिसमें वह बह रहा है, पाठक भी समान गति से एकरस होकर बहे। 'सात आसमान' में कथा का यह भाव-प्रवाह सचमुच इतना ही सरस और मार्मिक है। किस्सागोई की सादगी और बेजोड़ बयानी तो असग़र को जैसे वरदान में मिली हुई हो। यदि ऐसा न होता तो इतनी सारी रवानी आती कहाँ से। दंडी जैसे ख्यात आलंकारिकों के अनुसार यह वह अलंकार है जो भाषा की किन्हीं विशिष्ट भंगिमाओं (कथन-भंगियों) में नहीं अंटता बल्कि समूचे प्रबंध में अंतर्व्याप्त एक गुण की तरह विद्यमान रहता है। अलंकारवादी आचार्यों ने यदि इसकी गिनती स्वभावोक्ति, ब्याजोक्ति, वक्रोक्ति आदि अलंकारों के साथ की है तो ठीक ही है। डां. त्रिपाठी की यह टिप्पणी भी गौरतलब है। ये अलंकार कई अवांतर अलंकारों को अपनी संरचना में समेट कर चलते हैं तथा काल के भी कई स्तरों को वे समाहित करते हैं। अतीत से जुड़े स्मृति आवर्त और आवेग, काल से उपजा यथार्थानुभव और उसे जुबान देने वाले शब्द जब एक खास प्रकार की सर्जनात्मक समाधि में एकरस हो उठते हैं तब कृति विशेष का यह सौंदर्य निखर उठता है। डॉ. त्रिपाठी का यह कथन भी अतिमहत्त्वपूर्ण है कि 'भाविक उन विरले अलंकारों में से' है जिनका संबंध 'काल बोध' से है। 'सात आसमान' कई-कई पीढ़ियों के मार्फत वस्तुतः कई-कई कालों की कहानियाँ कहता है और कुछ इस तरह कि वे कहानियाँ न लगें बल्कि हकीकत से भी कुछ ज्यादा ही हकीकत जान पड़ें। लेखक ने बगैर कोई नमक मिर्च लगाए इसे प्रस्तुत किया है, यहाँ तक कि अपने बयान में उसने जिस भाषा-रूप का प्रयोग किया है, वह न तो हिंदू हिंदी है न इस्लामी उर्दू। वह ठेठ हिंदवी या हिंदुस्तानी, आम बोलचाल वाली हिंदी है जिसे लखनऊ, फैजाबाद या फिर अवध के लोग आपस में बातचीत करते हुए अब भी प्रयोग में लाते हैं। इस हिंदी में अरबी-फारसी के मुहावरों और खास अर्थ देने वाले पारिभाषिक पदों के साथ-साथ अवध अंचल की बोलचाल के स्थानीय मुहावरों और संवाद-लयों का संगीत है। बोली की सदाबहार खूबसूरती लिए हुए यह कृति ही उसकी किस्सागोई और रवानी की ताकत का एहसास कराती है।

इस रवानी में घटनाओं, प्रसंगों और चरित्रों की संयोगात्मक स्वाभाविकता और

पारस्परिकता तो अपनी जगह है, खड़ी बोली के अपने खास मुहावरों और मुस्लिम परिवारों की मिली-जुली जुबान की अपनी मिठास और देशी स्वाद का जादू भी काम कर रहा है। असग़र की खड़ी बोली में फतेहपुर और कानपुर के प्रयोग भी खूब हैं। यह विशेषता प्रायः हर उस लेखक में होती है जिसकी चेतना का एक छोर उसकी अपनी बोली से जुड़ा रहता है। अरबी-फारसी के शब्दों के साथ-साथ इस्लामी तहजीब को मूर्त करने वाली पारिभाषिक पदावलियाँ चित्रित समाज और समय को कुछ अधिक ही विश्वसनीय बनाती हैं। हम चाहें तो इसे हिंदवी भी कहें या फिर मीर और ग़ालिब की रेख्ता। मुझे कोई संदेह नहीं यही जुबान आज नहीं तो कल बाजारों और फिल्मों से होती हुई उस रचनात्मक संसार तक भी पहुँचेगी जिसका सब कुछ साझा है, न केवल ऑफिस और विधान सभा बल्कि खेत खलिहान, मुहल्ले और बाजार तक। असग़र जैसे लेखक तब और भी महत्त्वपूर्ण हो उठेंगे।

मैंने पहले ही कहा कि आदमी की स्मृतियाँ कोरी स्मृतियाँ नहीं होतीं जैसे कि घरों में चीजों के निर्जीव अटाले होते हों। वे हमें एक ऐसी अनुभव परंपरा और जीवन-दृष्टि से रू-ब-रू कराती हैं हमारा न होकर भी हमारा ही है, हममें है और हमारे चलते हममें है। यह एक प्रकार का ऐसा लेखा-जोखा है जो मनगढ़ंत कल्पनाओं के स्वच्छंद विहार की तुलना में यथार्थबद्ध अनुभवों की खामोशी का बयान समेटे हुए है। इस बयान में निरौपचारिकता का सौंदर्य और जातीय संवेदनों की जानी-अनजानी सुगंधें हैं। जीवन-प्रवाह के वे ऐतिहासिक चौराहे और दोराहे भी जहाँ से नए प्रस्थानों की किरणें फूटनी हैं और नई दिशाओं को आलोकित होना है। उपन्यास अभिधा के स्तर पर तो अति सामान्य लगता है किंतु अपने प्रतीकार्थ में समकालीन जीवन-बोध की मार्मिक मुश्किलों और छटपटाहटों को उजागर करता है और संभवतः यही वह जगह है जो अपनी खामोशी में सिसकारियाँ लेती है किंतु आहिस्ते से अपने आँसुओं को पोंछ लेती है किंतु करने के लिए उठ खड़ी होती है।

ये कहानी है न काल न समाज की : काल-कथा*

कहानी कहने के पीछे आदमी की जो सबसे बड़ी फितरत है वह उसका अतीत नहीं वर्तमान है जिसे वह अतीत के स्मरणीय शिखरों के बहाने ऊर्जस्वित और दीप्तिमान करना चाहता है। अपने समय से आमना-सामना करता हुआ आदमी अकेला न पड़ जाय, वह उस पुश्तैनी घर या उसकी यादों के झुंड में शामिल हो जाना चाहता है जिसे परंपरा कहते हैं यह स्वाभाविक भी है और सहज भी।

आदमी चाहे अतीत की ओर लौटे या फिर भविष्य को ढूँढ़ता जहाँ-तहाँ भागा-भागा फिरे, सच केवल यही है कि वह अपने वर्तमान को उसके ऐतिहासिक समूचेपन में पाना चाहता है। एक ऐसा 'वर्तमान' जो सिर्फ उसका अपना या स्कूली, इतिहास की किताबों वाला वर्तमान न हो। वह सबका हो और लोकचेतना में रचा-बसा हो। यदि ऐसा न हो तो, वह कभी भी कहानी नहीं बन पाता।

कहानी तो कही ही तभी जाती है जब वह अपने सुनने वालों को काल के इस मोटे बँटवारे से ऊपर उठा ले जाय और कथावाचक को अलग से यह कहने की जरूरत न पड़े कि 'मैं समय हूँ।' फिर कोई भी कहानी अकेले 'समय' कैसे हो सकती है! वह 'पुरुष' भी है और घटनामयी सृष्टि भी। हर साँस जहाँ सिर्फ मशीन हो चुके फेफड़ों की उठान और गिरान भर न हो, आदिम से लेकर अर्वाचीन अनुभवों की महागाथा भी हो। पर यह केवल स्थूल 'स्मृति' या पुराने दस्तावेजों की मदद से शायद ही कभी संभव हो पाई हो। कहानीकार को गोताखोर बनकर गोताखोरी करनी पड़ती है। असाध्य-से हो चुके अतीत को साधने के लिए उसे एक और स्तर पर जीना पड़ता है। तंत्र शास्त्र में इसे शव-साधना कहते हैं। कहानी और कुछ नहीं बस यही है। इतिहास के मुर्दे की पीठ पर बैठ परंपरा की साँसों को फिर से नई तरतीब देना।

---

* काल-कथा : कामतानाथ

जब मैं यह सब कह रहा हूँ तब किसी जुनून में नहीं हूँ। जानता हूँ कि आज तक ऐसी-ऐसी इतनी सारी और इतने अनोखे ढंगों से कही गई कहानियाँ हैं कि चाहूँ भी तो उनके ढंग नहीं गिना पाऊँगा, या फिर इसके लिए एक अलग किताब लिखनी पड़ जाएगी। कहानी खुद-ब-खुद जो है, सो तो है ही, वह महाकाव्य में भी है, नाटक, उपन्यास, जीवनी, और आत्मकथा में भी। इतिहास, पुराण, आख्यायिका, गल्प, दृष्टांत और उदाहरण में भी। इतनी विस्मयकारी व्याप्ति है उसमें। आदमी मरने के बाद अगर जिंदा रहना चाहे तो उसे कहानी बन जाना पड़ता है। कहानी ही है जो उसे जिंदा रखती है।

पर यह कम बड़ा सच नहीं है कि साहित्य के प्रवर तत्त्वों के बीच कहानी की दशा शूद्र जैसी है। शरीर में जैसे पाँव। पर कहानी न हो तो अन्य सारे प्रवर तत्त्व बैठे ही रह जाएँ। एक प्रकार की पंगुता और पायमाली आ जाए उनमें। इसलिए कहानी कहने की प्रज्ञा किसी भी सर्जक की प्रतिभा की पहली पहचान है। जो लोग इस पहचान से मुकरने का पाखंड करते हैं, उनका काम भी बगैर कहानी के नहीं चलता। देर-सबेर उन्हें इस ओर आना ही पड़ता है। तब यह पूछे बगैर मन नहीं मानता कि कहानी कहने से अगर इतनी चिढ़ या परहेज है तो इस तरफ आना ही क्यों? इसी से लगा हुआ दूसरा सवाल भी है। कहानी कहने की जरूरत किसी को क्यों पड़ती है? क्या सिर्फ कहानी के मार्फत आज्ञाकारी और भोले-भाले श्रोताजनों को एकत्र कर उन्हें अपने वाक्पाश में बाँधे रखने के लिए। ऐसा तो 'बैताल पचीसी' की कहानियाँ भी नहीं करतीं। उनका मकसद तो कुछ और ही होता है। संभवतः किसी जीवन-सत्य (या मूल्य) का उद्‌घाटन और संप्रेषण या फिर कोई ऐसा संदेश जिसे लोकहित के लिए जरूरी-सा मान लिया गया हो। मूल्यहीन कहानी संप्रेषण-विमुख कहानी ही कही जाएगी। तब वह कहानी होकर भी क्यों रह जाएगी? इसलिए 'कहानी' का उपन्यास में होना जितना जरूरी है, उतना ही यह भी अपरिहारी है कि वह मूल्य-संयुक्त हो।

'मूल्य-संयुक्त' कहने से अगर कोई काव्य-प्रयोजनों की बिंदुवार सूची की ओर भागने लग जाए तो उसे रोकना होगा। पूछना पड़ेगा कि कहीं वह उन घोषित और घिसे-पिटे फार्मूलों की ओर तो नहीं भागा चला जा रहा है, जो विश्वविद्यालयीन आचार्यों के पुश्तैनी अखाड़ों की पुरानी पहचान हैं। मेरा आशय उस मूल्य-तंत्र अथवा मूल्य-व्यवस्था से नहीं है जो सुनिश्चित और सनातन करार दी जा चुकी है। जब संसार ही स्थायी और जड़ नहीं है तो तंत्र या व्यवस्था कहाँ से सनातन हो पाएगी? मूल्य भी अपने समय के अनुभवों के वाहनों पर दौड़ते हैं। उनमें गति होती है तो दिशा-बोध भी। उदाहरण के लिए 'विद्रोह' एक मूल्य है पर सर्वथा निरपेक्ष नहीं। वह हमेशा उसी रूप में दुहराया नहीं जा सकता। दुहराने वाले अक्सर मारे जाते हैं। उसमें जो आत्मतेज आता है, संचरणगामिता दिखाई देती है, कहानी की रग-रग में,

रोम-रोम में से प्रतिध्वनित होता जो अपने पाठकों या श्रोताओं को सृजन की चमत्कृति से चमत्कृत करता चलता है, उनकी सो सी गई मनुष्यता को बगैर किसी पूर्व सूचना के जगाकर उतनी देर तक अपने साथ रहने को मजबूर कर डालता है, यह सब कहानी से कुछ अधिक महत्त्वपूर्ण है। भाषा और जिंदगी यहाँ जिस नैतिक निचाटपन में धूप और हवा के मानिंद मिलते हैं और दुनिया इस संधि से पुलकित और विस्मित होती है, वह और कुछ नहीं, बस यही मूल्य-तंत्र है। कृष्णा सोबती ठीक कहती हैं कि उनकी कलम सिर्फ मूल्यों के लिए लिखती है।

पिछले दिनों जिन उपन्यासों से होकर मेरा गुजरना हुआ, याद करूँ तो वे प्रायः एक नये प्रकार के मूल्य-तंत्र की माँग करते दिखाई देते हैं। कमलाकांत त्रिपाठी का 'पाहीघर' और 'बेदखल', विद्यासागर नौटियाल का 'सूरज सबका है', सोहन शर्मा का 'मीणाघाटी', अलका सरावगी और मैत्रेयी पुष्पा के उपन्यास हमारे समय को, बल्कि हमारे विलुप्त-से हो उठे 'समय' को खोजने और रचने की कठिन कोशिश करते दिखाई देते हैं। पर यह बगैर दुर्दम संघर्ष और अविराम-समर के संभव न होगा, इसे भी ये सब जानते हैं। समकालीन हिंदी के ये जमीनी भारतीय लेखक बीती सदी और प्रारंभ की ओर बढ़ती सहस्राब्दी की उस गति पर ध्यान टिकाए हुए हैं, जिससे कुछ लोगों के कथनानुसार सब कुछ प्रभावित होकर बदल जाने वाला है। सन् 1947 के पहले का आम भारतीय इस प्रकार के किसी भी बदलाव का मूक दर्शक पहले कभी नहीं रहा। मुक्तिबोध को याद करूँ तो जहाँ भी स्नेह या संगर, एक उसका पक्ष, निस्संदेह, निस्संदेह। आज हमारे लेखकों में यह पक्षधरता तो दिखाई देती है पर अवाम और खास तौर से अपने को अतिप्रबुद्ध समूह मानने वाला वर्ग तटस्थ और उदासीन है। हमारे ये लेखक उसकी तटस्थता और उदासीनता से निरंतर जूझ रहे हैं। उनकी कल्पनाएँ इसीलिए हवाई या कोरी कल्पनाएँ नहीं हैं वे सच से वस्तुतः कुछ ज्यादा ही सच हैं।

अपनी डायरियों में मुक्तिबोध जब फैंटसी को अनुभूति की कन्या कह रहे थे तब वे अनुभूति को ही फैंटसी में रूपांतरित होता देख रहे थे। फिर भी अनुभूति तो अनुभूति ही है। फैंटसी में उसका रूपांतरण इसीलिए और भी जरूरी हो उठता है कि वह औरों की भी अनुभूति बन सके। फैंटसी ही तो है जिसके सहारे अनुभूति का फैंटसी में पररूपीकरण, प्रकारांतर से उसका लोकव्यापीकरण और लोकसंवेधीकरण ही है। घटना हो या इतिहास, विचार की कौंध हो या ख्याल की सूझ, भाव की चुभन या उफान, अतीत की स्मृति-शृंखला हो या भविष्य के सपने, आस-पास का दैनिक व्यवहार-जगत हो या नींद के दौरान देखा हुआ सपना, सब कुछ अनुभवगम्य और उसकी सीमा में है। किंतु यह और भी कठिन सच है कि यह सब अनुभवात्मक होकर भी जिसे हम 'अनुभूति' कहते हैं, वह नहीं है। वह जो नहीं रचता उसमें भी

यह क्रिया सक्रिय रहती है। अनुभूतिकर्ता का व्यापार एक विशिष्ट व्यापार है। उसका स्वरूप रचनात्मक होता है।

कई लेखक ऐसे होते हैं जो अनुभवों की सामान्य उपस्थिति को ही अनुभूति मान रचना में प्रवृत्त हो जाते हैं क्योंकि उन्हें लिखने के गुर मालूम हैं। हथियारों का जखीरा भी हो सकता है उनके पास—मसलन कई सुनी-पढ़ी कहानियाँ, जाने-बूझे चरित्र और समकालीन रिव्यूकारों की वे माँगें भी जो वे प्रायः अपने समय के लेखकों से किया ही करते हैं। ऐसे चुस्त और फुर्त लेखक अनुभूति के न्यूनतम दबाव में भी लिख डालते हैं और कभी-कभी तो इस न्यूनता को छिपाने के लिए वे अतिकल्पनाओं का सहारा भी लेने लगते हैं, ये अतिकल्पनाएँ जबकि उनकी चालाकियों को छिपा नहीं पातीं। बड़े-बड़े राष्ट्रीय हादसों के बीच कविता या कला की यह चालाकी द्वंद्वपूर्ण रचनात्मक दुविधा और नागरिक की जिम्मेदारी की माँग के बीच साफ-साफ दिखती हैं। ऐसी स्थिति में प्रायः विवरणमूलकता, तथ्यपरकता और दस्तावेजीकरण की प्रवृत्ति सहज ही बढ़ जाती है। इन सबका सम्मिलित बोझ अपनी पीठ पर कहानी को ही ढोना पड़ता है। कहानी की ये अपनी मुश्किलें तो हैं।

याद करें तो ऐसी कई कृतियाँ हमारे जमाने से काफी पहले की मिल जाएँगी और अपने जमाने में तो आ ही रही हैं। फिर भी वृंदावनलाल वर्मा, अलका सरावगी और कमलाकांत त्रिपाठी में काफी फर्क है। वृंदावनलाल वर्मा को हम ऐतिहासिक उपन्यासकार कह सकते हैं पर इन दोनों को ठीक उसी अर्थ में नहीं। दो खंडों में प्रकाशित कामतानाथ का उपन्यास काल-कथा (1998) को भी हम ऐतिहासिक उपन्यास की श्रेणी में नहीं रख सकते जबकि ढेर सारा उसमें कुछ ऐसा इतिहास है कि खास तौर से—1921 से 1930 तक कांग्रेस पार्टी का इतिहास—उसे निकाल दें तो दूसरा खंड जो लगभग पाँच सौ पृष्ठों का है (पहला कुल 406 पृष्ठों का) ढह ही जाएगा। हंस के संपादक और कथाकर राजेंद्र यादव की यह खीझ स्वाभाविक है कि इसमें अनावश्यक की भरमार बहुत ज्यादा है। कथा-तत्त्व ढीलाढाला, उबाऊ और गैरजरूरी विवरणों से भरा हुआ।

उपन्यास के दूसरे भाग के बत्तीसवें खंड में रावी तट पर होने वाले कांग्रेस के अधिवेशन में मोतीलाल नेहरू का अपने बेटे जवाहरलाल नेहरू को पार्टी की अध्यक्षता सौंपने का वर्णन है। जवाहरलाल पिछली सारी परंपराओं को तोड़ अध्यक्ष के रूप में घोड़े पर बैठ स्वयं सेवकों और जुलूस के साथ आगे-आगे चलते हैं। अनारकली बाजार में एक दुकान की बॉलकनी से पंडित मोतीलाल नेहरू और उनकी पत्नी स्वरूपरानी

ने भी यह दृश्य अपनी आँखों से देखा। लेखक की टिप्पणी है—कांग्रेस के इतिहास में यह पहली बार था जब कांग्रेस अध्यक्ष के रूप में एक पिता अपना कार्यभार अपने बेटे को सौंपने जा रहा था। xxx कुछ बुजुर्ग लोग कांग्रेस के अध्यक्ष को इस प्रकार घुड़सवारी करते देखकर आश्चर्य भी व्यक्त कर रहे थे। xxx एक सिख नौजवान ने एक बूढ़े व्यक्ति को ऐसी ही कोई टिप्पणी करते सुना तो हँसते हुए बोला, ''हमारा अध्यक्ष ऐसी सवारी नहीं करता जिसकी लगाम किसी और के हाथ में हो कि जहाँ चाहे हाँक ले जाए।'' जवाहरलाल के इस सिंहासनारोहण की खुशी में उपन्यास का नायक तेजशंकर शामिल था—''चौड़े पाटवाली, शांत किंतु तेज बहती रावी के तट पर, नए वर्ष की पहली सुबह के पहले क्षणों में, नारे लगाता, एक-दूसरे से गले मिलता, हाथों में जलती मशालें लिए नाचता-गाता यह जन-समूह अनायास ही इतिहास में पदार्पण कर रहा था। तेजशंकर भी इसमें शामिल था। उसे प्रसन्नता थी कि वह इतिहास के इन क्षणों का चश्मदीद गवाह था।'' उपन्यास की आखिरी पंक्ति है—''मोतीलाल नेहरू तथा अन्य वरिष्ठ नेताओं के साथ खड़े गाँधीजी, जवाहरलाल को इस तरह नाचते देख मुस्करा दिए।''

कांग्रेस अध्यक्ष ज़वाहरलाल नेहरू का यह उमंग-नर्तन यदि केवल सत्ता के एक पद विशेष के चलते है तो कहीं न कहीं इसका एक दूसरा अर्थ यह भी है कि उल्लास या खुशी परिस्थितियों के बदलने की नहीं राजनीतिक व्यक्तियों के कैरियर के उतार और चढ़ाव से जुड़ी हुई है। रावी के तट पर घटे इस हादसे का जबरदस्त असर पिछले पचास सालों के कांग्रेस के जीवन और इतिहास में देखा जा सकता है। उपन्यासकार ने कांग्रेस में जन्म लेते एकाधिकारवाद और वंशवाद की ओर इशारा कर कहानी को जहाँ समाप्त किया है, उससे पाठक सिर्फ इतना ही निष्कर्ष निकाल सकते हैं कि आजादी की महान लड़ाई में जहाँ सर्वसाधारण और जन-सामान्य लोग—बबउनू बाबा, रज्जो, टिकुली, मंगलू, मदारी पासी, ललई पंडित का बेटा सज्जन, लक्ष्मी मुंशी का बेटा बच्चन और तेजशंकर आदि शामिल थे, वहीं सत्ता की कुर्सियों की ओर बढ़ते वे लोग भी थे, जो तत्कालीन हिंदुस्तान के ऊँचे तबके से आए थे और जन सामान्य को सीढ़ी की तरह इस्तेमाल कर राष्ट्रीय जीवन के उन सवालों को इधर-उधर कर रहे थे जिन्हें गाँधी ने थोड़ा बहुत केंद्र में रखने का व्रत लिया था।

यह तो कहानी का अंत हुआ। उसकी शुरुआत तो उपन्यास के दूसरे खंड 'एक वर्ष में स्वराज' से होती है। 1919 के दिसंबर के अंत में अमृतसर में आयोजित होनेवाले कांग्रेस के चौंतीसवें वार्षिक अधिवेशन से जिसमें कथानायक तेजशंकर जो तब लखनऊ में बी.ए. का छात्र था, इस अधिवेशन में भाग लेने अमृतसर पहुँच जाता है। अधिवेशन स्थल को 'कांग्रेस नगर' की संज्ञा दी गई थी। तेजशंकर सफर की थकान के बावजूद घूमने निकल पड़ता है और देखता है 'कांग्रेस के बड़े नेताओं के ठहरने का भी प्रबंध था। लेकिन उनके तंबू साधारण प्रतिनिधियों के तंबुओं से

दूर, अलग स्थान पर थे।' तेजशंकर काफी देर तंबुओं के इस नगर में टहलता रहा। कांग्रेस के विशाल गोलाकार पंडाल से कुछ ही फासले पर मुस्लिम लीग, खिलाफत कमेटी तथा जमायतुल-उलमा के पंडाल लगे थे। वातावरण में बढ़ती हुई ठंड तथा शारीरिक थकान ने उसे जल्दी ही लौटने को मजबूर कर दिया। भोजन करते-करते सर्दी काफी बढ़ गई थी। भोजन कर तत्काल वह अपने बिस्तर पर चला गया और लिहाफ को चारों ओर से दबा अपना मुँह भी उसी के अंदर कर लिया।

अमृतसर के कांग्रेस अधिवेशन से लौटे तेजशंकर के बारे में बबउनू बाबा को इसकी सूचना चंदनपुर गाँव के मुंशी रामप्रसाद के बेटे रतन से मिली थी, जो मुग्ध होकर तेजशंकर के मुँह से अमृतसर के कांग्रेस अधिवेशन का वर्णन सुन रहे थे। बबउनू बाबा की उत्सुकता तिलक के बारे में तो थी ही, उससे कहीं ज्यादा गाँधी को लेकर थी जो जिनका वर्णन करते हुए तेजशंकर ने बताया, "हमारी आपकी तरह ही हैं, कोट धोती पहनते हैं, साफा बाँधते हैं।" तेजशंकर ने आगे बढ़कर यह भी कहा, "उनके मन में किसी के लिए भी द्वेष नहीं है। सबको प्यार करते हैं वह। अंग्रेजों तक को।"

"अइसेन महात्मा की जरूरत है आज देस का।" बबउनू बाबा ने कहा, "अच्छा ई बताओ बचुआ कि यू कुछ बताइन ऊ कि सुराज कब मिली!" तेजशंकर के लिए यह विचारणीय मुद्दा था, तिलक के 'स्वराज मेरा जन्मसिद्ध अधिकार है' से लेकर देशबंधु चित्तरंजन दास के 'पूर्ण उत्तरदायी शासन' के प्रस्ताव तक इस सवाल की न तो कोई व्याख्या थी, न व्याख्या करने की कोई प्रतिज्ञा या मियाद।

उपन्यास की कहानी इसके आगे कांग्रेस के अनेक अधिवेशनों, उनमें प्रस्तुत और पारित प्रस्तावों की कहानी है जिसे लेखक ने बहुत प्रामाणिक ढंग से अभिलेखागारों से उठाकर रख दिया है। अली बंधुओं मोहम्मद अली जिन्ना, पं. रामप्रसाद बिस्मिल, अशफाकउल्ला खान, भगतसिंह, चंद्रशेखर आजाद, समानांतर सरकार का प्रस्ताव रखने वाले नेताजी सुभाष बोस के साथ-साथ मदारी पासी का आंदोलन और भारत नौजवान सभा (क्रांतिकारियों) की यादें एक ओर हैं तो दूसरी ओर गाजीखेड़ा के तअल्लुकेदार खान बहादुर अब्दुल गनी, उनके बैरिस्टर भाई तहफ्फुज खान, चंदनपुर के मुंशी रामप्रसाद की अमन सभा है जो ब्रिटिश साम्राज्य की खैरख्वाही में लगी है। अनेक राजनीतिक विचारधाराएँ और उनको परस्पर काटतीं अन्य शक्तियाँ बीसवीं सदी के उस महान राष्ट्रीय आंदोलन और उसके असंख्य कार्यकर्त्ताओं की याद, यह उपन्यास कराता है जो कल्पना तो कम किंतु वास्तविकता से कुछ ज्यादा है।

इसका पहला खंड गाँधी के ताकतवर लोक उभार और उनकी कार्यकारी अभिप्रेरणाओं से भरा हुआ है तो दूसरा खंड जैसे राष्ट्रीय कांग्रेस की सिलसिलेवार कहानी भर है। सुखद है कि सदी के अंतिम बरसों में हिंदी का लेखक गाँधी के जिक्र के बगैर अपने शब्दों को समय का परिप्रेक्ष्य नहीं दे पाता। लेकिन इसका दूसरा

पक्ष भी है। गाँधी उसके भरोसे के अंतर्गत प्रायः नहीं आते, यह और बात है कि वह उनकी अनदेखी भी नहीं कर पाता। ये दोनों बातें क्योंकि एक साथ घटित होती रहती हैं, अगर विचार करें तो लगता है कि हमारे साथियों का जो ज्ञान-भंडार है उसका संस्कार पश्चिमी ढंग की आधुनिकता में हुआ है जबकि गाँधी की जो ताकत है, उसकी धुरी ठेठ भारतीयता है। चाहे हठ हो या सत्याग्रह। गाँधी वैचारिक संकीर्णता और कठमुल्लेपन को बार-बार लाँघते चले जाते हैं जबकि हमारे ये लेखक जिन्होंने इस धरती पर जिसे हम अपनी भारतमाता कहते हैं, दूसरा कोई और प्रयोग कम से कम हमारे अपने समय में तो नहीं ही देखा है। बगैर किसी गंभीर साक्षात्कार या संवाद के गाँधी को असंगत और अति आदर्शवादी करार देते हुए किसी अन्य और प्रत्यत्न की ओर लालसापूर्ण ढंग से बढ़ जाते हैं। उनकी यह फौरी उन्मुखता यह तो बताती ही है कि वे अपने लेखन के बल पर कुछ कर गुजरना चाहते हैं। तब हम आलोचक अपने साथी और प्रिय लेखकों पर संदेह करें भी तो क्यों? आखिरकार वे अपनी प्रतिभा का इस्तेमाल किसी कमाऊ धन्धे में करने के बजाय अगर सर्जनात्मक भाषा के इलाके में कर रहे हैं तो यह एक बड़ी बात है। यहाँ तो 'दुख ही जीवन की कथा' रह जाने वाली संभावनाएँ कुछ ज्यादा ही हैं इसलिए संदेह करने का सवाल नहीं ही उठता।

यह भी सही है कि प्रेमचंद के अलावा अन्य लेखक गाँधी और मार्क्स दोनों से ही ईमानदार संवाद करने से घबराते हैं। उन्हें यह रास्ता काफी कठिन सा लगता जान पड़ता है। इसलिए हमें 'रंगभूमि' में सूरदास जैसा चरित्र तो मिल पाता है पर बाद में 'बामनदास' आदि चरित्रों में वह बात नहीं आ पाती। इसीलिए ये उपन्यास शिल्प और भाषा की दृष्टि से अत्यंत परिष्कृत, प्रौढ़ और पठनीय होकर भी सूरदास, होरी और धनिया जैसा चरित्र नहीं ही दे पाए। दादा कामरेड या शेखर जैसे चरित्रों से यह भी अंदाज लगता है कि उपन्यास राष्ट्रीय आंदोलन को बाइपास कर मध्यवर्ग के उस इलाके में आ गया जहाँ जीवन कर्म और संघर्ष का मतलब बौद्धिक विमर्श मात्र बचा रह गया है। अधिकतर लेखक तो प्रतिक्रियाएँ भर दर्ज कर सके हैं और टिप्पणीकार बन गए हैं। जीवन के अत्यंत विशद और सघन अनुभवों के बीच वे इतने कातर और कइयाँ हो उठे हैं कि यह भी आसानी से पता नहीं लगता कि यह मुठभेड़ है या पलायन। गाँधी का आमना-सामना या उनसे संवाद अगर वे नहीं कर पाते तो इसका एक कारण यह भी है कि उनकी बौद्धिक पूँजी आरोपित और बेबुनियादी है। फील्डवर्क तो बड़ी बात है, हमारे ये लेखक ठीक से टेबुल वर्क भी करके नहीं आते। 'काल-कथा' जैसा बृहद-काय उपन्यास इसका अच्छा-खासा उदाहरण है जिसमें शुरुआत गाँधी से किंतु समापन नेहरू से किया गया है। ऐसा लगता है यह सब धपसट में हो रहा है।

हम यह मानते हैं कि कथाकार नेहरूवादी नहीं है, न ही उसकी कलम नेहरू

के प्रति किसी चारण या भाट की तरह पेश हो आती है। बजाय इसके वह राजनीति में नेहरू के उदय को भरोसे और उम्मीद से देखने के बजाय शंका और विक्षोभ की दृष्टि से देखता है। पर हम वामपंथी लेखक अपने उन पार्टी-बॉसेज का क्या करें जो खुद के अपने पाँवों पर खड़े होने से कहीं अधिक, छद्म समाजवादी नेहरू के कंधों पर सफर करना आजादी मिलने के बाद कहीं अधिक बेहतर मानते रहे और यह उन्हीं की सोच और करनी का फल रहा कि नेहरू शासन काल में पार्टी दो-तीन टुकड़ों में बँटती चली गई। प्रसिद्ध समाजवादी विचारक किशन पटनायक की यह टिप्पणी गौरतलब है--'परिवर्तन की शक्तियाँ शुरू से दिग्भ्रमित थीं, हालाँकि उनका चरित्र और तेवर क्रांतिकारी था।' बाद में तो वे सत्तावादी और अवसरवादी बनकर रह गईं। जनता को जागरित एवं प्रशिक्षित करने के बजाय बकौल कवि धूमिल उसे भेड़ समझा गया और उसकी पीठ पर मत पत्रों की फसल बोई और सत्तामुखी चुनावों के दौरान बेरहमी से काटी जाती रही।

उपन्यास के पहले खंड में कथा नायक तेजशंकर एक उम्मीद बनकर उभरते हैं। अति उत्साह के कारण आंदोलन की ओर आकर्षित हुए लोग जल्दी ही माफी माँग कर जब जेल से अपने घर चले जाते हैं तब भी तेजशंकर अपनी कठिन निष्ठा और प्रतिबद्धता के चलते, वाहिद और बड़े के लाख समझाने पर भी इसके लिए राजी नहीं होते--

"चलो माफी मत माँगो।" वाहिद ने कहा, "सिर्फ यह लिख दो कि मैंने जो भी किया उस पर मुझे अफसोस है। आइंदा ऐसा नहीं करूँगा। मैं कोशिश करूँगा कि इससे काम चल जाए।"

"नहीं, मैं कुछ भी लिख कर नहीं दूँगा।" तेजशंकर ने कहा, "आपकी मेहरबानी के लिए शुक्रिया।"

वाहिद खामोश हो गया, बड़े भी तेजशंकर की इस दृढ़ता के सामने विवश हो गए।

तभी मार्च के अंतिम सप्ताह में जेल में यह खबर आई कि सरकार ने गाँधी जी को भी गिरफ्तार कर लिया है और उन पर मुकदमा चलाकर उन्हें छः साल की सजा देकर यरवदा जेल में बंद कर दिया है।

उपन्यास का पहला खंड इसी दृढ़ता और प्रतिबद्धता के चरित्र की कहानी है। किंतु दूसरा खंड गाँधी और उनके साथियों के बीच घटते वैचारिक विवादों और मतभेदों के साथ-साथ मोतीलाल नेहरू और जवाहरलाल नेहरू की सत्ता-लालसा और सत्ता-विजय की कहानी है। उपन्यास तो यही कहता है जैसे गाँधी ने खुद ही खुद को पीछे कर लिया है। गाँधी के विचार समाजवादी नेहरू के विचारों के सामने घुटने

टेक चुके हैं। उनको अपनी राजनीति में जिन पश्चिमी प्रत्ययों से चिढ़ थी, उन प्रत्ययों का उभार उनतीस-तीस के नेहरू-उभार में दिखाई पड़ने लग जाता है। इसका कुछ और अधिक प्रखर रूप हमें बंगाल के 'अनुशीलन समाज', उत्तर भारत के बिस्मिल-अशफाक आदि क्रांतिकारियों के साथियों के 'हिंदुस्तान रिपब्लिकन एसोसियेशन' में दिखाई देता है। लेखक ने तत्कालीन अन्य जनांदोलनों में मदारी पासी के नेतृत्व में चलने वाले शोषण विरोधी आंदोलन को भी कुछ पृष्ठ बड़ी सहृदयता से दिए हैं किंतु यह भी सच है कि इस आंदोलन की गंभीरता और महत्ता को जिस तरह आनन-फानन में छिन्न-भिन्न होता दिखाया गया है, उससे लगता है कि कथाकार ने इसे प्रसंगात् उठा लिया था और अकस्मात् जहाँ का तहाँ छोड़ या पटक कर दूसरी तरफ चला गया जिधर उसका नायक तेजशंकर है। यही तेजशंकर राष्ट्रीय कांग्रेस के लाहौर अधिवेशन (दिसंबर 1929) में जवाहरलाल नेहरू को अध्यक्ष पद पर देख आश्वस्त सा होकर उस जन-समूह में शामिल है जो नेहरू को कांग्रेस के अध्यक्ष पद पर देख नाच उठा है।

लेखक ने नेहरू के उस पक्ष को भी देखने की जहमत नहीं उठाई जो तीस-बत्तीस या तैंतीस में बापू को संबोधित अपने पत्रों में यह लिखा करता था कि "आजादी हासिल करने का सवाल आम लोगों के लिए निहित स्वार्थों के हितों पर फिर से विचार करने का सवाल बन जाता है। जिस हद तक यह हो सकेगा उसी हद तक आजादी मिलेगी। भारत में सबसे बड़ा निहित स्वार्थ तो ब्रिटिश सरकार का है, उसके बाद देशी नरेश यानी राजे-रजवाड़े आते हैं और फिर अन्य लोग।" नेहरू लिखते हैं कि इन वर्गों से इनके अधिकार जितनी जल्दी वापस लिए जा सकें उतनी ही तेजी से उन्हें राहत मिलेगी जिनकी हालत बेहद खराब है और वे आजादी का अनुभव कर सकेंगे। गाँधी-नेहरू का यह संवाद भी उपन्यास के काफी काम का हो सकता था। अकस्मात् बगैर किसी कथात्मक परिणति और परिपूर्णता के उपन्यास हमेशा हमेशा के लिए स्थगित-सा कर दिया गया है। यह स्थायी स्थगन लेखक के उबाऊ परिश्रम और पाठक के गंभीर धैर्य का जैसे मजाक-सा उड़ाता हो।

लेखक की आजादी के बारे में हमें कुछ भी नहीं कहना है। बल्कि हम तो उसे हमेशा आजाद देखना चाहते हैं पर आजादी का मतलब अपने संकल्पों, प्रतिज्ञाओं की खिल्ली उड़ाना या फिर उन्हें भूल जाना नहीं है। क्या लिखना है, इसे वह खुद तय करता है पर तय कर चुकने के बाद उसका इधर-उधर होना, उसके विचलन या पतन का ही प्रमाण माना जाएगा। क्या यही काल-कथा है! न कथानक विकसित हो पाए न चरित्र। फिर इतनी सारी मेहनत क्यों और किस काम की? क्या हम सब सत्ता-राजनीति के करिश्मेकारों के मात्र चश्मदीद गवाह हैं, उपन्यास के नायक तेजशंकर की तरह? कहीं यह हम पाठकों का अपमान तो नहीं है? या हमें एक बड़े ऐतिहासिक फलक को दिखाकर ठगने का उपक्रम।

यह भी कि उपन्यास क्रमशः अपनी औपन्यासिकता त्याग कर ऐतिहासिक दस्तावेजीकरण की ओर बढ़ता चला गया है। जिस लोकजीवन से उसने कथानक का ठाट बाँधा था, उसे दस्तावेजों की छाजन से इस कदर दबा दिया है कि ठाट से जुड़ी प्रतिज्ञाएँ छिटक कर दूर जा पड़ी हैं। संभवतः कथाकार ने अपनी सामर्थ्यहीन महत्त्वाकांक्षा के चलते बीसवीं सदी के समूचे राष्ट्रीय जीवन और उसकी क्रांतिकारी उथल-पुथल—मदारी पासी का आंदोलन, अनुशीलन समाज, हिंदुस्तान रिपब्लिकन एसोसियेशन—को समेटने की भरसक कोशिश कर इसे आख्यान बनाने की भूमिका तैयार की है किंतु परंपरागत आख्यानों की केंद्रीयता वाले शिल्प का निर्वाह वह नहीं ही कर पाया है। इसे विसंगति कहें या विडंबना?

ग्रामीण जीवन की सामाजिक समरसता और भाईचारे के नितांत अंतरंग दृश्यों से उपन्यास की कहानी को शुरू करते हुए कथाकार ने यह संकेत तो कर ही दिया है कि आजादी के पहले के हिंदू-मुस्लिम संबंध पारिवारिकता लिए हुए थे। आज भी उनमें जहाँ-तहाँ वह पारिवारिकता दिखती है पर चंदनपुर के मुंशी रामप्रसाद, उनके बड़े बेटे लक्ष्मी, गाजीखेड़ा के खान बहादुर अब्दुलगनी, उनके बैरिस्टर भाई तहफ्फुज खान हमें उस सामंती समाज की याद दिलाते हैं, जिसमें जाति और धर्म की कठोरता के बावजूद मानव-संबंधों की खूबसूरतियाँ थीं। पर लेखक ने इनको चिर्त्रित करते हुए प्रसंग-बहुलता और अनर्गल-विवरणों की भरमार कर दी है जिसका असर कहानी पर पड़ा है।

कहानी बहुत चुस्त-दुरुस्त न भी हो तो भी उसके कथानक का बिखराव या विचलन पाठक बर्दाश्त नहीं कर पाता। 'काल-कथा' का लेखक अपने प्रसंगों के चयन और संपादन में जिस दरियादिली और नेकनीयती से काम लेता है, इसे हम उसका सर्जनात्मक भोलापन ही कहेंगे। इसका असर उपन्यास की लय और अभिरचना पर पड़ता चला गया है और कृति की काया उन लापरवाह माताओं जैसी होती चली गई है जो सैकड़ों बच्चों की जननी बनने की महत्त्वाकांक्षा में अपना सहज और नैसर्गिक सुडौलपन गँवा बैठती हैं। साहित्य भले ही कलाओं से कुछ अलग और ऊपर की सर्जना हो तथापि उसके विभिन्न रूपों—नाटक, कहानी, उपन्यास, काव्य—आदि से कलात्मक सौष्ठव की हमारी माँग बरकारार रहती है। हम आलोचकों की दृष्टि से इस माँग का मतलब उस खूबसूरत बुनावट से हुआ करता है जिसमें पटसन या रेशम की बहस हम शायद ही कभी खड़ी करते हों फिर भी हम चाहते हैं कि रस्सी सुडौल हो, कभी मोटी या कहीं जरूरत से ज्यादा पतली या फिर गाँठदार न हो उठे। यह तो बाद की बात है कि वह डोर बनेगी या पगहा। उपन्यास इस सुडौलता को निरंतर खोता चला गया है। इसका एक कारण उन गैरजरूरी प्रसंगों की कल्पना और अनावश्यक विस्तार भी है, जो अपनी उपस्थिति का औचित्य शायद ही साबित कर पाते हों। ललई पंडित और उनके बेटे सज्जन के विवाह जैसे प्रकरण आजादी से

पहले के कई कथा लेखक उठा चुके हैं और यहाँ वह बेजान और उबाऊ विस्तार भर जान पड़ता है। ललमुन वाला प्रसंग भी कुछ इसी तरह का है जिससे न तो किसी प्रकार की गंभीर सहृदयता का निरसन होता है न ही कुछ अन्य। कथा की समृद्धि या विकास तो सूचित ही नहीं होता। इसी तरह के और भी कुछ छोटे-बड़े अनावश्यक डीटेल या विवरण जिनसे कुछ भी तो नहीं बनता-बिगड़ता। सिद्धांतकारों ने इसी को संभवतः 'विपुल उबाऊ प्रवाह' (द ग्रेट टीडियस ऑनरश नोन ऐज हिस्ट्री—फार्स्टर) कहा है। बिंब की भाषा में कहें तो यात्रियों से भरी पैसेंजर रेलगाड़ी। ढेर सारे चाहे-अनचाहे छोटे-छोटे स्टेशनों पर रुकती और जरूरत से ज्यादा कहीं धुआँ छोड़ती।

क्या ऐसे धीमे और सुस्त कथानक से कोई उम्मीद की जा सकती है? क्या इससे मानव-चरित्रों के विकास की कोई नई खिड़की खुलती है? इस पर विचार करें तो लगता है वह काम नहीं ही हो पाया है। लेखक सोचता कम और देखता जरूरत से कुछ ज्यादा है। पर यह देखना भी देखे हुओं को भाषा में देखना भर है। ऐसे उपन्यासों को पढ़ चुकने के बाद यह प्रतिक्रिया अपने आप जन्म ले लेती है कि यह लेखन न तो कल्पना की शक्ति को रेखांकित करता है, न ही यथार्थ के द्वंद्वगामी प्रतिरूपों को। विपरीत इसके यह एक स्थितिबद्ध लेखन है। अकादमिक ऐतिहासिक लेखन से भी अधिक गया गुजरा किंतु उतना ही महत्त्वाकांक्षी और आत्ममुग्ध।

अपने कुछ चरित्रों और प्रसंगों में यह पिछले लेखकों की याद दिलाता है और हम इसे पढ़ते-पढ़ते 'पुरानों' की दुनिया में चले जाते हैं। पिछलों की याद उतनी बुरी नहीं होती जितना कि उन्हें दुहराना। इस दुहराने में भी परंपरा बनती है बशर्ते हम इसे कुछ अधिक जीवंत और स्पंदनपूर्ण बना सकें। स्पंदनहीनता एक प्रकार की रचनाहीनता ही तो है।

तथापि उपन्यास के कथानक में 'बबउनू बाबा' लक्ष्मी, उनके बेटें बच्चन को यदि किसी भी प्रकार की सुनियोजित केंद्रीयता मिल पाती और उनके विकास को किन्हीं परिणतियों तक ले जाया जा सकता तो संभव था लेखक की सर्जनात्मक प्रतिश्रुति और वैचारिक प्रतिबद्धता हमें किसी ठिकाने तक जरूर पहुँचाती। यहाँ तो बस दुष्यंत कुमार अपने एक शेर के मार्फत याद आते हैं—

मेले में भटके होते जो कोई घर पहुँचा जाता
हम घर में भटके हैं, कैसे ठौर-ठिकाने आएँगे।

सही है कि परंपरा में कई साहित्य-समीक्षक भाषा को एक औजार मानते आए हैं किंतु सर्जनात्मक प्रक्रिया में वह इस औजारीपन से मुक्त होकर खुद-ब-खुद एक सृजन हो उठती है। भारत में 'शब्द' को काव्य कहने वाले आचार्य भी हुए हैं। पर शब्द और अर्थ की महिमा का गान तो कालिदास से तुलसीदास तक मिलता है। कालिदास के नाटकों में पुरुष-पात्र तो संस्कृत में वार्तालाप करते हैं किंतु स्त्रियाँ प्रायः

प्राकृत का इस्तेमाल करती हैं। संस्कृत और प्राकृत का यह स्तर-भेद संभवतः सामाजिक उतना नहीं जितना कि सांस्कृतिक है। लोकमानस स्वयं को प्रायः बोली में व्यक्त करता है। यह एक सनातन प्रवृत्ति तो नहीं कही जा सकती पर नागर भाषा-रूढ़ियों को दुबारा सृजनशील और जीवंत बनाने के लिए ऐसे उदाहरण प्रायः देखने में आए हैं।

कुछ रचनाकार भाषा के इस स्तर भेद को सामाजिक भेद के स्तरों में देखते हैं। उपेंद्रनाथ अश्क के एकांकियों में घरेलू नौकर, दूध बेचने वाले आदि बोली में बोलते हैं। यह एक स्थूल बँटवारा ही कहा जाएगा। प्रेमचंद के यहाँ सर्वसाधारण भाषा यानी बोलचाल की खड़ी बोली का प्रयोग है। होरी-धनिया, जुम्मन शेख और अलगू चौधरी, यहाँ तक कि घीसू-माधव सब के सब उसी बोलचाल वाली खड़ी बोली को बोलते हैं। कह सकते हैं कि ऐसा कोई नियम नहीं है कि शहरी पात्र भाषा और ग्रामीण जन बोली का प्रयोग करे। यदि ऐसा है तो इसे भी हम लेखक की अपनी स्वाधीनता कहेंगे। इससे बोलचाल की भाषा में कुछ नए मुहावरे और अर्थ-समृद्धियाँ तो प्राप्त होती ही हैं। रोज-रोज घिसती जाती भाषा की एकरसता और ऊब समाप्त होकर कतिपय नई ध्वनियों के आने से हमारे कानों को नई ताजगी मिलती है और अच्छा लगता है। अज्ञेय जैसे अति परिष्कृत और रुचि-विदग्ध सर्जक भी इस प्रकार की लोक-ध्वनियों के मुरीद रहे आए हैं। खास तौर से असाध्य वीणा में इस प्रकार की ध्वनियों का अपना एक अलग संसार है।

भाषा का काम अगर संप्रेषण ही है, जिसे वह अपनी अपूर्व अग्राम्यता से करती है तो काल-कथा में इसका उपयोग बहुत सोचा समझा हुआ ही माना जाएगा। हिंदी के पाठकों को भक्ति आंदोलन के दिनों से ही बोलियों और उनकी ध्वनियों के संस्कार मिले हुए हैं। पद्मावत, सूर-सागर और रामचरितमानस में बोलियों का यह वैभव साफ-साफ दिखाई देता है। रेणु जैसे बड़े कथाकार तो अपनी उद्भटता में इसलिए भी अनोखे हैं। इससे अभिव्यक्ति की रंजकता कदाचित कुछ बढ़ी ही है।

'अमृत और विष' जैसे महाकाव्यात्मक कथानकों की परंपरा में 'काल-कथा' का विशद विस्तार भाषा के दुहरे रूपों की मदद लेता है। चंदनपुर, गाजीखेड़ा और दुर्जनखेड़ा के पात्र आपस में पछाहीं अवधी (बैसवाड़ी) बोलते हैं। यानी कि महावीर प्रसाद द्विवेदी, सूर्यकांत त्रिपाठी और रामविलास शर्मा की अवधी में संवाद-संप्रेषण करते हैं, किंतु ये ही जब लखनऊ और कानपुर शहर जाते हैं तो बोलचाल की शहरी खड़ीबोली प्रयुक्त करते हैं। खुद लेखक अपने वर्णनों में भी इसी शहरी खड़ीबोली या हिंदी भाषा का प्रयोग करता है। भाषा को अगर यथार्थ-संप्रेषण का औजार माना जाय तो कथाकार ने इस औजार का भरपूर उपयोग किया है। किंतु, प्रश्न यह कि इससे उपन्यास के स्वरूप पर क्या फर्क पड़ा है? क्यों प्रेमचंद के तमाम ग्रामीण पात्र भी वही भाषा-रूप अपनाते हैं जो शहरी प्रयोगों के निकट है और क्यों कामतानाथ के ग्रामीण पात्र आपस में पछाहीं अवधी का उपयोग करते हैं? क्या इससे उपन्यास

की भाषा में विविधता और रंगीनी का तत्त्व प्रबलता प्राप्त करता है? या फिर आंचलिक और नागर जीवन की नकली भाषाई दीवारें टूटती हैं? या भाषा और बोली को लेकर किया जाने वाला सांस्कृतिक विभेद सिर्फ नकली अभिजात मानसिकता या बोली से अपरिचित असमर्थ शहरी लेखकों का गढ़ा हुआ सुरक्षा-कवच है?

लगभग नौ सौ (कुल आठ सौ अट्ठानवे) पृष्ठों में लिखा हुआ यह उपन्यास ऐसे कई पात्रों की याद दिलाता है जो सामंतयुगीन मानसिकता में पल-बढ़कर भी स्वराज और लोकतंत्र की अगुवाई में खड़े हैं। लक्ष्मी, बबउनू बाबा, लक्ष्मी की बीवी रज्जो, दुर्जनखेड़ा के मंगलू, टिकुली आदि। उत्तरार्ध में लक्ष्मी का बेटा बच्चन तेजशंकर के आगे की उम्मीद बनकर उभरता है, किंतु दस्तावेजीकरण के अपने मोह या विवशता के चलते कथानक का जैसा सुव्यवस्थित और स्वाधीन विकास अपेक्षित था, लेखक उस ओर शायद ही ध्यान दे पाया है। यही कारण है कि यह भारी भरकम उपन्यास न तो गणदेवता (बांग्ला) आदि उपन्यासों की तरह गाँधी विचार को कोई प्रखर परिप्रेक्ष्य दे सका है, न प्रतिबद्ध कथाकारों का-सा कोई ऐसा जनसंघर्ष ही चित्रित कर पाया है, जैसी कि उम्मीद थी। तथापि यह कुछ हद तक अपने दस्तावेजीकरण के चलते उल्लेखनीय बना रहेगा।

उत्तर-आधुनिक सभ्यता और उपन्यास : परमगति*

'अपने-अपने राम' जैसा बहुचर्चित और विवादग्रस्त उपन्यास लिख चुकने के बाद अकस्मात् 'परमगति' जैसी भावांदोलित और विचारोत्तेजित कृति को लेकर आना लेखक की सृजनात्मक व्याकुलता और उत्तरदायी कृतित्व का उदाहरण कहा जा सकता है। झुँझलाने और झकझोरकर रख देने वाली कृति के बाद दूसरी रचना में एक और तूफानी अनुभव और द्वंद्वधर्मी विचार लेकर हाजिर होना यह तो साबित करता ही है कि भगवान सिंह हमारे समय के बेहद अनुभव-प्रखर संवेदनशील और बेचैन लेखक हैं। उन्हें अपने लेखक की जिम्मेदारियों का अंदाज है और वे इसे कई-कई स्तरों पर निभाने की कोशिशों में लगे हुए हैं। इस सिलसिले में दूसरी ओर जब निगाह उठती है तो—बीती बीसवीं सदी और जीती जागती यह इक्कीसवीं सदी ऐसे प्रबल और प्रचंड बौद्धिकों से अँटी पड़ी मिलती है, जिनकी मेधाविता पश्चिम के नवसाम्राज्यवादी कुचक्रों की चपेट में है, जो स्वाधीनता की राह पर उद्यत हो निकल पड़े भारतीय राष्ट्र को पश्चिम की फोटोकॉपी समझने और बना डालने को उसकी आधुनिकता और लोकतांत्रिकता के लिए लगभग अनिवार्य मानते हैं। आयातित समाजवाद और आक्रामक नवपूँजीवाद का ढोल पीटने और स्वागत करने वाले गिने-चुने समूहों की बौद्धिक परोपजीविता, दयनीय वैचारिक आलस्य और उससे पैदा हुई गुलामी को आधुनिक और उत्तर-आधुनिक बौद्धिक अकर्मण्यता कहकर अपना वर्चस्व फैलाने वाले लोगों के निस्सार पाखंड और ढोंग का तर्कपूर्ण उत्तर और पर्दाफाश करने को कृतसंकल्प लेखकों का नेतृत्व यदि कुछ लोग कर रहे हैं तो भगवान सिंह उनमें सबसे आगे हैं।

निश्चय ही वे उन लेखकों में से नहीं हैं, जो एक उपन्यास को लिख चुकने के बाद अनुभव-शून्यता के बावजूद दूसरा लिखने में जुट जाते हैं जो प्रायः पहले की ही प्रतिच्छाया होता है। उसी ढंग का एक और कथानक, उसी जाति के कुछ

* परमगति : भगवान सिंह

और चरित्र वैसी ही कथन शैली यह एक प्रकार से अपने को दुहराना ही तो है। उदाहरण अनेक हैं।

इस संदर्भ में जब हम इस लेखक को पढ़ते हैं तो पाते हैं कि वह समय के एक छोर से दूसरे छोर तक की जैसी कठिन आवाजाही करता है। वह अनुभवों के ऋतुचक्रों के सघन दबावों से निर्मित और घटित हुआ है। वस्तु और रूप के यथास्थितिवाद को चुनौती देते वे विचारधाराओं के स्थापित मठों और विविध संप्रदायों के दुर्निवार हठों और उनसे पैदा हुई वैचारिक संकीर्णताओं और जड़ताओं को भी डाँटते, डपटते और ललकारने का जोखिम उठाते हैं। वह मार्क्सवाद हो चाहे गाँधीवाद, अंततः मानव भविष्य के नवनिर्माण और सभ्यता के विकास में कार्यकारी योगदान के लिए हैं। वे खुद ही यदि अपने लक्ष्य और मठ बन चुके हों तो न तो उनमें किसी प्रकार के विमर्श की योग्यता बची रहती है न किसी रूप में वे समकालीन और भावी मनुष्यता के लिए उपयोगी सिद्ध हो पाते हैं। भगवान सिंह यदि अन्य लेखकों की तरह कवि या कथाकार भर होते, समकालीनता और तात्कालिकता ही उनके अनुभव-विश्व की पहचान होती, झुंड और गिरोह बनाए लेखकों की प्रजाति ही उनकी रचना-नियति होती तो निस्संदेह वे वह नहीं देख पाते जो देख पा रहे हैं। उनमें यदि सृजनात्मक साहस और क्रांतिकारी निगाह है तो उसका कारण वह इतिहास दृष्टि है, जिसे उन्होंने अपने निर्द्वंद्व बौद्धिक साहस और स्वाधीन साधना और श्रम से अर्जित किया है। इस रूप में वे हमारे समय के एक साधक और स्वाधीन लेखक हैं। इतिहास, परंपरा, लोकतंत्र, राष्ट्रीय संप्रभुता, पूँजीवाद, नवपूँजीवाद, मार्क्सवाद और गाँधीवाद, धर्म, संस्कृति, सत्ता और राज के विभिन्न रूपों और चेहरों की पहचान और व्याख्या करते हुए वे ऐसी लेखन परंपरा की शुरुआत करते दिखाई देते हैं, जिसका मुख्य उद्देश्य जो है, उसका समर्थन करना नहीं है, बल्कि जो होना चाहिए था, उसके प्रति अपने पाठकों की चेतना को नये सिरे से सचेत कर लक्ष्यबद्ध और सुसंगठित करना है। यह लेखन की वह धारा है जो जहाँ-तहाँ बँट रहे या कबाड़े जा रहे पुरस्कारों से संतुष्ट नहीं होती, बल्कि जो बुनियादी बदलावों के लिए एक कृति से दूसरी कृति तक बेचैनी से भरा सफर तय करती रहती है। ये बेचैनियाँ उनकी इस कृति—परमगति में देखी जा सकती हैं।

यह बेचैनी किस कोटि की है, इसे लेखक ने खुद-ब-खुद प्रकट किया है—'हे कवि निज मन की व्यथा अब मत राखो गोय/जनगण मन-तन से व्यथित कहहु बेधड़क होय/ कहहु बेधड़क होय जुड़हु, जोड़हु, उकसावहु/धूमिल कुहरिल देश उठहु ऊर्जस्व बनावहु/संचित ऊर्जा पुंज बने परिवर्तनकामी/उभरे सोच-विचार नया सिर धुनें हरामी।' भूमिका के बतौर लिखे गए पृष्ठों पर वे यह घोषणा भी कर ही डालते हैं कि 'यह एक सोद्देश्य रचना है। यदि यह आपको याद दिला सके कि उम्मीद आज भी बनी रह सकती है...तो इतना भी बहुत है।' किंतु यह भी सही है कि एक लेखक के

बतौर वे इतना ही नहीं चाहते। वे अपने समय के अधिकांश लेखकों को सच बोलने और उसके लिए जोखिम उठाने का संदेश भी देते हैं। फार्मूलाबद्ध निर्जीव सच और रीतिबद्ध भाषा के बरखिलाफ संप्रदायबद्ध हो उठी विचारधाराओं के महाजाल को काटते और ध्वस्त करते हुए वे समकालीन लेखन के उन पाखंडों पर भी प्रहार करते हैं, जिन्होंने लेखक समूहों को उनके गिरोहों में बदल डाला है। छद्म वामपंथी एकतरफावाद पर आक्रामक प्रहार करते हुए उसी भूमिका में वे लिखते हैं—'उपनिवेशवाद के भारतीय अवशेषों, नवउपनिवेशवाद और सद्भाववाद, मुल्लावाद, हिंदू समाज में वैसा ही पिछड़ापन लाकर धर्मतंत्री प्रवृत्तियाँ उकसाने वाले राजनीतिक और सांस्कृतिक संगठन जिनका आदर्श हिंदुत्व नहीं इस्लामी धर्मतंत्र है, एक ही भूमिका प्रस्तुत करते दिखाई देते हैं। हिंदुत्व ही वह विरासत है जिसके कारण इन प्रवृत्तियों को पूरी सफलता नहीं मिली। उसका उपहास और उस पर आघात एक खतरनाक खेल है।' यह खेल उस विश्व पूँजीवाद के प्रसार में मदद करता है जिसका नया चेहरा पुराने पूँजीवाद से यद्यपि अधिक कोमल दिखाई पड़ता है, किंतु जो अपने मुनाफों के लिए किसी भी जघन्य कर्म तक जा सकता है। एक लेखक के बतौर जब वे इसके विकल्प के बारे में सोचते हैं तो सहज ही उनकी निगाह गाँधीवाद और भारतीय मार्क्सवाद की ओर जाती है। क्लेश के साथ वे फिर लिखते हैं 'मार्क्सवाद इसका अवसर खो चुका है और गाँधीवाद को ढोंग में बदला जा चुका है' लेकिन अपनी जिद्दी उम्मीद के चलते वे मार्क्सवाद को ही उसके विकल्प के रूप में भी देखते हैं। अंततः मार्क्सवाद संघर्ष का ही दर्शन है। किंतु इस मार्क्सवाद को लेकर उनकी जो कठोर आपत्तियाँ हैं, उसका समाधान सा खोजते हुए वे जहाँ पहुँचते हैं वह ठौर मार्क्सवाद और गाँधीवाद के समन्वय का है—'मार्क्सवाद का समन्वय गाँधीवाद के बिना और समग्र शोषित-उत्पीड़ित जनता को—उस दरिद्र नारायण को, निगाह के सामने रखे बिना जो सचमुच सर्वहारा है, उन चुनौतियों का जवाब नहीं दिया जा सकता।'

इसे विडंबना नहीं तो और क्या कहा जाय कि वे बार-बार अपनी उम्मीदों को लेकर मार्क्सवाद के दरवाजे तक जाते हैं और रुग्ण और प्रायः मृत से हो उठे मार्क्सवाद की संकीर्णताओं और हठवादों को महसूस करते हुए निराश हो उठते हैं—'क्या वह अपना चरित्र बदल पाएगा? क्या वह साधन और साध्य की पवित्रता के उस हथियार को सँभाल सकेगा जो भ्रष्टता, दुष्टता, अपराधीकरण की प्रवृत्ति, कामचोरी की प्रवृत्ति, सामरिक तैयारियों के दबाव और पूरी जनता को बाँटकर सत्ता कायम रखने की धूर्तता के विरुद्ध आज भी कारगर हथियार बन सकता है? निराशा केवल यहाँ आकर होती है। वह विचारों की भिन्नता तक को सहन नहीं कर सकता, पर भ्रष्टों और अपराधियों के पीछे खड़ा हो सकता है। उससे गाँधीवादी हथियारों की ताकत को पहचानने की तो आशा तक नहीं हो पाती।' ध्वनित तो यही होता है कि लेखक अभी भी अपने प्रिय मार्क्सवाद से नाउम्मीद नहीं हुआ है।

क्या 'परमगति' में कथा का तत्त्व इसी विचार से चलकर आया है? क्या वह मार्क्सवाद और गाँधीवाद के समन्वय की संभावनाओं को तलाशने की कोई कलात्मक कोशिश है? अथवा 'प्रहारगाथा' के रूप में पैदा होकर अपनी समूची संवेदना में वह एक 'विषादगाथा' है या फिर निराशाओं के तमाम घटाटोपों के बीच उन उम्मीदों की खोज है, जो मर कर भी कभी नहीं मरतीं और प्रेत बनकर जीना चाहती हैं। तब क्या यह मर चुकी उम्मीदों के पुनर्जन्म की महागाथा है। दूसरे शब्दों में एक पुनर्जन्म विश्वासी लेखक की ऐसी आस्था गाथा, जो मर-मरकर जी उठने वाली मनुष्यता में भरोसा रखती है।

यद्यपि यह कहानी विनाशवादियों के कारनामों की है, सृष्टि-विरोधियों, समाज-इतिहास-संस्कृति और परंपरा विध्वंसकों की है, उनकी है जो यह कह रहे हैं कि इतिहास की मृत्यु हो चुकी है, लट्टू नचाने वाले को छोड़कर बाकी सभी का भविष्य खत्म हो गया है। लेखक ने इसे नया ज्योतिषशास्त्र कहकर वस्तुतः संचार माध्यमों की ताकत और संहार की क्रूरता, दर्शन की कुटिलता और इरादों की मलिनता के उस विश्वघाती साम्राज्यवाद की ओर ध्यान खींचना चाहा है, जिसका एकमात्र लक्ष्य संस्कृति और समाज के ताने-बाने को छिन्न-भिन्न कर सारी दुनिया को बाजार में बदल डालना और मुनाफा कमाना है।

लेखक ने जो विरल कहानी रची है उसके केंद्र में संचार प्रौद्योगिकी और सूचना-क्रांति के सरगना की खूँखार इच्छाएँ और अमानवीय अपचार हैं। ये सरगना दुनिया को नष्ट करके एक और तरह से दुनिया को बचाने का ढोंग प्रदर्शित करते चल रहे हैं। लेखक बयान करता है—यह इक्कीसवीं सदी का उत्तरार्ध था। पुरानी दुनिया में से एक ऐसी नई दुनिया निकाल ली गई थी, जैसे शहद के छत्ते से शहद निकाल ली जाती है...समाज का ढाँचा इतना बदल गया था कि उसे विश्व समाज कहा जाने लगा था। विश्व समाज अपने आदि अक्षरों में घुसकर विस रह गया था... विस के नागरिकों के ऊपर अपने समय की सूचनाओं का भारी दबाव था... उन्हें लगातार डर लगा रहता था कि वे तनिक भी ढील बरतेंगे तो सूचनाओं के कचरे के नीचे ही दफन हो जाएँगे और स्वयं एक नई सूचना में बदल जाएँगे...

परंतु विस में अभी कुछ पुराने खयाल के लोग भी बचे रह गए थे, जो बहुत सारे काम अपने दिमाग से ही लेते थे...

सूचनाओं के अंबार और समय के बाहर चले जाने के कारण व्यावहारिक भाषा में शब्दों का स्थान अक्षर-संकेतों, अंक-संकेतों, बिंदु-संकेतों और बिंब-संकेतों ने ले लिया था...उन्हें किसी संकेत के अनेकानेक आशयों में से सही-सही आशय को समझने के लिए अपने पीसी का ही सहारा लेना पड़ता था...तब यह कौन है जो इतना ताकतवर बन बैठा है? कहीं उसका नाम इल्विल्सन तो नहीं। और जिस देश को हिल्मिल देश कहा जा रहा था, यही अपनी इंडिया तो नहीं... जिसे दूसरों ने अपने लिए बाजार

के तौर पर विकसित किया था...कहानी उसी भारत देश की है—जहाँ ससि सूर न संचरें रबि ससि नाहिं प्रबेस/बैरगिया नाला बहै अनुपम भारत देश...बसते वाही देश में लेखक एक महान/लिक्खें खुद खुद ही पढ़ें ऐसे चतुर सुजान...सज्जनो, यह कहानी उसी महान लेखक से आरंभ होती है...

झोला लेकर घूमता फिरता वह मतिमान
अनुभव खरे बटोरता पात्र कुपात्र समान

यह कहानी उसी लेखक की जोड़ी हुई है। उसने दुनिया को सुधारने के लिए यह कहानी लिखी है या अपनी जिंदगी तबाह करने के लिए, इसका फैसला हम आप पर छोड़ते हैं। सज्जनो, कई सज्जनों का कहना है हो सकता है उनमें आप भी हों...कि भाषा नष्ट की जा रही है और कुछ दूर तक हो भी चुकी है। यह उसी नष्ट की जा रही, नष्ट हो रही और कुछ दूर तक नष्ट हो चुकी भाषा में रची गई अनति विस्तृत गाथा है...वर्तमान की ओर घूरते भविष्य और भविष्य की ओर सरकते वर्तमान की अनति वर्तमानवादी भविष्य भीत गाथा है...विचारहीनता की विचारशून्य गाथा...कि सभी मूल्य नष्ट हो चुके हैं...उसी मूल्यनाश की अनवशिष्ट मूल्यवादी गाथा है...कुछ पात्रों के होते हुए भी यह पात्रों की अपात्रता और यथार्थ की अयथार्थता, तुरत-फुरत मल में बदलने वाले माल से भरे बाजार के निर्माली भवन और आदमी के मालीकरण की गाथा है...

यह गाथा एक नए प्रकार के मंगलाचरण से शुरू होती है, जिसमें कहानी को ही देवता मानकर वंदना करते हुए लेखक कहता है कि "ऐ मेरी कहानी, तुझे पूरा तो होना ही होगा। होना जरूर...चल तू मेरी कहानी चल/कर अपनी मनमानी चल/पाठक तेरे साथ चलें/गर चलने की ठानी चल..."

गद्य और पद्य में समान गति प्रदर्शित कर इस कहानी ने जो मानदंड रचा है, वह पहले से चले आ रहे किसी मानदंड से मिलता-जुलता है या नहीं तो इसका सपाट उत्तर इस रूप में दिया जा सकता है कि गद्य-पद्य के संयुक्त संयोग से भी रचना लिखे जाने की परंपरा थी। संस्कृति-विज्ञानी लेखक भगवान सिंह को भला यह कौन बताने की हिमाकत करेगा कि ऐसी रचनाओं को चंपू काव्य कहा जाता रहा है। खड़ीबोली हिंदी में मैथिलीशरण गुप्त ने 'यशोधरा' खंड काव्य में यह प्रयोग किया है। संस्कृत में इसके अनेक उदाहरण मिलते हैं। काव्यादर्श, काव्यानुशासन और साहित्य दर्पण में दंडी, हेमचंद्र और विश्वनाथ जैसे आचार्यों ने इसकी विशेषताओं का उल्लेख किया है। उक्त विवेचन के आधार पर यह अनुमान लगाना कठिन नहीं है कि इसमें कथा का तत्त्व तो है ही किंतु इसका ढाँचा किंचित स्वच्छंद, ढीला-ढाला और मनमौजी है। कहा गया है कि इसके मूल स्रोत पुराण होते हैं पर सामान्य विषयों को लेकर भी ऐसे काव्यों को लिखने का चलन रहा है। संस्कृत के चंपूकारों ने वर्णन-विस्तार की ओर अधिक ध्यान दिया है, वस्तु-विवेचन पर कम। परमगति का

लेखक भी यदि ऐसा करे तो आश्चर्य क्यों?

देवता, गंधर्व, मानव, पक्षी, पशु कोई भी चंपू का नायक हो सकता है। एक से अधिक नायक भी हो सकते हैं। चंपू काव्य के लिए नायिका का होना आवश्यक नहीं है। इसमें पात्रों की संख्या का कोई नियम नहीं है तथा कवि का ध्यान मुख्य पात्र के चरित्र-निरूपण की ओर ही अधिक रहता है। इसका अंगीरस शृंगार, वीर, शांत में से कोई भी हो सकता है और अन्य रसों का प्रयोग गौण रूप से होता है। इसमें अलंकरण की प्रवृत्ति प्रधान होती है और गद्य वाला अंश समासबहुल होता है। इसमें वर्णिक और मात्रिक दोनों ही प्रकार के छंद प्रयुक्त होते हैं और कहीं-कहीं गीतों का भी प्रयोग किया जाता है। महाकाव्य की तरह चंपू काव्य में भी मंगलाचरण, खल-निंदा एवं सज्जनों की स्तुति होती है।

इस कसौटी पर कसकर देखें तो परमगति के ढेर सारे लक्षण चंपू काव्यशैली से मिलते हैं। गद्य-पद्य का मिश्रण तो प्रकट है ही, यह कथात्मक भी है और इसकी कथा का स्रोत समकालीन जीवन की वे विभीषिकाएँ हैं, जिनसे स्वाधीन राष्ट्रों की आजादियाँ खतरे में पड़ चुकी हैं। मानव मूल्य अपना नैतिक सत और तेज खो चुके हैं। ऐसा लगता है कि हम पाखंडियों, ठगों और अंतरराष्ट्रीय लुटेरों के समय में रहने को अभिशप्त हैं। कहने को तो हम नियमित चुनाव तंत्र और संवैधानिक लोकतंत्र के नागरिक हैं पर यह कहना-सुनना और इस तरह जीना एक मुगालता भर है। सच तो यह है कि हम समय के ऐसे अपसांस्कृतिक और अंधकारपूर्ण यातनागृह में डाल दिए गए हैं जिसमें छटपटाया तो जा सकता है पर जिसमें से निकलने का सपना देखना भी असंभव-सा जान पड़ता है।

कहानी यद्यपि 'परुआ बैल' जैसी है फिर भी न तो घटनाओं की विरलता है न ही पात्रों की। बकौल लेखक अच्छी कहानी वही है जो रेस के घोड़े की तरह सरपट दौड़ती चली जाय, वह नहीं जो चार कदम चले और धप्प से बैठ जाय। अब यह कहानी जो जितनी इल्विल्सन, किल्किलजान, उनके सलाहकारों हिटविल्टन और साफ्टस्टन की है, उतनी ही खबर्ची, सतगुरु, बुधराम, घंटाल, कामरेड अनल हक की भी है। ये वे पात्र हैं, जो कहानी के अधिकृत नागरिक हैं। पर इसमें सपत्नीक सक्रिय माउंट बैटन, सत्याग्रही करुण नायक गाँधी, भारत के प्रथम गवर्नर जनरल की बीवी से इश्क फरमाते भारत के आदिम प्रधानमंत्री, उनके बाद की पीढ़ी के मंत्री, प्रधानमंत्री, सांसद, विधायक, आजादी के बाद की मूल्य भ्रष्ट और रोज-रोज अपमूल्य ढोती राजनीति, विभाजन, सांप्रदायिकता, ब्रिटिश साम्राज्यवाद की कूट चालें भी समानांतर वर्णित हैं। कहानी मुख्यतः तों इल्विल्सन देश, उसके कारगर प्रतिनिधि किल्किल जॉन और उनके सूचना-उद्योग के महाभयावने विश्व जाल की है, किंतु उस महादेश की भी है जो इस कूटजाल में क्रमशः उलझता, लड़खड़ाता, घायल होता, टूटता और बिखरता ही नहीं गया, अपनी वह चेतना भी खो बैठा, जिसका अर्थ था

स्वाधीन बने रहना। भारत के राजनेताओं, खबर्चियों, गुरु घंटालों, सतगुरुओं, बुधरामों ने अपने लगुओं-भगुओं लुम्पेन प्रजाति के नेताओं सहित माफिया सम्राटों, दलाल नौकरशाहों, निक्कमे बुद्धिजीवियों समेत पिछले पचास-साठ बरसों में इस देश की जैसी ऐसी-तैसी की और कराई हैं, उससे इसका भट्ठा बैठ चुका है। कहानी इस दुखद और त्रासद सिलसिले की ही गाथा है, जिसमें कई-कई रूपों में और स्तरों पर गाथा कहने की योजनाबद्धता सुस्पष्ट है। लेखक यहाँ वर्णनकर्त्ता तो है ही, वह संबोधनकर्त्ता, उद्‌बोधनकर्ता, विवेचक, विश्लेषक और संदेशवाहक भी है। इतिहास, राजनीति, परंपरा, धर्म, समाज, सूचना तंत्र, पुलिस, न्याय-प्रणाली को उसने जिस तरह एक साथ गूँथा, गढ़ा और रचा है उसमें भले ही पात्रों की सत्ता कठपुतलियों जैसी जान पड़े और लेखक सूत्रधार जैसा फिर भी यह शैली अनैतिक और अस्वाभाविक नहीं जान पड़ती। प्रतिबद्ध कहानी एक सोद्देश्य कहानी ही तो होती है। वह पाठकों के रंजन के लिए कम उनके जागरण और प्रशिक्षण के लिए कहीं ज्यादा लिखी जाती है। कलावाद की तमाम बारीक चतुराइयों और कौशलों से बचते हुए वह अपने पाठकों को निरंतर यथार्थोन्मुख, विचार-प्रवण और मानसिक तौर पर बेचैनियों से भरती रहती है। वह उन्हें बार-बार प्रतिवाद और प्रतिरोध की संस्कृति सिखाती हुई, उनके अस्त-व्यस्त मनोलोक, छिन्न-भिन्न हो उठे स्वप्न-संसार और मृतप्राय सी हो उठी उम्मीदों में आत्मविश्वास का उजाला और नई आशाओं के चिराग जलाती रहती है।

कहानी कहते हुए लेखक ने जो ऐतिहासिक प्रमाण जुटाए हैं वे अखबारों की बॉक्स शैली में जिस काव्य विवेक और काव्य साहस के साथ प्रस्तुत हैं, उससे लेखक की स्मृति-प्रचुरता, तथ्यवादिता, इतिहास सजगता और कथन-प्रखरता का प्रमाण मिलता है।

काव्य लेखन क्या इतिहास लेखन भी है? इसका उत्तर हमारे रामायण, महाभारत हैं। काव्य से कहीं अधिक वे हमारी मनोचेतना में इतिहास की तरह रहते आए हैं। 'परमगति' के लेखक ने उपन्यास, महाकाव्य आदि रूपों का अतिक्रमण करते हुए यदि इसे बार-बार 'गाथा' कहा है, तो यह गाथा भले ही नई हो पर इसकी रचना परंपरा तो काफी पुरानी है। हम यह बहस नहीं उठाते कि कहानी की कोई परंपरा पश्चिम के देशों से हमें मिली कि नहीं मिली होगी तथापि हमारे यहाँ कथा, गाथा, आख्यायिका आदि की परंपरा रही है, जो बीच में विलुप्त होकर अब फिर नए कलेवर में सामने है। हम इनकार नहीं करते कि आधुनिक हिंदी या अन्य किसी देशी भाषा का कोई रचनाकार पश्चिमी कथा लेखन और इसकी शैलियों से सर्वथा अपरिचित और अप्रभावित नहीं होगा पर यह कहने में भी कोई समझदारी नहीं मानते कि भगवान सिंह जैसे लेखक अपनी परंपराओं की सारहीनता को एक स्थापित सच मान चुके हैं। 'अपने-अपने राम' में भी उनका यह स्टैंड है कि मूल रामकथा कुशीलवों द्वारा गाई जाने वाली गाथा ही है। लोक मानस अपने नायकों की गाथा गाने की संस्कृति में रचा-बसा है। 'बुंदेले हर बोलों के मुँह हमने सुनी कहानी थी' (सुभद्राकुमारी चौहान)

जैसी पंक्तियों से यह और भी अधिक प्रमाणित हो जाता है। यह सही है कि आल्हखंड आदि बहुलोकप्रिय कृतियों (गाथा) में कवि की अनियंत्रित वैचारिकता और अतिरंजित कल्पनाशीलता का उदाहरण भी मौजूद है। हम चाहें तो इसे कवि मानस की निर्बाध स्वच्छंदता भी कहें।

कौन यह कहने का साहस करेगा कि कहानी में विचार की सत्ता होगी या नहीं। मानसकार तुलसी ने तो समस्त स्थापित और प्रचलित मानदंडों को ठेंगा दिखाते हुए मंगलाचरण में यहाँ तक लिखा कि श्रेष्ठ विचार ही किसी कथा के प्राण तत्त्व हैं। लेकिन जिनका चित्त काव्य रूढ़ियों और काव्य फैशनों की तमाम लीकों और आँधियों से धूल-धक्कड़ परिपूर्ण हैं, वे कथित सहृदयजन शायद ही कभी इस विचार-कथा (गाथा) के सौंदर्य को महसूस कर पाएँ। विचार से हमारा आशय इतिहास, समय और रचनाकार के उस द्वंद्व से है, जिसमें सधा-सधाया शिल्प-निर्वाह संभव नहीं हो पाता। कहानी कहने में जो झोल (या गैप/शून्य) आता है, उसे लेखक अपने बयानों से भरता चलता है। यों लेखक तो यहाँ खुद कंधे पर झोला डाले मौजूद है। यह व्यक्तित्व की उपस्थिति है या उससे पलायन, उसे इलियट ही जानें। हम तो इतना जानते हैं कि कहानी में विचारावेग का तत्त्व सबसे प्रबल है, किंतु वे जिस आसन्न गंभीर त्रासदी की अनुभव-कोख से फूटे हैं, उसमें एक आत्मविश्वासी लेखक का जुझारूपन दिखाई देता है। कभी विचारोद्वेग, कभी तथ्य-संयोजन, कभी फैंटसी तो कभी सहज कल्पनाशक्ति के संयोग से गाथाकार ने जो गाथा गाई है, वह जितनी 'आक्रामक' है, उतनी ही विषादपूर्ण। महाभारत के त्रासद और करुण चरित्र अश्वत्थामा जैसी प्रचंडता और ईमानदारी, किंतु आत्मघात की हदों तक जाने वाली विषादमयता भी। यह आत्मघात आदिम प्रधानमंत्री से लेकर उनके नाती-पोतों प्रधानमंत्रियों तक एक लंबे और दुखद सिलसिले के रूप में फैला हुआ है। पंद्रह अगस्त उन्नीस सौ सैंतालीस और उसके आगे-पीछे के कुल बरसों को यदि बीसवीं सदी का अधिकांश कह देखें तो कोई हर्ज नहीं। ब्रिटिश साम्राज्यवाद की 'बाँटो और राज्य करो' में आजादी के बाद के लोग भी शामिल हैं। वे सब सत्ता चाहते हैं, परिवर्तन और लोक कल्याण नहीं। गाँधी (थोड़ी देर के लिए बुर्जुआ भी मान लिए जाएँ) की तरह का लोक संगठन और लोक जागरण इनमें से किसी एक की भी मंशा नहीं है। 'परमगति' इस लोक जागरण और लोक संगठन को प्रतिज्ञाओं से भरी हुई कृति है। अब इसमें अगर कहानी जैसी कहानी न भी हो तो क्या, विचार जैसा विचार तो है! यह विचार ठेठ किसी राजनीतिक प्रयोजन से नहीं जन्मा है, बल्कि आती हुई खतरनाक सभ्यता के विरुद्ध एक प्रतिवाद का भाव लेकर उठा है। आजकल जिसे सभ्यता-समीक्षा कहा जा रहा है, यह कृति उसी परिभाषा का विस्तार करती है। विश्व राजनीति का छंद सांस्कृतिक मुखौटा पहनकर, अपने कवच के बतौर बाजारू मूल्यों को पनपाकर, एक नई ठगिनी महामाया के रूप में अवतरण, समूची मानवजाति के लिए दुखदायी है। जब मनुष्य

ही नहीं बचेगा, तब सभ्यता और ज्ञान-विज्ञानमयी संस्कृति का क्या कोई अर्थ बचा रह जाएगा? यह एक ऐसा प्रश्न है, जिसे यह कृति उठाती है। यह सचमुच एक बड़ा प्रश्न है, जो इस कृति की महत्ता को रेखांकित करता है।

एक औपन्यासिक कलाकृति के रूप में यह एक ऐसा सामूहिक वार्तालाप है जो मानव भविष्य की चिंताओं से घिरा हुआ है। इस वार्तालाप में विदग्ध भाषा की इतनी मुद्राएँ हैं कि गिनना मुश्किल है। यह भाषा संबोधित भी करती है, कहानियाँ भी कहती है, इच्छा होने पर व्यंग्योक्तियाँ और कूटोक्तियाँ भी करती चलती है और विडंबनात्मक वाक्यावलियों की तो इस कदर भरमार है कि लगता है कि यथार्थ के संप्रेषण का सबसे प्रभावशील ढंग यही है। किंतु कभी-कभी वह उन अभिधाओं में भी उतरता है जो अपनी सीधी-सादी भंगिमाहीन उपस्थिति के बावजूद लेखक के गंभीर मंतव्यों को प्रकट करती हैं। जहाँ यह भाषा छंदोबद्ध हो गई है, वहाँ इतनी खूबसूरत मार्मिक ध्वनियों-प्रतिध्वनियों से फूलती-फलती और लहरें लेती चली गई है कि हिंदी छंद संगीत के साथ-साथ गीत, फिल्मी गीत, उर्दू ग़ज़ल का सदाबहार लयात्मक प्रतिध्वनन साकार हो उठा है। यहाँ पुराने भगवान सिंह छंदों की प्रयोगशाला में जैसे उनकी शव-साधना कर रहे हैं और हिंदी भाषा का समस्त नया-पुराना संगीत यक-ब-यक पुनर्जीवित सा हो उठा हो। ऐसा लगता है कि लेखक का गद्य-पौरुष जितना निर्द्वंद्व है, उसकी पद्य-प्रतिभा उतनी ही समुन्नत और निखरी हुई। छंदों की विविधता से उसने जो संगीत-वैविध्य प्रस्फुटित किया है, उससे यह प्रयोग जैसे सिद्ध सा हो गया हो कि गद्य-पद्य के भेद केवल सुविधा के लिए हैं या फिर नकली हैं। सारा दारोमदार तो इस बात पर है कि रचनाकार को भाषा की आत्मा के संगीत की जानकारी है अथवा नहीं। भाषा की देह का संगीत जहाँ कलावाद को बढ़ावा देता है, वही भाषा की आत्मा का संगीत उस यथार्थ का साक्षात्कार कराता है, जिससे होकर एक पूरा जमाना गुजर रहा है। भाषा की अभिव्यक्तियों में ही स्थानीयता के छोटे-छोटे घेरे रहते हैं, पर इन्हीं अभिव्यक्तियों में इन छोटे घेरों को अतिक्रमित कर जाने वाले वाक्कौशल भी विद्यमान रहते हैं। भाषा केवल सूचना होती तो शायद यह बहुत क्लेशकारी अनुभव होता—जिसकी कि आशंकाएँ दिनों-दिन बढ़ रही हैं। वह एक समूची संस्कृति भी है, अपनी गहरी ऐतिहासिक आवाजों और पारंपरिक प्रतिध्वनियों के साथ। ये आवाजें और प्रतिध्वनियाँ जैसे एक नए राष्ट्रीय आंदोलन का नया उफान लेकर यहाँ आ खड़ी हुई हों। अगर यह एक सोद्देश्य रचना है तो इसका उद्देश्य उसी संभावित आंदोलन की पूर्व पीठिका तैयार करना है।

यों तो यह भाषा यथार्थ की जटिल परतों को उधेड़ती और उनसे टकराती हुई आगे बढ़ती है, पर यह शायद ही कहा जा सके कि सरापा विषाद में डूबी हुई है। अधिक सही तो यह कि यह उल्लसित विषाद की भाषा है, जो प्रतिकूलताओं से घिरी हुई होकर भी प्रचंड जिजीविषा से भरी हुई है।

अपने पहले के लेखन में भगवान सिंह अपना गंभीर गद्य-पौरुष तो दिखा ही चुके थे, परमगति में उनकी काव्य प्रतिभा ने जो कौशल प्रकट किए हैं, उससे खड़ी बोली की अभिव्यंजना को एक गंभीर संप्रेषणीयता और लोकप्रियता मिलने की उम्मीदें बढ़ गई हैं। यह कृति गंभीर और लोकप्रिय के अस्पृश्यतावाद के लिए एक खुली चुनौती जैसी है। यथार्थ का ऐसा सहज सुनियोजन और अदृश्य का ऐसा ठोस और सुपरिचित सम्मूर्तन यदि यह कृति करती है तो हमें मानना पड़ेगा कि न तो भाषा की मृत्यु हुई है न इतिहास की। मनुष्य तो पहले से अपराजेय रहा है। उसकी चेतना शायद ही कभी मरी हो। यह कृति उसी अपराजेय चेतना की उद्घोषणा है।

उपन्यास और महानायक : पहला गिरमिटिया*

प्रख्यात और महान चरित्रों को केंद्र में रख या नायक बनाकर लिखने की प्रथा क्लासिक अथवा अभिजात पारंपरिक सृष्टियों की विशेषता रही है। अरस्तू और भरत मुनि समान भाव से इसका निर्देश करते हैं। आधुनिक युग में इस रुझान में कमी आई और प्रेमचंद, शरत्चंद्र आदि लेखकों ने जो कहानी कहनी शुरू की, उसके केंद्र में समकालीन समाज, मध्यवर्ग, दलित शोषित स्त्री, किसान और वे सारे लोग रहे जिन्हें हम सामाजिक और सांस्कृतिक तौर पर उत्पीड़ितों का समूह कहते हैं। राधावल्लभ त्रिपाठी आदि संस्कृत परंपरा के आधुनिक विद्वानों ने अब हमें ऐसी सामग्री भी उपलब्ध करा दी है जो अभिजात लेखन परंपरा और दृष्टि से अलग आम आदमी के छोटे-बड़े सुख-दुख से संबंधित है। भारतीय और पाश्चात्य नाट्य-दृष्टि पर व्याख्यान देते हुए कालिदास अकादमी के तत्कालीन निदेशक कमलेश दत्त त्रिपाठी ने एक बार कहा था कि क्लासिक से आशय प्रबंध रचना की उत्कृष्ट मर्यादाओं से ही नहीं है, मुक्तक का भी अपना क्लासिक हो सकता है। संभवतः उनकी यह धारणा संस्कृत काव्य की उसी जनधारा को पढ़कर बनी होगी जिसकी ओर जनधर्मी काव्य-परंपरा कहकर राधावल्लभ ने न केवल इशारा किया बल्कि एक पूरी परंपरा भी अनुवाद करके रख दी।

कौन नायक होने योग्य है कौन नहीं, प्रबंध श्रेष्ठ है या मुक्तक या फिर वे गीतियाँ जिन्हें हिंदी, मराठी आदि के भक्त कवियों ने आत्म-निवेदन के रूप में प्रकट किया, यह सारी बहस पहले से चली आ रही है और इसके अपने जोरदार पक्ष-विपक्ष, समर्थन और विरोध भी हैं।

अपने इस आलेख में जो सवाल मेरे मन में सबसे पहला उठा वह यही कि संघर्ष का संबंध क्या केवल महानायकों से है या फिर अजाना और मामूली सा लगने वाला कोई भी अपने संघर्ष के चलते नायक और महानायक की श्रेणी प्राप्त कर

---

* पहला गिरमिटिया : गिरिराज किशोर

सकता है। यह 'संघर्ष' का ही तत्त्व है जो मनुष्य को असाधारण बनाता है। अगर गाँधी के हवाले से ही इस सवाल को समझने की कोशिश करूँ तो लगता है कि गाँधी किसी प्रख्यात राजकुल या इतिहास-नियंता परिवार में नहीं जन्मे थे। अपनी पत्नी के ज़ेवर गिरवी रखकर लंदन में बैरिस्टरी पढ़ने इसलिए गए थे कि परिवार का समुचित भरण-पोषण करने वाली आजीविका का पथ सुगम हो सके। दक्षिण अफ्रीका भी वे इसीलिए जाने को बाध्य हुए कि यहाँ पोरबंदर, राजकोट, मुंबई आदि जगहों पर वे बहुत कमाऊ पूत साबित होने की संभावना नहीं दिखा सके थे। दक्षिण अफ्रीका के जीवन में प्रवेश करते ही उनके व्यक्तित्व में एक ऐसा अद्भुत परिवर्तन ऐतिहासिक रूप में घटित होता है जिसे बाद की पीढ़ियों के लोग शायद ही तथ्य मात्र मानें। एक सामान्य समझे जाने वाले आदमी के भीतर छिपी हुई अजस्र ऊर्जा, अन्याय के विरुद्ध जैसी दृढ़, अडिग और चट्टानी प्रतिवाद लेकर खड़ी होती है और अपने इस बोध को सार्वजनिक और विश्वजनीन बना डालती है, वह कल नहीं तो परसों निस्संदेह मिथ हो जाने वाली है। गाँधी अपनी इस ऊर्जा और अपने अहिंसक सत्याग्रह (प्रतिवाद) के चलते महानायक तो अब सिद्ध ही हो चुके, कल अगर अवतारों में शामिल किए जाएँ तो मेरे जैसों को शायद ही कोई आश्चर्य हो। अवतारों के जन्म की कथा जीवन के इन्हीं कठिन संघर्षों और समय के ऐसे ही जटिल किंतु दुर्वह परिवेश के चलते आविष्कृत हुई होगी। मनुष्य की मेधा ने ऐसे चमत्कारी अनुभवों का साक्षात्कार कर चुकने के बाद ही सोचा होगा कि मनुष्यता शायद ही कभी पुरुषार्थ-शून्य और बाँझपन की शिकार होती हो। 'हृदयेन अपराजिताः' या फिर 'कल लड़ने को हो रहा विकल' 'वह एक और मन रहा राम का जो न थका' जैसी सूक्तियाँ अगर हमारी चेतना में रची बसी हैं, तो इसका और दूसरा क्या अर्थ हो सकता है।

दक्षिण अफ्रीका के डरबन शहर के व्यवसायी दादा अब्दुल्ला के एक मुकदमे के वकील के तौर पर एग्रीमेंट के आधार पर गए गिरमिटिया वकील मोहनदास गाँधी की एक शुरुआती मुलाकात का जिक्र उपन्यासकार ने जिस तरह किया है, उसे पढ़ते हुए बैरिस्टर मोहनदास की हैसियत पर सिर्फ तरस खाया जा सकता है।

फ्रांस से डरबन आकर अपना कारोबार शुरू करने वाले चालाक और काँइयाँ मार्सल लेडयू को एक शाम जब अपनी बात करने की ताकत और महारत से दादा अब्दुल्ला शीशे में उतार रहे थे, मोहनदास कमरे में दाखिल हुए और "सलाम-आलेकुम" कहा पर दादा अब्दुल्ला का ध्यान दूसरी तरफ था। मोहनदास खड़े ही रहे और जब उनका ध्यान उनकी ओर गया तो कथाकार लिखता है—"उन्होंने सिर्फ हल्का-सा हाथ हिलाया—बैठ जाओ।" मोहनदास ने फिर कहा, "सलाम-आलेकुम।" दादा अब्दुल्ला ने इस बार सलाम का जवाब दिया, "अस्सलाम-आलेकुम।" फिर बोले, "तुम इनसे तो मिल ही चुके हो, ये हम लोगों के बारे में बहुत कुछ जानना चाहते हैं। तुम आराम से तो हो!" यही मोहनदास धीरे-धीरे परिस्थितियों के चक्रों का नियामक बन बैठता

है। वो दादा अब्दुल्ला जिनका ध्यान मोहन की ओर जाने में समय लगा करता था, अब उसी मोहनदास की तरफ ऐसे देखा करते हैं जैसे चातक बादलों को देखा करता है। साधारण का असाधारण और असाधारण का साधारण में परिवर्तित हो उठने की यह कहानी वस्तुतः उसी मानव संघर्ष की है, जो प्रत्येक उस मामूली आदमी को ऐतिहासिक आदमी में बदल देती है जो समय और समाज के उत्पीड़नों के विरुद्ध स्वाभिमान, आत्म गौरव और इंसानी स्वतंत्रता का परचम लेकर उठ खड़ा होता है। शुरू के पृष्ठों पर उपन्यासकार का यह बयान गौरतलब है कि "कथा तो हमेशा संघर्ष की ही होती है।" उपन्यास में 'संघर्ष' का यह इतिहास अत्यंत सरल और स्वाभाविक ढंग से वर्णित और चित्रित किया गया है। इसलिए यह कथा पारंपरिक तौर पर महानायक की नहीं, ऐसे मामूली आदमी की है जिसके संघर्षों ने उसे महानायक में बदल दिया है। सुखद है कि कथाकार ने कहीं भी अतिकल्पना से काम नहीं लिया अन्यथा उपन्यास पुराण हो उठने की सीमा में आ जाता।

उपन्यास पढ़ चुकने के बाद मेरा मन सुमित्रा कुलकर्णी द्वारा लिखित महात्मा गाँधी (अनमोल विरासत) की तीन खंडों में लिखी जीवनी के पहले खंड को दुबारा पढ़ने लगा और तब यह सवाल भी उठा कि जीवनी उपन्यास के विच्छेद और संधि-बिंदु कौन से हैं। यह भी कि चाहे जीवनी हो या उपन्यास, अगर दोनों सृजन हैं तो संबंधित सृष्टिकर्ताओं को कैसे पेश आना चाहिए। तथ्य तो जीवनी का अनिवार्य उपादान है। क्या उपन्यासकार भी इसे अनिवार्य मानता है? उसको भी यह क्यों जरूरी लगना चाहिए कि तथ्यों की सीढ़ियाँ चढ़कर ही वह शिखर तक पहुँच पाएगा। ऐसी परंपरा भी रही है—संस्कृत और प्राकृत, अपभ्रंश भाषाओं में, जहाँ चरित्र विशेष के ऐतिहासिक जीवन को रचना का बुनियादी आधार माना गया है। संभवतः ऐसे ही काव्यों को नराशंसी कहा गया हो। प्रशस्ति-मूलक काव्यों की एक परंपरा तो रही ही है। किंतु यह भी निर्विवाद है कि ऐसे काव्य उन चरितकाव्यों की बराबरी नहीं कर सकते जिन्होंने लोक जीवन पर गहरा प्रभाव डाला और आज भी जिनकी प्रभाव क्षमता कम नहीं हुई है। पूछा जा सकता है कि चरितकाव्यों के रचयिताओं ने चरित्र-सृष्टि के जो सरंजाम जुटाए उनके ऐतिहासिक तथ्यों और सृजनशील कल्पनाओं का अनुपात कैसा है? मुझे लगता है कि साहित्यिक रचना यथार्थ के इतिवृत्तों के सघन बटोर के बल पर शायद ही उतनी बेधक और मार्मिक हो पाती हो जितनी कि वह सृजनशील कल्पनाओं के समुचित विनियोजन और समावेश के कारण हो पाती है। लेखक अगर मोटे तौर पर जीवनीकार या चारण नहीं है और अपने गहन और तीव्र अनुभवों की रंगीन अथवा सादी प्रतिच्छबियों के विन्यास से बाकायदा वाकिफ है तो उसकी रचना अपने पाठकों को केवल संबोधित नहीं करती, संप्रेषण भी कर पाती है। यह एक ऐसा व्यापार है जिसे हम तथ्यों के बलबूते साध नहीं सकते। तथ्यों की वास्तविकताएँ जब अनुभवों की सच्चाइयों में बदल जाती हैं तभी संप्रेषण की प्रक्रिया सहज एवं

कारगर हो पाती है। अनुभवों की अनुभवों से सहज स्वाभाविक और खुली बातचीत का ही दूसरा नाम संप्रेषण है। तथ्य यदि तथ्य ही रह गए, सर्जना-सत्य न बन सके तो एक ऐसे औपचारिक सृजन का उदय होता है, जिसमें इतिहास का तत्त्व तो वर्चस्वी किंतु सृजन का तत्त्व प्रभाशून्य हो उठता है। मुझे यह भी लगता है कि तथ्य-संग्रह और प्रामाणिकता के मोह में हम ऐसी कुछ चूकें करते चले जाते हैं जिनका संबंध हमारी महत्वाकांक्षाओं से होता है और ये आकांक्षाएँ हमारी स्वाभाविक सृजन-प्रक्रिया को जहाँ-तहाँ से क्षतिग्रस्त और मंदप्रभ करती चलती हैं।

क्या लेखक का काम सचमुच वही है जिसे एक ईमानदार इतिहासकार करता आया है? या फिर वह औपचारिक जीवनीकारों और इतिहास-लेखकों की निःशेष हो उठी शक्तियों को नए सिरे से समेटकर अपनी रचना में प्रवृत्त होता है और उन मानव-मूल्यों का समारोह आयोजित करता है जिन्हें हम केवल कला-मूल्य नहीं, संस्कृति अथवा जीवन-मूल्य भी कहते हैं। यही वह मोड़ है जहाँ एक लेखक अपने अस्तित्व की सार्थकता को प्रमाणित एवं घोषित करता है।

अति परिचित कथाकार गिरिराज किशोर का महानायक गाँधी (अफ्रीका में मोहनदास) को लेकर लिखा कुल नौ सौ चार पृष्ठों का भीमकाय उपन्यास लेखक की महत्त्वाकांक्षाएँ तो रेखांकित करता ही है, मध्यवर्ग के रचनाकार का अपने वर्ग की संकुचित सीमाओं से निकलकर मध्यवर्ग और आम आदमी के सामाजिक संबंधों को भी परिभाषित करता है। गिरिराज किशोर ने शायद यह ठींक ही लिखा है—"अब तक मेरे उपन्यास और कहानियाँ मेरे अपने परिवेश का हिस्सा थे। जगह, मुहल्ले, सड़कें, दफ्तर और अनुभव सबमें मैं था और मुझमें सब थे। दक्षिण अफ्रीका जाकर मुझे लगा कि मैं अपने-आप से पहली बार बाहर आ रहा हूँ। मेरे अपने अनुभवों से बाहर भी एक बड़ी दुनिया है और उसमें भी मैं हजारों-लाखों प्रवासी भारतीयों और मोहनदास के माध्यम से मौजूद हूँ। इस यात्रा से मुझे महसूस हुआ कि किसी रचना के लिए उसमें जागते और जीते स्थलों, नगरों, सड़कों आदि को देखना कितना जरूरी होता है। वे सब भी बृहद रचना-संसार के महत्त्वपूर्ण रचना-बिंदु होते हैं। एक नया संसार निर्मित करने में मदद करते हैं।" किंतु उनकी यह स्वीकृति और भी अधिक महत्त्वपूर्ण है कि "यह उपन्यास जिंदगी ज्यादा इतिहास कम है।" तथापि है तो यह ऐतिहासिक उपन्यास ही। संभवतः इसी नाते लेखक प्रामाणिकता के मुद्दे को लेकर काफी सजग है। लिखा भी "मैं एक बात कह सकता हूँ कि प्रामाणिकता और पठनीयता को बनाए रखने की यथासामर्थ्य कोशिश की गई है। लेखकीय स्वतंत्रता का भी जहाँ तक हो सका प्रामाणिकता के ढाँचे के अंदर ही उपयोग करने की कोशिश है। हाँ, कहीं-कहीं पर, जहाँ दस्तावेजों का इस्तेमाल करना पड़ा या पत्रों का उपयोग हुआ या कानूनी अध्यादेशों का उल्लेख हुआ, वहाँ हो सकता है रोचकता बाधित हुई हो परंतु पठनीयता बनी रही है। कहीं-कहीं पर गाँधी के विकसित होते विचारों

का भी समावेश हुआ। वह थोड़ा-बहुत दुरूह हो सकता है। बहुत से पाठकों को हो सकता है उनमें रुचि ही न हो। पर उनकी अनिवार्यता को नकारना लेखकीय दृष्टि से संभव नहीं था।''

'उपन्यास से पहले...' शीर्षक में बतौर भूमिका लेखक ने ये बातें तब कही हैं जबकि उपन्यास लिखा जा चुका है और उसका स्वरूप सुनिश्चित हो गया है। मुझे नहीं लगता कि इन बातों को लेकर कोई बहस की भी जा सकती है या नहीं। इतिहास और काव्य पर अरस्तू ने काफी गंभीर बहस की है। काव्य, नाटक अथवा उपन्यास में इतिहास को कच्चे माल की तरह प्रायः प्रयुक्त किया जाता रहा है। पश्चिम और भारत के जाने-माने काव्यों में इतिहास और कल्पना का अद्‌भुत सम्मिश्रण और संयोजन मिलता है। भारत की खास पहचान बने पुराणों के बारे में तो कहा ही गया कि उनमें पचास प्रतिशत इतिहास और इतना ही अनुपात उनमें कल्पना का भी है। गिरिराज जी ने इसे साठ (इतिहास) और चालीस कर दिया है। वह चालीस क्या है, इस पर आगे चर्चा होगी ही।

फिलहाल यह तो कहा ही जाना चाहिए कि यह उपन्यास उस ऐतिहासिक संघर्ष की याद दिलाता है जिसका संबंध महानायक गाँधी के मार्फत इस देश के मुक्ति संघर्ष से भी है। संघर्ष की उन अनुभूतियों को जिन कथात्मक छबियों के द्वारा प्रकट किया गयां है, वे बेहद साफ-सुथरी, स्पष्ट और ठोस हैं। भाषा की वस्तुमूलकता और कथन की सरलता ने भले ही संघर्ष की अंतर्व्यंजनाओं को तीक्ष्णता न बरपी हो किंतु पाठकों के मन में उस संघर्ष की एक हल्की विवरणात्मक छाप जरूर अंकित कर दी है। इतिहास और उसकी तथ्यात्मकता को लेकर लेखक की अतिसजगता ने इतिहास के साथ जितना न्याय किया है, उतना शायद उपन्यास के साथ नहीं। साहित्य का सबसे बड़ा सवाल प्रामाणिकता का नहीं, प्रभविष्णुता और विश्वसनीयता का है। क्या कोई लेखक प्रामाणिकता के दावे को लेकर अपनी विशिष्टता और अद्वितीयता का दावा अब या तब कर सका है? विपरीत इसके क्या विश्वसनीय होकर कोई लेखक प्रामाणिक भी हो सकता है? विश्वसनीयता और प्रामाणिकता कहीं एक ही चीज तो नहीं है। सृजन-व्यापार में प्रामाणिकता की चर्चा अनुभवों के संदर्भ में कहीं ज्यादा होती आई है और अनुभवों का ताप और दबाव ही किसी रचना को अधिक विश्वसनीय बना पाता है। इसी संदर्भ में पूछने का मन होता है कि क्या यह लेखक मोहनदास (गाँधी) से ठीक वैसा ही एकाकार हो सका है जैसा कि प्रेमचंद, सूरदास, होरी आदि से, अज्ञेय शेखर से या फिर इधर के बिल्कुल तरोताजा उपन्यासों—मुझे चाँद चाहिए (सुरेंद्र वर्मा की वर्षा वशिष्ठ), इदन्नमम् (मैत्रेयी पुष्पा की मंदा) या फिर कलिकथा वाया बाइपास (अलका सरावगी के किशोर बाबू) में आए चरित्रों से। बाबा रामचंद्र दास को लेकर लिखे गए कमलाकांत त्रिपाठी का उपन्यास 'बेदख़ल' इतिहास की निर्मम क्रूरता और अनुभवों की गहरी मार्मिकता के

द्वंद्व और घात-प्रतिघात पर टिका हुआ है। इन उपन्यासों से गुजरते हुए केंद्रीय चरित्रों से हमारे जो रिश्ते बनते हैं वे बहुत दूर तक अपने साथ हमें खींचे लिए चले जाते हैं। समूची कथा के साथ हम एक प्रकार का गहरा निजी कन्सर्न महसूस करते हैं। किसी भी रचना की असली ताकत उसकी यही 'प्रामाणिकता' होती है जो अपने पाठकों को न केवल बुरी तरह इन्वाल्व कर डालती है बल्कि वे कुछ देर के लिए अपनी जानी-पहचानी दुनिया से चमत्कारी ढंग से ऊपर उठकर लेखक की कल्पना और उसके प्रसार के अंगभूत अंग बन जाते हैं जिसे हम 'पठनीयता' कहते हैं, वह वस्तु-चित्रण के चलते पैदा होती है या फिर लेखक की शैलीगत विलक्षणता और अद्‌भुतत्व के चलते—यह भी एक प्रश्न है। फिर पाठक की सहृदयता का रूप रंग और मिजाज कैसा है, इसकी भी अनदेखी कैसे की जा सकती है। कई लेखक हैं जो विचारों के तेज से अपने पाठकों को अपना हामीकार बनाते हैं। कई ऐसे भी हैं जो अपनी भावुकता में लपेट लेते हैं पर कई ऐसे भी हैं जिनमें अभिव्यंजना की अनोखी ताकत है और वे इसी से पराभूत कर डालते हैं। बड़े कहे जाने वाले लेखक में यह सब एक साथ होता है। इनका अपेक्षित समानुपात और रचनात्मक सामंजस्य ही उसे अन्यों से पृथक करता है। किंतु यह केवल यांत्रिक कौशल नहीं है। फार्मूलाई कोशिशें अक्सर रचना विरोधी होती हैं। सृष्टि तभी सृष्टि है जब तक वह सहज और स्वाभाविक है अन्यथा वह सृष्टि का भ्रम है। बड़े लेखक की एक और विशिष्टता उसकी जीवन दृष्टि है जिसका आलोक रचना-तत्त्वों को हर क्षण नई ऊर्जा और ऊष्मा से संपन्न करता चलता है। यह वह धड़कन है जो प्रत्येक शब्द और उसके द्वारा पुनर्नवित अर्थ में सुनाई पड़ती रहती है। गिरिराज किशोर ने जो किया है उसमें ये कोशिशें दिखाई तो देती हैं पर जैसा कि उसी भूमिका में शैलेश मटियानी ने कहा—'गाँधी जी की लाठी' लगने की बात, वह सचमुच लग भी पाई या नहीं, यह एक निर्विवाद और सुरक्षित प्रश्न तो—कम से कम इस संदर्भ में नहीं ही है।

'गाँधी जी की लाठी' का मुहावरा सामने आया तो रोमाँ रोलाँ और अनमोल विरासत की लेखिका सुमित्रा कुलकर्णी की याद आई और उनकी वह तल्लीनता जो चयनित और सजगतापूर्वक संपादित तथ्यों के बीच प्रभावपूर्ण होकर उभरती है। उपन्यास में तथ्य जरूरत से कुछ ज्यादा ही हैं और उन्हें सम्हालने की मासूम इच्छा और अनजाने ही एक और जीवनीकार हो जाने की कोशिश ने जब-तब कथा की सघन जमावट और चरित्र के कलात्मक विकास में काफी अड़चनें पैदा की हैं। लेखक ने अफ्रीका में जो सामग्री एकत्र की और नोट्स लिए, उसकी उस यात्रा ने जिन यादों का तोहफा भेंट किया, वह सब एक भारी जखीरा है जिसे औकात से ज्यादा वजनदार गट्ठर या बोझ की तरह यह कथाकार उठाये चल रहा है। उन लोगों ने गाँधी को देखा और उनके साथ जिया है। लेखक गाँधी के इतिहास को देखकर उसे पुनर्जीवित करने की कोशिशों में लगा है। किंतु इतिहास को यह जीवन काव्य के

रूप में किन विधियों अथवा सरणियों से मिल पाता है, यह भी एक सवाल है। इतिहास के चरित्रों के संदर्भ में हम घटनाओं, तारीखों और सही ब्यौरों की अपेक्षा से भरे होते हैं। काव्य अथवा कथा में हमारी अपेक्षा मानवीय अनुभवों की द्वंद्वपूर्ण जटिलता को लेकर होती है जो रचनाकार के अंतःसत्य और काल विशेष की खतरनाक मुठभेड़ के बीच अपने आप जन्म लेते हैं। संघर्ष का अर्थ भी उन स्थूल संघर्षों के पार उस अंतःसंघर्ष से होता है जो चरित्र-विशेष के चतुर्दिक के संसार के बीच उसकी नैतिक आकांक्षाओं, पौरुष-बोध और संवेदनात्मक प्रखरता के चलते कदम-कदम पर घटित होता हुआ उसे प्रत्येक पल जीवन और मरण के झूले पर टाँगे रहता है। वह इतना सीधा, सपाट, सरल और द्वंद्वशून्य नहीं हुआ करता कि हम इसे लेखक की अपनी या फिर चरित्र विशेष का सहज औपचारिक जीवन मान सकें। यह भी कि तथ्य प्रतीति नहीं कराते, सूचित करते हैं जबकि सृजन हमें एक खास प्रकार की भावदशा में तल्लीन कर देता है। उपन्यास अपने इस कर्म में कई बार चूका है।

सृजन और औपचारिक सृजन, कल्पना और औपचारिक कल्पना में बस इतना भेद होता है कि पहला हमें तल्लीन और बेसुध कर डालता है जबकि दूसरा एक खास दूरी पर रहकर, अपने पाठक से ऐसी बातचीत करता है जो शायद ही कभी ड्राइंग रूम से उठकर, बेडरूम के सहज प्रकृत जीवन-व्यापार और अंतरंग संवाद में तब्दील हो पाती हो। निराला जी की कविता का एक टुकड़ा याद आता है जिसमें वे कहते हैं—'मौन मधु हो जाय, भाषा सहजता की आड़ में बह जाय, प्रिय अंत और अनंत के तम गहन जीवन घेर/आओ बैठ लें कुछ देर।' जहाँ रचना की मुखरता से कहीं अधिक उसका मौन असरकारी होता है। ध्वनियाँ उतनी जानदार नहीं होतीं जितनी कि प्रतिध्वनियाँ। ऐसी ही सर्जना सचमुच सर्जना है। गिरिराज किशोर जैसे अनुभवी साधक ने यह सारा काम कुछ ऐसी हड़बड़ी में कर डाला है कि तथ्य-सत्य प्रायः अनुभव-सत्य में नहीं बदल सका है। तथ्यों और उनकी बुनावट के ताने-बाने में वे इतने धँसते-फँसते और उलझते चले गए हैं कि कथानक उन्हीं के बोझ से गरुआ रहा है। किसी ने मुझसे पूछा कि उपन्यास कैसा लगा। तब मेरी जो सहज प्रतिक्रिया थी वह यही कि जैसे कोई महत्त्वाकांक्षी लेखक जरूरत से कुछ ज्यादा ही वजन सिर पर रख लेने के अतार्किक हौसले के चलते कुछ अधिक ही अस्त-व्यस्त हड़बड़ाया और घबराया हुआ है। अपनी प्रतिज्ञा की लाज रखने की लाज के चलते वह इतना फैलता और पसरता चला गया हो कि वस्तु-विवेक लड़खड़ा उठने और चरित्र परिकल्पना बेहद बौद्धिक और यांत्रिक सी हो उठी हो। उपन्यासों में कथा-प्रसंग कभी-कभी तो अखबारी रपटों जैसे लगते हैं और चरित्रों का कार्य व्यापार बेहद रस्मी और फार्मूलाई।

शुरुआती पृष्ठों पर ही गौर करें तो दो घटनाएँ याद आती हैं। पहली घटना बेटों के विवाह में काबा गाँधी का बैलगाड़ी पर बैठकर जाते हुए दुर्घटना में घायल

हो जाने तथा दूसरी बड़े भाई लक्ष्मीदास की जोर जबरदस्ती काठियावाड़ के अंग्रेज एजेण्ट और अपने पुराने परिचित मि. ओलिवेण्ट से बड़े भाई की सिफारिश के सिलसिले में उसके द्वारा अपने कार्यालय से गाँधी को धक्के मार कर निकलवाने का अपमानजनक प्रसंग। दोनों ही प्रसंगों को कथाकार ने जितनी शांत और तटस्थ संवेदना से वर्णित किया है, उससे जीवन के संवेदनशील क्षणों की सूचना तो मिलती है पर पाठक उस भावानुभव का हिस्सा नहीं हो पाता जो किसी ऐसी अप्रत्याशित दुखद अथवा अपमानजनक मार्मिक घटना के घटने पर सहज संभव है। जब-तब कुछेक प्रसंगों को छोड़ दें तो समूचा उपन्यास बेहद सावधानी और प्रतिज्ञाबद्धता में लिखा गया है जैसे कि कोई पूर्वनिश्चित कथा-विधान हो जिसमें मोहनदास के चरित्र को शतरंज के हाथी-घोड़े या प्यादे-फरजी की तरह उपयोग में लाया गया हो।

कथा-प्रसंगों की नाटकीय मार्मिकता और कल्पना-संयोजन में कथाकार प्रायः चूकता रहा है जिसके चलते पाठक को यह एहसास बार-बार होता है कि वह कोई ऐसी ऐतिहासिक रिपोर्ट या विवरण पढ़ रहा है जो किसी लेखक द्वारा तैयार की गई है। इसका एक कारण यह भी हो सकता है कि कथाकार प्रसंग-बहुलता के दबाव को जल्दी-जल्दी निपटाने की हड़बड़ी में भी है। वह किसी एक छोटे या बड़े प्रसंग पर ठहरकर केंद्रित होने की स्थिति में नहीं है। न जाने क्यों वह अफ्रीकी गाँधी को प्रामाणिक विस्तार में वर्णित करने की जिद पाले हुए है। मैं नहीं समझ पाया कि किसी लेखक को अपनी ऐसी जिद क्यों ज़रूरी लगती है? क्या उसका काम घट चुके जीवन की मुंशीगिरी है या फिर उन मूल्यों की पुनःसृष्टि और कथा-प्रसंगों के द्वारा उनको रेखांकित करते चलना जिनके सहारे सामान्य और स्वाभाविक जीवन कलात्मक जीवन का हिस्सा हो पाता है। मुझे लगता है यदि कथाकार ने प्रसंगों का समुचित संपादन और विन्यास किया होता तो यह उपन्यास काफी कम पृष्ठों में भी लिखा जा सकता था।

हम पाठक उपन्यास पढ़ चुकने के बाद अपने आप से जब सवाल करते हैं तो एक जवाब यह आता है कि अफ्रीकी गाँधी सत्यनिष्ठ, स्वाभिमानी, आत्मसम्मानी, राष्ट्रप्रेमी, घनघोर प्रतिरोधी और अहिंसक है। अफ्रीका का जीवन उनकी प्रयोगशाला भी है और पाठशाला भी। यहीं वे अपने बुनियादी चरित्र का आत्मसंघर्ष और संघर्ष करते हैं। यहीं वे सामुदायिक जीवन और व्यापक मनुष्यता का पाठ पढ़ते हैं। यही वह देश और कालखंड है जिसकी भट्टी में तपकर उनका जीवन-कुंदन निखर और सँवर रहा है। कथाकार ने इतिवृत्तात्मक शैली में इसके प्रामाणिक ब्यौरे एकत्र कर हमें परोस दिए हैं। निश्चय ही भारत की बीसवीं सदी के महानायक और संभावित पुराण-पुरुष को केंद्र में रखकर किया गया यह रचनात्मक श्रम इस दृष्टि से बेहद उपयोगी है। तथापि इसे हम उन उपन्यासों की श्रेणी में शायद ही रख पाएँ जो छपते ही अपने वस्तु-चित्रण, चरित्र-कल्पना या शैली-शिल्प को लेकर तहलका मचा देते

हैं। निस्संदेह इसका लेखक बेहद परिश्रमी और अध्यवसायी है और अफ्रीकी गाँधी के जीवन का प्रामाणिक इतिवृत्तकार भी। शायद इस कठिन और अचंभित कर डालने वाली मेहनत का यह सौंदर्य तो है ही।

यों तो प्रत्येक जिम्मेदार और अध्यवसायी लेखन राजनीतिक अर्थ में न सही पर एक अर्थ में तो राजनीतिक होता ही है और यह उपन्यास भी उसी अर्थ में राजनीतिक है। इसकी अपनी एक विचारधारा है जिसे हम चाहें तो मोटे तौर पर अहिंसा और सत्याग्रह कहें या फिर गाँधी-विचारधारा। अधिक बारीकी में जाने पर कहना होगा कि यह लोकजागरण और प्रतिरोध की विचारधारा है। मानव मुक्ति हमेशा इसी सामूहिक प्रतिरोध के बल पर संस्कृतियों के जीवन को गौरवपूर्ण बनाती आई है। गाँधी इसी मुक्ति के फरिश्ते हैं। निस्संदेह लेनिन और माओ आदि भी। किंतु गाँधी का अपना एक अलग–कहना चाहिए–मौलिक रास्ता है जिसे हम अहिंसा का रास्ता कह सकते हैं। उपन्यास में इस रास्ते का प्रयोग कई-कई रूपों और स्तरों पर प्रयुक्त, प्रदर्शित एवं चित्रित है। पहला रूप तो दादा अब्दुल्ला और तैयब सेठ के बीच बरसों से चलने वाला वह मुकदमा है जिसके लिए अब्दुल्ला कंपनी के बुलावे पर बैरिस्टर मोहनदास भारत से अफ्रीका आए थे। सालों साल से चलने वाले इस मुकदमे को मोहनदास ने ह्दय परिवर्तन कराके समाप्त कराया। किंतु कई अन्य जगहों पर उन्हें कठिन धैर्य, सहिष्णुता, सत्य, शील और सत्याग्रह से काम लेना पड़ा, कई जगहों पर बौद्धिक प्रचंडता और नैतिकता के तर्कवाद से। फिर भी जो सबसे बड़ी बात है वह है सोई हुई आत्माओं या चेतनाओं को जगाना और संघबद्ध करना। खास तौर से उन्हें, जो समूचे गोरे समाज में गिरमिटिया या कुली कहकर पहचाने और रेखांकित किए जाते थे। गाँधी ने उनमें आत्म गौरव और स्वाभिमान का भाव जगाया। सितंबर 1915 में ऐसे गिरमिटियों के समाज पर सोचते हुए गाँधी ने सखेद लिखा–गिरमिट शब्द से जो अर्थ निकलता है, वह एग्रीमेंट से नहीं होता। जिस दस्तावेज पर दस्तखत करके हजारों मजदूर भारत से बाहर नेटाल आदि देशों में पाँच वर्ष का करार करके जाते थे या अब जाते हैं, वह दस्तावेज मजदूरों और उनके मालिकों के बीच गिरमिट नाम से प्रसिद्ध है। संसार का इतिहास देखने से मालूम होता है कि पहले गुलामों को सामान्यतः पशुओं की जगह और पशुओं की तरह रखा जाता था। गाँधी ने अपनी लड़ाई इसी के विरुद्ध शुरू की यद्यपि इस अपमान और प्रताड़ना का बोध उन्होंने केवल देखकर नहीं बल्कि खुद-ब-खुद झेल और भोगकर किया। अफ्रीका के डरबन, नेटाल, प्रिटोरिया, जोहान्सवर्ग आदि जगहों पर कोर्ट-कचहरी, रेल, सड़क और होटलों में, सभा-सोसाइटी और गिरजाघरों में सर्वोच्च आसन पर बैठी एक जाति न केवल अपने रूप-रंग और आचार-विचार में बल्कि बुनियादी सोच और अवधारणाओं में स्वयं को संप्रभु और श्रेष्ठतम मानती हुई शेष अन्य जातियों को पशु से भी बदतर और हेय मानने के दंभ और गुमान से भरी हुई है। गाँधी की

लड़ाई इसी दंभ और मिथ्याभिमान से है। उपन्यास पढ़ते हुए बार-बार ऐसे लोगों पर निगाह जाती है जो अपनी वर्ण-विशिष्टता या उच्चता के हिंस्र बोध से पीड़ित और बीमार हैं। गाँधी जैसे उनके इस दंभ और मिथ्याभिमान पर अहिंसा, प्रेम और सत्याग्रह का शीतल लेप कर उन्हें रोग-मुक्त करने की कोशिश कर रहे हैं। हमवतनी गिरमिटियों को एकत्र कर, छोटे-बड़े और ऊँच-नीच ही नहीं उत्तरी और दक्खिनी भारतीय का भेद भुलाकर गाँधी जिस संघर्ष-समूह का संगठन करते हैं, वह अपनी सत्यपरायणता और सहिष्णुता में बेजोड़ है। दूसरों को नीचा और स्वयं को ऊँचा समझने वाली दृष्टि या फिर अविकसित असभ्य और स्वयं को अति सभ्य और अति विकसित समझने वाली विचारधारा किसी भी स्थिति में मानवीय नहीं कही जा सकती। गाँधी के मार्फत उपन्यास इस दृष्टि और विचारधारा पर प्रहारक योद्धा की तरह हमले करता है।

मेरी दृष्टि में यदि इस उपन्यास की कोई महत्ता है तो यही कि यह एक ऐसी बहस शुरू करता है जो समस्त वामपंथी लेखन और उससे जुड़ी वर्ग दृष्टि की अनदेखी करता हुआ यथार्थवादी उपन्यासों की उस धारा का भी प्रत्याख्यान करता है जो आजादी के बाद की वर्चस्वी धारा रही है। सामाजिक जीवन की नग्नता और इंसानी पतन के चित्रों के मार्फत हमारे आधुनिक कहे जाने वाले लगभग तमाम उपन्यास कठोर वैचारिक टिप्पणियाँ या फिर समकालीन जीवन की निर्मम समीक्षाएँ करते रहे हैं। मुझे याद आता है कि हमारे कई साथी लेखक भारत के महान मुक्ति संग्राम की अनेकानेक अनुगूँजों और प्रतिध्वनियों से लैस हैं और इस असमंजस में भी हैं कि भविष्य के मानव की आगामी मुक्तियाँ किन मार्गों से होकर अपनी मंजिलें तय करेंगी। गिरिराज किशोर जैसे मित्रों ने कम से कम इस असमंजस से बाहर आकर अपनी प्रतिश्रुतियों को दुविधामुक्त होकर रेखांकित किया है। संभवतः यह एक बड़ा और साहसिक किंतु एक सीमा तक खतरनाक कदम भी है। खतरनाक इसलिए कि इस वक्त जब बहुतेरे लोग वैचारिक दिग्भ्रम और पूँजीवाद-विस्मित हैं या फिर पूँजीवाद और आर्थिक उदारीकरण के मुगालते में हैं, कम से कम एक हिंदी लेखक ने अपनी दो टूक प्रतिश्रुति की घोषणा कर अपनी वैचारिक निडरता और रचनात्मक साहस का परिचय दिया है। इस लिहाज से देखें तो गिरिराज किशोर का यह एक गौरतलब आचरण है।

क्या महानायक गाँधी सचमुच एक महाकाव्यात्मक चरित्र की तरह उभर सके हैं? क्या कथाकार ने उन युक्तियों और प्रातिभ कौशलों का उपयोग किया है, जिनके आधार पर कोई एक ख्यात ऐतिहासिक चरित्र कालजयी अथवा अतिलौकिक पौराणिक या फिर अतिमानवीय चरित्र बनकर अपने पाठकों की ग्राहक-संवेदना पर छा जाता है? क्या लेखक ने ऐसे कथा-प्रसंगों और वर्णन शैलियों का उपयोग या प्रयोग किया है कि हम यह कहने की स्थिति और सुविधा में हों कि उसने उपन्यास-लेखन-शैली

को नया स्वरूप, नया तेवर या नई मर्यादाएँ दी हैं। निश्चय ही इन सारे प्रश्नों का उत्तर निषेधपरक अथवा निराशाजनक होगा। तथापि बाल-हनुमान की तरह इसने सूर्य को निगलने का अति साहस तो किया ही है। यह साहस शैलीपरक न होकर विषयपरक है। विषय-वस्तु के प्रति यह ईमानदारी और गंभीरता हमारे लिए कम महत्त्वपूर्ण नहीं है।

उपन्यास के चिर-परिचित पाठकों को यह उपन्यास से कहीं अधिक जीवनी या फिर आधी जीवनी और आधा उपन्यास भी लग सकता है। शायद यह सच भी है। यही इस कृति की विशिष्टता भी है। एक समीक्षक ने ठीक ही लिखा है कि यथार्थ के संयोग से उपन्यास सजीव हो उठा है किंतु उपन्यास यथार्थ की जकड़बंदी में आ गया है यह कौन कहे? तकनीकी, अकादमिक या फिर स्थूल प्राध्यापकी कसौटियों पर देखने पर उपन्यास काफी भरा-पूरा भी लग सकता है। यहाँ ढेरों-ढेर घटनाएँ, चरित्र और कर्म-व्यापार हैं। कानून, राजनीति, मानव-विवेक, संघर्ष, प्रतिरोध, नवनिर्माणकारी स्वप्न और उन्हें हकीकत में बदल डालने वाले पुरुषार्थी इंसान हैं। जहालत और गुलामी, आत्मविस्मृति और आत्मगौरवहीनता के उदाहरण भी हैं। जब-तब कुछ कोमल संवेदनाएँ, फिसलती कल्पनाएँ और उनके विरुद्ध उठ खड़ी नैतिक प्रतिक्रियाओं की गंभीर तीक्ष्णता भी है। वस्तु-अनुगामी तटस्थ भाषा और विश्वसनीय वर्णनात्मकता है। इन अनेक सहारों के आधार पर हम इसे अपने समय की एक गणनीय कृति भी कह सकते हैं। किंतु ऐसा सोचते हुए तत्काल गोदान, कामायनी जैसी युगांतरकारी कृतियों से प्रतिस्पर्धा करतीं कुछ कृतियाँ भी याद आती हैं जो अपनी अनुभव-सामग्री, कल्पना-विधान और अभिव्यंजना में किंचित अनोखापन और प्रभाव-वक्रता लिए हुए थीं। फिलहाल मुझे दिनकर लिखित उर्वशी जैसी प्रबंधकृति याद आ रही है। क्या कारण है कि कामायनी, राम की शक्ति-पूजा, अंधायुग, असाध्य वीणा और अँधेरे में जैसी असाधारण काव्य-रचनाएँ और मैला आँचल, बूँद और समुद्र या फिर झूठा सच जैसे कुछ महत्त्वाकांक्षी गद्य-प्रबंध उल्लेखनीय हैं? इस सूची में क्या यह उपन्यास भी अपनी भारी भरकम काया के साथ शामिल हो पाएगा? इस सवाल को उठाकर मैं खुद ही अविश्वास से भर उठता हूँ। तब कहना पड़ता है कि लेखक की कठोर मेहनत अपनी जगह, पर उस मेहनत के बल पर खड़ा किया गया प्रातिभ-विश्व अपनी जगह। यह विश्व इतना विवरणपरक और स्थूल है कि हम चाहकर भी अर्थ की मोटी सतहों के आगे नहीं जा पाते। गंभीर और मार्मिक जीवन-स्थितियों और उनके बीच पैदा होने वाली संवेदनाएँ एकजुट होकर जिस गंभीर और मार्मिक-संप्रेषण की योजना करती हैं, उपन्यास में उसका अभाव बार-बार महसूस होता है। भले ही इसे 'यह पथ बंधु था' जैसी मार्मिक कथा के लेखक नरेश मेहता ने सुना हो या फिर प्रियंवद और शैलेश मटियानी जैसे संवेदनशील सर्जक ने इन सबसे सहमत होना मेरे जैसे पाठक के लिए एक मुश्किल-तलब बात है। तथापि गाँधी को केंद्र में रख किए गए इस शब्द-पौरुष को एकदम से नकारा भी नहीं जा

सकेगा। उपन्यास छप चुकने के बाद जिस तरह के प्रश्न उठाए जा रहे हैं, वे यद्यपि इतिहास के गाँधी को लेकर हैं, तब भी वे प्रश्न तो हैं। इतिहास भले ही नायक के पीछे-पीछे एक अनुगामी की तरह चले पर लेखक का धर्म इस अनुगामिता का नहीं होता। कुम्हार की तरह भले ही वह एक खास तालाब, नदी या खेत से मिट्टी ले आए पर अपने पात्रों और बिंबों (मूर्तियों) को गढ़ते हुए शायद ही कभी तालाब, नदी या खेत से मश्विरा लेता हो। सर्जक का यह धर्म नहीं है। मेरी अपनी समझ में यह बात भी पैठी हुई है कि इतिहास नायक का चुनाव करे तो करे पर नायक को रचने या गढ़ने का दम उसमें कभी नहीं हुआ करता, यह काम तो परंपरा ही करती है। जो इस महीन वैचारिक काम को समझते हैं, वे यह भी समझते होंगे कि कैसे शिवलिंग एक मानवीय-आकार ग्रहण कर लेता है और उसकी सवारी के रूप में देर-सबेर न केवल नंदी आ जाता है बल्कि उसके चारों ओर पार्वती, गणेश, कार्तिकेय यानी कि एक भरा पूरा परिवार जन्म ले लेता है। इतिहास संभावनाओं में नहीं जीता जबकि परंपराएँ अपनी संभावनाओं के चलते ही प्रायः बेजोड़ होती हैं। लोक मानस की सृजनशीलता इन्हीं संभावनाओं की प्रतिकृतियाँ हुआ करती हैं। उपन्यास यहाँ भी यदि चूका है तो कारण यही कि वह इतिहास से डरा हुआ और उसके भारी दबदबे में है।

संयोग ही था कि लिखने के दौरान कमला भाई (डॉ. कमला प्रसाद) ने मुझे गिरिराज किशोर और प्रियंवद की बातचीत (वसुधा-47) की याद दिलाई। प्रियंवद चूँकि उपन्यास की भूमिका में भी हैं। इसलिए यह बातचीत और भी महत्त्वपूर्ण हो उठी है। निस्संदेह प्रियंवद ने लेखक को उसके अखाड़े से खींच कर अपने अखाड़े में ला पटका है। आज यदि गाँधी को एक इतिहास-पुरुष के रूप में ही देखने की मजबूरी हो तो हमें उनकी बृहत्तर राजनीतिक सोच और प्रयोगों पर भी ध्यान देना होगा जिसमें तिलक आदि की सीमाएँ स्वतः सामने आ जाती हैं। गाँधी कोरे राजनीतिक योद्धा नहीं हैं। उन्हें एक सांस्कृतिक योद्धा माने बगैर काम नहीं चलने वाला। वे आर्थिक, सामाजिक और इनसे जुड़े नैतिक प्रश्नों से भी जूझते हैं। महिलाओं और हरिजनों को अपने सामाजिक बदलावों के केंद्र में ले आते हैं। वे भारत की उन ऊर्जाओं का पुनरान्वेषण करते हैं जिनसे यह राष्ट्र अपनी स्वाधीनता की रक्षा कर सकता है। वे न तो साम्राज्यवाद समर्थक हैं न पूँजीवाद-पूजक। यह और बात है कि वे जिद पाले बैठे हैं कि अहिंसा और सत्याग्रह के बल पर दुनिया के तमाम निर्दयी शासकों के हृदय में दया और करुणा का संचार कर देंगे। यहीं वे मुझे खास तौर से मुगालते में लगते हैं क्योंकि दुनिया तपोवन नहीं है। आश्रम भी नहीं। मनुष्य की सद्वृत्तियाँ कभी-कभी इन आश्रमों और तपोवनों की ओर भागती जरूर हैं पर जब तक वह इनके असर में रहता है तभी तक। माया जगत को कबीर ने यों ही महा ठग नहीं कहा। गाँधी को भी नेहरू-पटेल और जिन्ना ने मिलकर ठगा। जे.पी. और लोहिया आदि ने भी। गाँधी मानव-मुक्ति को लेकर चिंतित थे और

ये सब पालिटिशियंस थे। इनके सामने वे सवाल थे ही नहीं जो गाँधी के सामने थे। इसलिए गाँधी को उस निगाह से देखा नहीं जा सकता जिस पर आधारित बातचीत की गई है। पर उस निगाह से भी नहीं जो भय, अविश्वास और असमंजस या फिर आशंका से भरी है।

प्रत्येक स्रष्टा अपने नायक का सृजन एक खास प्रकार के समर्पण और निष्ठा के बल पर करता है। जब कोई सर्जक तथ्यों और परिस्थितियों की प्रयोगशाला में बैठ जाता है और रसायनिक मिश्रणों के घात-प्रतिघात का दर्शक मात्र बन बैठता है तब वह नायक की अवधारणा और उससे जुड़ी निष्ठाओं का ही नहीं प्रक्रियाओं का भी उपहास करता है। भारत के महाकाव्य इसकी गवाही में शायद ही खड़े हों। वे बुनियादी तौर पर सांस्कृतिक-प्रशिक्षण का काम करते हैं जो गहरी पारंपरिक मूल चेतना के बगैर यह कभी भी संभव नहीं। उपन्यास इस गहराई तक प्रायः नहीं जा पाता। तटस्थता के नाम पर उसमें एक खास प्रकार का ठंडापन है।

प्रियंवद ने कई ऐसे सवाल उठाए हैं जिन पर विचार किया जा सकता है। भारत का इतिहास भले ही पराजित नायकों का इतिहास रहा हो पर भारत के काव्य पराजित नायकों के काव्य नहीं हैं। पश्चिम की अपनी दृष्टि है जिसका गहरा नाता ईसाइयत से है तो भारत की भी अपनी दृष्टि है जिसे समझना होगा। खेद है कि प्रियंवद जैसे प्रतिभाधर इसका शायद ही कभी खयाल रख पाये हों। वे शायद ही कभी इस तलाश में निकलते हों कि वहाँ की त्रासदी नाट्य परंपरा यहाँ क्यों जन्म नहीं ले पाई? वहाँ अवतारवाद की अवधारणा क्यों नहीं आकार ग्रहण कर सकी? ब्रह्मांड, प्रकृति और मनुष्य के जो रिश्ते यहाँ वैदिक काल में तय से किए जा चुके वे पश्चिमवालों को आज क्यों सूझ रहे हैं? आश्चर्य है कि प्रियंवद ने बाल-सखा शेख मेहताब के जरिए गाँधी के चरित्र के एक खास प्रसंग को रेखांकित करने की हिमाकत की है सो भी एक पश्चिमी लेखक के हवाले से। हमें पहले अपने आपसे यह पूछना होगा कि हमारे लेखन का प्रयोजन क्या है? यदि उसका प्रयोजन बदलाव है तो क्या ये सारे प्रसंग (यदि तथ्य हों भी तो) लेखक के लिए इसलिए जरूरी हैं कि वह चरित्र विशेष की जीवनी लिख रहा है? क्या उपन्यास भी जीवनी है? गिरिराज किशोर की इस बात में कोई दम नहीं है कि गाँधीवाद इस उपन्यास की डिमांड नहीं है। फिर वे उस संघर्ष को अहिंसा और सत्याग्रह जैसे शब्दों से क्यों परिभाषित करते हैं? मेरी अपनी समझ से अफ्रीका वाला गाँधी ही असली गाँधी है जो भारत की परिस्थितियों में अपना विकास करता है।

गाँधी का अपना कोई वाद है या नहीं—यह प्रश्न समाज-वैज्ञानिकों और दार्शनिकों का है, लेखकों का नहीं। वे ही इसके अधिकृत उत्तरदाता भी हैं और संभवतः वे इस पर सजग और सक्रिय भी हैं। फिर गाँधी ने जो कुछ सोचा उसे सबसे पहले अपनी परंपरा में तलाशने की कोशिश की। भारत तब भी मरा नहीं था, आज भी

नहीं। उसके पास विचार हैं। असली प्रश्न उन विचारों को अनुभव करने और उनके नवोन्मेष का है। गाँधी का यही परिप्रेक्ष्य है। वे कांग्रेस के उन पश्चिम-जीवियों—बौद्धिकों में से नहीं थे जो जनता की मुक्ति के 'देवदूत' बने हुए थे। गाँधी भी यदि यही होते तो शायद ही राष्ट्रपिता कहे जाते। अपने एक उपन्यास में नागार्जुन ने यह सवाल उठाया है कि भारत की राजनीति में गाँधी का योगदान क्या है? उत्तर यही है कि वे इस विराट देश के सबसे बड़े जननेता हैं। बकौल आचार्य शुक्ल लोकसंग्रहकारी जननेता। गाँधी को देखने का सही परिप्रेक्ष्य यही है।

मुझे यह कहना भी जरूरी लग रहा है कि नायकों की या इतिहासों की पराजयों से विचारों की पराजय नहीं हो जाती। यदि ऐसा होता तो भारत सोमनाथ और पृथ्वीराज चौहान के समय में ही खत्म हो चुका होता। लक्ष्मीबाई और बहादुरशाह की पराजयों के बाद भी याद यह रखना होगा कि यहाँ चाणक्य, चंद्रगुप्त, अशोक, विक्रमादित्य भी हुए हैं और हर्षवर्द्धन भी। धर्म और अध्यात्म में बुद्ध और महावीर भी। क्या ये सब पराजित नायक हैं? और क्या राणा सांगा और महाराणा प्रताप सचमुच नायक भी हैं? यही वह परंपरा है जहाँ 'हृदयेन अपराजिता' का मुहावरा खोजा और रचा गया। सोवियत रूस के विघटन के बाद एक हिंदूवादी राजनेता ने मुझसे पूछा था—'अब मार्क्सवाद के बारे में आपका खयाल क्या है? 'मेरा विनम्र उत्तर था—वही जो गौतम बुद्ध और महावीर के बाद वेदों की विचारधारा को लेकर है। या फिर वह जो चाणक्य, पुष्यमित्र और शंकराचार्य के बाद बौद्ध विचारधारा को लेकर है। 'दी किंग इज़ डेड लांग लिव द किंग।' व्यक्ति पराजित हो जाए तो इसका अर्थ उसके विचारों की पराजय से जोड़ना बौद्धिक बचकानापन ही है। जूलियस सीज़र के मर जाने पर भी नाटक का नायक तो वही है। भारत विभाजन हो या फिर नेहरू-पटेल का विश्वासघात—महानायक तो गाँधी ही हैं। और वे पराजित नायक तो कदापि नहीं हैं। अभी कुछ ही महीनों पहले इरफान हबीब ने भोपाल के अपने दो गंभीर भाषणों में यह निष्कर्षात्मक घोषणा की थी कि अगली सदी गाँधी की होगी। वे ही भविष्य के हमारे नायक हैं।

उपन्यास के आईने में सभ्यताएँ : कितने पाकिस्तान*

अपने समय के कई उपन्यासकारों को पढ़ते हुए यह अनुभव होता रहा कि वे दो सौ बरसों के औपनिवेशिक अँधेरों द्वारा किए गए आर्थिक शोषण और जातीय अस्मिताओं के विनाश की साजिशों और योजनाओं को भूले नहीं हैं और आज जब एक और नयी पूँजी सभ्यता तरह-तरह के नारों, विज्ञापनों, सूचनाओं और प्रचार सामग्रियों के दल-बल सहित तीसरी-चौथी दुनिया को अपने आर्थिक मायाजाल में उलझाकर उनकी सांस्कृतिक पहचानें छीन लेना चाहती है, हमारे कथाकार उसकी इस साजिश के प्रति धीरे-धीरे ही सही पर लामबंद तो हो रहे हैं!

स्वाधीन भारत के अलावा अन्य स्वतंत्र देशों की स्वाधीनता और प्रभुसत्ता को आज जो खतरे घेरे हुए हैं उनका संबंध इसी नवपूँजीवाद और आर्थिक साम्राज्यवाद से है। सूचना-क्रांति के विस्फोटों का नजारा धीरे-धीरे तीसरी और चौथी कही जाने वाली दुनिया में दिखाई पड़ने लगा है। क्या क्यूबा, पाकिस्तान, अफगानिस्तान, क्या बंगलादेश, भारत और श्रीलंका, सबके सब अपनी औद्योगिकता उत्पादन-सामर्थ्य खोते जा रहे हैं। कुछ आतंकवाद से पीड़ित हैं, कुछ विषमता और भुखमरी से। विश्व बैंक, अंतर्राष्ट्रीय मुद्राकोष अमेरिकी शासन के एजेंट के रूप में काम कर रहे हैं। परंपरागत इतिहास लेखन की धारा तो सौदागरों और उनके संरक्षक सत्ताधीशों की सेवा करती ही रही है। विज्ञान और वैज्ञानिक भी इन ताकतवरों के समक्ष लाचारी और गुलामी के बोध से ग्रस्त रहे आए हैं। आज जब सूचना-क्रांति के युग में हम आ पहुँचे हैं, नवपूँजीवाद इसका भरपूर लाभ लेने पर आमादा है। 'परमगति' में भगवान सिंह ठीक ही लिखते हैं—विश्वपूँजीवाद का नया चेहरा पुराने से अधिक कोमल और चरित्र उससे कई गुना अमानवीय है। यह अपने लाभ के लिए जघन्यतम कृत्य कर सकता है। भगवान सिंह का यह उपन्यास अगस्त 1997 में लिखा गया। दिसंबर 1999 में

---

* कितने पाकिस्तान : कमलेश्वर

ख्यात हिंदी लेखक और वरिष्ठ कथाकार कमलेश्वर अपने उपन्यास 'कितने पाकिस्तान' में जैसे अपने साथी लेखक की चिंताओं की हाँ में हाँ मिलाते हुए लिखते हैं—'साम्राज्यों को जीवित रखने के लिए ही बनाए जाते हैं बाजार! साम्राज्यों की नाभि बाजार से जुड़ी है। साम्राज्यों के रूप बदल सकते हैं...वे प्रजातांत्रिक आर्थिक साम्राज्य का रूप ले सकते हैं परंतु, इन पूँजीवादी प्रजातंत्रों को जीने के लिए मुनाफे के बाजारों की जरूरत है...बाजार!...बाजार!! बाजार!!! यही है औद्योगिक क्रांति का सतत जीवित रहने की मजबूरी भरा सिद्धांत! यही है पूँजीवाद। इसी का दूसरा नाम है साम्राज्यवाद। तीसरा नाम है उपनिवेशवाद। और आज दस्तक देती हुई नई सदी में इसका नाम है बाजारवाद।... यह व्यवस्था कच्चे माल की प्राप्ति और नित नए बाजारों के निर्माण के बिना जी नहीं सकती। यातना, विषमता और अवसाद के बीच यह देते हैं कृत्रिम उत्सव ओर उल्लास। सड़ती लाशों के अंबार पर ये छिड़कते हैं क्रिश्चियन डियोर, शैनल और अमुआगे क्रिस्टल के इत्र...।'

उपन्यास 'कितने पाकिस्तान' की इन पंक्तियों को पढ़ते हुए लगता है कि हिंदी कथा-लेखक कथित नई-सभ्यता के अमानवीय चरित्र को भाँप सके हैं और अपने लेखन के द्वारा उसका प्रतिवाद मंच भी तैयार कर पा रहे हैं। उपन्यास और इतिहास की यह सघन जुगलबंदी हमारे समय के कई प्रतिभाशाली लेखकों में देखी जा सकती है।

विस्मित करने वाला सुखद तथ्य यह भी है कि हमारे जाने-माने वामपंथी लेखक राष्ट्रीय अस्मिताओं की पहचान और राजनीतिक संप्रभुताओं की रक्षा और नवपूँजीवाद की काट के लिए भारत के महानायक गाँधी की तरफ देखने को इस बीच मजबूर हुए हैं। हिंसा, रक्तपात, बाजार और मुनाफे की संस्कृति (?) रचती पश्चिमी प्रौद्योगिकी और उसकी धमनियों में रक्त संचार करता पश्चिमी विज्ञान जिस तरह के हथकंडों को लेकर आज सारी दुनिया को लूटने-खसोटने और खत्म कर देने पर संयुक्त रूप से उद्यत है उसका सामना लड़खड़ाता हुआ आधा-अधूरा मार्क्सवाद अकेले नहीं कर सकता। भगवान सिंह ठीक ही लिखते हैं—'मार्क्सवाद का समन्वय गाँधीवाद से किए बिना...उन चुनौतियों का जवाब नहीं दिया जा सकता'—जो आज के बाजारवाद ने प्राचीनतम मानी जाने वाली सभ्यताओं के समक्ष पटक दिया है। 'कितने पाकिस्तान' में कमलेश्वर लिखते हैं—इंसानपरस्त तहजीबें सरहदों की गुलाम होकर कभी नहीं रहतीं जबकि तहजीब ही इंसानपरस्त सोच की सबसे बड़ी ताकत है। कथाकार जोगिंदर पाल को एक पात्र के रूप में पेश करते हुए कमलेश्वर उन्हीं के मुख से कहलवाते हैं—'अगर ऐसा न होता तो तुम तहजीबों की सरहदों को तोड़कर उस दार्शनिक हेगेल को पैदा न करतीं, जिसकी थीसिस को मार्क्स का चिंतन एक एंटीथीसिस के रूप में स्वीकार करता है और उससे आगे बढ़कर विश्व की तहजीब का सबसे बड़ा रहनुमा महात्मा गाँधी उसकी एंटीथीसिस में से सिंथेसिस का फलसफ़ा पेश करता है।' उपन्यास का एक और पात्र ठीक इसके बाद कहता है—'यही फलसफ़ा तो दाराशिकोह ने

पेश करना चाहा था और संकीर्णतावादी और कठमुल्ले औरंगज़ेब ने धार्मिक कट्टरतावादियों और मुल्लाओं के सहयोग से इस फलसफे को जड़-मूल से उच्छिन्न कर डाला था।'

कमलेश्वर ने अपने उपन्यास में पश्चिमी पूँजीवाद और उसके हिंसक भोगवाद को जिन ऐतिहासिक सिलसिलों से जोड़ा है, उसके सूत्र उन पुरानी देव सभ्यताओं तक फैले हुए हैं जिनका संबंध आर्यों के भोगी और बलात्कारी इंद्र और यवनों के षड्यंत्रकारी कूटनीति विशेषज्ञ देवता जीयस तक फैले हुए हैं। सम्राट गिलगमेश और अग्निखोजी प्रमथ्यु इन देव सभ्यताओं की साजिशों के बावजूद मानवीय पुरुषार्थ और उसके इंसानी संघर्ष के प्रतीक बनकर उपन्यास में उभरे हैं। धर्म, राजसत्ता, विज्ञान और इतिहास की मिलीभगत से औसत इंसानों की तकलीफें बढ़ी हैं, उनकी यातनाओं का सिलसिला और सघन हुआ है फिर भी आदमी ने घुटने नहीं टेके हैं। क्योंकि उसे मालूम है कि दुनिया घृणा, हिंसा, स्वार्थोन्माद के चलते नहीं प्रेम, करुणा और अहिंसा के चलते बची रह पाई है। उपन्यास में यह बहस अनेक स्तरों पर उठाई गई है। एशियाई और यूरोपीय (अथवा पश्चिमी) सभ्यताओं के बुनियादी चरित्र का गहरा तुलनात्मक और दस्तावेजी अध्ययन प्रस्तुत करते हुए लेखक ने एशियाई विश्ववाद, खासतौर से भारत-चीन आदि के चरम और उदात्त मानवीय मूल्यों को एक औपन्यासिक संदेश के रूप में संप्रेषित भी किया है। इस दृष्टि से विचार करें तो 'कितने पाकिस्तान' एक मिशनरी उपन्यास है। यहाँ भारतीय सभ्यता का आत्मबोध आश्चर्यजनक रूप से एक सांस्कृतिक स्वप्न की तरह प्रकट हुआ है। निर्मल वर्मा का यह कथन इन परिस्थितियों में अचानक बेहद महत्त्वपूर्ण लगने लगता है कि 'हमारा स्वतंत्रता-आंदोलन यदि दुनिया की सबसे शक्तिशाली साम्राज्य सत्ता की जड़ों को हिला देने में समर्थ हुआ, तो इसलिए कि 'स्वतंत्रता' उसके लिए सिर्फ एक राजनीतिक मूल्य नहीं, एक वैकल्पिक सभ्यताबोध को अपने जीवन में प्रतिष्ठित करने का आदर्श था।' 'कितने पाकिस्तान' में चीनी कथाकार लू शुन के बहाने कमलेश्वर कहते हैं—'सच्चाई यह है कि एशिया ने सारे धर्म और सभ्यताएँ पैदा की हैं और योरुप ने औद्योगिक क्रांति के बाद अपने मुनाफे के विदेशी बाजार तलाशने शुरू किए हैं...इसीलिए तुम पश्चिमवासी भौतिकवादियों ने प्राच्य की सभ्यताओं पर आक्रमण शुरू किए हैं...तुम अपने जहाजों पर घोड़े और बारूद लेकर आत्मा को मुक्त करने नहीं, आत्माओं को गुलाम बनाने निकले थे...तुम्हारी भौतिक हवस ने पुरातन सभ्यताओं को ध्वस्त किया था।' इसके विपरीत बौद्ध धर्म के प्रसार का हवाला देते हुए कमलेश्वर आगे लिखते हैं—'वे समुद्री रास्तों से चले थे तो साथ में अस्त्र-शस्त्रों से सुसज्जित युद्धपोत लेकर नहीं निकले थे। उनके हाथों में भाले, तलवार और बंदूकें नहीं थीं। उनके बेड़ों पर तोपें नहीं थीं। उनके पास था शांति, अहिंसा और करुणा का संदेश और उनके हाथों में था—बोधि वृक्ष।' आगे की पंक्तियाँ हैं—'हमारी प्राची की सभ्यताएँ

एक-दूसरे की अर्थव्यवस्था की पोषक और पूरक थीं। उनमें मुनाफे की स्पर्धा और शोषण शामिल नहीं था...। व्यापार और बाजार तब भी था पर उसका चेहरा इतना क्रूर और घिनौना नहीं था।'

इस बयान तक पहुँचते-पहुँचते भगवान सिंह और कमलेश्वर की चिंताएँ और उनके क्षोभ की भाषा एक हो गई है। तब क्या यह उपन्यास उद्योग, व्यापार, आधुनिक विकास और संचार तकनीक का विरोधी है या उनके मानव-विरोधी इरादों के प्रति अपने प्रतिवादों को लेकर डटा हुआ एक विचार-सैनिक? क्या एशियाई सभ्यताएँ इस आँधी में खड़ी रह पाएँगी? कहीं भारतीय चेतना की नसों में बहती ऊर्जा निष्पंद तो नहीं हो उठेगी? इन प्रश्नों पर विचार करें तो उपन्यास में सलमा, परी, सफाई कर्मचारी, झोंपड़ीवासिनी कौशल्या और बूटा सिंह-रेत परी, पत्रकार नजम सेठी, उपन्यास का वह अंधा भिखारी कबीर हाथों में बोधि वृक्ष लिए ब्रह्मांडीय विषैलेपन के विरुद्ध एक साथ मोर्चाबद्ध हैं।

अपने आखिरी पन्नों पर औपन्यासिक सपाटता का खतरा-सा मोल लेकर कमलेश्वर अंधे कबीर के संकल्पों को निष्कर्षात्मक कथन के रूप में अंकित करते हैं। अपना इकतारा उठा गाँधी का प्रिय और लोकख्यात भजन 'वैष्णवजन' गाता हुआ अदीब के एक प्रश्न के उत्तर में अपने गंतव्य-स्थलों के सांस्कृतिक प्रयोजनों को सुस्पष्ट करता है। पहले पोखरन फिर चगाई जाकर बोधि वृक्ष की पौधें लगाने का उसका एकमात्र उद्देश्य दोनों देशों में जहर की तरह फैले हिंदू और मुस्लिम संकीर्णतावाद और कट्टरता, हिंसा और घृणा के वातावरण को प्रेम-करुणा और अहिंसा के आदर्श-राज्य में बदल डालना है। भारत और पाक या अफगानिस्तान में आज धार्मिक उन्माद की जैसी आँधी चल रही, उससे केवल पत्थर की मूर्तियाँ, मंदिर और मस्ज़िद नहीं, मानव-आत्माओं की नैसर्गिक पवित्रता का भी ध्वंस होता जा रहा है। बूटा सिंह और रेत परी, नदीम और परी (विद्या), सलमा और अदीब के भीतर लहरें लेती गहरी मानवीय ऊष्मा का लहराता इंसानी महासागर ही इस ध्वंस को बचा पाएगा अन्यथा सारी विद्यमान दुनिया आँसुओं के सागर में तब्दील हो जाएगी। तभी तो उपन्यास का एक बूढ़ा पात्र अश्रुवैद्य भी है। यह कोई दूसरा नहीं, उसी अदीब का प्रतिरूप है जिसने इतिहास के तमाम अत्याचारियों को पुकार, उसे अपनी अदालत में अगवा कर, उन्हें जलील किया और अपराधी के कठघरे में खड़ा किया।

उपन्यास की कथा संताप, दुख, यातना और पीड़ा के महासागर में डूबी हुई है। अश्रुवैद्य कहता है—'मैं कुछ नहीं कर पाता...बेबस हूँ...इसलिए अदीब! हर प्राकृतिक मृत्यु के साथ मैं मरता हूँ...क्योंकि मनुष्यहंता मनुष्य ने एक अप्राकृतिक मौत का अन्वेषण कर लिया है...।' इसका प्रतिकार तभी संभव है जब अभाव, यातना, शोषण और मृत्युग्रस्त मानवता के आँसुओं को एकत्र कर उनका अध्ययन किया जाय—चीजों की तह तक जाया जाय और ईमानदार निष्कर्ष निकाले जा सकें। यह तभी संभव

है जब हम जीवन-मूल्यों की सतही और तात्कालिक सफलताओं के सतही रूपों को पहचान कर उन सार्थक रूपों की खोज कर सकें जो इन तमाम पीड़ाओं से ही नहीं अप्राकृतिक मौतों से भी लड़ सकें।

उपन्यास में धर्म, राजनीति, इतिहास, विज्ञान और प्रौद्योगिकों के मानव-विरोधी गठजोड़ों और षड्यंत्रों का पर्दाफाश तो जब तब किया गया है। जनविरोधी सत्तासेवी इतिहास लेखन और उसके लेखकों को यहाँ जिस तरह बेनकाब किया गया है उससे सृजन की ईमानदारी साहस और उसके बौद्धिक पहल का प्रमाण मिलता है। सृजन-कर्म यदि इसमें चूकता है तो कहीं न कहीं अपने समझौतापरस्त, अवसरवादी चरित्र का ही प्रमाण देता है।

आज जैसी स्थितियाँ हैं, उनमें प्रतिबद्धता का कवच सबसे ज्यादा मौजूँ हो उठा है। लेखकों के हाथों में पक्ष-प्रतिपक्ष और विपक्षियों की विद्वेषपूर्ण सूची थमा दी गई है। प्रवेश-वर्जित क्षेत्रों के बारे में बौद्धिक समझाइशें दी जा चुकी हैं। प्रहार-योग्य विचारों और समूहों (समुदायों) की नामावलियाँ गिनाई जा चुकी हैं। आज का प्रतिबद्ध लेखक तभी तो इतनी सुविधा में आ चुका है कि उसकी साधना और अभिव्यक्ति के रास्ते में कहीं कोई खतरे ही नहीं हैं। हमारे इन जुझारू कलम सिपाहियों के कथित संघर्षवाद से कहीं ज्यादा संघर्ष तो उन बंबइया फिल्मों में है, जिनको लेकर इस या उस संप्रदाय के दंगाई जब-तब उठ खड़े होते हैं। कमलेश्वर जैसे लेखक अगर यह खतरा उठा और साहस बरत सके हैं तो यह उम्मीद बँधती है कि भारत का लेखक अभी भी अपने स्वराज्य में है और स्वाधीनता के अर्थों को जानता है। किसी भी शास्त्रीय सच और कर्मकांडपरक मार्क्स या गाँधीवाद के बजाय लोक-सत्य उसकी निगाह में अब भी सर्वोपरि है।

उपन्यास पढ़कर ही यह अनुभव किया जा सकता है कि अभिव्यक्ति की पूर्णता क्या होती है। यथार्थ के नाम पर जाने पहचाने, ठस्स और सुरक्षित यथार्थ को शायद ही कभी पूर्ण अभिव्यक्ति कहा जा सके। अधिकांश उपन्यासों को पढ़ते हुए अक्सर यह बोध होता है कि हमारे लेखकों को श्रम-बचाने की कला कितनी आती है। वे एक के बाद एक कथा लिखते जाते हैं और यह भ्रम पैदा करने की कोशिश करते हैं कि वे बेहद कर्मठ और सक्रिय किस्म के रचनाकर्मी हैं। गौर करें तो उन्होंने अपने जाने-पहचाने चरित्रों और कथानकों को किन्हीं और चेहरों और नामों से अपने पाठकों के समक्ष सिर्फ इस लोभ में दुबारा परोस दिया है कि उनके पाठक भरमाए जा सकें। लेखक-विशेष जब इस तरह के धंधे के उस्ताद बन बैठते हैं तब वैचारिक कीमियागिरी पैदा हो उठना स्वाभाविक है। लेखक का समूचा रचना-कर्म बँधे-बँधाए फार्मूले के तहत तब शोभा और औपचारिकता की वस्तु भर रह जाता है। आपद् समयों के दौरान किया गया ऐसा लेखन भले ही साहित्य के इतिहास-लेखकों के लिए प्रचुर संदर्भ सामग्री का काम करे किंतु परिस्थितियों के बदलाव में अपने पाठकों की कोई

मदद नहीं करता। 'कितने पाकिस्तान' जैसे उपन्यासों को पढ़ते हुए सबसे पहला एहसास यह होता है कि हम अपने उसी खलनायक समय में हैं जिससे हमें आँखें मिलानी हैं। समय की हिंसक आक्रामकताओं और ढेर सारी ऐतिहासिक यातनाओं की मार खा-खाकर भी किसी तरह अपने इंसानी विवेक को बचाए रखने की प्रमथ्युधर्मी जिजीविषा यदि यहाँ मौजूद है तो इसलिए कि हमारे पुरखों की स्मृतियाँ अब भी जहर-मोहरे की तरह हमारे पास मौजूद हैं। ये स्मृतियाँ ही संस्कृतियों के उन छिपे अर्थों को खोल पाती हैं जिनके सहारे नए और पुराने हमलावरों की पहचान संभव है। संस्कृति की परिभाषा बयान करते हुए इसी उपन्यास में कहा गया है—'संस्कृति अनुदार नहीं, उदार होती है, वह मरण का उत्सव नहीं मनाती, वह जीवन के उत्सव की अनवरत शृंखला है। इसी सामासिक संस्कृति की जरूरत हमें है क्योंकि वह जीवन का सम्मान करना सिखाती है।' उपन्यास में इस तरह के संदेश वाक्य जगह-जगह पुराने कथानकों की दैवी भविष्यवाणियों की तरह सुनाई देते रहते हैं।

संस्कृति, धर्म और मानव-विवेक, आत्मा के जाने-पहचाने और लगभग गैर इंसानी हो उठे रूपों और चेहरों को विवस्त्र करता यह उपन्यास समानांतर रूप से इनके इंसानी चेहरों और रूपों की पहचान और पुनर्रचना का काम भी करता है। पारंपरिक काव्यों में सद्-असद्, श्वेत-श्याम पात्रों का जो द्वंद्व पहले से चला आ रहा है, यहाँ भी मौजूद है। लेखक ने इस परंपरा का लाभ लेते हुए राजनीति, धर्म, विज्ञान, प्रौद्योगिकी और हिंसक बाजारवाद के पुराने और नए चेहरों की जैसी ठोस पहचान और निर्मम समीक्षा की है, उससे हिंदी उपन्यास का कद ऊँचा उठ सका है और समकालीन लेखन का साहित्यवादी माहौल कुछ हद तक नम पड़ा है। ऐसे समयों में किसी लेखक की जिम्मेदारियाँ क्या हैं, इसे यह उपन्यास बखूबी साबित करता और निभाता है। अदीब और उसके पीठमर्द अर्दली महमूद अली के बीच यह मुद्दा भी उठा है कि लोक-आपदाओं के वक्त एक लेखक का फर्ज निजी आरामगाहों की वैचारिक ऐय्याशी है या फिर जलते हुए सवालों की आग में झुलसने की हद तक प्रवेश करना। कहने की जरूरत नहीं कि कमलेश्वर इस आग के बीचोंबीच खड़े रहकर संवेदनाओं के झुलस और विदीर्ण से हो चुके चेहरों की रक्षा और पहचान कर सके हैं। यों तो कहानी का अधिकांश भाव-प्रदेश अत्याचार, शोषण, हिंसा और उन्माद की काली आँधी की चपेट में है, यातना, पीड़ा और लाचारियों के दलदल में संतापग्रस्त है, फिर भी जिंदगी ने यहाँ अपने घुटने नहीं टेके हैं।

ईस्ट इंडिया कंपनी और ब्रिटिश साम्राज्यवाद, उसके कुटिल रणनीतिकार और व्यूह रचयिता, शासक और प्रशासक, द्वितीय विश्वयुद्ध के दौरान वैज्ञानिक और सेनानायक अमरीकी साम्राज्यवाद जिन्ना-गाँधी, नेहरू, पटेल, लार्ड माउण्ट बैटन और उनकी पत्नी एडविना-नेहरू का प्रेम प्रसंग, भारत और पाकिस्तान का विभाजन, सांप्रदायिक हिंसा और घृणा, आजादी के बाद की भारत-पाक लड़ाइयाँ, पंजाब और

कश्मीर का आतंकवाद, पोखरण और चगाई का परमाणु विस्फोट इससे भी पहले निकाली गईं रथयात्राएँ, जन्मभूमि विवाद और बाबरी मस्जिद का ध्वंस, कारगिल युद्ध और कथित भक्ति भावी राजनीति का सत्तावाद—उपन्यास के पन्नों पर जिस रचनात्मक उद्वेग और क्षोभपूर्ण आवेग में दर्ज हैं, उससे तात्कालिकता और समकालीनता ही नहीं वह आधुनिकता भी परिभाषित हो सकी है जो किसी भी स्थिति में न तो परंपरा निषेध है, न तात्कालिकता और समकालीनता के दबावों की उपेक्षा ही।

इसे पढ़ते हुए बार-बार हम अपने समय के धधकते सवालों से रू-ब-रू होते हैं और हमारी चेतना में खदबदाहट और उबाल आने लगता है। हमारी जीवन संबंधी बनी बनाई समझ और घिसे पिटे मूल्य-संवेदन उलट-पुलट होकर अचकचा उठते हैं। देव सभ्यताओं वाले पुराणों और इतिहास आधारित राजवंशों की जो नई व्याख्या यहाँ प्रस्तुत की गई है, वह पुराण और इतिहास लेखन के खतरनाक प्रयोजनों का ही खुलासा नहीं करती, पाठकों से साहस, संस्कारमुक्तता और तार्किकता की माँग भी करती है।

उपन्यास की कहानी में आपात्धर्मी नाटकीयता और फिल्मीपन भी कुछ कम नहीं है। कई युवा पाठक और लेखक चाहें तो इसे एक बुजुर्ग कथा-लेखक की रंगीनी भी कह सकते हैं। पर जीवन को यहाँ जिन क्रूरतम हैवानी नृशंसताओं के बीच देखा, जाँचा और परखा गया है, उसके संदर्भ ऐतिहासिक हैं। हिंदी उपन्यास में इतिहास की सत्ता का ऐसा रचनात्मक विस्फोट संभवतः दुर्लभ है। इसके अधिकांश पात्र जाने-पहचाने हैं। इसी के साथ लेखक ने नए-पुराने और समकालीन लेखकों को भी जगह-जगह याद किया है। इससे कथानक के नाक-नक्श में कोई इजाफ़ा तो नहीं हुआ है किंतु अपनी समानधर्मा बिरादरी के प्रति उसकी दिलचस्पियों की खबर तो मिलती ही है। अपनी पत्नी, बेटी, दामाद, नाती तक का उल्लेख करके लेखक ने जैसे घर-परिवार-बिरादरी और यातना-ग्रस्त चेहरों की एक ऐसी संयुक्त सभा ही आमंत्रित कर ली है जिससे समय का वह दूसरा चेहरा भी महसूस किया जा सके जो उपन्यास में गिरते रूमाल की तरह आत्मीयता, अंतरंगता और सघन ऊष्मा की याद दिलाता है। राजनीति के परे की राजनीति, धर्म के परे का धर्म और विज्ञान के परे का विज्ञान क्या हो सकता है, इसे यह उपन्यास दो टूक ढंग से स्पष्ट बताता है। यह भी सूचित करता है कि किसी लेखक की राजनीति, उसके द्वारा रचे गए मूल्य-कुंज में ही ढूँढ़ी जानी चाहिए न कि उस जंगली राजनीति के भयावनेपन में जहाँ राजनीति और मानव-मूल्य आज भी राम-रावण की तरह आमने-सामने खड़े हैं।

हिंदू-यवन पुराणों के भोगी और कामी अत्याचारी देवताओं के किस्सों से शुरू कर कारगिल युद्ध तक फैले सत्ता राजनीति के हिंसक कथानक का यह समय इतना विस्तृत और दीर्घव्यापी है कि किसी एक सुगठित कथा और उसकी फलश्रुतियों की घोषणाएँ करते नायक, महानायक को गुंजाइश बची ही नहीं रह जाती। पुराण काल

से लेकर मध्य और आधुनिक काल तक फैले इस कथा-ब्रह्मांड का स्वरूप किसी कथा-संदर्भ-कोश से कम नहीं है। इतने अलग-अलग समयों में घटी और लगभग इतिहास के अजायबघरों की चीज बनीं इतनी सारी कहानियाँ हमारी सामान्य यादों को जिस तरह कुरेदतीं, गहरातीं पुनःसक्रिय और बा-होश करती हैं उससे हम अपनी परंपरा की गंभीर और उदात्त सोच और उसके अद्वितीय विश्व-बोध के प्रति नए सिरे से सचेत हो उठते हैं।

महाभारत के बारे में अक्सर कहा जाता रहा है कि जो वहाँ नहीं है, वह कहीं भी नहीं है। इस उपन्यास के संदर्भ में हम यह कह सकेंगे कि जो यहाँ है और जिस तरह है, वह कहीं नहीं है और इस तरह तो नहीं है।

प्रेमचंद लोकजागरणकारी साहित्य के आग्रही थे। समूची बीसवीं सदी का पूर्वार्ध इसी लोकजागरण का क्रांतिकारी अभियान है। आजादी के बाद लेखकों की एक खास कथित तौर पर आधुनिकता-मुखी प्रजाति ने मामूली आदमी को समकालीन लेखन के केंद्र से धकेल कर हाशिये पर कर दिया। मध्यवर्ग और उसकी सांस्कृतिक सोच ही कथित आधुनिक लेखन की कसौटी बन उठी थी। प्रायः अपने को वामपंथी घोषित करनेवालों ने भी बहुत दूर तक मध्यवर्ग के सीमित यथार्थ का अतिक्रमण नहीं किया। कमलेश्वर जैसे बड़े और लोकप्रतिष्ठ लेखक ने इस उपन्यास में फिर से उन अनाम औसतों की वेदना को लिपिबद्ध किया है जो सत्ता राजनीति, संचार-प्रौद्योगिकी और इनके अवैध संयोगों की हिंसक आवाजों के बीच दबकर रह गए थे। वे इसके लिए सचमुच बधाई के पात्र हैं। मुझे उम्मीद है कि कई अन्य युवा लेखक भी इस प्रकार के विचार और संवेदन साहस का उपयोग अपने लेखन में कर पाएँगे। ऐसे उपन्यासों से कथा-लेखन के प्रचलित रूपवादी ढाँचे सकपका उठते हैं और रूप और शैली का व्यवस्था-पोषक बाजार-रिझाऊ यथास्थितिवाद लाचारी और निहत्थेपन का अनुभव करने लगता है।

आज जो गंभीर माना जाता है, उसे प्रायः लोकप्रिय हो उठने की श्रेष्ठता-ग्रंथि घेरे रहती है जबकि वास्तविक लोकप्रियता तो रचना की गंभीरता के बगैर संभव ही नहीं। बताने की आवश्यकता नहीं कि भारतीय समाज में आज भी जो लोकप्रिय है, वह निस्संदेह गंभीर है। जो सतही और झागदार है वह फैशन में है और चालू फैशनों के बदलते ही अपना आकर्षण खो बैठता है।

यह भी एक जाना हुआ सच है कि गंभीरता का संबंध रचनाकार के शिल्प की विलक्षणता से नहीं, अनुभवों की अद्वितीयता, सार्वजनीनता, विचारों की प्रखरता और तेज से है। ये जब लेखक की प्रौढ़ और सहज कल्पनाओं का संयोग पा कर व्यक्त होते हैं तब कहीं यह गंभीरता घटित होती है। अनगढ़ से माने जाने वाले संत कवि कबीर यदि लोकप्रिय भी हैं और गंभीर भी तो इसका रहस्य क्या उस शास्त्रीय सुडौलता में है जो बिहारी आदि रीतिसिद्ध कवियों में खूब है।

यह उपन्यास यदि लोकप्रियता के पिछले तमाम रिकार्ड तोड़ आया है और आगे ही आगे बढ़ रहा है तो उसका कारण इसकी वह विषय-वस्तु है जिसने हमारे समय और हमारी सभ्यता को हलाकान कर रखा है। हम तीसरी दुनिया के लोग पश्चिम के नए सौदागरों के इंद्रजाल में फँसने के कगार पर हैं। वह सभ्यता ग्लोबीकरण के नाम पर हमारे विनाशीकरण की ओर कूच कर चुकी है। उपन्यास हमें इस हिंसक और आक्रामक हमले के प्रति सचेत करता है और तीसरी दुनिया के तमाम मुल्कों को एक साथ खड़े होकर इसके मुकाबले के लिए आवाज लगाता है।

उपन्यास यह अतिरिक्त उद्यम भी करता है कि गुहार को सुनकर जब तक लोग आएँ बुद्ध की करुणा, गाँधी की अहिंसा और प्रेम का संदेश लेकर यह उस अवाम तक जा पहुँचे जिसकी तहजीब इस राजनीतिक बँटवारे के बाद भी अविभाजित है। कई-कई युद्धों के बाद भी जिसकी साझी यादें मरी नहीं हैं। बुद्धि के स्तर पर बँटकर भी जो आत्मा के स्तर पर अभिन्न है। अदीब और सलमा की कहानी में यह निहितार्थ स्पष्ट है।

उपन्यास में केंद्रीय बिंब तो एक ही है जो प्रथम दृष्टि में तो हिंदी फिल्मों का लोक प्रचलित अदालती बिंब है। न्यायाधीश के रूप में अदीब और अर्दली के तौर पर महमूद अली, उसे निरंतर सचेत करता और पुकारता। यह सभ्यता के जाने-माने शोषकों, लुटेरों, अत्याचारियों और मुनाफाखोरों के विरुद्ध उठ खड़ी हुई अदालत है जिसके कठघरे में आर्यों के देवता इंद्र, यवन सभ्यता के जीयस आदि, लुटेरे मीर कासिम, आक्रामक बाबर, ईस्ट इंडिया कंपनी के तमाम गवर्नर जनरल, वायसराय और जिन्ना, नेहरू पटेल के साथ औरंगज़ेब, अटल बिहारी वाजपेयी और आडवाणी भी कठघरे में खड़े हैं। दूसरी ओर फरियादी के तौर पर वे सारे लोग जो सदियों से इनके झूठे दंगों और शोषणों के शिकार रहे आए हैं। विद्या हों या जेनिब, सलमा हों या सारा शगुफ्ता साहित्य की अदालत में उनके आँसुओं को इकट्ठा करने वाला अश्रुवैद्य और इनको अति पुरातन किंतु अति प्रासंगिक जीवन-मूल्यों की आधुनिकता और ताकत से परिचित कराने वाला भिखारी अंधा कबीर। आदि महाकाव्यों की तरह उपन्यास की कहानी शोषक और शोषित के द्वंद्वपूर्ण संबंधों की ही कहानी नहीं, उनकी प्रचंड जिजीविषा और दुर्दम पुरुषार्थ की कहानी भी है।

यह कहानी जिस भाषा में कही गई है वह जितनी हिंदी है, उतनी ही उर्दू भी। वस्तुतः यह न तो ठेठ हिंदी है न ठेठ उर्दू। दो साहित्यिक विरासतों के मेल-जोल से पैदा हुई यह वह हिंदुस्तानी हिंदी है जिसे कुछ लोग खुशफहमी में भारतीय हिंदी भी कहना चाहेंगे। सच जबकि यह कि यह वह आधुनिक हिंदी है जिसमें परंपरा की जानी-पहचानी सुगंधों के साथ उसकी गहरी अर्थ-छायाएँ भी मौजूद हैं। यह जितना कहती है उतना ही सोचती भी है। जितना तर्क करती है उससे कई गुना संवेदन-प्रखर है। इसके शब्द शताब्दी की पीड़ाओं में डूबे रहकर भी भविष्यहीन नहीं हुए हैं। इसके

संस्कारों में अनौपचारिकता, आत्मीयता और परिचयों के अनेकानेक मुकाम हैं। पुराण, इतिहास, प्रश्न-जिज्ञासा, क्षोभ-रोष, प्रेम और आस्था में डूबी इसकी प्रतिध्वनियाँ इतनी करुण, मार्मिक किंतु संगीतमय हैं कि लगता है हम किसी महासमर की तमाम चीत्कारों के बीच जीवन का कोई कोमल, मधुर कोमल और करुण संगीत सुन रहे हों।

निश्चय ही यह कहानी तीव्र वेदना से पैदा हुए आवेग और क्षोभ में कही गई है। खुद लेखक के शब्दों में कहें तो यह ऐसी कहानी है जिसे लिखते हुए कलम झुलसने और छाती फटने लगती है। किंतु रचनाकार का आवेग यदा-कदा कहानी की मर्यादाओं को तोड़ता हुआ ऐसे ठिकानों पर भी पहुँचता जो कथालेखक की पत्रकारिता के आदर्शों की याद दिलाता है। कहानी की शुरुआत में प्रधानमंत्री और रक्षामंत्री को लेकर लिखी गई चिट्ठी पत्रकारिता की सुंदरता लेकिन कथाकार की अभिव्यक्ति-मर्यादा का अतिक्रमण ही है। इसी तरह उपन्यास के अंत में अंधे कबीर का, पोखरण और चगाई जाने का जो प्रसंग है, वह आवश्यकता से कुछ ज्यादा ही औपचारिक और मुखर हो उठा है।

लेखक संभवतः इस धारणा से बहुत इत्तफाक रखता है कि संप्रेषण ही किसी लेखन का परम धर्म है और उसे किसी भी हद तक जाकर संपन्न करना हमारे समय के प्रतिबद्ध लेखन का धर्म है।

पुनश्च : क्या इससे उपन्यास का कोई ऐसा ढाँचा बनता है, जिसे आनेवाले रचनाकार अपना पाएँगे? क्या वे किसी ऐसी कहानी की परिकल्पना कर पाएँगे जिसमें पुराण, इतिहास और राजनीति की घटनाओं को एक सूत्र में पिरोकर किसी ऐसी परंपरा को पुनर्व्याख्या संभव हो पाएगी जिससे न केवल मुक्त होना जरूरी हो बल्कि उससे मुठभेड़ करना भी अवश्यंभावी हो।

कमलेश्वर जैसे लेखक जिन्हें मुद्रित शब्दों के शिल्प से लेकर छोटे-बड़े परदों पर चित्रित शब्दों की तकनीक का गहरा अनुभव है, वे ही ऐसी त्रिस्तरीय कथा रच सकते थे जिसमें आधिकारिक और प्रासंगिक कथाओं का ऐसा जटिल सामरस्य हो।

उपन्यास पढ़ते हुए हमारी दृष्टि बार-बार अपने समय और उसकी तात्कालिक चीखों की ओर जाती है। ये चीखें आपद् में पड़े जातीय समय की गुहारें हैं जिन में एक जुझारू और आस्थाधर्मी लेखक की वे निष्ठाएँ शामिल हैं जिनका बयान कग्लेश्वर के ही लंगोटिया यार दुष्यंत के इस शेर में काफी पहले किया गया है–

कैसे आकाश में सूराख नहीं हो सकता
एक पत्थर तो तबीयत से उछालो यारो

उपन्यास पढ़ने के दौरान बार-बार इस 'तबीयत' का एहसास होता है और कहने की इच्छा होती है कि कमलेश्वर ने इसकी ऐसी उन्मुक्त अभिव्यक्ति की है जो लेखक-विशेष की क्लासिक वेदना को रोमांटिक संवेदनों से युगनद्ध कर क्लासिक और रोमांटिक के द्वंद्व-सौंदर्य को ही रेखांकित नहीं करती, आदर्श और यथार्थ के

लड़खड़ाते रिश्तों और उनकी मूलभूत इच्छाओं के पुनर्नियोजन की पहल भी करती है। उपन्यास-लेखन के लगभग चिकने-चुपड़े सपाट हो उठे रूपों में उथल-पुथल मचाते इस उदाहरण को देख यह कह पाना आसान हो उठता है कि हिंदी उपन्यास अपने प्रचलित रूप के प्रति असहजता के अनुभवों से गुजर रहा है और बदलाव की माँग करता है। मेरे लिए यह उपन्यास इसी रूप में महत्त्वपूर्ण है कि इसने उपन्यास के प्रचलित और यथास्थितिवादी ढाँचे को दरकिनार कर साहित्यिक लेखन की एक ऐसी प्रखर मर्यादा स्थापित की है जहाँ संदर्भों और सभ्यताओं के पीछे सक्रिय घिनौने यथार्थ की तात्कालिक भयावह प्रवृत्तियों की पहचान की जा सके। भारत में अब तक लिखे गए महाकाव्यों में न्याय-अन्याय का जो बोध है, उसे सर्वथा आधुनिकतम संदर्भों के आधार रखते हुए कमलेश्वर ने एक ऐसी कृति हमें दी है जो काव्य-विवेकवादियों के खयाल से कुछ अधिक उघड़ी और जरूरत से ज्यादा वाचाल हो सकती है किंतु पिछले दशकों में जिस बुद्धिवादी लेखन के दमामे जोर-शोर से बजाए जाते रहे हैं, उनके शाब्दिक-जंजाल को छिन्न-भिन्न करते हुए इस कथाकार ने यथार्थ का जो सांस्कृतिक द्वंद्व रेखांकित किया है, वह इस सच की ताकीद करता है कि उपन्यास का कोई एक पूर्व निर्धारित फार्मूला बद्ध जड़ शास्त्रीय ढाँचा नहीं हो सकता।

उपन्यास और उपेक्षित लोकगाथा : काला पहाड़*

पिछले दिनों जब कमलेश्वर का उपन्यास 'कितने पाकिस्तान' पढ़ रहा था, लगा कि सिर्फ़ उपन्यास ही नहीं, पुराण, इतिहास, राजनीति, धार्मिक क्रांतियाँ और सत्ता-पिपासुओं की नग्न और घिनौनी, हिंसक और अमानवीय मंशाओं के साक्षात्कार से भी गुजरना हो रहा है। एक बुजुर्ग रसिक ने टिप्पणी करते हुए तब कहा था—'क्या यह भी उपन्यास है!' एक जाने-माने उपन्यासकार ने भी मुँह बिचकाते हुए प्रतिक्रिया दी—'मुझे तो यह कहीं से उपन्यास नहीं लगता।' इन दोनों ही प्रतिक्रियाओं को यह कहकर नहीं टाला जा सकता कि ये बेईमानी से भरी हैं। सवाल तो किंतु उठाया ही जा सकता है कि क्या हम उपन्यास को महाकाव्य-लेखन की तरह अभी से शास्त्रबद्धता और संस्थाबद्धता के हवाले कर देना चाहते हैं या फिर तेजी से बदलते विश्व और उसकी मारक चपेट में आते चले जाते परंपरागत जीवन की उन संचारी संवेदनाओं को भी लक्षित और रेखांकित करना जरूरी मानते हैं जिनके चलते सामासिक मूल्य-कोष डाँवाडोल होने लगे हैं। एक अंधी आधुनिकता हमें बार-बार भटकाने और विचलित करने में लगी है।

कोई भी गंभीर लेखन स्थायी और गतिशील की अवमानना सिर्फ इसलिए नहीं कर सकता कि जीवन को देखने-समझने की एक समयसिद्ध और जाँची-परखी दृष्टि उसने प्राप्त कर ली है और अब उसे इस ढर्रे को न केवल कायम रखना है बल्कि उसी पर आँख मूँदे चलते चले जाना है। पिछले दशकों में ही नहीं, इधर के बरसों में भी ऐसे वर्ग-आग्रही लेखन की कोई कमी नहीं रही है। आधुनिक भारतीय समाज की संरचना की जटिलता पर गौर करें तो पाएँगे कि जिन वर्णों या वर्गों ने इसका भरपूर दोहन-शोषण किया, उन्हीं में से ढेर-सारे क्रांतिकारी, परिवर्तनवादी और ऐसे भी लोग आ रहे हैं जिनमें वैचारिक उदारता की खूबसूरती देखी जा सकती है और

---

* काला पहाड़ : भगवानदास मोरवाल

सांप्रदायिक कट्टरताओं की विकृतियाँ भी। ऐसा क्यों है, इस पर सोचे जाने का समय भी आ चुका है। परिवर्तन के अगुआ माने जाने लेखकों के मन और व्यवहार में कितनी ब्राह्मणशाही और कितना सामंतवादी तत्त्व घुसा बैठा है कितना पूँजीवादी और इससे भी कहीं अधिक समझौतावादी और सुविधावादी, इसके भी ढेर सारे उदाहरण और प्रमाण सहज उपलब्ध हैं। क्रांतिकारी हिंदुत्व और इस्लाम के साथ प्रतिक्रियावादी इस्लाम और हिंदुत्व भी सफर पर हैं। सोचा जाना चाहिए कि वे स्थितियाँ कौन-सी थीं जिनमें अंबेडकर ने बुढ़ापे में आकर अपना धर्म परिवर्तन किया। उपन्यास के लिए ये फार्मूलाबद्ध प्रश्न नहीं हैं। ये वे जीवंत राष्ट्रीय प्रश्न हैं जिनकी अनदेखी कर हम अपने घोषित और लोक प्रतिबद्ध यथार्थ की भी अनदेखी कर बैठेंगे।

यथार्थ शास्त्रों और संगठनों की सीमित सूचियों में नहीं रहा करता। वह तो उस लोक-संवेदना में निवास करता है जो किसी भी जाति या राष्ट्र की चेतना की सबसे विशिष्ट धड़कन मानी जाती है। भगवानदास मोरवाल जैसे प्रतिभाशाली कथाकार द्वारा लिखा गया उपन्यास 'काला पहाड़' इस दृष्टि से एक महत्त्वपूर्ण कथा-कृति है। 'महत्त्वपूर्ण इसलिए कि उपन्यास का बुनियादी तेवर संवेदनात्मक है तथापि यह आजादी के बाद के राजनीतिक परिवर्तनों के प्रति कठोर आक्रामक रुख लिए हुए उस कथित विकास के जगजाहिर पाखंड की कलई भी खोलता चलता है जो अपने असली चेहरे में सर्वसत्तावादी और लोकविरोधी है। उपन्यास लेखन यहाँ प्रतिवाद की भाषा का समारोह बनकर उपस्थित है यद्यपि कथानक विकास और रचना की दृष्टि से विचार करें तो यह एक ऐसी कहानी है जो लड़ते-लड़ते थक से गए नायक के मृत्यु-वरण को रेखांकित करती है। इसे पढ़ते हुए सिर्फ सूरदास (रंगभूमि) या होरी जैसे कथा नायकों की याद नहीं आती, महाभारत के भीष्म पितामह जैसों की भी याद आती है जो जीवन के अंतिम दिनों में शरों की शय्या पर लेटे-लेटे अपनी मृत्यु की प्रतीक्षा कर रहे थे। उपन्यास के आखिरी पृष्ठ पर कथा-नायक सलेमी की कब्र के सिरहाने और पैंताने गाड़े गए पत्थरों का विवरण जैसा प्रस्तुत करते हुए लेखक लिखता है—'इन पत्थरों को सलेमी जैसों की याद में गाड़े गए शिलालेख भी कहा जा सकता है। यही तो वे मूक शिलालेख हैं जिनके जिस्म पर हालाँकि लिखा तो कुछ नहीं होता है लेकिन पढ़ने वाला फिर भी इन अनलिखे शिलालेखों से इतना कुछ पढ़ लेता है कि वह कभी भी इनकी इबारतों को भूल नहीं पाता है। इस काले पहाड़ के जिस्म पर ही ऐसी कौन-सी महा-गाथाएँ उकेरी हुई हैं जिन्हें पढ़कर उसे जाना जा सकता है? किंतु पढ़ने वाले फिर भी इसके अंतस में खुदे उन अनदेखे अनजाने अनुच्छेदों को बाँच ही लेते हैं, जिनमें इसके दुःख-दर्द और अतीत की गाथाएँ-उपगाथाएँ छिपी हुई हैं।' लेखक इतने भर से आश्वस्त नहीं है। आगे के वाक्य में जैसे समापक कथन दर्ज करते हुए लिखता है—'और जब इस काले पहाड़ के अनदेखे-अनजाने अनुच्छेद बाँचे जा सकते हैं तब इस कब्र के उत्तर-दक्षिण दिशा में गड़े इन मूक शिलालेखों को क्यों

नहीं पढ़ा जा सकता है?'

तो क्या मान लें कि यह उपन्यास वही मूक शिलालेख है जबकि उसने तरह-तरह से जुबान का इस्तेमाल किया है फिर भी पंक्तियों के बीच ढेर सारा अनकहा कुछ ऐसा रह गया है जो उसके पाठकों के लिए बहुमूल्य है। वह क्या है? क्या वह संदेह नहीं जो बहुसंख्यकों के मन में अल्पसंख्यकों को लेकर है या भयभीत अल्पसंख्यकों के मन में बहुसंख्यकों को लेकर गहरे स्तर पर घर करता जा रहा है। कथानक का उत्तरार्ध इसी संदेह और भय का बयान है। क्या इससे कोई भी सामाजिक और राष्ट्रीय जीवन प्रवाह अपनी सहजता और स्वाभाविकता में बचा रह पाएगा?

पेशेवर सत्तावादियों की लोक विरोधी राजनीति द्वारा प्रायोजित सांप्रदायिकता और सदियों से ताने-बाने की सघन बुनावट की तरह रहते चले आ रहे, हिंदू-मुसलमान (जैन, बौद्ध और ईसाई भी) की बुनियादी इंसानी फितरतों के बीच लेखक जो दुर्भाग्यपूर्ण भेदक रेखाएँ खींचता चलता है, वे ही वे मूक आवाजें हैं जिन्हें पढ़ने के दौरान सुना जाना जरूरी है। 'याको मतलब ई हुओ के या मुलक का हिंदू तिहारी पुलस और फौज की बजे सू रह रहा हैं।...और जो सारी-सारी रात हमारे कनै बैठ के हमारा कंधान्ने थपथपाता रहवे हैं वे कुछ भी ना हैं।' मनीराम ने पहली बार हर साय के तर्क को भोथरा करते हुए कहा।

उसी मनीराम के दिल्लीवासी बेटे बनवारी से बूढ़ा सलेमी कहता है—'बनवारी, बेटा ई हमारो मुलक जब हो तब हो...अब तो ई तिहारो है...हमारो ना है यामें अब कुछ भी...।' सलेमी बोला।

कथाकार पृष्ठ चार सौ पैंतीस पर लिखता है—'काला पहाड़ ऐसे ही बुरे समय में अपने डैने फैलाकर उन निरीहों को आश्रय देता है, जो उसकी ओर लपके हुए आते हैं। सच, अगर आज भी यह काला पहाड़ आश्रय प्रदान नहीं करता तो पता नहीं तब ये खाकी वर्दियाँ और कितना जुल्म ढातीं। पता नहीं ऐसे कितने लोग हैं जिन्होंने भागकर बड़ी मुश्किल से इसमें आश्रय लिया है। यहाँ आकर लगता है मानो निश्चिंतता की ताजा हवा सुगंधहीन टेसुओं से चुहलबाजी करती घूम रही है।'

'काला पहाड़' लिखकर क्या लेखक ने यही साबित क़रना चाहा है कि उपन्यास (या साहित्य मात्र) आपदाग्रस्त समय की शरण है। धर्म, राजनीति और बाजार जब आदमी को क़हीं का नहीं छोड़ते तब वह भागता हुआ बचते-बचाते इसी की शरण में आता है? या फिर उपन्यास उन ढेर सारे सिसकते संवेदनों की महागाथा है जिसे लेखक ने सलेमी जैसे चरित्रों के बहाने कहने की तकलीफदेह कोशिश की है।

'राष्ट्रीय सहारा' के 5 मई 2002 वाले अंक में भगवानदास मोरवाल का अपने पात्रों को लेकर दिया गया यह बयान महत्त्वपूर्ण है, 'उनमें समाज के उन पात्रों की प्रति छाया कहीं अधिक होती है, जिनकी सामाजिक संरचना में एक महत्त्वपूर्ण योगदान होता है।...जो सामाजिक-आर्थिक दृष्टि से उपेक्षित और शोषित है, क्योंकि मेरी नजर

में समाज की सबसे महत्त्वपूर्ण इकाई यही पात्र हैं। मौजूदा भारतीय परिवेश में जब जाति और धर्म का स्थान मनुष्य से ऊपर हो गया हो, तब ऐसे चरित्रों की भूमिका बेहद महत्त्वपूर्ण और चुनौतीपूर्ण हो जाती है। वह भी ऐसे समय में जब एक ही समुदाय विशेष के लोगों को चिह्नित कर, उनका संहार किया जाता हो।' कथाकार की आगे की चिंताएँ और अधिक विचारणीय हैं—'वास्तव में हम इस तथ्य को नजरअंदाज कर जाते हैं कि इस आधुनिक कहे जाने वाले युग में हम हिंदू या मुसलमान पहले हैं, दलित, पिछड़े या सवर्ण बाद में। आज जब भी कहीं सांप्रदायिक हिंसा भड़कती है तो हम सवर्ण या ब्राह्मणवादी व्यवस्था को भूल एकाएक दलित और पिछड़े हिंदू हो जाते हैं। आश्चर्यजनक तो यह है कि अब यही लोग, विशेषकर हमारे तथाकथित बुद्धिजीवी और लेखकगण सबसे पहले चुप्पी साधने लगे हैं जो मौका-बे-मौका इसी व्यवस्था हालात के लिए जिम्मेदार मानते आए हैं। विपरीत इसके इन्हीं शक्तियों के साथ मिलकर राजनीतिक सत्ता हथियाने के लिए गुपचुप तरीके से अब वे सौदेबाजी करते हैं। ऐसे मुश्किल समय में सलेमी जैसे देशभक्त, देशप्रेमी बल्कि कहिए इस देश के मूल निवासी आखिरी उम्मीद करें तो किससे करें?' 'काला पहाड़' इन्हीं की चिंता-गाथा है।

एक उपन्यासकार के रूप में उनकी चिंताएँ हमारे सामने हैं। किंतु वे इसे बेहद इकहरे रूप में नहीं उठाते। वे उन अन्य समूहों और राष्ट्रीय जीवन की सतह पर तात्कालिक तौर पर वर्चस्वी हो उठे विचारों को भी उठाते हैं जो विकास, प्रगति और आधुनिकता के नाम पर एक ऐसी राजनीति को पनपाने और ताकतवर बनाने में गिरोहबंद हैं जिनसे इस देश की परंपरागत सामाजिक संरचना और राष्ट्रीयता को खतरा है। इकहरे और 'प्रतिबद्ध' यथार्थ के विपरीत यहाँ एक ऐसी यथार्थ समग्रता और दृष्टि है जो इस प्रकार के लेखन को महत्त्वपूर्ण बनाती है।

आजादी से पहले प्रेमचंद जैसे महान लेखकों ने इस सच्चाई का अनुभव किया था कि हिंदी लेखन की आधारभूत सामाजिक संरचना को रेखांकित किया जाना इसलिए जरूरी है कि संभावित लोकतंत्र में उसकी गैरमौजूदगी, लोकतंत्र को कहीं किसी अन्य तंत्र में बदलकर न रख दे। बाद में हिंदी उपन्यास मध्यवर्ग की आत्मकथा जैसा बनकर रह गया। ढेर सारे आधुनिकतावादी भटकावों ने उपन्यास को ही नहीं, कविता आदि को भी अवसरवादी, सुविधाभोगी, कथित तौर पर पढ़े-लिखे और सुशिक्षित शिष्ट (?) मध्यवर्ग का मंच बना डाला। इस मध्यवर्ग ने आजादी के बाद के दिनों में कैसी भूमिका अदा की इसे हिंदी कवियों की कविताओं में ही नहीं पूरनचंद्र जोशी जैसे समाज-विज्ञानियों के लेखन में भी लक्षित किया जा सकता है। परिणामतः सामाजिक तौर पर पिछड़े और दलित, कथा-लेखन के केंद्र से बाहर आ गए हमारे लेखकों ने भले ही किसान और सर्वहारा का हल्ला मचाया हो पर यह अपने तेवर में बेहद सतही और जुलूसी था। या फिर किस्सागोई की गाढ़ी चाशनी में इतना डूबा हुआ कि चाशनी

ही चाशनी नजर आती थी।

संतोषप्रद है कि बीसवीं सदी के इन्हीं अंतिम बरसों में उपन्यास की सबसे प्रमुख प्रवृत्ति राष्ट्रीय आंदोलन की स्मृतियों से गरुआई हुई है। दूसरी प्रवृत्ति हाशिये पर पड़े और केंद्र में आने के लिए संघर्षरत उन वर्गों या समूहों की है जिनमें पिछड़े-दलित और स्त्रियाँ आती हैं। तीसरी धारा उसी जाने-पहचाने मध्यवर्ग की है जिसका नेतृत्व एक जमाने में अज्ञेय आदि किया करते थे। प्रायः महानगरों या नगरीय क्षेत्रों से आने वाले इन लेखकों से यह उम्मीद की भी नहीं जा सकती कि वे उस ताने-बाने को समझ सकें जो सदियों से इस ग्रामीण भारतीय समाज को एकता के सूत्र में बाँधे हुए है। यदि ऐसा होता तो प्रेमचंद के बाद रेणु जैसे अकेले लेखक इतने महत्त्वपूर्ण कथाकार न मान लिए जाते।

यह कहना भी अब कोई मायने नहीं रखता कि उपन्यास का ताकतवर शिल्प मध्यवर्ग के विकास का ही शिल्प है जबकि लोक कलाओं की असंख्य विविधता की तरह लोक जीवन की विविधताएँ भी असंख्य हैं। बावजूद इसके जिसे हम भारत का लोकचित्त कहते हैं, वह न तो इकहरा है, न सांप्रदायिक, न स्वार्थबद्ध और व्यक्तिवादी।

विपरीत इसके आजादी के बाद के मध्यवर्ग ने पौराणिक काल के देवों की तरह दानवों (?) के सहयोग से किए गए समुद्र-मंथन में से लोकतंत्र का जो अमृत-कलश निकाला था, उसकी बूँद-बूँद पर अपना आधिपत्य स्थापित कर शेष सारी आबादी को कई-कई तरह से ठगने और आहत करने की कोशिशें की हैं। हिंदी के कई कथाकारों, व्यंग्य-लेखकों ने इस ओर ताकतवर इशारे किए हैं। काला पहाड़ जैसा उपन्यास ये इशारे हाजी अशरफ, लाला अभयचंद आर्य, विशंभर सन्नार्थी जैसे पात्रों के द्वारा करता है। ये वे लोग हैं जिनके लिए देश, राष्ट्रीयता, लोकहित और सामूहिक जीवन की समरसता बेमानी है। किंतु यह वह व्यंग्य-दृष्टि नहीं है जिसकी तीखी रोशनी में सामूहिक जीवन के प्रति चरित्रों को खल-पात्रों की तरह लक्षित कर उन पर हमले तो किए जाते हैं किंतु उनके ठीक समानांतर उस विशाल आबादी को ठीक उसी ताकत से चित्रित नहीं किया जाता जिनसे उन विश्वासों और सामूहिक मूल्यों की रक्षा की जा सके जिनके बगैर समूचा साहित्य-कर्म निषेध का सौंदर्य बनकर रह जाता है। 'काला पहाड़' में न तो इस तरह का इकहरा मनोरंजन है, न एकांगी यथार्थ। यह वह समग्र यथार्थ है जिसकी गवाही में सलेमी, बाबू खाँ, सुभान खाँ, मेमन और छोटे लाल जैसे नगीना, साकरस और उपरलीधाँ के लोग खड़े हैं। कहने को कुछ लोग कहेंगे कि यह उपन्यास मेवाती जीवन की महागाथा है और आजादी के बाद की विडंबनाओं को रेखांकित करता है, किंतु यह आजादी से पूर्व की सामाजिक समरसता की गहरी यादों को भी संप्रेषित करता है जिन्हें इस देश के कथित बुद्धिजीवियों और राजनेताओं का समूह निरंतर भूलता जा रहा है। लेखकों की वह प्रजाति भी जो स्वयं को लोक

प्रतिबद्ध तो घोषित करती है किंतु लोक-स्वभाव और उसके यथार्थ के प्रति न केवल बेखबर है बल्कि हेठी के स्तर तक अनजान है।

आजादी के बाद आई सत्ता-राजनीति और राक्षसी बाजारवाद की तूफानी रात में मनीराम और छोटेलाल जिस तरह अपनी चेतना की लौ को सम्हाले हुए हैं, वह सलेमी के दफन हो जाने के बाद भी जैसे पीकर लुढ़क जाने वाले घीसू-माधव (कफ़न) की तरह तीव्रतर रूपों में दिखाई और इन्हीं की आवाजों में 'ठगिनी क्यों नैना झमकावै' की तरह सुनाई दे रही है।

प्रश्न यह है कि इतने सारे घटना-क्रमों, कथा-वृत्तांतों, चरित्रों और उनके बीच स्थायी और संचारी भाव संबंधों की जो गाथा प्रस्तुत की गई है, वह किसी समाज विशेष की है या समाज-विशेष के बहाने उस समय की है जिसमें हम जी रहे हैं? क्या कभी भी कोई कहानी समय को बाहर खदेड़कर कही जा सकती है? उपन्यास पर सोचते हुए ई.एम. फॉर्स्टर ठीक ही लिखते हैं कि किसी भी उपन्यासकार के लिए अपने उपन्यास के ढाँचे में समय को नकारना असंभव है। अपनी कथा के धागे से वे चाहे जितने हल्के लिपटे हों किंतु लिपटे रहना तो उन्हें होगा। बल्कि इससे भी कहीं अधिक। जैसे सोने की लोच और कांति के अनोखेपन के लिए ताँबे का साथ जरूरी है, ठीक उसी तरह कथा को कुछ अधिक यथार्थपरक और भरोसेमंद बनाने के लिए समय के चेहरे की कोई एक मुद्रा आवश्यक है।

तब यह मुद्रा कौन-सी है? क्या वही नहीं जिसे एक ओर से हम राष्ट्रीय एकता तो दूसरी ओर से सांप्रदायिक विघटन कहते हैं। इस महादेश की सामूहिकता, एकरसता और भाई-चारे को ध्वस्त करने वाली ताक़तें कौन-सी हैं? क्या ये सिर्फ कट्टर इस्लामी ताकतें हैं या फिर कट्टर हिंदू ताकतें? या फिर दोनों ही। क्या यहाँ का प्रत्येक हिंदू और मुसलमान सांप्रदायिक है? क्या उन्हें ऐसा बनाया जा रहा है? क्या इसमें स्वार्थी राजनीतिक और धार्मिक ताकतों को सफलता मिल पा रही है? मिल पा रही है तो कितनी? अंततः सत्ता-राजनीति का घिनौना चेहरा सामने आता है और जातीय जीवन का सामूहिक प्रवाह अबाध गति से चलता रहता है। उपन्यास इसके प्रति हमारी आस्थाओं को मजबूत करता हुआ आता है। इस रूप में यह केवल निषेध की कथा नहीं है। इसमें मानव स्वभावों की इतनी गंभीर, अहिंसक और मार्मिक तस्वीरें हैं जो हमारे जीवन के राजनीति के मटमैलेपन और अँधेरों के बीच जुगनुओं की तरह झिलमिलाती हैं।

कोई लेखक, यदि वह अपने समय से बाहर जा चुका है या फिर उसकी औपन्यासिक चेतना अपनी दुर्दांत कलाकारिता में समय को काफी पीछे छोड़ आई है तो यह सचमुच दुर्भाग्यपूर्ण है। तब उसके पाठकों के पास कुछेक पात्रों और घटनाओं की सूची या नामावली के अलावा और क्या हाथ रह पाएगा?

'काला पहाड़' जैसे उपन्यास में समय का यह तीखा बोध एक ऐतिहासिक

दंश की तरह दर्ज है। कहने को यह मेवाती जाति की कथा है, किंतु यह किसी भी ऐसी जाति की हो सकती है जिसका अतीत इतना सघन, कसावटपूर्ण और रेशेदार हो, जिसकी जिंदगी में भूचाल जैसे उलट-फेर और प्राणलेवा दावानल घटे हों, किंतु जो तब भी अपनी आस्थाओं में निष्कंप और अपने सपनों में दुर्दम्य हो। अपराजेय भी। इसे पढ़ते हुए बार-बार लैकून की वह मूर्ति अनुभवों में प्रत्यक्ष हो उठती है जो सर्पदंश से लगभग नीली हो उठी है किंतु जिसके होठों की मुस्कान इस यातना के जहर के बाद भी अमंद नहीं पड़ सकी है।

उपन्यास में जैसी प्रबल जिजीविषा और अदम्यता रेखांकित है, वह सलेमी जैसों की मृत्यु के बाद भी एक पठनीय सांकेतिक पाठ की तरह बची है। क्या सलेमी की मृत्यु उपन्यास की कथा की मौत है या फिर उन संघर्षों की जो सलेमी के मार्फत उपन्यास के पृष्ठों पर दर्ज हैं? क्या यह उपन्यास किसी ऐसे व्यक्ति की मृत्यु रेखांकित कर रहा है, जो गोदान के कथा-नायक होरी की तरह टूट चुका है। तब तो यह भी संदेह किया जा सकता है कि यह कहीं उसी की पुनरावृत्ति तो नहीं है? शायद नहीं।

गोदान की समस्या उस सामंती ढाँचे की जकड़न से संबंधित है जिसमें होरी जैसे किसान फँसे हुए हैं। 'काला पहाड़' तो आजादी के बाद के उस लोकतांत्रिक ढाँचे और उसकी अगुवाई करने वाली राजनीति की विद्रूपता को रेखांकित करता है जो सर्वसत्तावादी और लोकविरोधी है।

कथाकार ने जहाँ एक ओर आजादी के बाद के पेशेवर राजनेताओं के चरित्रों को उधेड़ा है, वहीं राष्ट्रीय राजनीति के बदले हिंदुओं और मुसलमानों की राजनीति करने वाले ठेकेदारों की शिनाख़्त भी की है। इसे पढ़ते हुए बार-बार इस एहसास से गुजरना पड़ता है कि आजादी के बाद विस्थापन और पलायन का यथार्थ ही सबसे बड़ा यथार्थ नहीं है, हिंदुओं का कट्टर हिंदू और मुसलमानों का कट्टर मुसलमान में बदलते जाने का नंगा और तीखा यथार्थ भी है। राष्ट्रीय जीवन की परंपरागत सघनता और विश्वसनीयता के ताने-बानों में कसावट के बदले जो झोल आता चला गया है और जिसने न केवल हमारे घरों-मोहल्लों बल्कि हमारी चेतनात्मक, एकात्मता को भी छिन्न-भिन्न कर डाला है, उपन्यास इसे गहरी पीड़ा और तड़प के साथ चित्रित करता है। कथा-लेखक नें पहले ही पन्ने से लकड़बुग्गा या जुगाड़ और बड़कली चौक के यातायात पुलिस और थानेदार की कहानी उठाकर यह बमबारी शुरू कर दी है कि आजादी के बाद जो तंत्र लोक की सुरक्षा और मर्यादा के लिए तैनात किया गया है, वह न केवल अनैतिक और भ्रष्ट है बल्कि लोकघाती भी है। इसके ऊपर बैठे लोग--राजनेता, मंत्री, सांसद, विधायक आदि या फिर संभावित किस्म के राजनेता हैं, सबके सब अमानवीय और हिंसक हो चले हैं। इन्हें पहचानना जितना जरूरी है, उतना ही जरूरी है इनके प्रति सावधान होना। इनकी छाया में कोई भी सामूहिक

और राष्ट्रीय जीवन सुरक्षित नहीं है। उपन्यास का यह वह चेहरा है जो अपने पाठकों में विक्षोभ, चिंता और उदासी पैदा करता है। किंतु इसी के समानांतर यह काला पहाड़ की छाया में बसे नोह, बड़कली, नगीना, घसिड़ा उपरलीधाँ और साकरस आदि गाँवों के सघन सामाजिक रिश्तों और बुनावटों को जीने और साकार करने वाले उन मेवातियों की कहानी भी कहता है जो सत्ता की राजनीति करने वालों से लगभग अप्रभावित रहकर, जब-तब उनकी विध्वंसक और सांप्रदायिक राजनीति का मुँहतोड़ जवाब देकर अपने पाठकों के मन में यह उम्मीद पैदा करता है कि धर्मवाद और सत्तावाद की टुच्ची राजनीति से कहीं बड़ी राजनीति है मानव-संबंधों की। न केवल सलेमी और छोटेलाल, बल्कि मनीराम जैसे पात्रों के मार्फत यह कहने की कोशिश की गई है कि वोट और सत्ता की राजनीति तब भी इस पारंपरिक सांस्कृतिक जीवन को मार नहीं पाएगी। उपन्यासकार ने एक जिद के तहत इस दृष्टिकोण को समूचे कथानक में न केवल विकसित किया है वरन् इसे रेखांकित भी करता चला गया है।

इस रूप में यह लेखन यथार्थ के दुहरे-तिहरे धरातलों को उद्‌घाटित करता हुआ अपने पाठकों को उस रचना-दृष्टि के करीब ले आता है जो एक संदेश की तरह कथा के ताने-बाने में व्याप्त है। समकालीन राजनीति ने परंपरागत सामाजिक जीवन में जो मूल्य-ध्वंस और धुँधलका पैदा किया है, उससे लोहा लेने और प्रतिवाद दर्ज करने के अवसर यदि हमारे समय के लेखकों के पास अब भी हैं तो इसी रूप में कि वे अपने पाठकों को न केवल इस दृष्टि से प्रबुद्ध बल्कि लामबंद भी करें।

सलेमी जैसे पात्रों को चित्रित कर लेखक ने जो स्वप्न बुना है, वह हमारे राजनीतिक समय को सांस्कृतिक या मूल्य-समय में बदलने की कोशिशें करता है। सवाल उठाया जा सकता है कि सलेमी जैसे पात्रों की मृत्यु दिखाकर लेखक ने कहीं अपनी नाउम्मीदी तो प्रदर्शित नहीं कर दी है। इसके उत्तर में देखना यह होगा कि दफनाया जा चुका सलेमी भी अंततः हम पाठकों की चेतना में एक लाइट-हाउस की तरह अपने प्रकांश फेंक रहा है। किसी भी पात्र की मृत्यु से उसके विचारों की मृत्यु का निष्कर्ष नहीं लिया जा सकता बल्कि कभी-कभी तो मृत्यु भी ऐतिहासिक संदेश छोड़ जाती है। उपन्यास इसी रूप में संदेशवाही रचना है।

एक लेखक के रूप में मोरवाल ने अपनी जो जिम्मेदारियाँ तय की हैं, वे निस्संदेह बेहद महत्त्वपूर्ण हैं। सवर्ण-अवर्ण, हिंदू-मुसलमान के रूप में देखने के बजाय एक रूप में शोषित और दलित और दूसरे रूप में मानवीय निष्ठा को प्रदर्शित करने वाले पात्रों की कल्पना और रचना कर कथाकार ने अपने समय के समाज-विज्ञानियों और राजनीति कर्मियों तक यह संदेश पहुँचाने की कोशिश की है कि प्रश्न चाहे देशभक्ति का हो, क्रांतिकारी सामाजिक परिवर्तन या प्रगति और विकास का, विभाजित दृष्टि और खंडित आस्था के बल पर हल नहीं किये जा सकते। केवल साहित्य ही नहीं, राजनीति को भी गहरी मानवीय संवेदना और निष्ठा की जरूरत है।

मेवाती लोक-जीवन का जितना विशद, गंभीर और प्रामाणिक चित्रण यहाँ मिलता है, वह कई-कई सूक्ष्मांकनों और सघन-विवरणों की आकर्षक संकुलता लिए हुए है। एक अर्थ में यह सोद्देश्य-प्रधान होकर भी मेवाती जीवन की सामाजिक-सांस्कृतिक बुनावटों—लोककथाएँ, कहावतें-मुहावरे, इतिहास और शादी-विवाह, तीज-त्यौहार, घर-मुहल्ले—का जैसा खरा दस्तावेज प्रस्तुत करता है, उससे लेखक की प्रतिभा की यथार्थ-सिद्धता और लक्ष्य-बेधकता का प्रमाण मिलता है।

भाषा के दुहरे-तिहरे रूपों ने जहाँ एक ओर रंगीन किस्सागोई को उभारा है वहीं मार्मिकता और अर्थवक्रता की छटा भी बिखेरी है। हिंदी भाषा के कितने-कितने रूप और कितनी छटाएँ हो सकती हैं, इसे वह व्याकरणबद्ध एकरस नगरीय भाषाभाषी नहीं समझ सकता जो अपनी मृतप्राय, अभिजात और चिकनी पदावली में खुद भी लाचारी का अनुभव करने लग गया है। हिंदी भाषा की बेधक मार्मिकता कहीं उसकी बोलियों में है। उपन्यास हमें इसका अनुभव बार-बार कराता है।

यह वह लेखन है जिसे प्रति-जीवन के रूप में पढ़ते हुए हम बार-बार उस आधारभूत जीवन-प्रवाह की ओर लौटते हैं जिसने अपने बहुविध रूपों और भाव-प्रवाहों से लेखक को समृद्ध किया है। हम जानते हैं कि लेखक की समृद्धि का मतलब और कुछ नहीं, उसके पाठक की ही समृद्धि है, और पाठक की समृद्धि का अर्थ है उसकी संवेदनात्मक प्रखरता, समय-सजगता, इतिहास-बोध और सक्रियता। उपन्यास अपने पाठकों को इस एहसास तक ले जाता है कि नहीं, इसे पढ़कर ही तसदीक किया जा सकेगा।

इतिहास से बाहर के लोग और उपन्यास : आख़िरी कलाम*

अपने पहले ही बहुचर्चित उपन्यास 'आख़िरी कलाम' (2003) में कवि-कथाकार और आलोचक दूधनाथ सिंह ने अपने संचित क्षोभ, लाचारी, कोफ़्त और ग्लानि को जिस विडंबनात्मक शैली में प्रकट किया है, वह तो है ही, औपन्यासिक गद्य (हिंदी) में उनके द्वारा चलाया गया 'स्वतंत्रता आंदोलन' भी कुछ कम लक्ष्य करने योग्य नहीं है। चरित्रों को केंद्र में रखकर लिखे जाते कथात्मक प्रबंधों या उपन्यासों में उन्होंने जो तोड़-फोड़ यहाँ प्रयत्नपूर्वक (?) की है, वह भी बेहद सुनियोजित और एक हद तक आत्माभिव्यक्ति के काफी पास है।

पिछले एक डेढ़ दशकों से दूधनाथ सिंह का लेखन कई तरह के दबे-छिपे आवेगों का ऐसा विस्फोट रहा है, जिसमें आत्मीय लगाव, गहरी घृणा और कुत्सा भाव एक साथ सक्रिय दिखाई देते हैं। यह भी कि अपने बेहद करीबी जीवनानुभवों और उनसे संबद्ध चरित्रों के प्रति उनका रवैया, सचेत पाठकों के मन में परस्पर विरोधी प्रतिक्रियाएँ उत्पन्न करता रहा है। यह कि एक स्तर पर, जो दिखने में बेहद ठंडा और पूर्वग्रह मुक्त सा है गौर करने पर लेखकीय चतुराइयों से भरा भाषा का एक ऐसा खेल है जिसमें कथानक और पात्र तो हारते किंतु लेखकीय चतुराई जीतती प्रतीत होती है।

निस्संदेह उनके पास जबरदस्त भाषा-निपुणता और शैल्पिक अनोखापन है। वे एक ताजे गद्य के समर्थ निर्माता रचनाकार हैं। एक ऐसा गद्य, जो है तो पढ़ाकू बुद्धिजीवियों के लिए, पर अपनी रोचकता और उत्तेजकता में पांडित्य के वैभव के साथ-साथ, लोक की सहजता, बेतकल्लुफी और जीवंतता के सौंदर्य से लहराता हुआ। कवि का गद्य, यदि वह कवि का गद्य है तो उसे चित्रात्मक क्यों नहीं होना चाहिए। उपन्यासकार या कथाकार का गद्य तो वृत्तांतपरक होता ही है। दूधनाथ सिंह ने यहाँ दोनों रूपों का समर्थ उपयोग किया है और चरित्र प्रधान कथानकों में तोड़-फोड़ करते

* आख़िरी कलाम : दूधनाथ सिंह

हुए भी अततः वे यही साबित कर सके हैं कि चरित्र से छुटकारा पाना, कथाकार के लिए लगभग असंभव है। मेरी तरफ से जैसी भूमिका में उन्होंने कहा ही है–'मैं अपने गुरु के उन दिनों के बारे में तभी से लिखना चाहता था लेकिन उस सफर में मेरे पास कोई नोट-बुक नहीं थी। और होती भी तो क्या, उनकी बेतरतीब बुदबुदाहटों और सूक्तियों को पकड़ना और दर्ज करना तब संभव नहीं था। हम एक निहत्थे भागमभाग में थे। तब सिर्फ एक ही रास्ता मेरे पास था। मैंने अपनी याददाश्त का सहारा लिया।''

इस कथन का एक अर्थ तो यह कि सफरनामे की तरकीब के पीछे असली ताकत तो उसी आदमी की है, जो लेखक को कुरेदता और प्रेरित करता रहा है। हम यदि यह भी मान लें कि उपन्यास तत्सत् पांडेय (यानी आचार्य जी) को लेकर नहीं, उनके बहाने से एक जाने-माने, चर्चित और आकर्षक विचार या विचार-पुरुष की यात्रा है, तब भी, तत्सत् पांडेय हमें बार-बार इसलिए याद आते हैं कि विचार का जो चेहरा उपन्यास में चित्रित है, उसके आधार बिंब तो वे ही हैं।

वैसे भी समूचे उपन्यास में, उसके कथनों में जैसी अहमियत तत्सत् पांडेय को दी गई है, वृत्तांतों और चित्रणों में जैसी केंद्रीयता जाने-अनजाने उन्हें प्राप्त है, उसे देख यह कहना सहज लगता है कि है तो यह चरित्रधर्मी उपन्यास ही। विडंबनाओं का एक समूचा बोझ अपने कन्धों पर ढोता चरित्र तत्सत् पांडेय, जिसकी गवाही के लिए साथ-साथ है सर्वात्मन् यानी लेखक खुद।

ये तत्सत् पांडेय कौन हैं? उपन्यास में उनका परिचय देते हुए कथाकार लिखता है–अंतर्राष्ट्रीय समान के प्रोफेसर आचार्य तत्सत् पांडेय। चिड़चिड़े बड़बड़ाते किंतु तिरासी साल के जवान। ऊँट सा एक लंबा, गफ्फार खाँ सा ऊँचा कद, घनी मूँछों वाला पेरिस रिटर्न। सज्जाद जहीर के साथ रहा हुआ, कम्युनिस्ट किंतु नेहरूवादी पूरब का ऑक्सफर्ड कहे जाने वाले इलाहाबाद विश्वविद्यालय के दर्शन विभाग का आचार्य। उपन्यास के शुरू में जो संवाद लिखे गए हैं वे तत्सत् पांडेय की बौद्धिकता और चरित्र का असली रहस्य खोल देते हैं–

''तो यूनिवर्सिटी छोड़ने का कोई इरादा नहीं है?'' अचानक नेहरू जी ने पूछा।

तत्सत् पांडेय की समझ में नहीं आया कि इसका कैसे जवाब दें। वे पंडित जी के चेहरे की तरफ़ देखने लगे।

''मैंने वैसे ही पूछा।'' नेहरू जी बोले।

''मेरे पास कुछ नहीं है इसलिए मुझे लगता है कि अपने को अस्थिर करने से क्या फायदा...पुरोहिताई पर परिवार चलता था... अब वह भी नहीं रही। और मैं व्यावहारिक रूप में अक्षम हूँ। आपकी तरह शक्तिशाली और धुन का पक्का भी नहीं। न वो प्रतिभा है, न साहस। और फिर...मुझे लगता है मैं इतिहास से बाहर का आदमी हूँ। मेरी उपयोगिता नहीं, और...।'' तत्सत् पांडेय चुप हो गए।

"तो फिर इधर सोच-समझकर आया करो।" नेहरू जी ने हँसते हुए कहा।

"क्यों?"

"इस सड़क पर खुफ़िया निगाह रखती है।" उन्होंने कहा। तत्सत् पांडेय की समझ में नहीं आया कि यह चुनौती है या उनकी सुरक्षा की चिंता।

पिता की मृत्यु के बाद जजमानी के खत्म हो जाने पर अपना सुख-साधन जुटाने के लिए आचार्य जी ने जो संघर्ष किया वह इन शब्दों में है—मैं अपना कैरियर इन गुंडों, उठाईगीरों, मजमेबाजों, जातिवादी षड्यंत्रकारियों, इन माफियाओं, हत्यारों, दुराचारियों के हाथ नहीं सौंपूँगा—इस तरह अपने ही तर्कों से लहलहाते हुए जब वे मोंछा टेते होते तभी उनके भीतर कोई बोलता—'चूतिया नहीं तो।' और वे फट से पलट पड़ते। नहीं-नहीं, ये तो घोर मूर्खता होगी। यह तो रण है—रण। क्या तुम रण छोड़दास हो... फिर तो आचार्य जी ने वे सब 'पाप' किए जो उस विश्वविद्यालयीन राजनीति में किए जा सकते थे। यही तत्सत् पांडेय आत्मग्लानि से भरे हुए सोच रहे हैं—मुझे हमेशा लगता है वही बात सही है जो मुझे पहली बार सूझी। लेकिन उस पर अमल करने से मैं हमेशा चूक गया। हमेशा मैं भ्रम में पड़ा रहा... दुविधा में करूँ या न करूँ—इस ऊहापोह में। और इसी में चीजें टलती गईं। अपने ही ऊपर शक। और फिर जब वही घटित हुआ...जो पहली बार सोचा था, तो सिर्फ पछतावा भर बचा रहता था। समय से निपटने का भी समय नहीं रहता। यह चीज मुझे मारती, मुझे हताश करती, मुझे किसी लायक नहीं छोड़ती। फिर जो उफान और गुस्सा आता, उससे दुविधा। एक दलदल से दूसरे अतिवाद पर। अपने ही निर्णयों, अपने ही विश्वासों, अपने ही सोच और सच के खिलाफ मैं खड़ा दिखता।...

उपन्यास के आगे के वाक्य भी काफी जरूरी हैं जिसमें तत्सत् पांडेय यह स्वीकार करते नजर आते हैं—"इसमें जो हुआ वह सब समझौता था। और वह भी जानबूझकर नहीं, किसी तिकड़म के तहत नहीं, मजबूरी में। यह भी मेरी कमजोर नस, जो मैं समझता था, सबसे छिपाए हूँ, लेकिन दूसरों पर उजागर थी। वे हँसते-सिर्फ हँसते। उनकी हँसी में यह उपहास छिपा रहता कि 'इस मूर्ख को समझने दो कि यह समझौता नहीं है। समझने दो कि यह कमजोर नहीं है, यह बच निकला है।' सिर्फ वह सन्नाटा था मेरे इर्द-गिर्द मेरे बिस्तर में घुसकर बैठा हुआ, किताबों के अँधेरे में धूल फाँकता, बाहर के पेड़ों में हहराता...वह सन्नाटा था...।"

कथाकार ने उपन्यास का जो ताना-बाना बुना है, उसके समूचे में तत्सत् पांडेय की आत्मग्लानि से भरी यह बड़बड़ाहट पहले पन्ने से लेकर उन आखिरी पन्नों तक फैली हुई है, जिन पर कारसेवकों का तांडव, फौजी बूटों का आतंक, कर्फ्यू का सन्नाटा और दिसंबर की कड़ाके की ठंड एक साथ मौजूद है। उपन्यास इसी शोर और सन्नाटे का मिला-जुला करुण-संगीत है। इसे पढ़ते हुए ऐसा लगता है कि हिंसक कार-सेवकों की भीड़ में तत्सत् पांडेय, सर्वात्मन और बिल्लेश्वर निरीह निरुपायों की तरह फँस

गए हैं जिसका परिणाम आचार्य जी के जीवन के अंत से होता है—"मुझे घर ले चलो सर्वात्मन। आचार्य जी के मुँह से आर्तभाव से निकला। फिर एक हिचकी।"

आचार्य जी इलाहाबाद से फैजाबाद आखिर किस सफर पर गए थे, सो भी तिरासी साल की उम्र में? अपने एक श्रद्धालु शिष्य सविनय द्वारा आयोजित 'किताबें शक पैदा करती हैं' विषय पर बोलने। वही फैजाबाद जो राजनीतिज्ञों का कुरुक्षेत्र बन चुके अयोध्या का पड़ोसी शहर है। सारे सरकारी दफ्तर, बाजार फैजाबाद में और साधु-बाबा-महंत अयोध्या में। वहीं तो बाबरी मस्जिद थी न जिसे उसी दौरान कार सेवकों ने नेस्तनाबूद किया।

यह वही समय है जब चारों ओर के धर्मांध और हिंसक कारसेवक अयोध्या में एक कुटिल सत्ता राजनीति का मोहरा बनने आ पहुँचे हैं। तभी आचार्य जी के एक शिष्य सविनय इस बहाने समूचे पूर्वांचल को एक नायाब, अछूता और मौलिक सपना देना चाहते हैं। किंतु जिन्हें अपनी धुन के सामने किन्हीं और बातों का शायद ही खयाल रह गया हो। सर्वात्मन् सोचता है—'इसी को कहते हैं वह स्फटिक फाँक जो सविनय जैसे बुद्धिजीवियों और जनता के बीच है। फिलहाल हमारे देश में दोनों का कोई सांस्कृतिक रिश्ता नहीं है। बल्कि दोनों एक-दूसरे से बिल्कुल निर्द्वंद्व हैं। न सविनय को लोगों से कुछ लेना-देना, न लोगों को सविनय से।' सर्वात्मन् का मन टिप्पणी करता है—'विच्छिन्न लोगों की योजना और विच्छिन्न लोगों का प्रलाप।' और इसके लिए सबसे उपयुक्त हैं आचार्य तत्सत् पांडेय जो बकौल सर्वात्मन्—एक 'बहसबाज़ आदमी।'

तिरासी साल की उम्र में, यही तत्सत् पांडेय यानी आचार्य जी फैजाबाद गए और जान गँवा बैठे। बहुत ही उपेक्षित और करुण रूप में उनकी लाश भी बमुश्किल इलाहाबाद लौट पाई।

तब यह सफरनामा कहीं एक त्रासदी तो नहीं है। एक लोक विच्छिन्न बुद्धिजीविता की असंगत सी साबित होती एक विडंबना यात्रा बेहद करुण और उपहासपूर्ण है।

लेखक की असली मंशा क्या यही थी? इस पर विचार करने से पूर्व यह जान लेना जरूरी है कि लेखक ने अपने 'गुरु' की जो पारिवारिक पृष्ठभूमि दर्ज की है, उसकी कोई जरूरत कथा को थी भी या नहीं? अगर थी भी तो लेखक ने ऐसे जजमानी ब्राह्मणों के परिवारों से तत्सत् पांडेय को क्यों जोड़ा, जिनकी ऊँची उठी पीठ पर हिलती हुई सीधे की गठरी लटकी थी। जो अकसर राजा साहब के पास, जो उनके बेटे तत्सत् को विदेश में पढ़ाई के लिए वजीफ़ा देते हैं, जाते हुए मिर्जई पहन लेते हैं, तब उनके हाथ में छड़ी और कंधे पर लटकते झोले में पंचांग और तांबे की लुटकी

भी होती। तब वे सिर पर पुराना रेशमी साफ़ा बाँधते और माथे पर लाल चंदन का टीका भी लगाते। 'दरबार जाना है' वे सजते हुए अपनी पत्नी से कहते—श्रम और संघर्ष विमुख परजीवी संस्कारों के लोग किंतु अपने स्वार्थों के प्रति बेहद चुस्त और चालाक। अवसर और सुविधा-खोर। लेखक ने लिखा—'जब उनके पिता की मृत्यु हुई तो वे अपने दोस्तों के साथ पूरे योरोप की हिच हाइकिंग पर थे।' यह सूचना है या व्यंग्य? क्या यही व्यंग्य गायत्री और माधवानंद के दांपत्य में चिह्नित नहीं किया गया है? आचार्य तत्सत् पांडेय के पिता से लेकर पुत्र तक की परिवार कथा, वस्तुतः एक अन्योक्ति कथा ही है जिसका सार-संक्षेप यही कि यह भिक्षोपजीवी, सुख-सुविधा यानी आयुष्क्रम (कैरियर) के लिए तरह-तरह की तिकड़म करने वालों की कथा जिसके एक छोर पर माधवानंद की पत्नी गायत्री का सच हुंकार रहा है तो दूसरे छोर पर आचार्य तत्सत् पांडेय का सच अनेक प्रकार की बड़बड़ाहटों की संगत/असंगत करुण और दुखद अनुगूँजें लिए हुए है। उपन्यास के पृष्ठों पर तत्सत् पांडेय की छबि याद करते ही 'ब्रह्म राक्षस' कविता (मुक्तिबोध) की ये पंक्तियाँ चेतना के पटल पर उभरने लगती हैं—

"बावड़ी में वह स्वयं/पागल प्रतीकों में निरंतर कह रहा/वह कोठरी में किस तरह/अपना गणित करता रहा/और मर गया/वह सघन झाड़ी के कँटीले तम-विवर में/मरे पक्षी सा/विदा ही हो गया।"

कविता के समूचे विन्यास में दो पंक्तियाँ और भी महत्त्वपूर्ण हैं—*"अतिरेकवादी पूर्णता की ये व्यथाएँ बहुत प्यारी हैं। मानवी अंतःकथाएँ बहुत प्यारी हैं।"* उपन्यास में यह बावड़ी केवल कारसेवकों की अयोध्या ही नहीं, पूरब का ऑक्सफर्ड कहा जाने वाला विश्वविद्यालय इलाहाबाद भी है।

तत्सत् पांडेय के जीवन का सच भी इसी सैद्धांतिक अतिरेक और व्यावहारिक समझौतों और सुविधाओं की उठापटक की घृणित कोशिशों के बीच उलझा और पसरा हुआ है। कथा के आकाश में तत्सत् पांडेय त्रिशंकु की तरह लटके हुए हैं।

तत्सत् पांडेय की बुद्धिजीविता, आजादी के आस-पास, खास-तौर से आजादी बाद की ऐसी बुद्धिजीविता है जिस पर क्षोभ प्रकट करते हुए पूरनचंद्र जोशी अपनी पुस्तक 'परिवर्तन और विकास के सांस्कृतिक आयाम' में लिखते हैं—'आज के भारत का उभरता नव मध्यम वर्ग आरंभ से ही भोगवाद का शिकार हो गया है।' xxx 'यह देश को पुरानी और नई औपनिवेशिकता के अभिशापों से भी मुक्त नहीं कर पाया है। एक ऐसे देश में जहाँ का अधिकांश जन-समूह अभाव, दरिद्रता और गरीबी से त्रस्त हो, भोग की ओर अनिर्बंध रूप से उन्मुख कोई भी वर्ग नेतृत्व की भूमिका निभाने में असमर्थ रहेगा क्योंकि उसका नैतिक रूप से जन-साधारण से अलगाव बना रहेगा और बढ़ता रहेगा।' उपन्यास की समूची कथा से गुजरकर हम जिस निष्कर्ष पर पहुँचते हैं, वह क्या यही नहीं है? तत्सत् पांडेय और सर्वात्मन् खुद सविनय जैसे

अफसर बुद्धिजीवियों को लेकर जो सोचते हैं, आचार्य जी खुद भी क्या वही नहीं हैं? लगभग निष्कर्ष रखते हुए आचार्य जी के बारे में कथाकार ने लिखा—'फिर तो केंचुआ बन गए। कभी-कभी अपनी पीठ को छूकर टटोलते कि वहाँ रीढ़ है कि नहीं। उन्हें लगता कि है है। सिर्फ गाँठ ही गाँठ है। तब वे सोचते कि सब ठीक-ठाक है।'

तत्सत् पांडेय के इस किस्से का एक और छोर फैजाबाद की कम्युनिस्ट पार्टी के दफ्तर और उसके होलटाइमर मिसिर जी का वृत्तांत है, जो अंदरूनी तौर पर पार्टी के काम-काज के ढंग और उसकी रणनीतियों (?) के तीखे आलोचक हैं। वहाँ तत्सत् पांडेय के मार्फत हमला था तो यहाँ मिसिर जी के मार्फत पार्टी के लोकतांत्रिक ढोंग पर भी। इस दृष्टि से सर्वात्मन और मिसिर जी की बातचीत साफ और दो टूक है। मिसिर जी सर्वात्मन् को संबोधित कर कह रहे हैं—'दिल्ली से राजनीति नहीं होगी साथी, जनता के बीच से होगी। जनता के दिमाग की तफसील नहीं चाहिए। बेफालतू बात है कामरेड, माफ कीजिएगा।' मिसिर जी बल-बलाते हुए एकाएक चुप हो गए।

यही मिसिर जी सर्वात्मन से यह भी कहे बगैर नहीं रहते कि 'जितना गुड़ गोबर करना था, वो तो गुरुदेव कर चुके।' इन्हीं प्रसंगों में मिसिर जी सोचते हैं, समीक्षा करते हैं, अपनी ही पार्टी की असंगतियों पर बमकते हैं, भावुक होना चाहते हैं और फिर यह सोचकर कि इस तरह सोचना कुफ़्र है, डरकर और मन मसोसकर चुप हो जाते हैं।

उपन्यास के अंतिम पृष्ठों पर एक और प्रसंग कल्पित किया गया है शशांक जी का, जो लज्जा और ग्लानि से भरे हुए हैं क्योंकि फोन पर सर्वात्मन से गुरु जी को अंट-शंट कहा। उपन्यासकार कहता है—'शशांक जी ने अपना कनटोप उतारा और बालों में हाथ फेरा...गर्मी है।...अयोध्या की गर्मी है।...' वे भुनभुनाए। पार्टी कार्यकर्ताओं का यह विक्षोभ उपन्यास में खीझ और बौद्धिक असंतुलन तक पहुँचा हुआ है।

बहसबाज वामपंथ के शास्त्रीय पंडितों के साथ-साथ पार्टी कामरेडों और पार्टियों का अंतर्विवेचन उपन्यास में जिस शिद्दत से किया गया है, वह एक ईमानदार बहस की माँग करता है।

तब कहीं यह उपन्यास ऐसे ही लफ्फाज और हवाई आंदोलनों के संदर्भ में लगभग विद्रूप उपस्थिति से हो उठे सविनयों, आचार्य तत्सतों और उनके साथ साक्षी भाव से जुड़े सर्वात्मनों की कथा तो नहीं है। अगर है तो यह भी कहना होगा कि इस बहाने कथाकार ने बहसबाज मार्क्सवादियों की फूहड़ और असंगत हो उठी उपस्थिति पर ही हमला किया है जिसके पीछे संभवतः लगाव से भरा उसका क्षोभ और पीड़ा काम कर रही है। पर गुंजाइशें इसके अलावा भी हैं। यानी कि पाठकों का एक और वर्ग अगर अन्य निष्कर्षों पर पहुँचना चाहे तो आसानी से पहुँच लेगा। वे निष्कर्ष तब क्या यही नहीं होंगे—हाय रे भारतीय मार्क्सवाद! तेरी यही गति होनी

थी, क्योंकि तू शुरू से ही सुविधाखोजी, समझौताजीवी, संघर्षविरोधी जजमानी ब्राह्मणों के हाथ जो पड़ा। इसीलिए तो तू अब कठिन ऐतिहासिक मौकों के आने पर बड़बड़ाहट और आत्मग्लानि के अलावा और कुछ भी शेष नहीं बचा। तेरा हश्र तब यही होना था। जा! तेरा तर्पण करते हैं हम!!

इस बहाने यह उपन्यास मार्क्सवाद विरोधियों के हाथ भी मजबूत करता है। पता नहीं, लेखक ने यह भीतरी तौर पर सोचा या चाहा था या नहीं? पर उसने जो स्वतंत्रता आंदोलन यहाँ चलाया है उसके ये सह-प्रतिफल तो हाथ लगते ही हैं। काश! उसने तत्सत् पांडेय के भीतर कुछ अन्य यथार्थ भी लक्षित किए होते? काश! उसने इसके विपरीत रथ-यात्राओं की हिंसक सत्ता-राजनीति (जिसके प्रति उसने सिरे से चुप्पी साध रखी है) का पर्दाफाश किया होता? तत्सत् पांडेय का व्यक्तिगत और पारिवारिक जीवन-इतिहास, उनकी विचारधारा, राजनीतिक लगाव, परंपरा और समाज को लेकर उनकी सोच और निजी जीवन के स्तर पर अन्य साथी विश्वविद्यालय आचार्यों की ही भाँति जोड़-तोड़, साँठ-गाँठ, अवसर और सुविधाओं की मारामारी, तत्सत् पांडेय की इन कार्यों में प्रकट होती दक्षता, यदि कथाकार चित्रित कर रहा है तो यह सोचना होगा कि उसकी असली मंशा क्या है?

उपन्यास के पक्षों पर विचार करते हुए ई.एम.फॉर्स्टर ने लिखा कि हमें उपन्यासकार की मनोदशा तथा उसके द्वारा प्रयुक्त वास्तविक शब्दों पर अधिक ध्यान देना होगा। उपन्यास पढ़ते और पढ़कर समाप्त करने पर यह ध्यान और अधिक गहरा हो उठता है।

'आख़िरी कलाम' की रचना करते हुए जिस कलात्मक विवेक से काम लिया गया है, वह कई रूपों और स्तरों पर हमें चमत्कृत भी करता है। कथाकार प्रत्यक्षतः जो कहता दिख रहा है, वस्तुतः वह नहीं ही कह रहा है और जो कह रहा है वह इतनी चतुराई से कह रहा है कि उसे ठीक-ठीक पकड़ पाना आसान नहीं है। यों ऊपर से देखने पर मुख्य मुद्दा अयोध्या, कार-सेवक, बाबरी मस्जिद की ध्वंस लीला और अल्पसंख्यकों की सामाजिक-राजनीतिक नियति है, किंतु विचार करने पर तत्सत् पांडेय, सर्वात्मन और सविनय जैसे लोक से कटे वामपंथी बुद्धिजीवियों, पार्टी कामरेडों की कोफ्त और वैचारिक थकान, राजनीतिक प्रतिक्रियावादियों द्वारा छेड़े गए आंदोलनों के बीच उनकी हास्यास्पद, असंगतिपूर्ण और निरीह उपस्थिति। क्या लेखक यह भी कहना चाहता है कि तत्सत् पांडेय और उनके शिष्यों की विचारधारा असंगतिपूर्ण बड़बड़ाहटों में तब्दील हो चुकी है या फिर यह कि कम्युनिस्ट पार्टियों के दफ्तरों और उन्हें सँभालने वाले लोगों की मनःस्थिति अब सिर्फ मिसि़र जी या शशांक जी की ही तरह बची है। क्यों लेखक ने पार्टी कार्यकर्ताओं का ऐसा चित्र खींचा है,

जो कोफ्त और खीझ से भरा है, एक हद तक असंतुलित और असामान्य भी? उनके विचारों में परस्पर इतनी अनबन क्यों है? लेखक को इन प्रसंगों में इतना 'रस' (?) क्यों आ रहा है?

बहुत संभव है कि लेखक गहरे तौर पर जो विचारधारात्मक लगाव जीवन भर महसूस करता रहा, जनांदोलनों के प्रति इस विचारधारा की सैद्धांतिक बहसबाजी और फिर पुनर्विचार के दौरान पार्टी द्वारा महसूस की गईं भयानक चूकों से खीझ कर उसने इस क्षोभ को एक बड़ी विडंबना के रूप में प्रस्तुत कर दिया हो। इस तरह देखें तो औपन्यासिक गद्य में किया गया यह 'स्वतंत्रता आंदोलन' संरचना तो कम किंतु, तोड़-फोड़ की कला कुछ ज्यादा लगता है। लेखक ने अगर यहाँ अपनी 'याददाश्त' का सहारा लिया भी है तो उसे संघर्षों के इतिहास के बदले, चूकों और असंगतियों का इतिहास ही क्यों याद आता रहा, यह भी एक प्रश्न है।

प्रश्न यह भी है कि अयोध्या और बाबरी मस्ज़िद तो यहाँ उपन्यास के केंद्र में हैं ही नहीं। वह राजनीति भी नहीं, जिसने पिछले दिनों अयोध्या और रामजन्म भूमि को एक दहकता और धधकता हुआ मुद्दा सिर्फ अपने स्वार्थों के लिए बना दिया। सत्ता-राजनीति का वह सांप्रदायिक चेहरा यहाँ कहाँ है? लेखक ने चार-छह वाक्यों में निचोड़-सा प्रस्तुत कर जैसे छुट्टी पा ली है—कि सभी राजनीतिक दल हिंदूवाद से ग्रसित हैं और मक्कार हैं। सारे अखबार मीडिया और धर्मनिरपेक्षता के ठेकेदार भी। आचार्य जी सर्वात्मन से लगभग कोप की भाषा में कहते हैं—"उन्होंने अपना दावा खो दिया है। उनका कोई हक नहीं बनता अब जनता पर। सब झूठे, मक्कार और मिले हुए।"

तत्सत् पांडेय के मुँह से निकला यह कड़वा ऐतिहासिक सच हम चाहें तो उपन्यासकार का आधार या मुख्य वक्तव्य मान सकते हैं पर जब यह पता है कि अयोध्या का मुद्दा धार्मिक नहीं, राजनीतिक है, तब वह आपराधिक पृष्ठभूमि वाले बाबाओं के इतिहास में इतनी रुचि क्यों दिखा रहा है? विपरीत इसके उसने उन भारतीय राजनेताओं की हिंसक सत्ता-पिपासा का उद्‌घाटन क्यों नहीं किया जिससे यह जनता कुछ सीख समझ पाती?

क्या यह उपन्यास धार्मिक है? या फिर इसका अंदरूनी कलेवर ठेठ राजनीतिक? अगर राजनीतिक है तो फिर इसे सड़ती हुई धार्मिकता के गैरजरूरी विवरणों के हवाले किस उद्देश्य के तहत कर दिया गया है?

कहीं यह निकटस्थ इतिहास की एक ऐसी खूँखार गाथा तो नहीं है जिसमें आचार्य जी अपने पोष्य-पुत्र बिल्लेश्वर और पट्ट शिष्य सर्वात्मन के साथ बुरी तरह फँस कर रह गए हैं?

तब इसका प्रतीकार्थ क्या है?

उपन्यास में वह प्रतिरोधी जनजीवन कहाँ है? क्या वह लेखक के 'स्वतंत्रता

आंदोलन' में शामिल होने योग्य नहीं? कथाकार ने इसके प्रत्युत्तर में अयोध्या पास की उस नामालूम सी बस्ती का चित्र खींचा है, जिसमें अयोध्या की रानी के चार-छह मुसलमान दर्जियों के घर हैं। घायल और अर्ध मूर्च्छित अवस्था में आचार्य जी यहीं शरण लेते हैं। लगता है अयोध्या के सामान्य जनमानस की खबर भी लेखक को नहीं है। एक तरफ इन बूढ़े और लाचार दर्जियों की उदास, भयभीत किंतु स्वभाव से जीवंत बस्ती तो दूसरी ओर कार सेवक एक्सप्रेस के जहाँ तहाँ रुकने और हुड़दंग लीला करने के दौरान आस-पास के वे गाँव और ग्रामीण जिनका चित्रण करते हुए लेखक लिखता है– *'लाइन के किनारे-किनारे या खेतों में या निकलती हुई टूटी-फूटी मटमैली बस्तियों के बाहर लोग-बाग चकित भाव से इस भीड़ और जैकारे को मुँह बाए देखते। उन्होंने इधर से गुजरने वाली गाड़ियों में आज तक इतनी अठड्ड भीड़ नहीं देखी थी। लोग तपते के इर्द-गिर्द बैठे हुए, या सानी-पानी करते, गोबर कांछते, खेतों की ओर जाते, या अपनी मड़ई-टाटी-मचान पर से निर्विकार भाव से लखते। उनके लेखे, जैसे कहीं कुछ हुआ ही नहीं था। तब भी...'*

'राम जी का मंदिर बनेगा।' तपते के पास बैठे एक थोड़े पढ़े-लिखे नौजवान ने कहा।

'सारेन का कौनो काम-काज नहीं, खाली ऊधम बाजी।' एक आदमी जो सानी गोतकर आया था, उसने बैठते हुए कहा।

'काम क्यों नहीं?' नौजवान ने भौं सिकोड़ते हुए कहा।

'क्या काम है? खाली जै श्रीराम...जै श्री राम।'

'कार सेवा थी, जन्म-अस्थान की मस्जिद ढहा दी गई।'

नौजवान ने कहा।

'कोऊ के धरम-अस्थान गिरावे-ढहाबे से बड़ अधरम कुच्छो नईं।' एक दूसरे आदमी ने कौड़े के धुएँ से बचने के लिए अपना चेहरा दूसरी ओर मोड़ते हुए कहा।

'यह पाप-कर्म है, कुविचार है।' एक पुरनियाँ, सेवानिवृत्त मास्टर ने कहा।

इन प्रौढ़ और बूढ़े अनुभवी ग्रामीणों के मार्फत कथाकार ने अवश्य लोक मानस के प्रति अपनी गहरी समझ का परिचय दिया है।

भाषा की दृष्टि से यह कृति हमारा ध्यान कुछ अधिक ही खींचती है। इस भाषा में एक अभिनव नाटकीयता और रंगीन वृत्तांतपरकता है। प्रसंगों, दृश्यों, स्मृति बिंबों और उपवृत्तांतों को यहाँ जिस तरह संयोजित और संग्रथित किया गया है, उससे यह स्वीकार लेना पड़ता है कि यह गद्य के भीतर सचमुच एक स्वतंत्रता आंदोलन है। उपन्यास के बुनियादी ढाँचे को बगैर इधर-उधर किए, वृत्तांतपरकता को किंचित न्यून कर, गति और दृश्य-बिंबों की जो श्रृंखला लेखक ने तैयार की है, उसमें नाटकीय संलापों की भूमिका बहुत बड़ी है। उपन्यास में जो कुछ बहुत महत्त्वपूर्ण कहा गया है, वह इसी शिल्प के सहयोग से। 'यमगाथा' और 'नमो अंधकारं' के संयुक्त प्रतिफलों

का विकास यहाँ बहुत सफाई के साथ संभव किया जा सका है। परिणामतः एक उत्तेजक पठनीयता और विचारोत्तेजकता को समूचे उपन्यास में अनुभव किया जा सकता है।

भाषा और विचार की दृष्टि से एक और अध्ययन करने के बाद यह कहा जा सकता है कि इसमें कचोट और क्षोभ का तत्त्व सर्वाधिक है। संभवतः यही इस लेखक की कमाई है जो रक्तपात, रीछ आदि कहानियों से होकर इस आख़िरी कलाम तक पौटी हुई है। 'इसके बाद भी जीवन संभव हुआ' जैसे समर्पण वाक्यों में इसे अनुभव भी किया जा सकता है।

तो क्या यहाँ लेखक की प्रतिभा अपनी समूची ताकत के साथ दाँत किचकिचा कर लगी हुई है? क्या उसने अपनी समूची ताकत यहाँ झोंक दी है या फिर यह भी एक पूर्वाभ्यास जैसा है? क्या कोई कृति पूर्वाभ्यास कही जा सकती है? या फिर लेखकीय साधना का सोपान? दूधनाथ सिंह जैसे आत्म सजग किंतु विचारभीरु लेखक के संदर्भ में यह इसलिए और भी महत्त्वपूर्ण हो उठता है कि इस कृति में उन्होंने 'चरित्र' और 'वृत्तांत' की जिस खंडित लय के शिल्प का प्रयोग किया है, उससे कथा के इलाकों को समृद्धि मिली है, साथ ही औपन्यासिक गद्य की प्रबंधात्मक शक्तियों का विस्तार भी हो सका है।

उपन्यास का शिल्प संस्कृति साहित्य में उपलब्ध आख्यानों की तरह है जिनकी रचना की बुनियाद वर्तमान ऐतिहासिक घटनाएँ हुआ करती थीं। भारत में लिखे गए पुराणों—जिनकी मुख्य विशेषता वंशानुचरित चित्रण थी—को भी संभवतः इसीलिए आख्यान परंपरा के अंतर्गत ही रखा गया। 'प्राचीन भारत का सामाजिक इतिहास' लिखती हुई रोमिला थापर लिखती हैं—'आख्यान परंपरा, जिसमें पारंपरिक कथाएँ या घटनाओं के वर्णन शामिल होते थे... पौराणिक वंशानुचरितों में इस प्रकार के आख्यान भरे पड़े हैं।' इन आख्यानों में आधा इतिहास और उतनी ही कल्पना की गुंजाइश बराबर देखी जाती रही है। इसलिए यह खोजने की जरूरत शायद ही पड़े कि यह बाहर से आई हुई चीज़ है। बाणभट्ट का 'हर्षचरित' ही क्यों तमाम रासो काव्य तत्कालीन राजनीति और राजपुरुषों की कहानियाँ कहते हैं। क्या वे भी कथा नहीं हैं? कथा ही कहीं आगे चलकर गाथा तो नहीं कही गई और बाद में तो लोक ने उसका कहावत की तरह प्रयोग शुरू कर दिया।

यह उपन्यास भी अपने 'वर्तमान' की ही कहानी कहता है। यह अलग बात है कि घटना (बकौल लेखक-दुर्घटना) तो ऐतिहासिक किंतु प्रमुख चरित्र कल्पित हैं। भारत के पुराणों में भी चरित्र उतने ऐतिहासिक नहीं जान पड़ते जितना कि वह सामाजिक रूपांतर और सांस्कृतिक गतिशीलता, जिसके कारण पुराण-कृतियाँ आज भी इतनी महत्त्वपूर्ण जान पड़ती हैं। लेखक ने खुद भी यही कोशिश की है कि वह उपन्यास के रूप में एक ऐसा पुराण रचे जिसमें बकौल उदय प्रकाश अपने समय

को भाषा में लिखने का आख्यान हो। किंतु सच यह भी कि समय की अबाध गतिशीलता और उसकी कोख से पैदा होते अंतर्विरोधी संश्लिष्ट जीवन अनुभवों को आटे की तरह गूँधते हुए जितना नमक और पानी मिलाना पड़ता है, दूधनाथ सिंह ने जरूरत से कुछ ज्यादा ही मिलाया है। इसलिए भूमिका में जिस तोड़-फोड़ और स्वतंत्रता आंदोलन की बात उन्होंने कही है, वह सही से भी ज्यादा सही है। पर इस प्रयोग से जो संरचना तैयार हुई है उससे ऐसा लगता है कि यह अयोध्या की बाबरी मस्जिद के ऐतिहासिक ध्वंस के फलक पर बुजुर्ग वामपंथी प्रोफेसर तत्सत् पांडेय की कथा है। इस बहाने उस किताबी और सरकारी मार्क्सवाद की भी जिसके लिए यह किताब लिखी गई है। अब यह तमाम मार्क्सवादियों को सोचना है कि इसकी छिपी हुई मंशा क्या है। कहीं यह उन्हें नसीहत देने के लिए तो नहीं लिखी गई है? कहीं यह निष्पत्ति प्रकट करने के लिए तो नहीं कि इस पर भी जजमानी ब्राह्मणों का कब्जा हो चुका है? कहीं इसलिए तो नहीं कि मार्क्सवाद से जुड़े सारे लेखक और बुद्धिजीवी अंतरावलोकन करें। समय के ऐतिहासिक और जगजाहिर खलनायकों को छिपाकर जो कथा यहाँ कही गई है वह पुराण तो नहीं ही बन सकी है।

तब इस उपन्यास की राजनीति क्या है?

वैचारिक दृष्टि से यह उपन्यास एक ऐसी स्थिर और निष्कर्षकारी मनोदशा में लिखा गया है, जिसकी उपपत्तियाँ पहले से सुनिश्चित सी हैं। उपन्यास की विषय-वस्तु और कथानक को देखते हुए यह सहज संभव था कि लेखक गाँधीवाद को भी अपनी लपेट में लेता। पर उसने ऐसा नहीं किया। एक जगह पं. नेहरू तत्सत् पांडेय को यह सलाह देते भी हैं कि—गाँधी से मिलने की बात वो छोड़ें। गाँधी एक बहुत सख्त और निर्मम आदमी हैं बहुत कठोर। तत्सत् पांडेय से वे यह भी कहते हैं उन्हें 'तुम कभी नहीं जान सकते।' बेहतर यह होगा कि तुम टैगोर से मिल लो। किंतु आजादी के बाद भी दोनों की यह भेंट मुलाकात, अगर हुई भी है तो बहुत कम और लगभग नकार से भरी हुई।

बीसवीं सदी के अंतिम दशकों में 'कितने पाकिस्तान' के लेखक कमलेश्वर और 'परमगति' के भगवान सिंह इस प्रश्न को पहले से उठाते रहे हैं। 'परमगति' में भगवान सिंह लिखते हैं—भारतीय मार्क्सवाद ने जिन देशों में सचमुच क्रांतियाँ हुई और अपने देश में गाँधी ने अपनी सूझ-बूझ से इतने अल्प समय में जैसा आंदोलन खड़ा किया, दोनों से कुछ नहीं सीखा। यह रुग्ण पैदा हुआ और अपनी मौत मरने को तैयार है। पुनर्विचार करने के हजार दिखावे करने के बाद भी किसी बुनियादी बात को समझने को तैयार नहीं। इसी संदर्भ में वे यह निष्कर्षात्मक वाक्य भी लिखते हैं, 'मार्क्सवाद का समन्वय गाँधीवाद से किए बिना'...चुनौतियों का जवाब नहीं दिया जा सकता। आख़िरी कलाम यहाँ भी चूक ही गया है। अयोध्या के सामाजिक और राजनीतिक सच को यह जिस तरह प्रस्तुत करता है, उस 'तरह' में ही बुनियादी खोट

है। यह अपने पाठकों को या तो लाचारी और क्षोभ में डालता है या फिर उदासी, गहन खीझ और निराशा में। अगर यह कथा-लेखक प्रच्छन्न निषेधवादी रवैया न अपनाता और लाचार किताबी मार्क्सवाद के बदले किसी जुझारू और व्यावहारिक मार्क्सवादी चरित्र की कल्पना कर पाता या फिर मुक्तिबोध की 'अँधेरे में' जैसी कविताओं की तरह उन खूँखार ताकतों का विश्लेषण भी ठीक से प्रस्तुत कर पाता तब यह उपन्यास एक बड़ी कृति का दर्जा अवश्य पा लेता। सच तो यह कि दूधनाथ सिंह मानवीय दुर्बलताओं और चरित्रों के गर्हित पतन के कथाकार हैं। अनुदात्तता उनके कथाकार का प्रिय शगल है। काश! वे उन मानवीय संभावनाओं पर भी नजर डाल पाते जिनसे कोई कृति उत्कृष्टता प्राप्त करती है। पर जैसा कि आचार्य हजारी प्रसाद द्विवेदी कहते हैं कि स्वयं मनुष्य बने बिना, स्वयं छोटे-छोटे तुच्छ विवादों से ऊपर उठे बिना, कोई भी व्यक्ति दूसरे को नहीं उठा सकता है।

निस्संदेह यहाँ एक अनोखे शिल्प को साधने की कोशिश की गई है। एक अंतर्गुंफनकारी औपन्यासिक शिल्प जिसमें लेखक एक ऐसा मकड़जाल रचता है जो पाठक को व्यामोहित कर फँसा लेता है। वह उसमें फँसता, धँसता और उलझता ही चला जाता है और लेखक यह कहकर छुट्टी पा लेता है कि—'मेरे गुरु का परिक्रमा मार्ग साधुओं के लंगोट और अँचले में गुम हो गया है। गलियों, खड़ंजों, नालियों से सँकरा होते-होते लगभग निरस्त हो गया है।' तो क्या यह उपन्यास गुरु तत्सत् पांडेय के 'पथ' को निरस्त कर दिए जाने की ऐतिहासिक उद्‍घोषणा है?

कहने की जरूरत नहीं कि यह लंगोट जितना साधुओं का है, उतना ही दूधनाथ सिंह का भी। गुरु तत्सत् पांडेय का ही परिक्रमा पथ यहाँ गुम नहीं हुआ है, सच्चाइयों और कठोर वास्तविकताओं के समक्ष लेखक की निगाह भी अचकचाकर चौंधिया गई है।

उपन्यास और सामासिकता का शिल्प : सूत्रधार*

जीवनियों को आधार बनाकर लिखने की परंपरा नई नहीं है। बाणभट्ट ने सातवीं सदी में 'हर्षचरितम्' लिखकर यह शुरुआत कर दी थी। उनसे पूर्व के सूतों और मागधों ने अनेक राजवंशों का इतिवृत्त प्रस्तुत करते हुए जो पुराण रचे, भले ही उनमें धर्म, राजनीति और जातीय जीवन-दृष्टि का गहरा वैचारिक समावेश रहा हो किंतु मूल में तो वे सांस्कृतिक इतिहास ही थे। अपनी अतिकल्पना, आभरणमयता और दैवीपन के चलते वे पुराण, हमारे अपने चमत्कारी पुरखों के काव्यमय इतिहास ही तो थे। शास्त्रों में पुराणों को इतिहास और कवि-कल्पना की अद्भुत उपज माना गया जबकि रामायण और महाभारत शुद्ध काव्य ही माने गए। पुराणों की कला इस रूप में तथ्यों (इतिवृत्त) की कल्पनापरक संभावना को अंजाम देती हुई जातीय इतिहास की आंतरिक संरचनाओं की विलक्षण अद्वितीयता से भरपूर है।

पुराणों की यह कला इस्लाम के आगमन के बाद भले ही विरल और दुर्लभ हो उठी हो किंतु विलुप्त तो फिर भी नहीं हुई। हाँ, इसने अपना स्वरूप जरूर बदल लिया और किंचित ठोस आधारों पर अपने समय से संवाद करती हुई आत्मालोचन से गुजरती रही। जैन धर्माचार्यों द्वारा रचित चरित काव्यों और इतिवृत्तों में यह परंपरा न्यूनाधिक फलती-फूलती रही। बाणभट्ट द्वारा प्रवर्तित ऐतिहासिक जीवनी-काव्य की यह धारा बारहवीं-तेरहवीं में भी टूटी नहीं। रोमिला थापर के अनुसार ये मुख्य रूप से ऐतिहासिक जीवनियाँ थीं, जिनमें शैली की दृष्टि से पूर्वोल्लिखित दरबारी परंपरा के नमूने को तरजीह दी गई थी। लेकिन जैन लेखकों की इ कृतियों के कथासूत्र के प्रबल नैतिक आधार के समक्ष दरबारी मूल्य गौण थे। कमोबेश यह प्रवृत्ति श्रीलंका के बौद्धों द्वारा पालि भाषा में भी जारी रही। ये इतिवृत्त अनुश्रुतियों के रूप में आरंभ हुए और लिपिबद्ध इन्हें बाद में किया गया। रोमिला थापर के अनुसार इनकी संरचना

* सूत्रधार : संजीव

में तरह-तरह के स्रोतों—राजकीय प्रलेखों, विहारों के प्रलेखों, पवित्र स्मृति-चिह्नों और पूजास्थलों के इतिहासों, पुराख्यानों, लोकवार्ताओं, और घटनाओं के साक्षी लोगों का—सहयोग लिया गया। रोमिला जी के अनुसार ये कृतियाँ विलक्षणतासूचक थीं जो वंशावलियों, मिथकों और इतिवृत्तों की सरणियों में स्वतंत्र दिखती हुई भी एक दूसरी से गुँथी हुई भी थीं। खास तौर से ऐतिहासिक आख्यानों में काल-चेतना और इतिहास को रूप देने में मनुष्य की भूमिका की अंतस्संबद्धता को नकारा नहीं जा सकता। यह भी कि ये बगैर किसी विचारधारात्मक मान्यता के रचे गए हैं।

इतिहास-पुराण की इस परंपरा की आज इसलिए भी अनदेखी नहीं की जा सकती कि इसी के फलस्वरूप भारत में अन्य क्लासिकी संस्कृतियों से भिन्न ऐतिहासिक चिंतन उद्‌भूत हुआ। और यह परंपरा पश्चिम के राजवंशों वाली ऐतिहासिक परंपरा भी नहीं थी।

इस पृष्ठभूमि पर विचार करते हुए जब हम कतिपय निष्कर्षों की ओर बढ़ने लगते हैं तो पाते हैं कि इतिवृत्त हो या पुराण या आख्यानक साहित्य सबमें जीवन-तथ्य बुनियादी स्रोत के रूप में काम कर रहे हैं किंतु रचनाकारों ने इनके महत्त्व को स्वीकार करते हुए भी समाज की गतिशीलता और विचारधारात्मक परिवर्तनों में इनकी भूमिका को ही अधिक ध्यान में रखा है। हम भारत के लेखकों के लिए हमारी यह महनीय परंपरा वर्तमान समयों में भी सर्वथा अदृश्य नहीं हो उठी है। लोकगीतों, गाथाओं और किंवदंतियों में तो मौजूद है ही, भारतीय मानस की उल्लासपूर्ण धड़कनों में भी इसकी अनुगूँजें सुनी जा सकती हैं। बीसवीं सदी से पूर्व के हिंदी गद्य में भले ही यह धारा विलुप्त रही हो किंतु वृंदावनलाल वर्मा, चतुरसेन शास्त्री जैसे अनेक कथाकारों में इसका नया स्वरूप विकास दिखाई देता है। अन्य भारतीय भाषाओं में भी यह उभार अलक्षित नहीं है।

समकालीन उपन्यास लेखन में राष्ट्रीय आंदोलन, उसकी विचारधारात्मक दिशाओं और धाराओं के साथ-साथ आजादी के बाद आक्रामक उभार लेती विचारधाराओं को प्रस्तुत करने वाले उपन्यास भी कम नहीं हैं। अपनी विश्वास बहुलता और रुचि-विविधता के चलते अगर कुछेक लेखक गाँधी जैसे युगांतरकारी ऐतिहासिक चरित्र की ओर उन्मुख हुए तो कुछेक उन लोकचरित्रों की ओर जिन्होंने अपने-अपने अंचलों में जन-मानस की चेतना में उथल-पुथल पैदा कर उसे भावात्मक और वैचारिक स्तर पर आंदोलित किया। अफ्रीकी गाँधी पर लिखा गया जीवनी़परक उपन्यास 'पहला गिरमिटिया' (गिरिराज किशोर), मैत्रेयी पुष्पा द्वारा बुंदेलखंड के लोककवि ईसुरी पर केंद्रित उपन्यास कहें ईसुरी फाग और भोजपुर अंचल के लीजेण्ड बन चुके लोक कलाकार भिखारी ठाकुर पर संजीव का उपन्यास 'सूत्रधार' हमें उस परंपरा की याद दिलाते हैं, जिसका ज़िक्र मैं ऊपर कर चुका हूँ।

अपने समय के अनेक उपन्यासों से गुजर चुकने के बाद मेरे लिए यह कहना

अधिक आसान हो उठा है कि भारतीय—खास तौर से हिंदी उपन्यास लेखन—अपनी अंतर्वस्तु में जातीय अनुभवों और गतिशील विचारधारात्मक परिवर्तनों के प्रति बेहद सजग और संवेदनशील रहा है। प्रेमचंद से लेकर संजीव तक उसने अभी तक का जो सफर तय किया है, वह बहुत भरोसेमंद, युग-संवेदी और निष्ठा संपन्न कहा जा सकता है। किंचित अधिक शास्त्रमुक्त होकर कहा जाय तो उपन्यास ही वह समकालीन विधा है जिसमें तमाम स्रोतों के पुनःपाठ और पुनःसृष्टि की गुंजाइशें दिखाई देती हैं। यह एक और सुखद प्रवृत्यात्मक उभार है कि मध्यवर्गीय अभिजात मानस की गिरफ्त से छूट कर हिंदी उपन्यास जातीय इतिहास स्मृतियों और परिवर्तनकारी विचारधाराओं के क्रांतिकारी अभियानों के सहचारी के रूप में आ खड़ा है। अपने चौथे उपन्यास 'सूत्रधार' में संजीव इसकी सर्जनात्मक पुष्टि करते हुए दिखाई देते हैं।

'सूत्रधार के सूत्र' शीर्षक संक्षिप्त सी भूमिका में संजीव ने अपने पाठकों को रोक कर कुछ कहना चाहा है—''आग्रहों के बेतरतीब उलझाव और रंग-बिरंगी बुनावट से सत्य का संधान कर पाना कितना दुःसाध्य कर्म है, यह मैंने लीजेंड बन चुके भिखारी ठाकुर पर लिखते हुए मर्म-मर्म में महसूसा। देश, काल, पात्र और किंवदंतियों, साक्षात्कारों तथा पर्यवेक्षण के अंदर बाहर की यात्रा कर जो चित्र उकेर पाया हूँ, आपके सामने हैं। यह मेरे शोध और रचनात्मक विवेक की अभिव्यक्ति है। ''जीवनी लिखना इससे कहीं अधिक सरल कार्य होता कारण तब आप परस्पर विरोधी दावों के तथ्यों का उल्लेख कर छुट्टी पा सकते हैं। जीवनीपरक उपन्यास में आपको औपन्यासिक प्रवाह बनाते हुए किसी मुहाने तक पहुँचना ही पड़ता है, यहाँ द्वंद्व और दुविधा की कोई गुंजाइश नहीं है। दूसरी ओर उपन्यास लिखना भी जीवनीपरक उपन्यास लिखने की अपेक्षा सरल होता है, कारण आप तथ्यों से बँधे नहीं रहते। यहाँ दोनों ही स्थितियाँ नहीं थीं। x x x'' सो सत्य और तथ्य के ज्यादा से ज्यादा करीब पहुँचना मेरी रचनात्मक निष्ठा के लिए अनिवार्य था।''

कहने की जरूरत नहीं कि जीवनी के लिए तथ्य जितने अपरिहार्य थे, उपन्यास के लिए सत्य की ओर बढ़ना उतना ही अवश्यंभावी। तथापि, कथाकार की निगाह में यह जीवनी नहीं, उपन्यास है और जीवनी के तथ्य इसमें भरपूर मदद करते दिखाई देते हैं। इसलिए उस 'जीवनी' को अनदेखा नहीं किया गया है जिसके बीच भिखारी ठाकुर जैसे पिछड़ी जाति के सदस्य अपने घर-परिवार, नाते-रिश्तेदारों के जड़ व्यवस्थावादी लोकमानस के बावजूद लोकनाट्यकार का जीवन अंगीकार कर अपने ही लोगों की प्रताड़ना के शिकार होते हैं और दूसरी ओर गाँव-जवार के सवर्णों की उपेक्षा, अवमानना और अपमान को झेलते हुए उस शिखर पर जा पहुँचते हैं जहाँ प्रदेश और राष्ट्र के कला-मंच उनकी असाधारण प्रतिभा को स्वीकृत करने की विवशता अनुभव करने लगते हैं। फिर भी भिखारी ठाकुर को यह एहसास दिलाने वे सब गँवई सवर्ण और मुंबइया मुनाफाखोर एक साथ हैं कि भिखारी ठाकुर लोक-प्रतिभा हैं तो

हुआ करें, वे सवर्णों की बिरादरी के सदस्य तो कभी नहीं हो सकते, क्योंकि जाति के नाई जो हैं, और दूसरी ओर शहरी नाट्य कलाकारों, फिल्मी-कलाकारों और प्रतिभाओं के मुकाबले नहीं आते क्योंकि वे लोक कलाकार हैं। उपन्यास इन अनेक अवधारणात्मक मानसिक विक्षेपों के विभिन्न वर्ण स्तरों की क्रियाओं-प्रतिक्रियाओं की विडंबनापूर्ण कहानी कहता हुआ भिखारी ठाकुर की दृढ़ संकल्पी चेतना, अडिगता, साहस, कला-साधना और उस ऐतिहासिक वेदना को मार्मिकता से रेखांकित और संप्रेषित करता है, जो आज बहुजन और दलित जातियों की सामूहिक ऐतिहासिक पीड़ा और उससे फूटी चीख के रूप में सर्वत्र सुनाई दे रही है। उपन्यास इस चीख को उसके समूचे विडंबनापूर्ण यथार्थ के साथ विचित्र करते हुए कथित परिवर्तनवादी समूहों के लिए एक प्रश्नचिह्न बनकर खड़ा है।

उपन्यास की शुरुआत के पृष्ठों पर ही हमें यह वाक्य लोकविदित कालजयी सत्य के रूप में लिखा मिलता है—'शुरू से ही अवहेलित रहा यह जीवन।' ...नाई का जीवन न्यौतने और टहलुई में ही बीत जाता है। दस-दस कोस तक पैदल आना-जाना। सोते तो याद न रहता कि कहाँ सोए हैं, कि यह दिन है कि रात, सबेर है कि साँझ! कि इस लोक में हैं कि परलोक में चले गए।

इन पंक्तियों को पढ़ते हुए कवितावली के तुलसीदास याद आते रहे—धूत कहो अवधूत कहो...। वहीं यह पंक्ति भी कहीं दर्ज है—'कबहूँ न नाथ नींद भरि सोये।' भिखारी ठाकुर का समूचा जीवन भी कुछ इसी तरह गुजरा। हजारों सालों से वर्ण-भेद और जाति-भेद, ऊँच-नीच का अभिशाप खुशी-खुशी भुगतता यह समाज आज भी अपने इस नर्क से क्यों उबरना नहीं चाहता, यह एक और बड़ा सांस्कृतिक सवाल है जो यह रचना उठाती है। समूचे उपन्यास में इसके दंश अनेक घटनाओं में अपनी विषैली मार के साथ उपस्थित हैं किंतु भिखारी ठाकुर किसी समझदार और चालाक नेवले की तरह स्वयं को बचाते हुए एक ऐसी गुरिल्ला सांस्कृतिक लड़ाई लड़ते चल रहे हैं जो बेहद अहिंसात्मक है। भिखारी कहीं भी न तो समझौता करते हैं, न घुटने टेकते हैं बल्कि अपनी 'नाच' से एक ऐसा सामाजिक आंदोलन जैसा खड़ा कर देते हैं जो इन समस्त अभिशापों और कलंकों को तार्किक तौर पर पीट-पीटकर अधमरा करता हुआ एक ऐसी कला के प्रति हमारा ध्यान खींचता है जो उत्पीड़ितों को एकजुट होकर अपने ही अभिशापों से लड़ने की प्रेरणा देती है।

संजीव ने यहाँ जिस आग्रह मुक्त और द्वेषहीन मानस से काम लिया है, उससे यथार्थान्वेषी दृष्टि और सत्य तक पहुँचने का उनका रास्ता अपेक्षाकृत अधिक धुंधमुक्त और निर्द्वंद्व हो सका है। भोजपुरी लोकसमाज का प्रामाणिक और सजीव चित्रण करते हुए उन्होंने नायक और खलनायक जैसी जानी-पहचानी लेखन विधियों को निरस्त कर उन विचारधारात्मक जंजालों और रूढ़ियों को उभारना चाहा है जिनसे केवल दलसिंगार और भिखारी ठाकुर, सुनरसना और उसके पिता या फिर लच्छन राय ही

नहीं, चाँदी सिंह जैसे सवर्ण भी बच नहीं पाए हैं। उपन्यास में रामानंद सिंह, मिर्चइया बाबा, गुप्तेश्वर सिंह के रिश्तेदार बाबू रामनारायण सिंह (छपरा में जमादार) और उनके निर्देश पर भिखारी ठाकुर के पाँव छूने को आगे बढ़ती उनकी बहुएँ, बच्चे उपन्यासकार की आग्रहमुक्तता और निर्दोष निगाह का प्रमाण देते हैं और यह भी कि नयी समाज रचना में उन उदार और मानवबोध से संपन्न समूहों की उपेक्षा नहीं की जा सकती जो प्रत्येक समय और समाज में ऐसी प्रक्रियाओं का साथ देने के लिए तैयार रहते हैं। इस रूप में यह सवर्ण विरोध में लिखी गई दलित आक्रामकता की कहानी नहीं है। बल्कि एक ऐसे संवाद की कोशिश है जो विश्वामित्र से लेकर शंबूक, कर्ण, एकलव्य और कबीर तक की याद दिलाती है और प्रतिभा और योग्यता के चालाक दावेदारों से यह पूछने की कोशिश भी करती है कि अगर प्रतिभा और योग्यता को ही तुम मनुष्यता की सर्वोच्च कसौटी मानते थे तो फिर संस्कृति और इतिहास के इन पात्रों के प्रति सवर्णों और उनकी विचारधारा के प्रति तुम्हारी चुप्पी अब तक क्यों बरकरार है। आज भी क्यों किसी भिखारी ठाकुर और लच्छन राय को यह पीड़ा सताती रहती है कि काश! वे किसी ब्राह्मणी की कोख से पैदा हुए होते। वसिष्ठों की चाल की काट वे सब आज तक क्यों नहीं ढूँढ़ पाए। खाँचे में टहलते हैं विकल बंदी विश्वामित्र, "ये साले उन्हें ब्रह्मर्षि क्यों बनने देंगे? डर रहे हैं, कहीं भिखारी से भी ऊँचा नाम हो गया लच्छन राय का तो क्या पत रह जाएगी।"

सूत्रधार के इन क्षोभपूर्ण अंतर्द्वंद्व भरे इन कथनों से उठकर स्मृति आज से दस-पंद्रह बरस पहले लिखे गए भगवान सिंह के उपन्यास 'अपने-अपने राम' के कुछेक प्रसंगों में डूब जाती है जहाँ कुचक्री वसिष्ठों की चालों का एक घिनौना वैचारिक साम्राज्य सा फैला हुआ है। इन पर गौर करते हुए यह समझ में आता है कि सत्ता चाहे राजनीति की हो या धर्म और विज्ञान की, वर्णव्यवस्था की हो या जाति की अंततः अपने संकीर्ण स्वार्थों से ऊपर उठने की कोशिशें शायद ही कभी करती हो विपरीत इसके अपने स्वार्थों के इस दमनकारी रूप को बरकरार रखने के लिए वह तरह-तरह की चालाकियाँ और कुचक्र करती रहती है। चौबे जी जैसे विद्वानों और महेंदर मिसिर जैसे सवर्ण कलाकारों का चित्रण करते हुए उपन्यासकार ने लगभग कथाकार उदयप्रकाश के स्वर में स्वर मिलाकर लिखा—"महेंदर मिसिर को इतनी छूट क्यों मिली हुई है—बाभन-ए के नाते न।" x x x नहीं तो—"कौन चीज में कम हैं हम? जो कहो चेहरा-मोहरा, तो ईश्वर की दया से वह हैं ही, जो कहो पंडिताई तो ऊ भी हासिल की, जो कहो योग्यता, तो अपनी कला में बहुतों को पछाड़ दिया, लेकिन विश्वामित्र की तरह ब्रह्मर्षि ना होवे सकलीं।" आहत अभिमान का अंतःस्राव बह रहा है।

'पीली छतरीवाली लड़की' कहानी में उदय प्रकाश लिखते हैं—लेकिन एक जाति ऐसी है, जिसने अपनी जगह 'स्टेटिक' बनाए रखी है। बिल्कुल स्थिर, सबसे ऊपर।

हजारों साल से...वह जाति है ब्राह्मण। शारीरिक श्रम से मुक्त। दूसरों के परिश्रम, बलिदान और संघर्ष को भोगनेवाली संस्कृति के दुर्लभ प्रतिनिधि—जिन्होंने शताब्दियों से "मिथ्या चेतना के ऐसे मायालोक को जन्म दिया, जिसके जरिए वह अन्य जातियों, उनके जीवन और इस तरह समूचे समाज पर शासन कर सके।" आगे वे लिखते हैं कि यह समूचा समय उसके अन्यायों से कराह रहा है।

जीवन के आखिरी दिनों में रुग्ण, शय्याग्रस्त भिखारी पड़े-पड़े बचपन की स्मृतियों में खो जाते हैं। गंगा की भयावह बाढ़ में फँसा, अपनी जान बचाने की तमाम कोशिशें करता एक जीव—कुत्ता, अपनी कातर गुहार लगाता और किनारे पर खड़े, ढेला मार मार कर उसका प्राण लेने वाले सवर्ण बिरादरी के तमाशबीन लड़के। फिर तो कुत्ते की कोशिश टूट सी गई। पर इन निर्दयी लड़कों के बावजूद बालक भिखारी ने गुहार लगाई "इस बेचारे को निकाल लिया जाय, नहीं तो यह मर जाएगा।" तभी एक दबंग लड़के ने डाँट दिया—"चुप बे नौआ—कौआ।" जातिगत अपमान की जहर भरी उस छोटी-सी डाँट ने कुंद कर दिया उस बालक को।...

भिखारी उस घटना को जीवन के इन अंतिम दिनों में याद करते हुए सोच रहे हैं—'वह कुत्ता कौन था?'

अरे वह तो मैं था। मैं ही था। नीचे से कोई बल मिलता नहीं, सुरक्षित किनारों पर के लोग ढेले बरसाते मजे लेते रहे...। आँखों के आगे जाले पड़ते जा रहे हैं भिखारी के...फिर भी मन ने हार नहीं मानी है—डोल रही है ऊपर की धरती, फौव्वारे की तरह झर रहे हैं ज्वालामुखी...।

उपन्यास के तीन सौ छत्तीसवें पृष्ठ पर आने-जाने से अशक्त भिखारी ठाकुर अपनी चौमुखी विजय और यश के बावजूद, खटिया पर से उठ नहीं पा रहे हैं, उनके श्रद्धालु, प्रेमीजन आ आकर जा चुके हैं—लार होठों के कोरों से बह रही है...जीवन का दिया बुझने बुझने को है और भिखारी ठाकुर टूटे हुए स्वर से आवाज लगा रहे हैं—"अरे कोई है!"—"करवट बदल दो, कोई।" ..."तो क्या सबको फालिज मार गया?" नहीं दिमाग के किसी कोने में रह-रहकर बिजुरी चमक रही है...।

लगता है यह टूटी हुई आवाज भिखारी ठाकुर की नहीं, हमारे इसी समय की है, वह जो भिखारी के दिमाग के किसी कोने में बिजुरी चमक रही है वह उस संभावित इतिहास की है जिसको लक्ष्य कर 'हंस' के संपादक राजेंद्र यादव लिखते हैं—'राजनीति, समाज, साहित्य में सिर्फ वे ही हमेशा हमारी नुमाइंदगी करते रहेंगे या स्वयं हमें भी कुछ अपनी बात बोलने देंगे?' इस 'वे' के अंतर्गत वे सारे सवर्ण वर्चस्ववादी आते हैं जिनमें एक तरफ मनुवादी सवर्ण हैं तो बकौल श्योराजसिंह बेचैन मार्क्सवादी सवर्ण। सदियों से साहित्य और संस्कृति के वर्चस्व की गेंद इन्हीं दोनों के पाले में है। सूत्रधार के नायक भिखारी ठाकुर अपनी प्रतिभा और योग्यता के बल पर इस संजाल को तोड़ते दिखाई पड़ते हैं और भोजपुरिया समाज में उनकी हैसियत जन्मजात सवर्गों

से कई गुना अधिक प्रतिष्ठा पूर्ण हो उठती है और कइयों के लिए तो वे चुनौती ही बने हुए थे। क्रांति और परिवर्तन की ठेकेदारी को अपनी नाचमंडली के बलपर उन्होंने ऐसों के हाथ से जिस तरह छीना था, उससे महेंदर मिसिर जैसे कई अकबका उठे थे। कला और संस्कृति की सत्ता भी इन जैसों के हाथों से छिन उठी थी। बकौल राजेंद्र यादव सारा गणित तब गड़बड़ाया जब स्त्री, दलित, अल्पसंख्यक, आदिवासी अपनी बात को अपनी तरह और अपनी भाषा में (जो जाहिरन, 'गैर साहित्यिक' होती थी) कहने लगे। यह स्पष्ट ही इस वर्चस्ववादी संजाल (कन्स्ट्रक्ट) को चुनौती देता था और अपने लिए एक अलग साहित्यिक स्पेस और समझ की माँग करता था। उनका आगे का वाक्य काफी व्यंग्यपूर्ण है–'जमींदारियाँ सिर्फ काग़ज़ पर ही समाप्त हुई हैं, 'मालिकों' के मन में नहीं।'

बिहार राष्ट्रभाषा परिषद और भोजपुरी परिषद की ओर से ससम्मान बुलाए गए भिखारी ठाकुर भले ही भोजपुरी के शेक्सपियर कहे जाएँ पर गणेश चौबे जैसे विद्वान तो यही कहते रहे कि सब तुलसी आदि की ही नकल है। "इसके अलावा जो कुछ है ब्राह्मण निंदा, नाई स्तुति, आपन बखान अहं, ब्रह्मास्मि।" गणेश चौबे ऐसे ही मालिकों के प्रतिनिधि हैं यहाँ।

इस रूप में सूत्रधार जैसा उपन्यास इन जमींदारियों की केवल हकीकतें बयान नहीं करता, उन्हें समय के आईने में कैद कर धूमिल की भाषा में यह कहने से नहीं चूकता कि लो यह तुम्हारा ही तो चेहरा है जो जुलूस में भीड़ के पीछे गिर गया था।

स्मृति और संवेदना के तरल सम्मिश्रण से रचित यह कथानक जगबीती और आपबीती का सर्वश्रेष्ठ उदाहरण है। अवध की माटी पानी में जन्मे और पले-बढ़े संजीव को भिखारी ठाकुर के भोजपुरिया समाज को समझने में भला क्यों मुश्किलें आई होंगी। बोली भिन्नता के बावजूद दोनों की सामाजिक और सांस्कृतिक अधोरचना और मानसिकता में कहीं कोई फर्क नहीं है। वर्ण और जाति को लेकर भी कोई सोचगत या व्यवहारगत अंतर नहीं है। यह वस्तुतः वही बृहत्तर हिंदी भाषी समाज है, जिसके एक सिरे पर प्रेमचंद अपनी 'सद्गति' और 'ठाकुर का कुआँ' जैसी कहानियाँ लिए खड़े हैं। प्रेमचंद के इन इशारों के बावजूद वामपंथी विचारक यह मानने को तैयार नहीं थे कि भारत के संदर्भ में जाति और वर्ण की कटु वास्तविकताएँ भी इसके यथार्थ का हिस्सा हैं। अब तो खैर सब मानने लगे हैं कि वर्ण और और जाति का सच भारतीय समाज का एक नग्न ऐतिहासिक सच है। एक डेढ़ दशक पहले जब 'अपने अपने राम' में इसे कथाकार भगवान सिंह ने वसिष्ठ और विश्वामित्र के सांस्कृतिक प्रतीक-चरित्रें के मार्फत उठाया था तब खुद कई सवर्णतावादी वामपंथियों ने उस यथार्थ को यह कहकर दरकिनार करने और झुठलाने की कोशिश की थी कि भगवानसिंह संकीर्ण जातिवादी हैं और ठाकुर होने के नाते वे विश्वामित्र का पक्ष और वशिष्ठ जैसे ब्राह्मण को निशाने पर रख रहे हैं। भीतर ही भीतर जबकि कुछ

लोग यह भी समझ और कह रहे थे कि वस्तुतः यह उपन्यास-मंडल कमीशन और विश्वनाथ प्रसाद सिंह के समर्थन में लिखा गया है जो प्रकारांतर से जातिवाद को बढ़ावा देता है। यहाँ तक पहुँचे वे उपन्यास पर जातिवादी होने का ठप्पा लगा, उसकी ऐतिहासिक महत्ता और समय-संवेदना को झुठला देना चाहते थे। कठमुल्ले वामपंथियों और छद्म जाति विरोधियों का गिरोह आज भी अपने इस अभियान में लगा हुआ है। आश्चर्य फिर भी यह कि न केवल भगवान सिंह बल्कि असाधारण प्रतिभाधर कहानीकार उदयप्रकाश भी इस अति सुरंगित ऐतिहासिक दुर्ग पर निरंतर गोलाबारी कर अपना दायित्व रेखांकित कर रहे हैं। जातियों और वर्णों का यह यथार्थ भारतीय समाज को इतनी दूर तक और इस इस प्रकार अपने विषैले नागपाश में लपेटे हुए हैं कि अधिकांश जातियों का मानव-बोध ऐतिहासिक मूर्च्छा में चला गया है। अंबेडकर जैसे क्रांतिकारियों ने जब से इसे तोड़ने की अगुवाई की और दलित यथार्थ की तकलीफों को राजनीतिक और सांस्कृतिक मंच पर बलपूर्वक उठाया तब से हिन्दी के ठस्स प्रगतिवादी मानस में भी हलचल उठने लगी है। पर इसमें प्रबलता तो तब आई जब हिंदी प्रदेश में कर्पूरा ठाकुर, लालू यादव, मुलायमसिंह यादव जैसे राजनेता ही नहीं। कांशीराम और मायावती भी उभार लेने लगे। एक उग्र आक्रामक दलित लेखन भी आंदोलन के रूप में उठ खड़ा हुआ। मराठी के दयापवार और शरणकुमार लिम्बाले के समानांतर हिंदी में ओम प्रकाश वाल्मीकि मोहनदास नैमिषराय और श्योराज सिंह 'बेचैन' जैसे अनेक लेखक अपनी तीखी पीड़ाओं और उनकी सच्चाइयों को लेकर सामने आ गए। इन्होंने ही यह दबाव बनाया कि जो परंपरागत सत्ता और मनुवादी व्यवस्था चली आ रही है वह सवर्णवर्चस्वी और मूलरूप में ब्राह्मणवादी है अतएव वह व्यापक भारतीय समाज को एकता और कल्याणकारी सामूहिक भविष्य के लिए खतरा है। संभवतः इसी ऐतिहासिक दबाव के चलते नामवर सिंह और मैनेजर पांडेय—दोनों ही अब यह कहने (और शायद मानने भी) लगे हैं कि—'वामपंथियों के मन में मार्क्स द्वारा बताई गई वर्ग की धारणा थी—जबकि भारत का सच वर्ण है। हंस के सत्ताविमर्श और दलित विशेषांक अगस्त 2004 के पृष्ठों पर अजय नावरिया से बातचीत करते हुए नामवर सिंह अपनी ऐतिहासिक विस्मृतियों को स्मृतियों में बदलते हुए आगे कहते हैं—'लोहिया पहले गैर दलित थे जिन्होंने वर्ण को प्रमुखता दी। एम.एन. श्री निवास रजनी कोठारी और फ्रांसीसी समाजशास्त्री लुई दूमो ने कहा है कि भारतीय समाज में वर्ण और जाति एक नहीं है। यह भारतीय समाज की विशेषता (?) है। इसे स्वीकार किया जाना चाहिए।' नामवर जी की स्वीकारोक्ति है—'भारतीय वामपंथ और मार्क्सवाद की यह चूक है। इन्हीं पृष्ठों पर मैनेजर पांडेय कहते हैं—'अपने दूसरे मार्क्सवादी मित्रों लेखकों और आलोचकों से मेरा एक बुनियादी मतभेद रहा है कि मैं केवल वर्ग की धारणा को भारतीय समाज में व्याप्त अन्याय शोषण और गुलामी की व्यवस्था को समझने के लिए पर्याप्त नहीं समझता। मुझे लगता रहा है

कि वर्ग के साथ-साथ वर्ण या जाति की धारणा तथा वास्तविकता को ठीक ढंग से समझने के बाद ही भारतीय समाज को समझना और उसे बदलने के लिए कुछ सार्थक करना भी संभव होगा। "भगवानसिंह, उदयप्रकाश, दलित लेखक या फिर संजीव अगर इस दुखद यथार्थ की याद दिलाते हैं तो यह उनका ऐतिहासिक फर्ज है।

इस संदर्भ में यह भी क्यों नहीं सोचा जाना चाहिए कि उपन्यास समकालीन भारतीय समाज को उस यांत्रिक वर्गवादी दृष्टि से विश्लेषित नहीं करता जैसा कि कुछ वामपंथी शास्त्रवादी अपने अनुगामी लेखकों से चाहते हैं। मजेदार बात यह कि यह उपन्यास उनकी वैचारिक गिरफ्त से बाहर खड़े होकर लिखा गया है। प्रकारांतर से उन वास्तविक जीवन-अनुभवों के अधिक करीब होकर जिनसे कोई लेखन अपने पाठकों के लिए पहली ही निगाह में भरोसेमंद हो उठता है।

उपन्यासकार ने सामाजिक सच्चाइयों की नंगई को जिस गहरी ईमानदारी से अपने बयान का हिस्सा बनाया है, उससे पाठकों की संवेदना का ही विस्तार नहीं होता, उनके सोच की परंपरागत दिशा में भी उथल-पुथल मचती है। वे अपने चारों ओर फैली यथास्थितियों से विफल हो उठते हैं। न केवल विफल हो उठते हैं बल्कि उन्हें सामाजिक भविष्य के लिए एक संकट के रूप में देखने लग जाते हैं। इस आधार पर मैं यह भी नहीं कह सकता कि उपन्यास पिछड़ों, स्त्रियों और दलितों के हाथ में किसी हिंसक हथियार के रूप में प्रयुक्त किया जा रहा है अथवा साहित्य की सत्ता हथियाने के किसी औजार के रूप में इस्तेमाल किया जा रहा है। व्यक्ति और उसकी जाति या वर्ण पर हमला करने के बजाय यह बार-बार हमें उस विचारधारा के पास ले जाकर खड़ा करता है जो खतरनाक साबित की जा चुकी है और सामाजिक बिखराव का एक बड़ा कारण बन सकती है। उपन्यास हमें इस विचारधारा (?) के प्रति अपना रवैया तय करने के लिए पुकारता है। साथ ही, सामाजिक व्यवस्था के आधारभूत ढाँचे के बदलाव की माँग करता है।

सुखद संयोग है कि यह भिखारी ठाकुर जैसे जाने-माने लोक कलाकार को नायक बनाकर किया गया, जो जाति-द्वेष और जाति-संघर्ष को अपने नाटकों में तो नहीं उठाते और यह उम्मीद किया करते थे कि साहित्य और कला का क्षेत्र इस सांस्कृतिक रोग की चपेट से अवश्य बचा होगा। पर अपने जीवन के अंतिम बरसों में उन्हें यह अनुभव करना ही पड़ गया कि यह जहर सब जगह फैल चुका है। ऊपर से नीचे तक दलसिंगार ठाकुर, सुनरसना का बाप, गणेश चौबे, महेंदर मिसिर सब इसकी चपेट में हैं। अतः इतिहास को उसकी नींद से जगाना ही नहीं उसकी करवटों को भी बदलना होगा।

भोजपुरी बोली-बानी की सहज मिठास से भरी पूरी खड़ी बोली हिंदी यहाँ कुछ अधिक ही वस्तुधर्मी, तरल और विचारगंभीर हो उठी है। भोजपुरी और अवधी की मिली-जुली मुहावरेदानी, शब्दों की रूप रचना, उच्चारण, प्रकार और ध्वनियाँ यहाँ

यद्यपि रेणु की तरह अति-संगीतमयी नहीं हैं। किंतु आत्मीय व्यंजनाएँ लिए हुए हैं। कथाशिल्प जीवनीपरक किंतु शैली तो औपन्यासिक ही है।

उपन्यास की संरचना के लिए संजीव ने जिस सहज शिल्प से काम लिया है, उसमें कथा-प्रसंगों का अनुक्रमिक संयोजन तो है ही, कथा-नायक के जीवन के विकास-क्रम, संघर्ष और उसके बहुस्तरीय चित्रों के साथ-साथ उस सामाजिक जीवन प्रवाह की चिर-परिचित व्यवहार-पद्धतियाँ, जाना-पहचाना रूढ़ लोक-मानस अपनी सोच और आचार-पद्धतियों के साथ प्रकट होता चला गया है। कहानी को पढ़ते हुए ऐसा भी लगता है जैसे भिखारी ठाकुर का गतिशील जीवन किसी पहाड़ी झरने की तरह कठिन सामाजिक चट्टानों से होकर अपनी समूची ऊर्जा और तरलता के साथ बहता जा रहा है और जब वह एक बाढ़ में आए नद की तरह है तब प्रवाह-पथ की तमाम बाधाओं को पार करता उन विश्वासों, अंधविश्वासों, सामाजिक वर्जनाओं और प्रतिबंधित आचारों से भिड़ता और लड़ता हुआ, जिस वेग से अपने लक्ष्यों की ओर बढ़ रहा है, उसमें उसके साथ-साथ बाधा बन बहने वाले अवांछित जीवन विश्वास और अपमूल्य धीरे-धीरे ही सही, पर कचरे की तरह नीचे बैठते जा रहे हैं। यह केवल कथा-नायक की जय यात्रा नहीं है, उन विचारों और मूल्यों की जय यात्रा भी है, जिसे एक दर्शक समूह मात्र का समर्थन नहीं, परिवर्तनकामी सामाजिकता का भरोसा भी प्राप्त है।

कथाकार ने इसके लिए जैसी नैसर्गिक कल्पनाएँ की हैं, वे अनुभव प्रसूत और अनुभव-सम्मत हैं। उसे उस समाज की मनोरचना और मनोचेतना की गहरी ही नहीं, बारीक जानकारी और समझ भी है। सामाजिक जीवन की वास्तविकताएँ, उनके पीछे के सच्चे-झूठे सच, तथ्य के तौर पर कथा-नायक की जीवन-इतिहास और उसे कलात्मकता से रँगने की भरपूर क्षमता लिए कथाकार की सृजनशील प्रतिभा के संयोग ने, जीवनी, उपन्यास और सामाजिक इतिहास का जैसा मिश्रित स्वरूप सिरजा है, उसे जीवनीपरक उपन्यास कहना जितना आसान है, उतना ही आसान है उसे आख्यानमूलक कथा-प्रबंध कहना।

भारत में कल्पना-प्रसूत कथानकों को कथा और तथ्य-प्रसूत कथानकों को आख्यान कहने का चलन पहले से चला आ रहा है। 'सूत्रधार' की कथा-सामग्री में जीवनीगत तथ्यों की भूमिका बुनियादी है। ठीक बाण के 'हर्ष चरितम्' की तरह। परंपरागत आख्यान-शिल्प का यहाँ भले ही जान बूझकर उपयोग न किया गया हो फिर भी किया तो गया है।

आधुनिक यथार्थवादी पद्धतियों के मानदंडों पर हम इसे प्रातिनिधिक शिल्प कह सकते हैं, जहाँ व्यक्ति-विशेष को कथा-केंद्र बनाकर जीवन और परिवेश का अध्ययन किया जाता है। इसके लिए जिस अंतर्दृष्टि की अनिवार्यता अपेक्षित है, उसे संजीव अपनी कहानियों में पहले ही अर्जित कर चुके हैं। यदि ऐसा न होता

तो वे यहाँ यथार्थवाद का वही सरलीकृत फार्मूला अपना रहे होते, जिसकी सीमाएँ प्रायः आलोचनाओं में बार-बार गिनाई जाती रही हैं। बनिस्बत इसके उन्होंने उस कला-विवेक से काम लिया है, जिसमें जितनी तटस्थता और उन्मुक्तता है, उतनी ही तथ्योन्मुखता और अनुभवात्मकता भी। यही कारण है कि यह कृति हमें आग्रहों या पूर्वाग्रहों से नहीं भरती। बल्कि तीखे यथार्थ के प्रति हमारी आँखें खोलती हुई हममें एक गहरी सामाजिक सहानुभूति जगाती है किंतु जो मात्र सहानुभूति नहीं कही जा सकती। एक ऐसी सहानुभूति जो हमारी चेतना में उथल-पुथल पैदा करती है।

यथार्थबोध और विचारधारा के अनेक प्रकार के द्वंद्वों के बीच ऐसी कृतियाँ अपनी उन विधायक दृष्टियों के चलते भी महत्त्वपूर्ण हो उठती हैं जिनमें समकालीन राजनीतिक और ऐतिहासिक कहे जाने वाले विमर्शों की प्रत्यक्ष झलक साफ-साफ दिखाई दे जाती है। दलितों, स्त्रियों और पिछड़ों के बीच के किसी ऐसे चरित-नायक को, जो अपनी ऐतिहासिक भूमिका में सचमुच क्रांतिकारी रहा हो, हिंदी उपन्यास का प्रधान बिंब बनाना, न केवल विचारधारा बल्कि अंतर्वस्तु की दृष्टि से भी महत्त्वपूर्ण है। संजीव का यह वह विवेकशील यथार्थवाद है, जो आलोच्य वास्तविकताओं को भी उनकी अपनी पृष्ठभूमि में देख सका है किंतु ऐसा करते हुए भी उसने इन प्रसंगों की तीखी आलोचना भी की है।

ऊपर-ऊपर से चरित मूलक दिखता हुआ यह शिल्प वस्तुतः विचारमूलक अथवा अवधारणामूलक है। भिखारी ठाकुर से होकर बार-बार हम उन मान्यताओं, दुराग्रहों, मनोरूढ़ियों और गर्हित सामाजिक अवधारणाओं और लोक व्यवहारों के निंदनीय वृत्त में जा पहुँचते हैं जहाँ व्यक्तियों की सत्ता तो कठपुतलियों जैसी किंतु व्यवस्था सूत्रधार की सत्ता में साफ-साफ दिखाई पड़ने लग जाती है। इसलिए यह शायद ही कहा जा सके कि कथाकार ने भिखारी जैसे पिछड़ों की लाठी से बाभनों-ठाकुरों जैसे अगड़ों को पिटवाया है। हाँ यह जरूर महसूस किया जा सकता है कि यह उपन्यास सामाजिक मुक्ति का एक ऐतिहासिक प्रस्ताव तो प्रस्तुत करता ही है।

संवाद और संप्रेषण की यह सफल प्रक्रिया तथ्यों से अनुभवों और अनुभवों से कल्पनाओं की ओर बढ़ती हुई जिन विचार-भूमियों तक उन्हें ले आती है वे भारतीय साहित्य, उसकी ज्वलंत सच्चाइयों और उनके पीछे सक्रिय कार्यकारी चालाक ताकतों का पता देती हैं।

संजीव ने इस संदर्भ में जिस सहज गंभीर अंतर्दृष्टि से काम लिया है, वह यथार्थ के अनेक स्तरों के प्रतिबिंबन और इतिहास की आकांक्षाओं को प्रकट कर सकने की सामर्थ्य से भरपूर है। किसी भी पात्र परिस्थिति और घटना को चित्रित करते हुए लेखक ने जिस निष्कपटता से काम लिया है, उसके चलते वह अपनी रचना का एक ऐसा प्रजापति बन गया है जिसके मन में किसी के प्रति निजी राग-द्वेष न होकर प्रत्येक की स्वाभाविकता की रक्षा करना है। संजीव ने इसे भरपूर ईमानदारी

से निभाया है।

संजीव यहाँ गुस्सैल और विद्रोही लेखक के तौर पर नहीं, एक प्रौढ़ और समझदार लेखक के रूप में सामने आते हैं। यही कारण है कि वे अपनी सारी शक्ति अंतर्वस्तु की मार्मिक सच्चाइयों के उजागर करने में लगा देते हैं। भिखारी ठाकुर की जीवनी इसके लिए उपयुक्ततम साधन बनकर आई है। कहने का मन होता है कि जीवनी को साधते हुए उपन्यास की सिद्धि पर यहाँ पहुँचा गया है। मुश्किल होगा कह पाना जीवनी कहाँ तथ्यों को लेकर दरकिनार हो जाती है और उपन्यास अपने सत्यों के संधान में लग जाता है। यह शिल्प इतना सहज और स्वाभाविक लगता है कि मजबूरन कहना पड़ता है कि शिल्प और कुछ भी नहीं, अंतर्वस्तु की ही कठिन साधना है।

निबंध के शुरू में परंपरा-शोधन करते हुए यह कहा गया है कि भारत के लोग समष्टि और समग्रता के हामीकार रहे हैं। कला और जीवन में यहाँ कभी कोई विभाजन स्वीकार नहीं किया गया है। जीवनी और उपन्यास यहाँ जिस सामासिकता का संश्लेष लिए हुए हैं, उससे तो यह और भी प्रमाणित होता है।

किस्सागोई की ग़ज़लियत : कोई वीरानी सी वीरानी है*

20 जुलाई 1973 को इस्लामाबाद में आयोजित 'महफ़िले-ग़ालिब' के सभापति के रूप में अपना व्याख्यान ग़ालिब की मशहूर ग़ज़ल 'मेहमाँ किये हुए...बज्म चरागाँ किए हुए' पर देते हुए फ़ैज़ अहमद फ़ैज़ ने ग़ज़ल के रूप विधान के बारे में कहा—आम एतराज़ यह है कि इसमें भावभूमि की एकता यानी यूनिटी का कोई तत्त्व नहीं पाया जाता। बल्कि वह विभिन्न विचारों और भावनाओं को महज छंद और तुक (रदीफ़ काफिये) की रस्सी में टाँकने का नाम है, और उसमें किसी किस्म का सिलसिला या रब्त (संबंध) नहीं होता। मैं समझता हूँ कि इस तरह इसको समझना ठीक नहीं है। दूसरे या तीसरे दर्जे के ग़ज़लिया कलाम के बारे में तो यह बात कही जा सकती है, इसलिए कि उस तरह के शाइर तो महज काफियाबंदी (तुकबंदी) करते हैं। लेकिन जो अच्छा और संजीदा (गंभीर, मार्मिक) ग़ज़लिया कलाम है उसके बारे में यह एतराज़ शायद सही न हो, और ग़ालिब के बारे में तो यकीनन सही नहीं है। ग़ालिब तो काफियाबंद नहीं थे। चुनांचे वह खुद कहते हैं : ग़ालिब न बूद शैबए-मन काफियाबंदी, जुल्मीस्त कि बर-किल्क-ओ-वरक़ भी कुनम इमशव।

वह तो किल्क-ओ-वरक़ (कलम और कागज) पर यह जुल्म करते थे। जाहिर है कि महज विभिन्न विषयों को एक जगह पर ला रखना ग़ालिब को अच्छा न लगा होगा। इतना जरूर है कि ग़ज़ल में जिस किस्म की इकाई पायी जाती है, वह विषयवस्तु या भावनाओं की इकाई नहीं होती बल्कि उस चीज़ की इकाई होती है जिसको आप मूड कह लें या एक कैफ़ियत (भावधारा) कह लें।

उपन्यास की चर्चा के मौके पर ग़ज़ल जैसी सर्वथा अलग किस्म की चीज के बारे में बात करना और ग़ज़ल और उपन्यास के किसी संभावित और गुप्त रिश्ते को तलाशना हिंदी आलोचक की बहक यदि मान ली जाय और उसकी इस हरकत

---

* कोई वीरानी सी वीरानी है : विजय मोहन सिंह

पर कथा-लेखक उसे आलोचना का शेखचिल्ली कहने पर उतर आएँ तो कोई आश्चर्य की बात नहीं। लेखक तो अपने यहाँ इतना आजाद है कि वह अपनी के अलावा किसी और की आजादी के बारे में सोचना तक नहीं पसंद करता। शब्दों के स्वच्छंद-संसार का वह एकमात्र नागरिक है। इसलिए उसे किसी दूसरे स्थपित या कल्पक की सत्ता या स्वाधीनता किसी भी शर्त पर स्वीकार नहीं। पर लाचार आलोचक थक-हार कर जब रचनाकार के कौशल की सीढ़ियाँ ढूँढ़ने निकल पड़ता है तब जैसे अनुभव और दृश्य उसके सामने आते हैं, उसका भी तर्क लेखक की रचना में ही, कहीं न कहीं बुनियादी तौर पर इशारे करता रहता है—'मिलेगा चित्रकार का ज्ञान चित्र की ही जड़ता में लीन।' महादेवी वर्मा ने इस तरह हम आलोचकों के लिए गहरे पते की बात कह दी है। विजय मोहन सिंह का उपन्यास 'कोई वीरानी सी वीरानी है...' को हाथ में लेते ही यह प्रतिक्रिया सबसे पहले उठती है कि क्या यह भी कोई उपन्यास है? न ठिकाने का नाम, न उपन्यास जैसी ठीक-ठाक काया, फिर 'पूर्वकथन' शीर्षक के अंतर्गत लेखक की यह गौरतलब स्वीकृति—"...इसे परंपरागत कथाशैली में लिखा गया निजी अनुभवों का दस्तावेज ही समझना चाहिए—वैसे ('पाठालोचन' के इस युग में इसे कुछ भी समझा जा सकता है) इसमें न तो कोई इतर कथा है, न अंतःकथा। हाँ, कुछ गमेजाना और कुछ गमेदौरां शायद मिल जाए!"

शीर्षक के चयन से लेकर पूर्वकथन की इन पंक्तियों तक लेखक की चेतना पर जिस तरह की ग़ज़लियत हावी है, उसका प्रभाव और विस्तार वस्तु-संरचना और कथा-शिल्प तक में लक्षित किया जा सकता है। उपन्यास इस तरह लिखा जा सकता है या नहीं, यह बहस का मुद्दा नहीं है। मुद्दा है कि क्या लेखक ने सचमुच इस 'सरंचना' और 'शिल्प' की गंभीर जाँच-पड़ताल कर ली है और इस प्रकार की 'अभिनवता' को वह किसी ऐसी परिणति तक पहुँचा सका है जो पाठकों को उसकी इस कोशिश के प्रति आश्वस्त करे। खुद कथाकार के फ्लैप लेखक का यह 'बयान' इस संदर्भ में उल्लेखनीय है—'संकेतों, प्रतीकों तथा प्रयोजनार्थ निर्मित नाटकीय कथा स्थितियों में मितकथन को माध्यम बनाकर लिखा गया यह उपन्यास अपने व्यंजनार्थ में ही सब कुछ व्यक्त करने की चेष्टा है।' यदि इस बयान पर गौर करें तो नाटकीय कथा-स्थितियाँ भी जहाँ-तहाँ हैं और उनकी प्रतीकात्मकता भी। एक विवाहित अधेड़ उम्र का बाल-बच्चेदार सुरेन जिससे उपन्यास के पाठकों का आमना-सामना कुछ इस तरह होता है कि वे भौचक्के से रह जाते हैं, वह बुद्धिजीवी है कि लेखक, लंपट है या शोहदा, मनुष्य है कि राक्षस कुछ समझ में नहीं आता। पर उसकी बातें एकदम नजरअंदाज कर देने योग्य भी नहीं हैं। वह रुटीन, लीकबद्ध और मशीनी जड़ता वाले अभ्यस्त जीवन-प्रवाह को तोड़ना चाहता है। वह सुखद, आरामदेह, गुनगुनी जिंदगी जीने के अभ्यस्त हो चुके लोगों की अगति और ठहराव को लगभग दुर्गति करार देते हुए विचलन और निकास की संभावनाएँ तलाशता है, किंतु इस कोशिश में वह

निरंतर फूहड़ और भदेस होता चला जाता है। उसकी पारिवारिक जिंदगी का चित्रण जिस तरह किया गया है, उससे तो वितृष्णा ही वितृष्णा फूटती है। उसके घर-परिवार को जीता-जागता नरक भी कहा जाए तो हर्ज नहीं। कथाकार किंतु इसके प्रति कोई सहानुभूति नहीं जगाता, विपरीत इसके इस सबके प्रति घृणा की अनुभूति होती है, उबकाई आने की हदों तक। बीभत्स के वर्णन का अद्भुत कौशल इस लेखक के पास है। संभोग-बिंब भी कुछ कम नहीं हैं। उपन्यास पढ़ते हुए यह बात भी कई बार मन में आकर घूम जाती है कि कहीं इन्हीं संभोग-बिंबों के लिए तो यह उपन्यास सुनियोजित नहीं किया गया—''वह मुझसे कई दिनों बाद मिली थी और मेरे चेहरे को अपने ओठों से टटोल रही थी। बाहर बारिश होने लगी थी और मेरा कमरा उसकी उपस्थिति से भर गया था। उसकी आँखें बदल गई थीं, उसका चेहरा बदल गया था—मुझे यकीन नहीं हो रहा था कि मैंने पहले कभी उसे देखा भी था। उसके ओठों के किनारे चिकने और रसीले होकर उभर आए थे और मैं उन्हें चाकलेट के टुकड़े की तरह अपने मुँह में दबाए पड़ा था।'' आगे की पंक्तियों में इस बिंब का बखूबी विस्तार भी अंकित है...गनीमत यही कि जब वे दोनों एक-दूसरे को बेतहाशा चूमते हुए किसी 'रोमांचकारी अनुभूति' से गुजर रहे थे, आधा दर्जन बच्चों में से छोटे बच्चे के अचानक रोने से सब कुछ डिस्टर्ब सा हो उठा—''वह उठकर चारपाई से फेंकी गई साड़ी को—जो चारपाई और कुर्सी के बीच पुल की तरह झूल रही थी, खींच कर पहनने लगी।''

बीभत्सता का यह दृश्य भी गौरतलब है, ''उस दिन जब वह सुरेन के घर की सीढ़ियाँ चढ़ रहा था तो अचानक उसका पाँव किसी बच्चे के पाखाने पर पड़ गया। वह दूसरा पाँव सम्हाल कर रखना ही चाहता था कि वहाँ भी पाखाने का टुकड़ा नजर आया। वह घबरा गया और कूदकर ऊपर आ गया। ऊपर सुरेन का छोटा बच्चा मेज से मेजपोश और टेबिल लैंप गिराकर खेल रहा था तथा बरामदे भर में पाखाने के टुकड़े फैले थे।'' उर्दू शायरी के मियाँ चिरकिन यहाँ याद आते हैं, लेकिन उनमें एक खास तरह की जिंदादिली है, जो इस कुंभीपाकी प्रवाह से अलग है।

उपन्यास का यह पहला पात्र है, ग़ज़ल का 'मतला' कहिए या फिर हुस्ने-मतला, जिसे प्रत्येक पल एक नई और रोमांचक अनुभूति की तलाश है, यही उसे छह बच्चों की माँ, एक थकी बूढ़ी औरत के दायरे से उठाकर उस आसमान में ले जाती है जहाँ एक षोडशी किशोरी अपनी दो चोटियों को झुलाती हुई किसी शालभंजिका सी कहानी में झूल रही है।

उपन्यास के अगले अंश में भी इस तरह के काम-कुंठित दृश्य-बिंबों की भरमार है। बस, यहाँ सुरेन की जगह सुजीत और बड़ी-बड़ी मूँछों वाला होटल मालिक है—जिसकी काम-लीला को बेहद तसल्ली के साथ पेंट किया गया है—'होटल मालिक' जितनी बराबर और लंबी, किंतु उसके गँवारूपन के लगभग गैरबराबर उसकी मजबूत

पकड़ से अपनी गोरी और गोल बाँहों को छुड़ाने क़ी कोशिशों में चिकोटियाँ काटना और इस जोर आजमाइश में एक-दूसरे के ऊपर गिर पड़ना आदि-आदि। इससे भी आगे बढ़कर कथाकार ने उस होमोसेक्स का चित्रण सुजीत और चाय लेकर आने वाले उस छोटे से लड़के को लेकर किया है जो बारह-चौदह साल की उम्र का है, हल्का साँवला और लोमहीन बदन, साफ और नाचती आँखें, गाँठों वाली उसके हाथों की फटी उँगलियाँ तथापि "उसमें उत्तेजना भर रही थीं। बल्कि उसके शरीर और चेहरे के मुकाबले में ज्यादा ही। बिना खुद को पता चले ही उसने चाय बनाता हुआ उसका हाथ अपनी लंबी-चौड़ी हथेलियों में दबाकर उठा लिया और उसे सूँघते हुए चूम लिया। उसमें मिट्टी की सी गंध थी। लड़का घबरा गया और चाय बनाना छोड़कर अलग खड़ा हो गया। उसे अपनी आवाज ऐसी लगी जैसे लोग मुँडेरे पर बैठे पालतू कबूतर बुलाते हैं।" देह-संगीत की ऐसी कामुक संवेग-लीला और निर्द्वंद्व जंगलीपन, उभरते नए मध्यवर्ग की निर्बंध भोगेच्छा और पशुता के सहज प्रमाण हैं।

आगे का दृश्य उस ऑफिस का है जहाँ सुजीत काम करता है। भय, ऊब, आतंक और एकरसता का बहुत सघन चित्र इस वर्णन में अपनी नाटकीयता के साथ मौजूद है। ऑफिस लेट पहुँचना, अपनी सफाई में जैसा-तैसा बहाना गढ़ झूठ बोलना, अपनी अक्षमता के चलते घबराहट से भर उठना आदि। ऑफिस में बड़े साहब का आगमन और सुजीत का अपनी बढ़ी हुई दाढ़ी के चलते घबड़ा उठना, मकड़ी के जालों और गोदरेज की बड़ी-बड़ी अलमारियों के बीच जमी धूल में जा छिपने की कोशिशें, पीछे छूटी मेज, उस पर रखा पानी का आधा पिया गिलास, खुली फाइल और रूमाल। तभी किसी सहयोगी ने उसकी बाँह पकड़ खींचते हुए कहा 'दिन-भर यहीं रहोगे?' शायद बड़े साहब मि. ब्राउन तब तक आ कर लौट चुके हैं। अलमारियों के पीछे से निकलकर वह टॉयलेट में चला गया और आईने के सामने खड़ा हो गया। पूरा चेहरा मकड़ी के जालों से भरा था और माथे से होती हुई धूल की लकीर नाक के नीचे तक चली आई थी। वह डरे हुए कुत्ते की तरह लग रहा था। लेकिन उसे खुशी थी कि मि. ब्राउन ने उसकी बढ़ी हुई दाढ़ी नहीं देखी। इन हिस्सों को पढ़ते हुए निस्संदेह एकाध बहुचर्चित और बड़े लेखकों की रचनाएँ भी यादों में कौंध जाती हैं।

एक थकी-माँदी, ऊबी और तंग गृहस्थी, एक होटल और फिर एक ऑफिस। क्या इन तीनों दृश्यों में कोई एका भी है? कहीं ये सब एक नाटक के प्रथम अंक के तीन दृश्य तो नहीं हैं? या फिर एक ही ग़ज़ल के तीन शेर जो बगैर किसी जाने-पहचाने रदीफ़-काफिये के वस्तुतः एक-दूसरे से गहरा संबंध रखते हैं? अगर ऐसा है तो वह संबंध क्या उस वीरानी का है, जो यत्र-तत्र-सर्वत्र फैली बिखरी है। बावजूद इसके चरित्रों की जिजीविषा कहीं बची हुई है और तमाम जाने-पहचाने मुख्य दरवाजों के बंद होते चले जाने के बाद भी अजानी उम्मीदों की खिड़कियों और झरोखों से झाँक रही है। जीवन को जिस-तिस तरह पाकर उसे ठीक उसी तरह न भी अंगीकार करते

हुए उसके प्रति एक 'प्रोटेस्ट' दर्ज करना यदि यहाँ बार-बार रेखांकित है तो कहना पड़ेगा कि लेखक ने हमारे समय के सांस्कृतिक स्खलन के जो बिंब गढ़े हैं, वे तीखे और अतिवादी होकर भी अधूरे और एकांगी हैं।

उपन्यास का मुख्य-पात्र तो विवेक है, 'सूरज का सातवाँ घोड़ा' के माणिक मुल्ला की तरह। समकालीन जीवन में ऐसे पात्रों की कोई कमी नहीं। ये बेहद शालीन किस्म के गंभीर और संवेदनशील लोग किसी दुखांत नाटक के हीरो जैसे लगते हैं। परिस्थितियों की क्रूरता और जड़ता के बीच इनके इंसानीपन की जो शमाएँ जलती रहती हैं, वे ही कहीं यह उम्मीद भी जगाती हैं कि जब तक आदमी के पास उसकी संवेदनात्मक प्रतिक्रियाएँ बची हुई हैं, वह जिंदा है। हम चाहकर भी उसे समकालीन जीवन-समर से खारिज नहीं कर सकते। विवेक जो सुरेन का परिचित-मित्र है, बाकायदा एक लेखकनुमा व्यक्ति है जिसे अपना एकांत प्रिय है, यहाँ तक कि अपनी चाय भी वह खुद बनाता है, लगभग स्प्रिचुअल अंदाज में। उसके सहयोगी उसका मजाक उड़ाते "आप कवर्ड चाय पीते हैं। जितने कवर्ड आदमी हैं, वैसी ही कवर्ड चाय।" ...बस किताबें और किसी पत्रिका में कोई ताजा रचना। लेकिन क्या वह मनुष्यों से भाग सकता है? कितने मनष्यों से, कब तक? वह भी एक मनुष्य है।...किंतु शायद एक बीमार मनुष्य।... उसकी सूँघने और सुनने की क्षमता कुत्तों की तरह थी। वह गंधों तथा ध्वनियों के बारे में ठीक-ठीक बता सकता था...वे किसकी हैं—आदमी, फूल, खुशबू या खाने की किस किस्म की। '...लेकिन कुल मिलाकर वह अपने को एक ऊबा हुआ आदमी लगता था। अचानक हर चीज से लगातार ऊबता हुआ।' क्या ऐसे ही लोगों को 'ऊबे हुए सुखी लोग कहते हैं?' ...क्या "इसीलिए अधिकतर हम इस अस्तित्वहीन, निरर्थक हलफनामे को निभाते हुए पूरी जिंदगी गुजार देते हैं? या 'बाहर' का एक सामूहिक दबाव ही हमें आगे धकेलता रहता है हमारे अपने अस्तित्व के विरुद्ध।"...

ये ही वे सवाल हैं जो यहाँ कई-कई ढंग से उठाए गए हैं। सुरेन के बाद सुजीत की पहली बीवी जो शादी के बाद पहली बार शहर में उसके साथ रहने आई थी, पुराने स्टोव के फटने से जल मरी। फिर कुछ दिनों बाद सुजीत ने अपने से आधी उम्र की लड़की से शादी कर ली, जो उसी शहर में रहती थी। सुजीत के साले-सालियाँ भी साथ रहते थे। इस लड़की के पास जाने में सुजीत बेहद डरता था। रात को गुस्से में वह कई बार उसे पलंग के नीचे ढकेल चुकी थी...तंग आकर एक दिन सुजीत ने टिक-20 पी ली पर किसी तरह बच गया। अब यही बीवी उसे धीरे-धीरे नहलाने-धुलाने और उसकी सेवा करने लगी। पति-पत्नी के बीच एक सौहार्द और आत्मीयता विकसित हो चली थी। सुजीत ने भी पत्नी को राजी कर लिया कि साले-सालियों को या तो वापस अपने गाँव चले जाना चाहिए या कहीं अन्यत्र रहकर अपनी पढ़ाई करनी चाहिए। किसी तरह वे सब घर छोड़ गए। कुछ दिनों तक सब

कुछ सामान्य चलता रहा, पर एक दिन दफ्तर वालों को पता चला कि सुजीत की पत्नी ने रात को टिक-20 पी लिया था और अस्पताल पहुँचने से पहले ही चल बसी।

सुजीत हों या सुरेन या फिर विवेक और अनीता, सबके सब ध्वंसोपरांत सामंतवाद के ऐसे दारुण उच्छिष्ट हैं जिनका रिश्ता अपने 'समय' से या तो बेहद असामान्य है या फिर अति औपचारिक। संस्कारों की सड़न और निर्धूम उदासी और घुटन के उस पार जो समय सामने है, वह उन आदर्शों (या मूल्यों) की खिल्ली उड़ा रहा है, जिन्हें हम अपनी विरासत कहकर गौरवान्वित होते आए हैं। 'उपन्यास' में एक अध्याय 'हँसो, हँसो, जल्दी हँसो' शीर्षक से है जो हिंदी के यशस्वी कवि रघुवीर सहाय की जानी पहचानी कविता-पुस्तक से उधार ले लिया गया है, ठीक उपन्यास के शीर्षक की तरह, जो ग़ालिब की सुप्रसिद्ध ग़ज़ल के एक जाने पहचाने मिसरे का एक जाना पहचाना टुकड़ा है। इससे कथाकार की काव्य-पैठ और अनोखी सहृदयता का अंदाज लगता है।

उपन्यास में सुजीत के घर-परिवार जमीन-जायदाद की कहानी है जिसे सुजीत के पिता के मार्फत कहा गया है। सुजीत के पिता अंग्रेजों के भक्त और अंग्रेजी हुकूमत में आला-अफसर यानी कि कमिश्नर रह चुके थे। रिटायर होने के बाद जमीन-जायदाद के झगड़ों को लेकर उनकी ऐंठन टूटती चली गई और एक दिन वे खुद अपने ही घर की सबसे ऊपरी मंजिल से कूद दूसरी दुनिया में चले गए। सुजीत तब हाईस्कूल में था और घटना के दौरान घर पर ही था। यह चीन और भारत के युद्ध का समय है। नेहरू की नीतियों की खिल्ली यहाँ खूब उड़ाई गई है। उपन्यास का यह वाक्य बरबस ध्यान खींचता है—"और अब वह हमारा महान, वृद्ध, ईमानदार, जगत की कुटिल चालों से अनभिज्ञ भोला प्रधानमंत्री पीली चींटियों के इस 'ब्रूटस प्रहार' से आहत होकर रो रहा है।" कवि प्रदीप का लिखा और लता मंगेशकर का गाया शोकगीत 'जरा आँख में भर लो पानी' इसी की तो अभिव्यक्ति है। आजादी के बाद के सामाजिक और राजनीतिक उतार-चढ़ावों और असंगतियों (विद्रूपताओं) को यहाँ जमकर उधेड़ा गया है। वस्तुतः यह टुकड़ा पराजय-बोध से पैदा हुए विक्षोभ और मूल्य-विरासत की उन विडंबनाओं का है जो हमें निरंतर अपमानित और लज्जित करती आई हैं। इस समूचे अंश में क्षोभ और व्यंग्य, कुढ़न और आक्रामकता है—चूँकि सवेरे-सवेरे विवेक गाँधी मैदान में रायफल ट्रेनिंग के लिए जाता था, इसीलिए सुजीत हँस रहा था। विवेक, जो कभी नौ बजे से पहले सोकर नहीं उठ पाता था और अक्सर दफ्तर देर से आता था, इन दिनों सुबह छः बजे कड़कड़ाती सर्दी में रायफल ट्रेनिंग के लिए जाता था। कुछ दिनों पहले वह कई और लोगों के साथ 'रक्तदान' करने गया था, तब भी सुजीत ऐसे ही हँसा था। "आपके शरीर में इतना खून है कि आप दान भी कर सकें।" उसने विवेक के पीले मरियल शरीर को देखकर कहा था। इसके ठीक दूसरी तरफ वह दृश्य भी जहाँ युद्धोपरांत बाजारों और सामाजिक जीवन में

दरिंदगी आती चली गई और राष्ट्रीय परिदृश्य थोथे और बदमाश शब्दों से भर गया। एक जरा-सी आपदा ने हमारी राजनीति के परखच्चे बिखेर दिए। क्या हुआ उस आजादी का जिसका सपना देखने वालों ने देखा था। उपन्यास के इस अंश में सुजीत के पिता की आत्महत्या दर्ज है। पाशविक अंध भोग और आत्महत्याओं से होकर गुजरने वाला यह उपन्यास अब जिस ललित कोने की तरफ बढ़ता है वह अनीता और उसके पिता (सिंगरा हाउस के मालिक) से विवेक के संबंधों का है, जो उसके दूर के रिश्तेदार हैं और उन्हें खबर है कि विवेक इसी शहर में नौकरी करता है। एक शाम वे किसी सभा में जहाँ 'एक न्यायाधीशनुमा प्राणी देश की किसी अहम समस्या पर अंग्रेजी में व्याख्यान दे रहे थे, जिसे पच्चीस-तीस लोग तन्मयता से सुन रहे थे या कम-से-कम सुनने की कोशिश कर रहे थे'—वे आकस्मिक तौर पर मिल जाते हैं। रिश्ते में वे शायद विवेक के मौसा हैं। विवेक का आना-जाना इस तरह उस घर में शुरू होता है। अनीता और विवेक एक-दूसरे के बौद्धिक मित्र हैं। अनीता तो बी.ए. फाइनल में अंग्रेजी आनर्स कर रही है। वे दोनों अंग्रेजी फिल्मों और उपन्यासों पर बातचीत करते हैं। फिर यह भी पता चलता है कि अनीता शायद ही कोई अंग्रेजी नॉवेल पढ़ती या फिल्म देखना पसंद करती है। तब भी दोनों की अंतरंगता बढ़ती चली जाती है। अनीता पढ़ाई के सिलसिले में दूसरे शहर के छात्रावास में रहती है और वीक एंड में लौटती है। इसलिए चिट्ठियाँ लिखने का सिलसिला भी कल्पित है। विवेक को सचमुच कुछ दिनों तक इन चिट्ठियों से बड़ा मजा आता रहा। फिर वह ऊबने लगा।...उसे लगा अनीता से तो प्यार होना चाहिए, वैसा, जैसा सुरेन ने किया। ...लेकिन न तो वह सुरेन हो सकता है, न अनीता...। एक शाम अनीता के पिता ने विवेक को बुलाकर विवाह योग्य तीन युवकों की तस्वीरें दिखाईं। अनीता के लिए विवेक ने जिस तस्वीर को चुना वह वही थी जो अनीता के पिता को भी चुनने योग्य लगी—'कभी रजवाड़ा रहे एक सुदूर क्षेत्र के युवक की, जो बेरोजगार था किंतु जिसकी शिक्षा ज्यादातर विदेशों में हुई थी और जिसके पिता किसी देश में राजदूत थे। सबसे सुंदर तस्वीर भी वही थी।' विवाह के पहले तक अनीता और विवेक का रोमांस बर्नार्ड शॉ के 'आर्म्स एण्ड मैन' के सर्जियस और रॉयना की याद दिलाता है जो उबाऊ और थका देने वाला है और पाठकों में झुँझलाहट की अनुभूति पैदा करता है। विवाह के बाद विवेक बरसों बाद अपने पुराने, बूढ़े जर्जर शहर में वापस लौट आया। बेतरह थका। उसकी दिनचर्या नदी की तरह हो गई—नदी किनारे घाट की सीढ़ियों पर पहरों गुमसुम बैठे लोग, नदी को देखते, प्रतीक्षारत लोग—न जाने किसकी प्रतीक्षा। मुंडित केश विधवाएँ, असाध्य रोगों से ग्रस्त लोग नदी में नदी का ही जल चढ़ाते, प्रार्थना करते। एक सुखद शीतलता में विवेक ने अपने को पसरा दिया है यहाँ लौटकर...खुल रही हैं धीरे-धीरे दर्द और तनाव की गाँठें। कथाकार ने इस बूढ़े और जर्जर शहर का (जो शायद वाराणसी है) बहुत अंतरंग और प्रामाणिक वर्णन किया है। इसी शहर

में अचानक उसकी मुलाकात 'सुरेन' से होती है। सुरेन सेनगुप्ता धोती और भागलपुरी सिल्क का कुरता पहने हुए है, उसके मुँह में जाफरानी जर्दो वाला मगही पान है। वह एक विजेता की तरह मुस्कराता हुआ कहता है—"सब कुछ पूर्वनिर्धारित, सुनियोजित को हमेशा ढोते रहना ही क्यों हमारी नियति हो?... क्यों वही होना चाहिए जो दूसरे लोग, अधिसंख्य लोग हमेशा से करते आए हैं? क्यों वही, वैसे ही जीना चाहिए जो एक 'आचार संहिता' में बाँधकर निर्धारित कर दिया गया है। मैं अद्वितीय नहीं हूँ, पर मैं अलग तो हो सकता हूँ। जो जीने का क्रम मैं निर्धारित करता हूँ, वैसा मैं तो जी सकता हूँ।" उसका यह भी विश्वास है कि हम किसी 'जगह' में नहीं, हमेशा एक 'समय' में रहते हैं। पर इसकी तीखी प्रतिक्रिया विवेक के मन पर होती है। वह विकल और उद्विग्न हो उठा। फिर भी वह सुरेन के आग्रह पर जब एक दिन उसके घर जाता है तो ठीक पहले जैसे दृश्यों से उसका आमना-सामना होता है। वह षोडशी (सुशीला) अब एकाध बच्चे की माँ हो चुकी है, काफी दुबली और कमजोर नजर आ रही है और एक दूसरी लड़की सुरेन के जीवन में 'ताजा मछली' बन अवतरित हुई जा रही है जिसका परिचय विवेक से कराते हुए वह कहता है—"यह शैलजा है, मेरे अंडर रिसर्च कर रही है।"

उपन्यास में अब शायद ही यह अनुमान करने की गुंजाइश बचती हो कि सुरेन विश्वविद्यालय का हिंदी अध्यापक है और विवेक एक लेखक और बुद्धिजीवी। विवेक तो अनीता का रिश्तेदार होने के नाते राजपूत है ही, उसकी सोच-समझ, संस्कार और जीवन परिवेश बार-बार उस ध्वंसोन्मुखी सामंतवाद की याद दिलाते हैं जो उसके अनुभवों का सबसे बड़ा जखीरा है। पर दूसरी तरफ वह अनीता है जो कथानक को उस बाजारवाद की ओर ले जाती है जहाँ हर संबंध सिर्फ उपभोग मात्र और प्रत्येक वस्तु एक बिकाऊ वस्तु है। अनीता भी उसी अनिर्बंध भोग (दैहिक या पदार्थगत) की प्रतिनिधि बनकर रह गई है।

उपन्यास का अंतिम टुकड़ा अनीता और विवेक की अंतिम मुलाकात का टुकड़ा भी है। अनीता के मार्फत कथाकार ने उभरते हुए नवभारतीय उपभोक्ताई समाज की प्रदर्शनधर्मी और मशीनी सामाजिकता का वर्णन और चित्रण किया है। एक तरफ सुरेन की अमानवीयता है, बेहद रफ और टफ तो दूसरी ओर अनीता की संवेदनहीनता, चीजों और बाजारों को जीवन का पर्याय माननेवाली। लगता है कहीं कोई बस्ती ऐसी बची ही नहीं है जिसे सचमुच कोई बस्ती कहा जा सके। अनीता और विवेक जो रिश्ते में मौसेरे भाई-बहन हैं अंततः एक और रिश्ते की ओर मुड़ जाते हैं जिसे कथाकार ने 'खेल का अंत' कह उस विडंबना को रेखांकित कर दिया है जिसे अंतिम और बुनियादी मानव-संबंध माना जाने लगा है।

उपन्यास में विवेक के रूप में एक ऐसा चरित्र हमें मिलता है जो निजी और सामाजिक संबंधों में उस एक की तलाश में है जो व्यक्ति और समाज के संबंधों

के बीच पनपते और बढ़ते द्वंद्वों और तनावों को कोई नया रचाव दे सके, पर उपन्यास पढ़कर खत्म कर चुकने पर ऐसा कहीं लगता नहीं। समूचा उपन्यास दर्द की एक मायूस ग़ज़ल बनकर रह जाता है।

क्या यह उपन्यास निषेध और निराशा की कोख से नहीं पैदा हुआ है? जीवन के जाने-पहचाने रंग-ढंग और उसके कुत्सित रूपों की छबियाँ उकेरता हुआ यह कथाकार क्या सचमुच 'गमे दौरां' की सही तस्वीर अपने पाठकों के समक्ष रख सका है? जवाब में कहा जा सकता है कि एक हद तक तो उसे इस काम में सफलता मिली है, अनीता के मार्फत लेकिन बहुत कम। सुरेन और सुजीत जैसे चरित्र ठीक विकसित नहीं किये जा सके हैं और लेखक ने उन्हें पूर्वग्रही होकर देखा है। सुरेन जैसे चरित्रों को लेकर उसने जिस अनुभव को व्यक्त किया है, उसमें उसकी निजी स्मृतियाँ और उनके पीछे कार्यरत मनोभावनाएँ कुछ अधिक ही 'गमेजानां' बनकर उभरी हैं। उपन्यास को लगभग ग़ज़ल या प्रगीतात्मकता के स्तर तक उतारते हुए मित-कथन की जो शैली अपनाई है, उसे हम न तो व्यंजनात्मक कह सकते हैं, न प्रतीकात्मक। सुरेन जैसे चरित्रों में कोई बड़ी संभावना तो वैसे भी नहीं दिखाई देती, बल्कि पहले ही परिचय में ऐसे चरित्र असामान्य और असामाजिक लगने लगते हैं परिणामतः वे अपने पाठकों की आत्मीयता नहीं अर्जित कर पाते। विवेक द्वारा सुरेन को बार-बार 'अमानवीय' कहना और उसके बारे में पढ़ते हुए पाठकों का जुगुप्सा से भर उठना कोई सांकेतिक व्यापार नहीं है। सुजीत तो जैसे कथानक में ठीक-ठीक अवतरित ही नहीं हो पाया। उसकी स्थिति वहाँ उस सैंडविच की तरह है जिसमें होता तो कुछ नहीं पर कुछ न कुछ होने का भ्रम जरूर भरा रहता है। सच तो यह कि यह कहानी सुरेन और अनीता की दो अलग-अलग कहानियों को जोड़कर तैयार की गई है। सुजीत की कहानी अगर निकाल भी दी जाय तो सिवाय जवाहरलाल नेहरू की थोथी आदर्शवादिता, अव्यावहारिक राजनीति और असफलता को लेकर की गई क्षुब्ध और आक्रामक टिप्पणियों के उपन्यास का कुछ बनता बिगड़ता नहीं। भले ही लेखक ने इसे उस 'समय' (गमे दौरां) को पकड़ने और प्रमाणित करने के लिए रघुवीर सहायी शैली में पेश किया हो पर वह तो उन्हें ही फबती है। ग़ालिब और रघुवीर सहाय की कमाई पर अपने प्रातिभ-वैभव का महल खड़ा करने की कोशिश करने वाले इस लेखक ने न तो 'नदी के द्वीप' (अज्ञेय) से कुछ सीखा—न 'वे दिन' के निर्मल वर्मा से। घिनौने और ओछे यथार्थ को जैसा परिप्रेक्ष्य दे पाना था, वह भी यहाँ संभव नहीं हो सका है। सच यह भी है कि उपन्यास लेखक कही भी तटस्थ बुद्धि का परिचय नहीं दे पाता। चरित्रों की रचना और विकास में उसके बेहद निजी आग्रह पूर्वाग्रह की हद तक सहयोग करते हैं। इसीलिए समूचा उपन्यास एक विक्षुब्ध टिप्पणी बनकर रह गया है।

ऐसा भी नहीं कि इस लघु या मिनी काया की सीमा में उपन्यास लेखन संभव

ही नहीं। कोई भी साहित्य शास्त्र या व्यवस्था इसका निर्धारण नहीं कर सकती। 'सूरज का सातवाँ घोड़ा' (धर्मवीर भारती) और इधर आए 'मीणाघाटी' (सोहन शर्मा), 'सूरज सबका है' (विद्यासागर नौटियाल) आदि उपन्यास यह साबित करते हैं कि छोटे कथानकों के बल पर भी बेहतर उपन्यास लिखे जा सकते हैं। उपन्यास की सृजन-प्रक्रिया में जैसी तटस्थता, धैर्य और व्यापकता अपेक्षित है, विजय मोहन सिंह में उसका नितांत अभाव है। वे मूलतः कहानी लेखक हैं और उपन्यास लिखने के दौरान भी उनका यह 'दोस्त' उनका साथ नहीं छोड़ता। इसके ठीक विपरीत मुझे उदय प्रकाश जैसे कहानीकार याद आते हैं जिनकी कई एक कहानियों को पढ़ते हुए औपन्यासिकता का बोध होता है।

विजय मोहन सिंह की भाषा निस्संदेह बहुत धारदार, ठोस और अर्थगर्भी है। चित्रण करने की बारीक क्षमताएँ उसके पास हैं। पर वह जब संवाद करने पर उतरती है तब प्रायः एकतरफा या एकांगी-सी लगने लगती है। गहरे तर्क-वितर्क और यथार्थ-विश्लेषण के अवसरों पर उसकी असामर्थ्य साफ-साफ झलक जाती है।

कहीं यह उपन्यास, यदि अनीता और विवेक की कहानी को बुनियादी कथानक संकल्पित कर लिखा जाता तो निस्संदेह इसकी संभावनाएँ उजागर हो पातीं और उपन्यास-लेखक उस 'समय' को ठीक से देख-परख पाता जिसमें सबसे बड़ा संकट मानवीय संबंधों का आ गया है। बीसवीं सदी के आखिरी बरसों में समाज, राष्ट्र आदि सत्ताएँ जिस तरह बाजारवाद के सामने घुटने टेकने पर मजबूर हुईं और दुनिया के ढेर सारे देश बहुराष्ट्रीय निगमों की चौतरफा मार में आते चले गए हैं, उसका दर्द और खुलासा इसी कहानी के मार्फत संभव था।

विजय मोहन सिंह ने अस्त होते सामंतवाद को बेहद करुण होकर निहारा है किंतु आनन-फानन में आते पूँजीवादी उपभोक्तावाद को वे न जाने क्यों अपने पाठकों के बौद्धिक विमर्श का हिस्सा नहीं बना सके। लेकिन क्यों? क्या वे बहुत हड़बड़ी में थे? क्या वे उपन्यास के रूप में सचमुच किसी ऐतिहासिक ग़ज़ल की संरचना में प्रवृत्त हो चुके थे? किंतु इतनी हड़बड़ी में तो कोई 'ग़ज़ल' भी कभी नहीं कही जाती। उसे 'कहने' में भी वक्त लगता ही लगता है।

उपन्यास और काम-कला : नदी को याद नहीं*

प्रेमचंद से लेकर मैत्रेयी पुष्पा तथा वाल्मीकि से लेकर महादेवी वर्मा तक, दायरे को कुछ विस्तृत करें तो तसलीमा नसरीन तक का लेखन स्त्री की व्यथा के आँसुओं से भीगा हुआ है। अपने को 'नीर भरी दुख की बदली' कहने वाली स्त्री यह तो सूचित करती ही है कि उसका जीवन करुण दुखों और कभी न छँट सकने वाले व्यथा के बादलों का पर्याय है। सीता हों या द्रौपदी या शकुंतला, उर्मिला हों या श्रद्धा, महादेवी हों या अमृता प्रीतम, कृष्णा सोबती हों या प्रतिभा अग्रवाल और अलका सरावगी, भारत की स्त्री की दुखद सामाजिक स्थिति के एहसासों से घिरी हुई हैं। वह पहले भी सनातन व्यथा का पर्याय थी, आज भी कथित तौर पर आधुनिक कही जाकर, सौंदर्य प्रतियोगिताओं में विश्वविजयी परचम फहराने के बावजूद अंततः क्या है? क्या उसने पुरुष-वर्चस्व वाली व्यवस्था से मुक्ति प्राप्त कर ली है? विश्वबाजार के विराट नक्शे पर अनोखी तारिका की तरह उभरकर भी क्या वह उन शिकंजों के पार जा सकी है, जो उसे पिछली कई शताब्दियों से घेरे हुए हैं? घूम-फिर कर स्थिति क्या ज्यों की त्यों नहीं बनी हुई है? सवाल यह भी है क्या वह अपने प्रति भी किंचित जागरूक या संवेदनशील हुई है? या फिर अपनी मायावी दुर्बलताओं को ही अपने हथियार बनाती हुई वह फिर से पुरुष की छाया में है और यह उसकी नैसर्गिक नियति है।

जाने-माने कथाकार सत्येन कुमार ने स्त्री (आधुनिक स्त्री) के इस संदर्भ को अपने दूसरे उपन्यास 'नदी को याद नहीं' में चाहे किसी अतिरिक्त दबाव में ही उठाया हो, पर कृति को पढ़ते-पढ़ते जिस आखिरी मुकाम पर हम जा पहुँचते हैं, वह यही है उपन्यास की मुख्य पात्र रानी साहिबा (पायल रानी) की अपनी कहानी क्या है, फायरबॉल के फूल जैसी। वे उच्च शिक्षा प्राप्त हैं, तैराक हैं, चित्रकला, संगीत, शराब

* नदी को याद नहीं : सत्येन कुमार

और सिगरेट के साथ-साथ वे ग्रामीण महिलाओं के सामाजिक उत्थान में भी लगी हुई हैं, अंग्रेजी और हिंदी भाषा पर उनका जबरदस्त अधिकार है पर ठाकुर रघुवीर सिंह की पीली कोठी में सुगंधा और पुरवा जैसी बेटियों को जन्म देकर भी उनकी सत्ता इसलिए नहीं बन पाती कि खानदान चलाने वाले बेटे क्यों नहीं पैदा कर सकीं। स्त्री के दुखों में एक दुख यह भी है। पायल रानी के मन में इस स्थिति को लेकर भयानक क्षोभ है जो कथानक के ताने-बाने के बीच अर्धसुषुप्त ज्वालामुखी-सा-धुँधला और भीतर ही भीतर दहक रहा है। तथापि जो कहानी जाहिरा तौर पर हम पाठकों के सामने है उसकी शुरुआत और विकास देखकर तो ऐसा नहीं लगता कि दोनों बातों में कोई तारतम्य है। हाँ, आकस्मिकताओं के बल पर जरूर ऐसे कथा-मोड़ कल्पित कर लिए गए हैं जिनसे कथानक एक तरफ, तो उसका 'प्रयोजन' दूसरी तरफ छिटका पड़ा है। आश्चर्य है कि पीली कोठी के जीवन में अपनी स्वच्छंदता और निर्बंधता का भरपूर उपभोग कर सकने का सामर्थ्य प्रदर्शित कर चुकने वाली स्त्री (पायल रानी) को अपना भविष्य-पथ तय कर सकने की आजादी नहीं है? जो इतनी ज्यादा पढ़ी-लिखी, पश्चिमी ढंग के ऐश्वर्यमय जीवन की स्वामिनी हो, काम-संबंधों के चयन और भोग में स्वच्छंद और स्वतंत्र हो, इतनी लाचार और विवश भी हो सकती है जितनी कि सत्येन कुमार के उपन्यास (उपन्यास तो कम किंतु एक लंबी कहानी कुछ ज्यादा) 'नदी को याद नहीं' की पायल रानी (नायिका) हैं? समूचे कथानक पर निर्द्वंद्व वर्चस्वी चरित्र की तरह छाई रहकर, सामाजिक लाज-लिहाज को अपनी भस्मांतक काम-क्षुधर्मता की आग में राख कर डालने और जीवन-मर्यादाओं की ऐसी-तैसी कर चुकने के बाद उपन्यास का कथानक क्या सचमुच कोई गुंजाइश छोड़ता है जैसी कि कथाकार ने पायल रानी के पत्र द्वारा हथिया ली है? लेखक यदि ऐसी फूहड़ और कथानक-घाती घटना-योजना प्रस्तुत करे तो इसे उसका अनोखापन कहें या फिर अबोधता से भरी समझदारी? पायल रानी के पत्र (जिससे उपन्यास का समापन होता है) में जो कुछ कहा गया है, क्या उसकी कोई संगति कथानक से बैठती है? या फिर यह एक ऐसे लेखक की रचना है जिसमें सिर्फ कहानी लेखन की सामर्थ्य है किंतु उपन्यास लिखने की महत्त्वाकांक्षा है? हिंदी में इस वक्त सामर्थ्य और महत्त्वाकांक्षा के इस प्रकार के विडंबनात्मक उदाहरण और भी हैं। न जाने क्यों हमारे लेखक अपने अंतःस्वभाव और उसके स्व-रस से अपरिचित हैं और प्रायः ऐसी चेष्टाएँ करते दिखते हैं जिनसे 'अँधेरे बंद कमरों' का अँधेरा कुछ अधिक ही बढ़ जाता है।

उपन्यास की कहानी बहुत छोटी है। लगभग हस्बमामूली। मैलेंकोलिया का मरीज और चित्रकला का होनहार छात्र सलिल हवा-पानी बदलकर स्वस्थ हो जाने के लिए अपने बड़े भाई डॉ. अनिल वर्मा (उपन्यास में अनिल दा) के साथ जिस दिन बरेली पहुँचता है, उसी शाम की एक बर्थ-डे पार्टी में उसकी मुलाकात पीली कोठी के ठाकुर साहब, पायल रानी, उनकी दोनों बेटियों—सुगंधा और पुरवा, तथा

गौहर मंजिल के आसिफ भाई जैसे अति विशिष्ट और खानदानी किस्म के सामंतों से होती है। चूँकि ये छुट्टियों के दिन हैं इसलिए डॉ. अनिल की पत्नी मायके जा चुकी हैं और पायल रानी, जो पहली ही निगाह में कामासक्त हो खरगोशनुमा सलिल पर कुर्बान हो चुकी हैं, को यह मौका सहज ही साथ लग जाता है कि मिसेज अनिल की अनुपस्थिति का लाभ लेती हुई वे सलिल को उतने दिनों के लिए पीली कोठी के खास मेहमान की तरह अधिकार सहित आमंत्रित कर लें। यही होता भी है।

आगे की सारी कहानी रानी साहिबा की बारीक और गहरी काम-कला की सधी क्रियाओं और अज्ञात-यौन सलिल की चौंक, विस्मय विमुग्धता फिर धीरे-धीरे उसके वशीभूत होते चले जाने की है। कथाकार ने इसके लिए पीली कोठी में सलिल का अपना कमरा, पुस्तकालय, पुरवा और सुगंधा के स्कूल का जलसा, ठाकुर साहब की मैरिज ऐनीवर्सरी और नदी का किनारा तो चुना ही है, चित्रकला और शायरी, सो भी मीर की—का पुट भी दे दिया है। जैसे कि मीर कोई कामोद्दीपक शायर हों। यों घनानंद की तरह वे बुरी तरह प्रेम की पीड़ाओं से आहत तो हैं पर यहाँ जो प्रेम है भी वो काम और वासना की जमीन पर फल-फूल रहा है न कि वासनाएँ सहज प्रेम की जमीन पर स्वाभाविक परिणति के रूप में प्रकट हो रही हों।

कहानीकार ने इस सबको मकड़ी के जाल की तरह बुना भी है और वया के घोंसले-सा भी। इससे उसकी शिल्प-दक्षता और सौंदर्यबोध का तो अनुभव होता ही होता है, उसकी चतुराई और बारीक खयालों का अहसास होता चलता है। किंतु...

रानी साहिबा की ये काम-पीड़ाएँ केवल सलिल को ही अपनी लपेट में नहीं लेतीं, पाठक भी इनके जटिल और रोमानी ज़ाल में फँसता चला जाता है। वह अनाड़ी हो या अज्ञात-काम, नीरस हो या भाव-शुष्क, इस रंगीन और उद्दीपक खेल से बच नहीं सकता। इस दृष्टि से यह उपन्यासकार बेहद निपुण और आक्रामक है।

यह अबाध और निर्बंध भोग है या गहन भावासक्ति या फिर दोनों? या फिर कथाकार की वे चिर संचित काम-अतृप्तियाँ जो बेहद आत्मगत तरीके से रमणीक कल्पनाओं के उपवनों में समूची उद्दामता के साथ कुछ इस तरह चित्रित कर दी गई हैं कि 'कामायनी' के चिंता सर्ग में वर्णित देव-संस्कृति का आत्मध्वंसकारी भोगवाद सहज ही याद आ जाता है—

सुरा सुरभिमय बदन अरुण वे, नयन भरे आलस अनुराग,
कल कपोल था जहाँ बिछलता कल्पवृक्ष का पीत पराग।
विकल वासना के प्रतिनिधि थे सब मुरझाये चले गये।
आह! जले अपनी ज्वाला से फिर वे जल में गले, गये।

यहाँ भी वही सब घटित हो रहा है और अंत में आत्महत्या। प्रसाद ने 'जले अपनी ज्वाला से' जैसा काव्य-पद लिखकर अंत में 'गये' जैसा संपूर्ण और व्यंजक पद लिखकर सब कह डाला है। यहाँ तक दोनों में कितनी साम्यता है, किंतु सर्वांशतः

आकस्मिक। प्रसाद बड़े लेखक हैं और वे इस तरह के प्रसंगों का उपयोग किसी बड़े उद्देश्य के लिए करते हैं। विपरीत इसके सत्येन कुमार ने इसे ही, अपना प्रधान कथन बना लिया है। वे इस प्रणय-लीला में इतना डूब गए हैं कि आत्मघात ही उसका एक रास्ता बच रहता है जिसको झुठलाने और जिस पर परदा डालने के लिए वे उस खत का सहारा लेते हैं, जिसे रानी साहिबा ने मरने से पहले सलिल को लिखा है। अन्यथा यह उपन्यास पढ़ते हुए हमें काम-रोमांस की अनुभूति और उससे पैदा होने वाली संवेदनात्मक फुरफुरी होती है। अपने खत में रानी ने सलिल को लिखा—

"तुम यकीन करोगे कि अचानक ही, न जाने कहाँ से मेरे भीतर सालों पहले की वह छोटी-सी बच्ची आकर उस खरगोश के संग खेलने के लिए मचलने लगी थी? और कैसे बैठे रहे थे तुम चुपचाप, पता नहीं कहाँ देखते हुए। कैसी थीं वे तुम्हारी आँखें...जैसे दूर-दूर तक छाई हुई बर्फ के बीच बादल तैर रहे हों। मेरा मन हुआ था कि तुम्हें अपनी बाँहों में लेकर देर तक चूमती रहूँ...जब तक कि सारी बर्फ पिघल न जाए और वो सारे बादल हम दोनों को हर तरफ से घेर न लें। और कुछ दिनों बाद...जब वह सारी बर्फ पिघलकर न जाने कहाँ बह गई थी और तुम्हारी आँखों में मैंने पहली बार वह सूरज देखा था...तो यकीन मानो, खुशी ने मेरे होशो-हवास छीन लिए थे। उस धूप की गुनगुनाहट मेरे पूरे वजूद में उतर गई थी और न जाने कब से एक ठंडे अँधेरे में दुबकीं—अपनी जिंदगी का इंतजार करतीं—अनगिनत तितलियाँ मेरे भीतर से उड़ चली थीं।"

उपन्यास 'दूर-दूर तक छाई हुई बर्फ के बीच' तैरते हुए इन्हीं बादलों के चारों ओर से घिरने, घिरकर बरसने, आँखों में जनमे सूरज के ताप और धूप की गुनगुनी पैठ की कहानी है जो रानी के चिर अतृप्त कामदग्ध ठंडे अँधेरे में दुबकी प्रणय-वासनाओं की तितलियों के होशो-हवास छीन लेता है।

शुरू के ही पृष्ठों पर इस कथा-बीज का संकेत कहानीकार ने रानी के जन्मदिन को केक-काटने और कटे हुए टुकड़े को एक-दूसरे को देते हुए कर दिया है—'पल-भर के लिए' उनकी नजरें मेरे चेहरे पर ठिठक-सी गईं। न जाने क्या था उन आँखों में कि मैं देखता ही रह गया...जैसे बुझती हुई कोई लौ एकदम से भड़क उठी हो... ये सारे संवेदन पूर्व-कामाचार के ही हैं, पूर्वराग के नहीं। यहाँ भड़क शब्द के प्रयोग पर ध्यान देने की जरूरत है।

आर्ट स्कूल का होनहार छात्र, रेख्ते के उस्ताद शायर मीर का दीवाना सलिल जिस पीली कोठी में अपने जीवन के अविस्मरणीय अनुभवों की पाठशाला में दाखिला लेता है, उस कोठी के बारे में लिखा—'हलकी चाँदनी में नहाई पीली कोठी दूर से ही नजर आने लगी थी। एकबारगी मुझे लगा था जैसे बाहर फैली वह सारी चाँदनी, उन बादलों से भर गई है, जो मेरे दिलो-दिमाग में छाए हुए थे। और पीली कोठी तैर-सी रही है, उन बादलों में।' शायद यही पीली कोठी उसकी बीमारी का इलाज हो।

बादलों का यह प्रतीकात्मक बिंब उस अज्ञात कामोद्रेक का है जिसे अपनी कामदक्षता और अनुभव-प्रौढ़ता के बल पर रानी साहिबा उन्हीं दस-पंद्रह दिनों में एक त्वरित खेती की तरह सींचतीं और ताजी फसल की तरह काट लेती हैं। स्पर्श-संवेदनों की आत्मीयता और ममत्व की गुनगुनी धूप की आड़ में पुचकारती और उत्तेजित करती हुई रानी साहिबा सलिल जैसे भोले-भाले खरगोश को जिस यौन मंच तक ले जाती हैं उसका वर्णन उपन्यास के दो सौ चौंतीसवें पृष्ठ पर अंकित है—"जैसे किसी ग्रीक देवी की प्रतिमा खड़ी थी सामने—एक-एक अंग में भरपूर लावण्य लिए, अक्षत सौंदर्य से भरपूर! उनकी सुडौल जाँघों और नितंबों के कसाव को देखकर भी कहना मुश्किल था कि वह दो बच्चों की माँ थीं। हाथी-दाँत की तरह बिल्कुल चमकती हुई और बिना किसी हलके से भी चिह्न के वह कोमल और साँस लेती-सी त्वचा...और वे भरे हुए स्तन...कैसा स्पर्श था उनका उस रात। मानो चाँदनी के जादू से चकोर का कोई जोड़ा उनकी देह से बाहर निकल आया था—हाँफता सा। और मचल उठा था मेरे भीतर के अँधेरे में समा जाने को...।"

अपनी दोनों बाँहें मेरी गर्दन में डालकर उन्होंने मेरा चेहरा झुका लिया और वे लहरें बुरी तरह से उफन उठीं... लगा कि सारी देह में एक लावा-सा भरा है जो अब खामोशी से उबलना शुरू हो गया था। मेरी बाँहें उनकी पीठ पर जा कसी थीं।....मैंने उनको अपनी बाँहों में बुरी तरह से भींच लिया और वह सिसक पड़ीं...आआह...सलिल, हाँ... घबराओ मत। "और उनके हाथ फिर बाकी कपड़ों से उलझने लगे... मेरी देह को किसी ज्वालामुखी ने अपने आप में इस तरह से समा लिया था कि वह भूचाल जो मेरे अंग-अंग को झकझोरे दे रहा था। उसकी परिणति उस ज्वालामुखी की देह में फूट रही थी।"

उपन्यास में इस तरह के प्रसंग आम तो नहीं हैं पर जो अन्य भी हैं, वे साहित्य शास्त्रीय परिभाषा में उद्दीपन के प्रसंग कहे जा सकते हैं जिनसे सलिल जैसे अज्ञात यौन-युवक की काम-ग्रंथियाँ, क्रमशः सक्रिय होकर सघन और विस्फोटक हो उठती हैं। हिंदी के रीतिकालीन काव्यों में इस तरह के विभावन और उद्दीपन व्यापारों की प्रचुरता खूब है। बीसवीं और इक्कीसवीं सदी के आधुनिक हिंदी गद्य में यदि ये प्रसंग कल्पित और चित्रित हैं तो हमारे लिए कोई नई बात नहीं। नया सिर्फ यह है कि उपन्यास के पात्र (खासतौर से पायल रानी) अपनी इन कामक्रियाओं और यौनाचारों की सफाई भी पेश करते हैं और इस तरह वे अपने पाठकों को बरगलाने की कोशिश करते हैं कि उनके द्वारा जो कुछ भी हुआ या किया गया है, उसके लिए वे स्वयं नहीं वे स्थितियाँ और परिस्थितियाँ जिम्मेदार हैं जिनके बीच उन्हें इस तरह जीना पड़ा है। भगवती चरण वर्मा के 'चित्रलेखा', भारती के 'गुनाहों का देवता' की याद यहाँ बरबस आ जाती है। उपन्यास के कथानक में अलग से चिपकाया हुआ-सा रानी साहिबा का वह लंबा खत जिस प्रकार की सफाई पेश करता है, वह अपराध-बोध

से मुक्त होने के लिए नहीं बल्कि यह आरोप-पत्र खड़ा करने के लिए है कि "लड़कियों के बूते कौन-सा खेल खेला जाता है दुनिया में? वे तो खुद ही खेलने की चीजें होती हैं। लेकिन पुरवा जैसी बेटी जिसके पास हो, वह औरत कभी हार नहीं सकती। यह अलग बात है कि वह खेलना छोड़ दें, क्योंकि बेटी सारे खेल को सीख और समझ चुकी है और उसमें इतनी हिम्मत भी मौजूद है कि न जाने कितने ही बेटों को अपने बापों की मर्दानगी पर शर्म आ सकती है।" यह कथन उन्हीं रानी साहिबा (पायल रानी) का है जिन्होंने उसी पत्र में लिखा, "औरत के चरित्र को त्रिया-चरित्र कहते हैं न सलिल। मैं इस मुहावरे पर पहले हँसती थी लेकिन विडंबना देखो कि मुझे खुद ही लगा कि यही तो मेरा एकमात्र सुरक्षा कवच है।... औरत का जादू त्रिया-चरित्र खुद मर्द ही (अधिक सटीक विन्यास मर्द खुद ही) चाहता है।"

रानी साहिबा के इन आरोपों को एक ओर रखकर यदि हम इसी उपन्यास की दूसरी स्त्री—पीली कोठी के बच्चों की गवर्नेस डोरीन के बयानों पर ध्यान दें तो रानी के पत्र की तार्किकता ध्वस्त हो जाती है। सलिल को आगाह सा करते हुए उसने कहा है, "रानी साब पैंतीस पार कर चुकी हैं। दो बच्चों की माँ हैं। उनके लिए देह का लेन-देन एक बासी थ्रिल के अलावा और क्या हो सकता है। लेकिन तुम्हारे सामने तो जिंदगी पड़ी है सलिल। अभी से अगर इस तरह के लोगों के इस्तेमाल की चीज बन जाओगे तो कैसे जिओगे अपनी जिंदगी?"

उपन्यास में दो स्त्रियाँ हैं पर दोनों परस्पर विरोधी कथन करती हुईं। आसिफ भाई का परिवार, उनकी बीवी, बेटी शाजिया, माँ जैसी स्त्रियाँ। मिला हुआ जीवन जी रही हैं। रानी की बेटी सुगंधा भी। हाँ, छोटी बेटी पुरवा नहीं जो खत्म कर देने वाले समझौतों के लिए किसी भी कीमत पर तैयार नहीं। वही तो कहती है—'मैं वह गलती नहीं करूँगी जो मम्मा ने की...।' सोचना पड़ता है यह भूल-सुधार है, या प्रायश्चित्त या फिर संदेश।

संगीत, शेरो-शायरी, चित्रकला, एन.जी.ओ., वन्यजीवन संरक्षण, पर्यावरण की प्रासंगिक विविधता के सहयोग से यौन-दर्शन का उन्मुक्त घोषणा-पत्र प्रस्तुत कर चुकने के बाद कथाकार ने अंततः स्त्री-विमर्श को एक अनिवार्य मुद्दे की तरह उठा लिया है जो कथानक के स्वभाव और संरचना के अनुरूप तो कदापि नहीं है। कहीं अच्छा होता कि लेखक पुरवा जैसे चरित्रों के मार्फत कहानी को आगे बढ़ाता और स्त्री-मुक्ति के अगल-बगल और सामने खड़े सवालों से दो चार होता। पुरवा में यह दम भी दिखता है और संभावना भी। न जाने क्यों अनुभवों और घटनाओं की लोक छोड़कर उसने पुरवा को थोड़े बहुत संक्षिप्त कथनों और संकेतों में निपटा दिया है।

उपन्यास स्मृति-दीप्ति की शैली में लिखा गया है। मुख्य कथा तो स्मृति में ही घट रही है। कथानक की शुरुआत जरूर वर्तमान से होती है, पुरवा के तार (टेलीग्राम) से और समापन उस खत से जो रानी साहिबा ने आत्महत्या करने से पहले सलिल

को लिखा है। वर्तमान में तार पाकर बरेली जाना, पीली कोठी का दुखांत पतन, ठाकुर साहब का पक्षाघात किंतु इसी के साथ पुरवा का एक निहायत आत्मविश्वासी, समझदार और स्वाधीन युवती की तरह उभरना वे प्रसंग हैं, जो 'कामायनी' को 'इड़ा' और 'मुझे चाँद चाहिए' और 'इदन्नमम्' जैसे उपन्यासों की वर्षा और मंदा जैसी सामर्थ्य और संभावनाएँ लिए हुए हैं। यदि इसे विकसित नहीं किया गया और कथानक को मृत्यु-पूर्व (आत्महत्या) बयान के बतौर नाटकीय ढंग से समेट दिया गया है तो इसका कारण कहीं लेखक की अपनी असमर्थता तो नहीं है? क्या उसे यह भी पता नहीं कि काम-कला-दर्शन और स्त्री विमर्श दो ऐसे ध्रुवांत हैं जो यों तो मिलेंगे ही नहीं और मिला भी दिए गए तो तेल और पानी की तरह साफ-साफ दिखेंगे।

प्रेमकथा के नाम पर काम की केलि की कथा तो ठीक पर उस संवेदन-समूह की हत्या करके जो विचार-क्रीड़ा की जा रही है, उससे तो पाठक बेचारा कहीं का नहीं रह जाता। उसका यह मानसिक विस्थापन या संवेदन-उच्छेदन उपन्यासनुमा कहानी की उन योग्यताओं को भी झुठला देता है जिनके चलते वह बँधा हुआ था। वह एक प्रकार का कथाघात-सा है। पुरानी और पारंपरिक शब्दावली में कहें तो रसाभास भी। तल्लीनता और तादात्म्यता की बुनियादी शत्रुता यही है। खैर। सत्येन कुमार जैसे सुकोमल और सुरुचिप्रेमी कथाकार ने यदि यह दानिशमंदी (?) प्रदर्शित की है तो कोई तो दबाव होगा।

एक सवाल और। क्या यह सचमुच किसी सामंती परिवार की फिल्मी कहानी तो नहीं है जहाँ स्त्रियाँ स्वेच्छाचार के लिए पायल रानी की ही तरह स्वतंत्र हैं। नियमों के अपने अपवाद तो होते हैं पर अपवादी अनुभवों का पुनःसृजन करने वाले कथाकारों को फिर भी अपनी विश्वसनीयता बनाए रखनी पड़ती है। सामंतवाद का पुरुष ठाकुर साहब की तरह तो नहीं ही होता। हाँ, पूँजीवादी में यह सब संभव है क्योंकि उसकी मनोरचना में ही एकांत भोगवाद का सिद्धांत है। भोग और उसके लिए किए जाने वाले जायज-नाजायज समझौतों का वहाँ कोई अंत नहीं है। सामंतवादी मानस गैरसमझौता-परस्त और किंचित कुछ अधिक ही इंसानी होता है। वहाँ पारिवारिक संबंधों के अपने इंसानी आधार हैं। चीजें कुछ अधिक मन्थर गति में गतिमान हैं जबकि यहाँ इस उपन्यास में सब कुछ बहुत गतिशील और प्रवहमान है। लगता है यह सब जो यहाँ है, वह बीसवीं सदी के अंतिम दशकों का है जिस पर भूमंडलीकरण की आसन्न-छायाएँ मँडरा रही हैं। आश्चर्य नहीं कि लेखक इस प्रश्न पर अत्यधिक सचेत हो अन्यथा वैभव और उसके प्रदर्शन करने वालों से रानी की निकटता और उन्मुक्तता यों ही थोड़े ही चित्रित है। एक ओर जगदीश कपूर दूसरी ओर विजय सिंह। तीसरी ओर सिगरेट, शराब और शवाब।

उपन्यास सामंतवाद तो कम किंतु पूँजीवाद की घातक विकृतियों को कहीं अधिक प्रतिविंबित करता है। अपने पिछले आलेख में मैंने असग़र वजाहत के उपन्यास 'सात

आसमान' की चर्चा की है। सामंतवाद का सच्चा प्रतिबिंब वहाँ है। इस उपन्यास में न जमीन है, न आसमान। ये वो लोग हैं जो कथानक में किरायेदारों की तरह रह रहे हैं और इनका वास्ता चंद घरेलू पार्टियों या स्कूली उत्सवों से है। सामाजिक जीवन का वह व्यापक फलक यहाँ गैरमौजूद है जिससे इस तरह के अनुभव अपना ऐतिहासिक फलक पाते हैं।

उपन्यास को पढ़ते हुए बार-बार हम इस एहसास से गुजरते हैं जैसे कि कोई धीमी गति की ब्लू-फिल्म देख रहे हैं। एक ऐसी फिल्म जो इनडोर शूटिंग के सहारे ही फिल्मायी गई हो। जब-तब 'नदी के द्वीप' (अज्ञेय) की बौद्धिक प्रखरता, 'गुनाहों का देवता' (भारती) की संवेगाकुलता, 'लेडी चैटर्ली के प्रेमी' (लॉरेन्स) की विस्फोटक कामुकता की याद भी आती है। बातचीत के प्रसन्न गहरे संवाद आत्मीयता और समझदारी में रसी-पगी कोमल मधुर भाषा, मादकता और मार्मिकता, बीच-बीच में चुभते-कसकते दार्शनिक बयान और निष्कर्ष उपन्यास को यदि पठनीय बनाते हैं तो घटनाओं की कल्पनाएँ और योजनाएँ कथाकार की शिल्प-चातुरी का भी प्रमाण देती हैं। सबसे बड़ी बात तो यह कि लेखक ने अपने लिए अनुभवों की वही जमीन चुनी है, जिसका कि वह लगभग जैसे पुश्तैनी बाशिंदा हो। उसके चित्रण में इसीलिए ठोस चाक्षुपता और वर्णन में सरसता और विश्वसनीयता है। शेरो-शायरी, चित्रकला, संगीत, पर्यावरण और प्रकृति में रमा हुआ यह लेखक हमारी सरसता को शान देता है और यह साबित सा करता है कि सौंदर्य, प्रेम और रोमांस जैसे विषयों पर अब भी लिखा जा सकता है। किंतु इसी के साथ यह सवाल भी उठ खड़ा होता है कि कहीं यह उपन्यास उन्मुक्त और स्वेच्छाचारी जीवन के काम-संबंधों की वकालत तो नहीं करता? क्या पूँजीवादी समाज और साम्राज्यवाद में रानी जैसी स्त्रियों की स्थिति यही तो नहीं हो जानी है कि वे आत्महत्या को ही अपनी नियति मान बैठें? स्वेच्छाचार और आत्महत्या के अलावा कोई और तीसरा रास्ता है या नहीं? कहीं पुरवा के मार्फत उसी रास्ते की ओर इशारा तो नहीं है? विडंबना ही है कि रानी और उनकी छोटी जवान बेटी दोनों ही अपने दुखों की शेयरिंग सलिल जैसे पुरुष-पात्रों से ही करती हैं। हाँ, दो एक प्रसंग रानी की बड़ी बहन के जरूर हैं जो एक जज की पत्नी हैं। सामंतवाद में स्त्री गुलाम है, यह एक सत्य है पर पूँजीवादी में स्त्री एक पण्य-वस्तु है, यह दूसरा सत्य भी है। तब हमारे लेखक इतने तर्क-शून्य और बचकाने क्यों हैं? यह भी पूछने का मन होता है कि रमणीक-लेखन क्या संवेदना की होली है या कुंठा और भड़ास। सत्येन कुमार जैसे लेखकों का मानसिक-विकास जिस तरह के वातावरण में हुआ है, उसके संस्कारों की सघन छायाएँ यहाँ साफ दिखती हैं। कहीं 'चित्रलेखा' तो कभी 'गुनाहों का देवता' जैसे उपन्यास याद आने लगते हैं। कथा-शिल्प और कथा-दृष्टि के सवाल यदि न ही उठाए जायें तो बेहतर। यह जरूर सोचना पड़ेगा कि औसत और बड़े लेखन में फर्क अगर है तो कितना? बड़ा लेखक संभवतः मनुष्य की मुक्ति

के संघर्ष को उसके कठिन और दुर्दम पुरुषार्थ से जोड़ देता है। वह उसे उस विराट निजत्व की ओर ले जाता है, इंसान जहाँ अपनी लड़ाइयों में कभी अकेला नहीं होता। विपरीत इसके औसत लेखन की सीमा यही है कि वह जिजीविषा और पुरुषार्थ की अनदेखी-सा करता है। इंसानी दुर्बलताओं से शुरू होकर उनका एक फलसफा-सा तैयार करता है। निकम्मे और श्रम-विमुख दंभी मध्यवर्ग के लिए शायद यही सहज स्वाभाविक हो।

काश! कथाकार को वैसी अनोखी दुर्दमदृष्टि भी प्राप्त होती जैसी कि काव्यात्मक शैली और नशीली भाषा उसे मिली हुई है। संवेदनों-डूबी पदावली का यह हल्का जाफरानी नशा अपने पाठकों को बरगलाएगा जरूर, किंतु विक्षुब्ध भी कुछ कम नहीं करेगा।

●●●